Paul Raabe
Bibliosibirsk oder
Mitten in Deutschland

Paul Raabe
Bibliosibirsk oder Mitten in Deutschland

*Jahre
in Wolfenbüttel*

Arche

Copyright © 1992 by Arche Verlag AG, Raabe + Vitali, Zürich
Alle Rechte vorbehalten.
Fotos: Günter Schöne
Satz: Utesch Satztechnik, Hamburg
Druck: Wilhelm Röck, Weinsberg
Bindung: G. Lachenmaier, Reutlingen
Printed in Germany
ISBN 3-7160-2139-3

Meinen Mitarbeiterinnen und Mitarbeitern,
den früheren und den jetzigen,
in Dankbarkeit zum Abschied gewidmet.

Inhalt

Anfänge
1968-1972

Konzert mit Christoph Eschenbach und Justus Frantz.
Augusteerhalle, November 1968

Unter Lessings Dach

Das dreiflügelige Haus mit den roten Mansardendächern am Lessingplatz in Wolfenbüttel stand leer. Nachdem das örtliche Staatshochbauamt aufgelöst worden war, hatten die letzten Beamten die Zimmer geräumt. Im Laufe von sieben Jahrzehnten, in denen verschiedene Dienststellen hier ihren Amtssitz gehabt hatten, waren Türen versetzt und Wände eingezogen worden. Nur der Raum neben dem Gartensaal erinnerte in grotesker Weise an den prominentesten Bewohner des Hauses, an Gotthold Ephraim Lessing: die überlebensgroße Totenmaske, der mächtige Zirkel als Symbol der Freimaurerei und der blaue chinesische Teppich, den ein einheimischer Unternehmer gestiftet hatte, verfremdeten die tragische Geschichte dieses Raumes, in dem an einem kalten Wintertag 1778 Lessings Frau im Kindbett gestorben war und den der verzweifelte Hofrat dann zu seinem Arbeitszimmer gemacht hatte. Hier hatte er den Streit mit dem Hauptpastor Goeze in Hamburg vom Zaun gebrochen, und als ihm die Polemik fortzuführen untersagt worden war, hatte er mit der Ankündigung des *Nathan* geantwortet, der dann ebenfalls an dem Schreibtisch im Sterbezimmer niedergeschrieben wurde.

Vergeblich hatte der bisherige Direktor der Bibliothek, Erhart Kästner, über Jahre hin versucht, das Haus zurückzugewinnen. Nun fiel es mir, dem Neuen, in den Schoß, nachdem sich die Übernahmeverhandlungen über Monate hingezogen hatten. Wie eine Morgengabe habe ich dieses Geschenk empfunden. Der Umgang mit Dichterhäusern war mir von Marbach her vertraut. So konnte ich das anmutig wirkende Haus als neubestallter Bibliothekar Anfang Dezember 1968 in Besitz nehmen.

An eine sofortige Renovierung war nicht zu denken. Aber leerstehende Häuser sind gefährdet und wecken von allen Seiten Begehrlichkeiten. So bezogen kurzerhand die Buchrestauratoren vorübergehend einen Flügel, denn ihr Domizil im Erdgeschoß des Direktorhauses hinter der Bibliotheca Augusta war von dem Amtsvorgänger für seinen Nachfolger als Dienstwohnung vorgeschlagen worden. In der Badewanne war ihm, der mit seiner Familie die obere Etage des Hauses an der Lessingstraße bewohnte, eines Morgens eingefallen, daß es besser für die Restauratoren sei, wenn sie in seine Wohnung, also von unten nach oben, zögen und so nicht durch den Lärm von vier Kindern über ihnen bei der Geduld verlangenden Arbeit in ihrer Konzentration gestört würden. Dieser Wohnungstausch machte einen Umbau des Hauses, eine Verlegung der zentralen Treppe, ein Abhängen der Decken und den Einbau neuer Fenster erforderlich. Das alles war für den Nachfolger in Vorbereitung.

Die Beamten der vorgesetzten Behörde waren verblüfft, als ich daher die verwohnten leerstehenden Räume im Ostflügel des Lessinghauses als Interimswohnung für meine Familie erbat. Aber das ersparte dem Staat schließlich die Zahlung einer teuren Trennungsentschädigung, und so bezogen wir kurz vor Weihnachten 1968 Lessings Haus, in dem es kein Bad, nur eine provisorisch eingerichtete Küche und ein weit entfernt liegendes Amts-wc gab. Doch die Familie war glücklich. Die vier Kinder erkundeten den Dachboden des Hauses, befreundeten sich mit den Nachbarskindern, die mit ihren Eltern die ausgebaute Mansarde bewohnten, wo schon Lessings Stiefkinder ihre Schlafräume gehabt hatten. Der Gartensaal war Weihnachten ein idealer Spielort, die monumentale Totenmaske regte die älteste Tochter zu gruseligen Phantasien an. Die Entrümpelung dieser cocteauschen Lessing-Huldigung gehörte denn auch wenig später zu einer meiner ersten Amtshandlungen. Die fünf Nordzimmer konnten zum Frühjahr 1969 provisorisch als Gedenkräume für Lessing hergerichtet und dem Publikum zugänglich gemacht werden. Der Neue hatte die ersten hundert Tage überstanden.

Unter Lessings Dach war der genius loci noch immer stark zu spüren. Das Haus hatte eine besondere, stimulierende Atmosphäre und eignete sich vorzüglich, Ideen zu entwickeln, Pläne zu schmieden, Zukunft zu gestalten. Wolfenbüttel »ist von allen den Orten, wohin Sie denken, der einzige, an dem wir leben können, wie wir wollen«, hatte Eva König 1776 an Lessing geschrieben. Das Haus und vor allem die Bibliothek habe ich von Anfang an als verpflichtende Herausforderung verstanden, als Nachfolger von Leibniz und Lessing wirken zu können. Denn dieser Lebensweg war nicht vorgezeichnet.

»Was willst du denn in Wolfen-Büttel?«

Manfred Koschlig war ein beharrlicher Kollege, Barockforscher, Schüler des Germanisten Julius Petersen in Berlin und in den sechziger Jahren noch als Direktor der Universitätsbibliothek Stuttgart im Amt. Als Grimmelshausen-Spezialist hatte er sich einen Namen gemacht. Im Februar 1966 fuhren Koschlig und ich gemeinsam im Zuge von Stuttgart nach Hannover zu einer Tagung in Loccum, auf der übrigens die Lechmannschen Thesen zur Einführung von fachwissenschaftlichen Informationszentren diskutiert und beschlossen wurden. »Dokumentation und Geisteswissenschaften« war damals mein Thema als Leiter der Bibliothek des Deutschen Literaturarchivs in Marbach, die ich seit acht Jahren zu einer Fachbibliothek zur deutschen Literatur ausbaute. Unser Gespräch kam auf Wolfenbüttel, auf Erhart Kästners vorzeitig geplanten Ruhestand, auf die Barockbestände der dortigen Bibliothek: »Sie müssen Kästners Nachfolger werden. Das ist der richtige Posten für Sie. Sie können die Barockbestände erschließen und der Forschung so neue Impulse geben«, meinte Koschlig. Ich winkte ab: Es sei doch unmöglich, ohne ein Examen des höheren Bibliotheksdienstes, ohne eine Beamtenlaufbahn Direktor einer staatlichen Bibliothek zu werden. Gewiß, ich war zwanzig Jahre zuvor als Diplombibliothekar an der Landesbibliothek Oldenburg ausgebildet worden und hatte später in Hamburg promoviert. Aber zu einem Staatsexamen fehlte das Geld: Ich hatte während meines Studiums nebenher täglich sechs Stunden arbeiten müssen. Das Angebot, die Bibliothek im Schiller-Nationalmuseum in Marbach aufzubauen, war 1958 ein neuer Anfang gewesen. Neben der Goetheforschung hatte ich ein aufregendes Arbeitsgebiet gefunden: den literarischen Expressionismus. Von der Barockliteratur war ich in meinen wissenschaftlichen Studien weit entfernt. Auch aus diesem Grunde kam für mich eine Stelle in Wolfenbüttel nicht in Betracht.

Koschlig ließ meine Bedenken und Einwände nicht gelten. Kaum waren wir in Loccum angelangt, meldete er uns telefonisch bei Erhart Kästner an. So saßen wir am 14. Februar 1966 dem mir nur flüchtig bekannten Bibliotheksdirektor in seinem Arbeitszimmer in der Bibliotheca Augusta gegenüber. Er hatte uns ein wenig neugierig empfangen und machte auf mich in seinem Rollkragenpullover einen sehr smarten Eindruck. Sein federnder Gang gab ihm jugendliche Frische. »Herr Kästner, ich möchte Ihnen Ihren Nachfolger vorstellen«, fiel Koschlig mit der Tür ins Haus, kaum daß wir auf den alten Stühlen vor dem Holzschreibtisch Platz genommen hatten. Da mir die ganze Sache ohnehin nicht geheuer war – noch im Bahnhofsrestaurant in Braunschweig hatte ich Koschlig von seinem Vorhaben abbringen wollen –, setzte mich diese direkte Art, mit einem bekanntermaßen äußerst empfindlichen Gegenüber ins Gespräch zu kommen, vollends in peinliche Verlegenheit.

Der weitere Verlauf des Gesprächs ist mir nicht in Erinnerung geblieben. Nach einer halben Stunde mußte ich mich empfehlen, um nach Hannover zurückzufahren. Das letzte Flugzeug sollte mich nach Berlin bringen, wo ich am nächsten Tag in den Akademien in Ostberlin Vorträge zu halten hatte.

Damals war der Flughafen in Hannover noch nicht ausgebaut. So steht auch die Telefonzelle nicht mehr, aus der ich meine Frau in Marbach anrief und ihr sagte, daß ich vielleicht eine Chance hätte, Direktor der Herzog August Bibliothek zu werden. Noch heute höre ich die entrüstete, mir so vertraute Stimme am anderen Ende der Leitung: »Aber was willst du denn in Wolfen-Büttel?« Meine Frau hatte ja recht: Ich hatte andere Pläne. In Tübingen wollte ich mich habilitieren, in Göttingen sollte ich ein Dokumentationszentrum für deutsche Literatur aufbauen, eine Einladung nach Australien lag vor. Ja, was sollte ich in Wolfen-Büttel?

Erhart Kästner

Die Herzog August Bibliothek kannte ich damals nur flüchtig. Im Frühjahr 1951 hatte ich sie als junger, enthusiastischer Diplombibliothekar auf einer Bildungsreise durch das südöstliche Niedersachsen besucht: Dr. Butzmann, der gelehrte Handschriftenbibliothekar, hatte mir die düstere Augusteerhalle, den kleinen Lesesaal und den davon abgetrennten Katalograum gezeigt. Dem seit einem Jahr tätigen Direktor hatte ich meine Aufwartung machen wollen. Der Besuch fiel sehr kurz aus: Nach fünf Minuten war ich entlassen.

Doch diese Begegnung lag lange zurück. Inzwischen hatte ich einige Bücher publiziert, bei Rowohlt 1957 ein Werk über den österreichischen Zeichner Alfred Kubin und später neben literaturwissenschaftlichen Anleitungen im Anschluß an den Katalog der Expressionismus-Ausstellung von 1960 eine Reihe von Quellensammlungen zum literarischen Expressionismus herausgegeben. Ich wußte nicht, daß Kästner gerade diese Tätigkeiten schätzte. Außerdem stand ihm Marbach innerlich nahe, ohne daß er es kannte. Jedenfalls überraschte mich Anfang März ein Brief aus Wolfenbüttel, mit dem Kästner mir einige Aufzeichnungen über seine Bibliothek schickte und in dem es hieß: »Ich las inzwischen Ihren Dokumentations-Aufsatz, auch Butzmann. Vielleicht werden Sie, lieber Herr Raabe, wenn Sie meinen Text lesen, zu der Einsicht gelangen, daß es nicht das Richtige wäre, hier eine Dokumentationsstelle zu schaffen, wie es Ihnen vielleicht jetzt vorschwebt. Auch Koschligs Barock-Katalog will mir nicht völlig gefallen. Der immense hiesige, erst halb aufgeschlossene Besitz wird auch auf Ihr Gemüt sein Gewicht legen und Sie vielleicht verändern. Ich sähe Ihre erstaunliche Unternehmungskraft lieber darauf verwendet, diesen ungeheuren Besitz weiterhin aufzuschließen. So können Sie die Früchte zur Reife bringen und ernten von den Bäumen, die ich nur pflanzen und aufziehen konnte.«

Erhart Kästner lernte ich erst nach und nach kennen. Mehrfach reiste ich in den folgenden Monaten nach Wolfenbüttel. Elf Stunden führte er mich bei meinem ersten ausführlichen Besuch durch Bibliothek und Werkstatt, Haus und Garten. An seiner Seite betrachtete ich mit seinen Augen die Bibliothek. Er war ein geistreicher, lebhafter und anregender Gesprächspartner. Er führte ein sehr diszipliniertes Leben, trieb täglich Sport, und sonntags fuhr die dreiköpfige Familie in den Harz, um frische Luft aufzutanken. Er war streng gegen sich und seine Mitarbeiter. Die frühen Stunden des Morgens galten seiner eigenen Arbeit: An der Schreibmaschine schrieb er seine Texte, korrigierte oder verwarf sie und ersetzte sie durch neue Fassungen. Damals, als ich ihn zum erstenmal traf, hatte er gerade die *Lerchenschule* veröffentlicht, Aufzeichnungen, in denen sich das griechische Altertum mit Betrachtungen über die moderne Kunst mischte. Und nun begann er, Texte für sein letztes, schon damals als problematisch empfundenes Buch *Der Aufstand der Dinge* zu sammeln. Der Einfluß Martin Heideggers war unverkennbar. Kästner hielt Distanz zu den Schriftstellerkollegen, und doch war er am literarischen Leben mehr beteiligt, als er wohl selbst wahrhaben wollte. Er nahm seine Mitgliedschaft in der Berliner und der Münchner Akademie der Künste ernst und war damals als Vertreter einer konservativen Richtung und als Insel-Autor ein berühmter und respektierter Schriftsteller der Nachkriegsjahre.

Kästner liebte sein bibliothekarisches Amt, in das ihn

am 1. März 1950 der Vorsitzende der noch bestehenden Braunschweigischen Museums- und Bibliotheksstiftung eingeführt hatte. Damals war er durch sein *Zeltbuch von Tumilad* bekannt geworden, und es leuchtete allgemein ein, daß ein Schriftsteller in der Nachfolge Gotthold Ephraim Lessings Direktor der Wolfenbütteler Bibliothek geworden war.

Kästner war ein Bewunderer des Schönen und ein Vermittler der modernen abstrakten Kunst, die in den sechziger Jahren die größte Resonanz fand. Auch war er ein leidenschaftlicher und intensiver Leser, immer lagen neue Bücher auf seinem Tisch, die er für die Bibliothek angeschafft hatte und anlesen wollte. Die Stunden, in denen er mich mit den Problemen des Hauses und mit den persönlichen Vorstellungen vertraut machte, führten zu einem freundschaftlichen Verhältnis, an das ich gern zurückdenke. Wir waren in unserem Wesen zwar sehr verschieden – Kästner oft hochfahrend, sich selbst stilisierend, ich zurückhaltend und zuhörend –, doch das Trennende wurde zum Verbindenden. Erhart Kästner hat mich durch seine persönlichen Ansichten und Gespräche, auch in den vielen Briefen, die wir gewechselt haben, auf meine neue Lebensaufgabe vorbereitet.

Es war damals wenig bekannt, daß der aus Augsburg stammende Kästner nach Studium und Promotion bei dem Germanisten Hermann August Korff in Leipzig die bibliothekarische Ausbildung des höheren Dienstes durchlaufen hatte. Als Bibliotheksrat war er an der Sächsischen Landesbibliothek Dresden für die musealen Aufgaben und Ausstellungen zuständig. Der Ort hatte seine beruflichen Vorstellungen geprägt. Zwischen 1936 und 1938 war er als Privatsekretär Gerhart Hauptmanns in Agnetendorf tätig gewesen und hatte im Kriege als Wehrmachtsangehöriger in Athen Bücher über Griechenland und Kreta schreiben können.

Die Bibliothek, die Kästner übernahm, befand sich 1950 in einem kümmerlichen Zustand. Die ruhmvollen Zeiten waren seit 150 Jahren vorüber. Der wilhelminische Neubau, der 1887 fertig geworden war, hatte zwar für die Bücher Raum geschaffen, aber keine neue Phase der Entwicklung eingeleitet. Die Verstaatlichung nach 1918 und schließlich die Einrichtung der Stiftung aufgrund der Fürstenabfindung von 1926 beschleunigten den endgültigen Niedergang der einst so berühmten Institution.

Wie schwer die Bibliothek zugänglich war, erfuhr 1920 der junge Richard Friedenthal. Er hatte sich, um in die Bibliothek gelangen zu können, gut ausgerüstet. Nachdem er auf sein Klingeln hin am verschlossenen Hauptportal lange hatte warten müssen, näherten sich schlurfende Schritte im Innern des Gebäudes. Der Hausmeister öffnete die schwere Eichentür einen Spalt und wollte sie gleich wieder zuschlagen, nachdem er des jungen Mannes ansichtig geworden war. Doch dieser reagierte beherzt und setzte seinen schweren Bergstiefel in den Türspalt und erzwang so für den kommenden Sonntag eine Audienz bei dem Herrn Oberbibliothekar, der ihn examinierte und ihm am nächsten Tag gnädig die Einsichtnahme in die Bibliotheksbestände im Lesezimmer ermöglichte.

Da die Bibliothek nicht mehr im öffentlichen Bewußtsein war, überstand sie die Jahre 1933 bis 1945 ohne Verluste. Aber sie war nach dem Kriege am Ende: Der Anschaffungsetat war von 2500 RM im Jahre 1935 auf 2000 DM 1949 gesunken. Zehn Mitarbeiter waren im Hause tätig.

Der damals 45jährige Kästner übernahm ein vergessenes Erbe. Er klagte oft, in welch trauriger Verfassung er es

1950 übernommen habe. Der provinzielle Kleingeist hatte nach seinem Urteil Einzug gehalten, und es war schwer für ihn, diesen aus der Bibliothek zu vertreiben. Die Zeit zwischen 1950 und 1959 muß für einen weltläufigen Bibliothekar, dem die Hände gebunden waren, eine lange Durststrecke gewesen sein. In diesen Jahren des Wiederaufbaus eines zerstörten Landes zeigten die Politiker wenig Sinn und Engagement für die kulturellen und wissenschaftlichen Belange, zumal in einem von der Landeshauptstadt weit entfernten Provinzort.

So stand in den ersten Jahren für den Autor das Persönliche im Vordergrund: Kästner ließ sich mehrfach für längere Zeit beurlauben und verbrachte lange Monate in Griechenland. Die Bibliothek in Wolfenbüttel überließ er ihrem Schicksal.

Da an eine Aufbesserung des kläglichen Bücheretats nicht gedacht werden konnte, tat Kästner einen ungewöhnlichen Schritt, den ich – dies gestehe ich gern – nicht gewagt hätte: Er räumte den Dublettenkeller und gab die seit hundert Jahren dort lagernden angeblichen Doppelstücke auf Auktionen nach Berlin. Mit dem Erlös erwarb er neue Bücher, ungewöhnliche Werke der modernen Kunst, in denen Text und Graphik eine Symbiose eingegangen waren. Mit der Modernisierung der Buchbestände setzte 1956 in Wolfenbüttel die lange und spannende Geschichte der Modernisierung einer Bibliothek ein, die Kästner zu einer »schönen Bibliothek« machen wollte.

»Eine Bibliotheca illustris vor Augen«, erzählt er in einem Dokument, von dem noch die Rede sein wird, »habe ich es für richtig gehalten, ein Sammelgebiet zu pflegen, das sich nur wenige Bibliotheken gestatten: Ich meine das große illustrierte Buch des 20. Jahrhunderts. Es ist besonders das französische Buch, und zwar deshalb, weil sich in

Frankreich, leider nicht in Deutschland, die großen Künstler zum Buch hingezogen fühlen, mit Dichtern befreundet und an Dichtung leidenschaftlich interessiert sind.«

Diese Bücher zeigte mir Kästner mit dem Stolz, der Sammlern zusteht, bei meinem ersten Besuch. Die Werke von Pablo Picasso, Georges Braque, Marc Chagall, Joan Miró, Henri Laurens, Henri Matisse und vielen anderen lagerten vor seinem Arbeitszimmer unter einer eisernen Treppe in den Holzregalen der alten Bibliothek. Mit dieser Sammlung der Malerbücher hat sich Kästner ein Denkmal nicht nur in der bibliothekarischen Fachwelt gesetzt.

Und ein weiteres konnte der Wolfenbütteler Bibliothekar in den letzten acht Jahren seiner Dienstzeit erwirken, nachdem er in ausweisloser Lage 1960 mit seinem Fortgang gedroht hatte. Der damalige Kultusminister in Hannover sagte ihm endlich finanzielle Hilfe zu, und im November 1966 wurde der sichtbarste und schönste Teil des Bibliotheksumbaus fertiggestellt: die Augusteerhalle. Die Überraschung war für die Teilnehmer des ersten Leibnizkongresses, die nach Wolfenbüttel gekommen waren, groß: In dem vorher so düsteren Hauptsaal konnten sie die hellen Bände der Bibliotheca Augusta bewundern. »Ich hatte den Wunsch, den Typus einer alten Bibliothek rein darzustellen, einen Typus, der von den Universitätsbibliotheken, die notgedrungen fast nur im Funktionellen denken, zu Unrecht abgedrängt ist. Eine alte Bibliothek, ein bebautes Gedächtnis, ein Gehäuse, das nicht nur benutzt, sondern auch besucht, begangen, beschaut werden kann, eine Sammlung, deren Sinn in den Quellen liegt: Sollte das nicht im Gesamten der Bibliotheken des Landes einmal auch baulich dargestellt werden? ... Obwohl diese Raumgruppe bei meinem Abschied noch nicht fertig wird, zeichnet sich ab, daß sie unserer Bibliothek viel Publizität einbringt. Das wird sich steigern.«

So stellte Kästner seine Absichten dar, und da ihm das Bewahren eine ebenfalls selbstverständliche bibliothekarische Denkkategorie war, setzte er in seinen letzten Dienstjahren mit der Einrichtung der Restaurierungswerkstatt im Erdgeschoß des Direktorhauses einen weiteren, in die Zukunft weisenden Akzent seiner Tätigkeit. »Es scheint mir sicher«, schrieb er 1968, »daß die beiden Begriffe Wolfenbüttel und Restaurierung sich in der Vorstellung der Öffentlichkeit und der Fachwelt gut reimen werden.« Mit berechtigtem Stolz zeigte mir Kästner bei meinen Besuchen die Arbeiten von Gerta Frantzen und Adolf Flach, den beiden handwerklich meisterhaften, künstlerisch geübten Restauratoren. Die Sammlung der Musikdrucke hatte er gerade bearbeiten lassen. Die einzelnen Stimmbücher, deren Blätter gereinigt worden waren, wurden in bunte Pappbände gebunden und mit originalen Überzugspapieren und farbigen Titelschildchen versehen und in ebenso gestaltete Schuber gelegt. Dies war ein Beispiel für die produktive Arbeit in der Restaurierungswerkstatt, die mich, den Sohn eines Bildhauers, bis heute fasziniert.

Erhart Kästner hatte das Glück, in seinen letzten Dienstjahren den Aufbruch der verschlossenen Wolfenbütteler Bibliothek inszenieren zu können. Der Umbau des Hauses war in vollem Gange, die Einrichtung der Restaurierungswerkstatt trug Früchte, die Zahl der Mitarbeiter war auf 22 gestiegen, der Wissenschaftsrat hatte gerade den weiteren Ausbau der Bibliothek empfohlen, die Ausstellung der Malerbücher auf der »documenta« in Kassel hatte großes Aufsehen erregt. »Unter den Bibliotheken vom Typus der Staats- und Landesbibliotheken, die freier sind als die an ihre Fakultäten gebundenen Universitätsbibliotheken, ist die Wolfenbütteler Bibliothek noch freier, ihrer absonderlichen Lage wegen, die sie zu nichts verpflichtet außer zu sich selbst. Sie hat eine Bibliotheca illustris zu sein, das ist ihre eigentliche Verpflichtung. Sie ist eine ›schöne Bibliothek‹, das ist sie, so mißverständlich dies in den Ohren der meisten Kollegen auch klingt. Dies ist ihr Ruhm und dies ist ihre Rolle in dem Vielerlei, das sich in unserer Zeit unter dem Namen Bibliothek sammelt.« Dieses Credo war Kästners Vermächtnis an seinen Nachfolger.

Mein Dienstantritt

So inspirierend auch die Begegnungen mit Erhart Kästner für mich, den Marbacher Bibliothekar, waren, so entmutigend war doch meine eigene Situation. Denn wie sollte ein Direktor an eine Bibliothek berufen werden können, dem die beamtenrechtlichen Voraussetzungen völlig fehlten? Wie lassen sich Laufbahnvorschriften außer Kraft setzen, wo doch Beamte immer darauf zu achten haben, daß die Laufbahnen, wie Zielgeraden im Sport, einzuhalten sind? Doch das Ungewöhnliche geschah. Mit der ihm eigenen Beharrlichkeit überzeugte Kästner seine vorgesetzten Behörden, daß kein anderer als der Marbacher Expressionismusforscher als Nachfolger für »seine« ehrwürdige alte Bibliothek in Frage käme. Ich habe nie erfahren können, wie diese widersprüchliche Logik »oben« ankam. Doch gut Ding will Weile haben.

Das Jahr 1967 ging dahin, ohne daß Entscheidendes passierte, und auch in der ersten Jahreshälfte danach erfolgte nichts. Ich hatte mich zwar in Göttingen im Dezember 1967 habilitiert und war dort als Privatdozent seit dem

Sommersemester nebenamtlich von Marbach aus tätig. Doch die Geduld meines Arbeitgebers war am Ende: Die Deutsche Schillergesellschaft war verärgert, daß der Bibliothekar eine neue Position suchte, während er für die Konzeption des Neubaus des Literaturarchivs benötigt wurde. Aus Wolfenbüttel schickte Kästner zwei klärende Briefe, aber auch sie trugen nicht zur Besänftigung bei. Mit Hilfe eines Anwalts gelang es schließlich, die Wogen zu glätten.

Später, nach einigen Jahren, lernte ich in Hannover den gerade pensionierten Oberstadtdirektor kennen. Als er meinen Namen erfuhr, stöhnte er: »Ach, Sie sind also Herr Raabe. Sie waren der schwierigste Fall in meiner langen Karriere als Vorsitzender des Niedersächsischen Landespersonalausschusses. Fünf Ausnahmegenehmigungen mußten wir nach und nach zustimmen. Man wollte Sie ja unbedingt als Bibliotheksdirektor gewinnen.«

»Man«: Damit waren das Kultusministerium in Hannover und mein Amtsvorgänger in Wolfenbüttel gemeint. Offensichtlich hatten die Beamten Schwierigkeiten, einen Nichtbeamten zum Beamten zu machen. Eine der Ausnahmegenehmigungen betraf die Vorbereitungszeit für den höheren Dienst: Die Habilitation wurde als Ersatz für das Referendariat anerkannt. Auch zählte schließlich, daß ich als gebürtiger Oldenburger ein Landeskind war, und Landeskindern gab man damals noch gern den Vorzug.

Die telefonische Nachricht aus dem Ministerium in Hannover, daß meiner Anstellung zugestimmt worden war, traf Mitte Juli 1968 in Marbach ein. Zwei Monate danach fuhr ich nach Wolfenbüttel. In einem Werkvertragsverhältnis wurde der Monat Oktober überbrückt: So hatte ich noch Gelegenheit, ein paar Tage mit dem scheidenden Direktor zusammenarbeiten zu können.

Auf Wolfenbüttel war ich gut vorbereitet. Erhart Kästner hatte seine dezidierte und pointierte Auffassung von der Bibliothek im allgemeinen und von Wolfenbüttel im besonderen in einem vierzigseitigen Memorandum unter dem Titel *An meinen Nachfolger* niedergelegt, aus dem schon zitiert wurde. Kurz vor meinem Dienstantritt hatte ich die in blaues marmoriertes Papier eingebundene und mit einem blauen Titelschild versehene Fotokopie erhalten. Sie trug Kästners Widmung in dem sympathischen Duktus seiner Handschrift:

> *Herrn Paul Raabe, für den es geschrieben ist.*
> *Erhart Kästner.*
> *Wolfenbüttel, im September 1968.*

Ich habe dieses »Testament« oft gelesen. Es war mir immer ein hilfreicher Leitfaden, und in verzagten Zeiten habe ich aus diesen sehr unsystematisch zusammengestellten Notizen Kraft schöpfen können.

Nun saßen wir uns an den herbstlichen Oktobertagen in dem getäfelten dunklen Eckzimmer mit der eingelegten Holzdecke aus der wilhelminischen Gründerzeit an dem großen Tisch gegenüber, an dem ich zweieinhalb Jahre zuvor zum erstenmal Platz genommen hatte. In stündlichem Abstand waren alle Mitarbeiterinnen und Mitarbeiter, über die Vormittage verteilt, bestellt worden, und so erfuhr ich von ihnen und danach in einem Privatissimum von Kästner alles Dienstliche und Persönliche, was ich von den wissenschaftlichen Kollegen bis zu den beiden tüchtigen Reinigungskräften, die damals noch nicht Raumpflegerinnen hießen, wissen sollte. Auch hatte mir Kästner alle wichtigen Verfügungen und Erlasse zusammengestellt, ein kleines Heft an Papieren, auf deren Kenntnis er Wert legte. Die Verwaltung bestand aus einem Stahlschrank.

Der zuständige Herr Lange, der durch Verwundungen behindert war, führte den kleinen, überschaubaren Betrieb seit zwanzig Jahren. Auf einem Tischchen stand die Schreibmaschine, auf der Kästner persönlich alle Buchbestellungen schrieb. Es waren weniger als tausend Neuerwerbungen im Jahr, die damals ins Haus kamen. Die üblichen Ansichtssendungen hatte er sich verbeten. »Die Ansichten meiner Buchhändler interessieren mich nicht«, pflegte er hochmütig zu sagen.

Nach zehn Tagen kam Kästner aus seiner Privatwohnung nicht mehr herüber. Er hatte bis zum Monatsende Urlaub genommen und ließ mich allein. Mein Dienstantritt war unbemerkt vollzogen worden, ohne Reden, ohne Aufwand, ganz privat.

Kästner verließ Wolfenbüttel sang- und klanglos. Ich habe seine Gedanken nie erfahren, die ihn bei seinem Abschied bewegten. Er war viel zu diszipliniert, als daß er seinen Gefühlen freien Lauf gelassen hätte. Aber ich bin überzeugt, daß ihm die vorzeitige Aufgabe des Amtes – er war inzwischen 64 Jahre alt – schwergefallen ist. Er verließ die Bibliothek in dem Moment, da sie neu zu leben begann, und konnte die Früchte seiner Arbeit nicht mehr genießen. Er hatte sich die Übergabe an seinen Nachfolger als ein Fest zur Eröffnung der vier musealen Räume gedacht. Aber sie wurden nicht fertig. Kästner brach deshalb – zum eigenen Schutz, wie ich glaube – einen erbarmungslosen Streit mit seinem Architekten vom Zaun. Es ging an sich um eine Lappalie: Er akzeptierte den Bodenbelag in dem gerade fertiggestellten »Bücherturm« wegen seiner Farbe nicht.

So war ich der einzige, der Kästners, nachdem der Möbelwagen in Richtung Staufen abgefahren war, zu ihrem Auto geleitete. Auf dem hinteren Hof stand fassungslos das

Hausmeisterehepaar Halm: Grußlos fuhr Erhart Kästner mit seiner Frau und Tochter Nikolin davon. Ich winkte ihnen nach. Später hat er an die Mitarbeiter, die ihm besonders nahestanden, Briefe geschrieben. Er hatte sich vorgenommen, den Fuß nicht wieder in die Bibliothek zu setzen. Doch es kam anders.

Am Tag danach versammelte ich die Mitarbeiter des Hauses in der Augusteerhalle: Ich stellte mich vor, ehe ein paar Wochen später die Ernennung zum Beamten durch schriftliche Verfügung erfolgte. Die Verwirrung in der vorgesetzten Behörde war übrigens so groß, daß man mich zu vereidigen vergaß. Der Akt wurde später nachgeholt.

Unter den alten Büchern

Ich lebte in einer neuen Welt. Die ungewöhnlich reichen Sammlungen der alten Bücher, die das Besondere der Wolfenbütteler Bibliothek bedeuten, faszinierten mich. In vier übereinander aufgestellten und über drei Galerien zu erreichenden Bücherkolonnen standen, nach der Größe geordnet, die beiden Hauptgruppen von Herzog Augusts Bibliothek an den Wänden der Augusteerhalle. Viele Stunden habe ich vor den Regalen der Theologica und Historica zugebracht und gewann so einen Eindruck von dieser zentralen Bibliothek, die erst zum Teil wieder sichtbar aufgestellt war. In den Magazinen befinden sich die Bestände der ehemaligen Universitätsbibliothek Helmstedt und vor allem die übersichtlich geordneten Fachgruppen der »Mittleren Aufstellung« mit den Büchern, die nach 1700 in die Bibliothek gelangt waren. Später habe ich die alten Drucke, die im Zeitalter des Handsatzes und der Handpresse bis 1830 hergestellt worden waren, zählen lassen: Ihre Gesamtzahl von 350 000 ist im Vergleich zu den großen deutschen Bibliotheken ungewöhnlich. Nur die Bayerische Staatsbibliothek München übertrifft teilweise diesen Wolfenbütteler Bücherbestand. Zu Recht hat der Wissenschaftsrat 1964 festgestellt, daß die Wolfenbütteler Bibliothek »eine einzigartige, hervorragende Universalbibliothek des 15. bis 18. Jahrhunderts« sei, »ein Depot alter Universalliteratur und ... Fundort und Quelle der Wissenschaften Deutschlands und der Welt«.

Nach und nach machte ich meine Entdeckungen unter diesen alten Büchern und fand zum Beispiel kostbare Widmungsexemplare mit handschriftlichen Dedikationen oder eingelegten Briefen an Herzog August in Harsdörffers *Gesprächsspielen*, in Schottels Werk *Von der teutschen Haubtsprache*, den Reisebüchern des Adam Olearius oder in Tycho Brahes *Rudolfinischen Tafeln* von Keplers Hand. Sie sind Belege für die zeitgenössische Überlieferung der Wolfenbütteler Bibliothek, die nicht post festum, sondern im 16., 17. und frühen 18. Jahrhundert gesammelt wurde.

Im Laufe der Jahre wurden viele Werke der Renaissance und des Humanismus, der Reformation und des Barock, der Aufklärung und des Klassizismus meine Lieblingsbücher: zum Beispiel Jean d'Arras' *Histoire de la belle Melusine* (Genf 1478), das älteste in französischer Sprache geschriebene illustrierte Buch; das taufrische Exemplar der *Hypnerotomachia Poliphili* des Francesco Colonna (Venedig 1499), das schönste gedruckte Renaissancebuch; das ebenso gut erhaltene September-Testament (Wittenberg 1522), Martin Luthers Beginn der Bibelübersetzung; Geoffroy Torys *Champfleury* (Paris 1529), dieses unvergleichliche Werk zur Typographie, mit den Typen Garamonds gedruckt; die Plantinsche Polyglott-Bibel in acht Foliobänden (Antwerpen 1571-1573), dieses Wunderwerk der Druckkunst; oder die Atlanten mit den kolorierten Karten, allen voran Abraham Ortelius' *Theatrum mundi* (Antorf 1572), die gut erhaltene, äußerst seltene Erstausgabe des *Don Quichote* von Miguel de Cervantes (Madrid 1605); das in blauen Samt gebundene Exemplar von Herzog Augusts berühmtem Schachbuch (Leipzig 1616); Robert Hookes *Micrographia* (London 1665), ein Werk mit vielen Kupfertafeln, das als Vorläufer der Mikrobiologie gilt; die so seltene Erstausgabe von Grimmelshausens *Simplicissimus Teutsch* (Nürnberg 1669); unter den französischen Rokokobüchern die sechsbändige, in Leder gebundene Ausgabe der Werke Molières (Paris 1734); Johann Kaspar Lavaters vierbändige *Physiognomische Fragmente* (Leipzig 1777), ein Meisterwerk der Druckkunst des 18. Jahrhunderts; Goethes *Römisches Carneval* (Gotha 1789), der kostbarste Klassikerdruck seiner Zeit; und schließlich die Meisterwerke der klassizistischen Typographie von John Baskervilles Lucrez-Ausgabe (Birmingham 1772) über Didots mit Farbdrucken ausgestattetes Werk von J.J. Vadès (Paris 1796) zu Giambattista Bodonis prachtvollen, in Interimspappbänden erschienenen Klassikerausgaben und schließlich der Fürstenausgabe von Wielands *Sämtlichen Werken* in 42 Quartbänden (Leipzig 1794-1802).

Aber nicht nur die kostbaren alten Bücher prägen das Gesicht dieser Bibliothek: Vielmehr sind in den Abertausenden von Werken und Schriften aus den Jahrhunderten zwischen dem Ausgang des Mittelalters und dem Beginn der industriellen Revolution im 19. Jahrhundert das Wissen und die Erkenntnisse, die Erfahrungen und Erlebnisse dieser Zeit überliefert. Die theologischen Texte und medizinischen Traktate, die juristischen Kompendien und literarischen Werke, die Erbauungsschriften und Lehrbücher, die Reisebeschreibungen und historischen Werke, die Handbücher und Lexika, die Flugschriften und Pamphlete bewahren den Geist früherer Jahrhunderte.

Der Bibliothekar beurteilt die alten Bücher nicht nur nach ihrem Inhalt, sondern auch nach der äußeren Gestalt, nach Einband und Ausstattung, Typographie und Illustration. Das Titelblatt sagt vieles über die Entstehung des Buches aus, nennt den Autor mit seinen Titulaturen, den Bearbeiter, den Drucker, den Verleger. In den Buchdekkeln lassen handschriftliche Eintragungen und Exlibris auf die Herkunft, den Vorbesitzer, den Leser schließen. So hat jedes alte Buch, jede kleine Schrift aus früheren Jahrhunderten eine historische Bedeutung als Produkt einer Zeit, als typographisches Werk, als historisches Dokument.

Seit meiner Kindheit üben alte Bücher eine unwiderstehliche Faszination auf mich aus. Ich besitze noch den ersten Band von Schellers deutsch-lateinischem Handlexikon, in abgeschabtes Halbpergament gebunden, aus dem Jahre 1796 und dazu die kindliche Nachzeichnung dieses alten Buches. Damals war ich zwölf Jahre alt: Herr Terveen hatte am Anfang der Zeichenstunde eine Kiste mit Gegenständen ausgepackt: Würfel und Bälle, Kegel und Holzspielzeug und darunter auch ein altes Buch. Ich erinnere mich noch, wie ich damals fieberte, diesen Gegenstand zeichnen zu dürfen. Am Ende der Stunde mußten wir alle Sachen zurückgeben. Ich faßte mir ein Herz und fragte den Zeichenlehrer, ob ich das alte Buch wohl behalten dürfe. Herr Terveen war verdutzt, versprach aber, daß er die Sache im Lehrerzimmer vorbringen wolle. Nach acht Tagen bangen Wartens fragte ich ihn in der nächsten Zeichenstunde nach dem alten Buch. Er hatte die Erlaubnis erhalten, es mir zu überlassen. Seither hat jedes alte Buch für mich eine Aura und übt eine magische Anziehungskraft aus.

Sicherlich war diese bibliophile Neigung die Basis für den Umgang mit Büchern, zumal sie sich mit dem Wunsch paarte, Freunde, Gäste, Gelehrte an diesem Glück teilnehmen zu lassen. Ich habe die Eigensucht des Bibliothekars, der alles für sich behalten will, nie geschätzt. Auch ein Berufsstand wie dieser hat seine sozialen Bindungen. Mich hat dieses Bewußtsein in allem, was ich tat, geleitet. »Aliis in serviendo consumor«: Ich fand diesen Leitspruch meines Lebens in vielen alten Drucken von der Hand des Herzogs Julius von Braunschweig-Lüneburg, des Gründers der Wolfenbütteler Bibliothek, aus dem Zeitalter des Späthumanismus wieder. »Im Dienst an anderen verzehre ich mich«: Ein solcher Appell bewegte nach den Jahren des Krieges die Generation der Davongekommenen. Mit diesem bibliothekarischen Wahlspruch hatte ich meine Diplomarbeit 1948 beschlossen. Als mir der Leiter der Hamburger Bibliotheksschule zu meinem 60. Geburtstag eine Kopie dieser Zulassungsarbeit für das Examen als Diplombibliothekar zuschickte, fügte er die Kopien meiner damaligen Bewerbungsunterlagen vom August 1947, in ordentlicher Sütterlinschrift abgefaßt, bei. Darin heißt es am Ende einer längeren Erklärung, weshalb ich mich »mit ganzem Herzen« dem bibliothekarischen »Betätigungsfeld hingeben« wolle: »Ich erkannte, daß die Bibliothek die geistigen Schätze nicht nur sammeln, katalogisieren und aufstellen soll, sondern jenseits davon eine hohe kulturelle Aufgabe gerade heute im Staate zu erfüllen hat. Hier kann man den Pulsschlag des geistigen Lebens nicht nur messen, sondern auch, durch den Dienst am Buch wirkend, mit beeinflussen. An einer solchen Idee mitzuarbeiten, gestaltete sich mir zu einer verantwortlichen und inhaltvollen Lebensaufgabe.« Damals war ich einundzwanzig Jahre alt.

So ist es verständlich, daß die alten Bücher in Wolfenbüttel zu einer bibliothekarischen Herausforderung wurden. Für Erhart Kästner hatten sie als Ensemble großen ästhetischen Reiz, für mich aber wurden sie zu einer moralischen Verpflichtung.

Auf dem Wege zu einer Bibliotheca illustris

Das Jahr 1968 wird wegen der Studentenrevolution, die mit einem Paradigmawechsel in sozialen und politischen Bereichen verbunden war, als Zäsur in der Nachkriegsgeschichte der alten Bundesrepublik verstanden. Von der Unruhe an den Universitäten bin ich selbst zwar in den nächsten Jahren in meinem Göttinger Nebenamt nicht verschont geblieben, doch Wolfenbüttel lag im Windschatten der Ereignisse. In der Randlage einer Mittelstadt konnte eine »Gelehrtenrepublik« als Idealbild einer Bibliothek entstehen.

Am Anfang meiner Tätigkeit stand so nicht die Betrachtung, sondern das Bauen. Kästners Vermächtnis vor Augen, mußte zunächst das wilhelminische Gehäuse der Bücher in Ordnung gebracht werden. Mit dem Einbau von Toiletten hatte 1961 die Renovierung begonnen: Die sanitären Verhältnisse vorher müssen erschreckend primitiv gewesen sein. Danach war der Lesesaal vergrößert worden, das damalige Handschriftenzimmer, das später mein Dienstzimmer wurde, über dem Vestibül eingerichtet. Arbeitsräume entstanden im Ostflügel durch den Einzug von Zwischendecken. Da schönste und das bleibende Resultat dieser Baumaßnahmen war die Augusteerhalle. Kästner war zu Recht enttäuscht, daß die vier musealen Räume bei seinem Fortgang erst halb fertig waren. Ihre Eröffnung wäre für ihn ein krönender Abschluß beginnender Renovatio gewesen.

Doch mit diesen Arbeiten war erst ein kleiner Teil des Hauses erneuert worden. Im genehmigten Programm fehlte noch die Modernisierung der gesamten Westseite des Gebäudes, und an die Sanierung der übrigen Hälfte des Hauses war gar nicht zu denken gewesen. Ein Neuer aber findet bei seinen Vorgesetzten leichter ein offenes Ohr, je überzeugender er seine Pläne darlegt. So jedenfalls schien es sich nach einem Jahr abzuzeichnen. Doch die finanziellen Sorgen des Landes Niedersachsen waren groß, und die Freigabe der Mittel ließ auf sich warten. Einschalungen und Schutzwände verunstalteten über längere Zeit Vestibül und Halle. Die Arbeiten gingen nach monatelangen Unterbrechungen nur schleppend voran. Der Wunsch, schon 1970 die Last des Bauens los zu sein, erwies sich als Illusion. Wir mußten uns mit eingeschränkten Verhältnissen abfinden. Es war eine schwierige Zeit.

Erfreulich aber verliefen immer die Begegnungen mit dem Architekten, Professor Friedrich-Wilhelm Kraemer. Er hatte einen Lehrstuhl an der Technischen Universität in Braunschweig und zog eine ganze Schule ausgezeichneter Architekten heran. In seinem Büro plante er hervorragende Bauten und galt zu Recht als ein Baumeister, der mit größter Sensibilität und ästhetischem Fingerspitzengefühl seine Aufgaben löste.

Kraemers waren mit Kästners befreundet, und seit 1965 war der Braunschweiger Architekt als künstlerischer Berater für den Umbau der Bibliothek gewonnen worden. Später übernahm sein Büro auch die Bauleitung. Ich hatte das

Glück, die Freundschaft, die den Architekten mit dem Bibliothekar verband, zu übernehmen und in ihm den souveränen Gesprächspartner zu finden, der sich mit viel Verständnis auf die Zusammenarbeit mit Kästners Nachfolger einließ.

Professor Kraemer war von der Aufgabe in Wolfenbüttel ebenso fasziniert, wie ich es von der ersten Stunde an war. Er nahm sich viel Zeit für intensive Baubesprechungen vor Ort. Mit sicherem ästhetischen Instinkt konnte er überzeugende Ideen entwickeln und mit Kunstgriffen einen Raum umgestalten. So verbrachten wir viele anregende Stunden, die der Bibliothek Gewinn brachten.

Kraemer lebte damals noch in Braunschweig, später zog es ihn nach Köln, in die Mitte florierenden Neubaugeschehens. Er war im Kriege schwer verwundet worden. Aber er überspielte seine körperliche Beeinträchtigung durch eiserne Disziplin, einen starken Willen und seinen auf die Sache gerichteten Blick, der erbarmungslos Fehlentscheidungen, die in seiner Abwesenheit ohne ihn getroffen worden waren, kritisieren konnte und genial korrigierte. Kraemer war ein Glücksfall für Wolfenbüttel: Er hat mit seiner Handschrift das Bibliotheksquartier, von dem noch die Rede sein wird, gestaltet. Am Anfang stand der Umbau der Bibliotheca Augusta. Seine Modernisierung setzte ein Signal in Wolfenbüttel.

Der Ministerialdirigent in Hannover

Einer Trias ist der Erneuerungsprozeß der Bibliothek zu verdanken: meinem Amtsvorgänger Erhart Kästner, unserem Architekten Friedrich-Wilhelm Kraemer und einem Ministerialbeamten im Niedersächsischen Kultusministerium Hannover: Rolf Schneider.

Auch wenn ich mir vorgenommen habe, nur wenige Namen von Lebenden in meine Geschichte einzuflechten, so muß ich doch immer wieder Ausnahmen machen. Ohne das Wohlwollen und die umsichtige Förderung durch den Ministerialdirigenten im Kultusministerium hätte Erhart Kästner den Beginn der Bibliothekserneuerung nicht erwirken können, ohne Rolf Schneider wäre ich nicht Kästners Nachfolger geworden. Im Herbst 1966 hatte er uns – Kästner und mich – zu einem Mittagessen in Hannover gebeten. So lernte ich den zurückhaltenden, erfahrenen, freundlichen und höflichen Mann kennen. Er war das Muster eines korrekten höheren Beamten und trug als Leiter der Hochschulabteilung die Verantwortung für alle wissenschaftlichen Einrichtungen im Lande. Der aus Stolp gebürtige Rolf Schneider war am Ende des Krieges preußischer Landrat in Schneidemühl gewesen. Diese Tätigkeit hatte ihn geprägt. Als niedersächsischer Beamter kümmerte er sich nicht nur um die etablierten Hochschulen, ihn interessierte auch das Neue, das Zukünftige. Die Medizinische Hochschule Hannover, an deren Begründung er entscheidenden Anteil hatte, verlieh ihm später die Ehrendoktorwürde. Die Universität Clausthal, für deren Erneuerung er sorgte, ernannte ihn zum Ehrensenator. Als Kästner 1960 das Handtuch werfen und nach Berlin gehen wollte, meldete sich der Ministerialdirigent aus Hannover in Wolfenbüttel an und erklärte: »Herr Kästner, unser Haus trauert.« Dieses Wort setzte damals die Dinge der Bibliothek in Gang.

Schneider schätzte Kästners Griechenlandbücher, er unterstützte den Autor in seinen bibliothekarischen Plänen, und alles, was Kästner erreichen konnte, verdankte er der Unterstützung durch das Ministerium. Der zuständige Ministerialdirigent erwirkte über das Landeskabinett und das Parlament die notwendige finanzielle Aufbesserung und die Mittel für die Baumaßnahmen.

Kästner muß offenkundig Schneider davon überzeugt haben, daß der junge Mann aus Marbach, der aus Oldenburg gebürtige Diplombibliothekar, der richtige Nachfolger für ihn sei. Jedenfalls setzte der hannoversche Beamte alle Hebel in Bewegung, und so wurde in zäher, geduldiger und minutiöser Arbeit ein Stein nach dem anderen für mich aus dem Weg geräumt, so daß am Ende der Landespersonalausschuß den Empfehlungen Rolf Schneiders, die dieser persönlich vorgetragen hatte, folgen mußte.

Das Vertrauen, das das Ministerium in meinen Vorgänger setzte, wurde auf mich übertragen. Auch ich habe Rolf Schneider in den ersten Jahren die so hilfreiche Unterstützung zu verdanken, ohne die ich die Bibliothek nie hätte verändern können. So übernahm ich die gute Beziehung zum Ministerium. Oft fuhr ich, unter Umgehung des braunschweigischen Dienstweges, nach Hannover und erhielt dort die Unterstützung, die ich für den Ausbau der Bibliothek benötigte.

Im Frühjahr 1974 trat Schneider vorzeitig in den Ruhestand. Aber den wohlwollenden Freund hat die Bibliothek dadurch nicht verloren: Sechs Jahre leitete Rolf Schneider den Wissenschaftlichen Beirat der Bibliothek bis 1980, und seit fast zwei Jahrzehnten steht er mir im Vorstand des Freundeskreises der Bibliothek – Schneider ist Ehrenmitglied – mit seinem verläßlichen Rat zur Seite. In Wolfenbüttel hat er sich so ein Denkmal zu Lebzeiten gesetzt.

Das Fest der Bücher

Endlich waren im Frühjahr 1971 die Bauarbeiten im Westflügel der Bibliotheca Augusta abgeschlossen worden. In strahlendem Glanz war aus einem verstaubten, herrschaftsorientierten Gebäude eine Bibliotheca illustris geworden, mit hellen Bücherwänden und mit freundlichen roten Teppichböden. Mit dem weit geöffneten Eingangsportal, dem einladenden Vestibül, den Fürstenporträts und Lessings Denkmal, den Durchblicken durch Glaswände und Glastüren in Arbeitsräume und Lesesaal, mit den leichten Wendeltreppen im Innern des Hauses und den aufgefrischten Kappendecken wirkt die Bibliothek elegant. Durch eingezogene Zwischendecken waren ein graues und ein weißes Magazin entstanden und ergänzten im Eingangsbereich das blaue Magazin.

Als wir am 24. und 25. Mai 1971 ein »Fest der Bücher« mit einer Festversammlung, mit Empfang, Konzert und einem Tag der offenen Tür veranstalteten, war die Überraschung bei den Gästen und Benutzern, bei Presse, Rundfunk und Fernsehen groß: Phoenix war aus der Asche gestiegen. Die Verblüffung war allgemein, die Stimmung prächtig, das Fest wurde ein großer Erfolg. Begeistert berichteten die Zeitungen. Dr. Rudolf Lange, Feuilletonchef der Hannoverschen Allgemeinen Zeitung, der in den nächsten Jahren wie viele Journalisten im Lande die Entwicklung der Bibliothek beifällig und hilfreich begleitete, schrieb damals einen von Bildern umrahmten Artikel:

»Ein altes Haus zeigte sich am Wochenende in neuem Gewande – in einem höchst prächtigen: die Herzog August Bibliothek in Wolfenbüttel. Aus Anlaß der Neueröffnung und der Einweihung der musealen Räume hatte sie zu einem ›Fest der Bücher‹ eingeladen. In der Augusteerhalle mit den riesigen Bücherwänden versammelte sich ein großer Kreis von Gästen, darunter der niedersächsische Ministerpräsident Alfred Kubel, Landtagspräsident Baumgarten, Staatssekretär Dr. Mahrenholz und der frühere Direktor des Hauses, Erhart Kästner. Direktor Dr. Paul Raabe bezeichnete die Bibliothek, die 1972 ihr 400jähriges Bestehen feiert, als eine Oase der Tradition im Wandel der Jahrhunderte; als Forschungsbibliothek soll sie künftig in weit stärkerem Maße als bisher in die Öffentlichkeit hineinwirken. Sein besonderer Dank galt der Landesregierung, vor allem Ministerialdirigent Schneider vom Kultusministerium, der seit dem Beginn der Umbauarbeiten 1962 immer wieder den zügigen Fortgang der Arbeiten ermöglicht hat und dessen tätiger Anteilnahme es nicht zuletzt zuzuschreiben ist, daß die Bibliothek sich heute in einem so zweckmäßigen und zugleich ästhetisch so ansprechenden Zustand präsentiert.

Die Katalogisierung des annähernd 500.000 Bände umfassenden Bestandes der Bibliothek mit neuzeitlichen Hilfsmitteln bezeichnete der Vorsitzende der am selben Tag gegründeten ›Gesellschaft der Freunde der Herzog August Bibliothek‹, Dr. Kurt Lindner, Bamberg, in seiner Ansprache – sie wurde wegen plötzlicher Erkrankung Lindners verlesen – als vordringliches Ziel. Nur so kann endlich der ganze Reichtum dieser einzigartigen Sammlung erschlossen werden. Daß es dazu mäzenatischer Hilfe bedarf, steht außer Frage. Lindners Appell trifft hoffentlich auf offene Ohren.

Ministerpräsident Kubel, offensichtlich stark unter dem Eindruck des genius loci, verzichtete bei seiner Ansprache auf das vorbereitete Manuskript und legte ein Bekenntnis zu Kunst und Kultur ab, wie es aus dem Munde eines Politikers nicht oft zu hören ist. Es komme nicht darauf an, erklärte er mit Nachdruck, die Produktivität der Wirtschaft um ihrer selbst willen zu steigern, diese sei vielmehr nur dann sinnvoll, wenn sie in den Dienst der Förderung kultureller Aufgaben gestellt werde. Als Zeichen echter demokratischer Haltung bezeichnete er die Tatsache, daß die Pflege einer so bedeutenden kulturellen Institution wie der Herzog August Bibliothek nicht dem Staat allein überlassen bleibe, sondern daß auch dank privater Initiative der Bürger Unterstützung geboten werde – ein Grund mehr, die Wolfenbütteler Bibliothek auch in Zukunft zu fördern. Es war zu spüren, wie sehr der Ministerpräsident mit seiner ganzen Persönlichkeit hinter jedem seiner Worte stand, und so war es verständlich, daß er von allen Rednern den stärksten Beifall erhielt.

Nach dem Festakt besichtigten die Gäste unter sachkundiger Führung den aus wilhelminischer Zeit stammenden Bau, der von Prof. Friedrich Wilhelm Kraemer, Braunschweig, mit außerordentlichem Fingerspitzengefühl heutigem Stilempfinden entsprechend umgestaltet wurde. Jedermann ließ sich von der Atmosphäre gefangennehmen, die mit den aufeinander abgestimmten roten und grünen Böden, den hellen Regalen, den weißen Schränken und Tischen noch eine Ahnung von einstiger fürstlicher Pracht aufkommen läßt und doch eine ganz moderne Arbeitsstätte für Bibliothekare und alle wissenschaftlich interessierten Leser darstellt. Des Staunens, nicht allein in der

Schatzkammer mit den kostbaren Handschriften, war bei den Gästen kein Ende; es gab nur fröhliche Gesichter zu sehen, auch die subtropische Temperatur in den Räumen tat der Freude an diesem ›Fest der Bücher‹ keinen Abbruch. Den Ausklang des Tages bildete ein Konzert des Stuttgarter Melos-Quartetts mit Werken von Beethoven, Brahms und Bartók.

Am Sonntag hatte die Bibliothek zu einem Tag der offenen Tür eingeladen. Richtig. Doch ist, genau genommen, in Wolfenbüttel von nun an immer die Tür weit offen.«

Nur die kurze Rede meines Amtsvorgängers hatte der liebenswerte Berichterstatter zu erwähnen unterlassen. Kästner war im letzten Moment mit Frau und Tochter direkt aus Istanbul in Pullover und heller Hose, braungebrannt und agil wie immer, eingetroffen, und als alle Reden vorüber waren, stand er auf und hielt ein Röllchen in der Hand, auf das er mit Schreibmaschine die Sätze geschrieben hatte, die er dann vorlas. Alle Zuhörer waren fasziniert von der Art, wie Kästner den um einen kleinen Holzstab gewickelten Text handhabe. Ich aber war dankbar für die liebenswürdigen Worte und für die Tatsache, daß er, der sich vorgenommen hatte, nie wieder Wolfenbüttels Boden zu betreten, gekommen war. Die längst verschmutzte Rolle, die ich seither in der Tintenschale auf meinem Schreibtisch aufbewahre, überliefert den Text. Ich will ihn zitieren, auch wenn darin schmeichelhafte Sätze über den Nachfolger stehen. Ich habe versucht, sie auszulassen. Es geht nicht: Die Rede verliert ihren Zusammenhalt. So sei sie vollständig zitiert:

»Erlauben Sie mir, als einem so vielfach Angesprochenen, zwei Sätze, in denen ich sagen kann, wie glücklich es mich macht, daß die Dinge hier so gedeihen.

Wir alle haben Vorgänger und Nachfolger, und das Problem Nachfolger – Vorgänger ist nicht kleiner, wenn auch nicht so viel besprochen und nicht so oft dramatisiert wie das Problem von den Vätern und Söhnen.

Daß mein Nachfolger ein so ausgezeichneter, tätiger, weit ausgreifender, plänereicher, musischer Mann ist, der (was ja auch dazu gehört) Glück hat, was alles wir wiederum, wie so vieles, Herrn Schneider verdanken –, und daß beide Herren mir ihre Zuneigung und alte Anhänglichkeit bewahren -: das alles ist selten.

Für eine Bibliothek, die ja eine verdinglichte Überlieferung ist, ist Treue eine Hauptsache.

Denn diese Bibliothek ist eine Bibliothek ohnegleichen, da sie bei allem Gewicht, das sie nun einmal seit vierhundert Jahren besitzt, über das Vermögen verfügt, Freude auszustrahlen.

Wie selten das geworden ist bei dem, was wir heut zu Tage Wissenschaft nennen, das wissen wir Alle.«

Das Geheimnis musealer Räume

Herzog August hatte die 130 000 Schriften seiner Bibliothek in den 28 000 Buchbinderbänden nach der Größe in 20 Fachgruppen aufgestellt. So sparte er Raum und erzielte zugleich eine ästhetische Wirkung. Leibniz schloß die Bibliothek zu Beginn des Neubaus der Bibliotheksrotunde 1704 ab und wählte für die Neuzugänge eine Ordnung, die wir noch heute die »Mittlere Aufstellung« nennen. Dank dieser Entscheidungen konnte die alte fürstliche Bibliothek geschlossen in den mit Galerien ausgestatteten musealen Räumen im Kern des erneuerten wilhelminischen Bibliotheksgebäudes zwischen 1966 und 1972 wieder gezeigt werden. Seither also läßt sich die Idee dieses Barockfürsten nachvollziehen, der sich mit dem gesamten Wissen seiner Zeit umgeben wollte.

Der einst pompöse, zweck- und sinnlose leere Saal im Zentrum des Gebäudes kam dieser Neuaufstellung entgegen: Kraemer und Kästner hatten sich entschlossen, in der Höhe der Podeste der schweren Säulen einen neuen Fußboden einzuziehen. Dadurch verlor der Raum seine überproportionale Höhe. Die früheren Durchblicke in die Magazine wurden abgemauert und das gegenüber dem Eingang liegende Treppenhaus, das, wie Kästner nicht ganz zu Unrecht sagte, »ins Nichts« führte, wurde herausgenommen, ebenfalls hier eine Mauer gesetzt. So entstand die alte Saalbibliothek neu: In drei Galerien übereinander stehen seither die durch ein herumgeführtes Band von Leuchtstoffröhren magisch erhellten Pergament- und Schweinslederbände der theologischen und historischen Bücher Herzog Augusts.

Wenn der Besucher vom Vestibül aus durch die von der Firma Kühn damals in Ostberlin gegossene Bronzetür die Augusteerhalle betritt, ist er von dem Anblick der hellen und hohen Bücherwände überwältigt. Da die Bücher nach der Größe aufgestellt sind – die größten stehen unten, die kleinsten oben –, wird eine noch größere Höhe vorgetäuscht. In den zehn im Raum verteilten, jeweils auf einem Metallsockel ruhenden Vitrinen kann er kostbare Handschriften oder alte Drucke betrachten, er taucht in eine vergessene Welt der Frömmigkeit und Gelehrsamkeit ein.

Der Gast verläßt die Halle an dem »Brunnenloch« und betritt eine dunkle Schatzkammer mit einer niedrigen Betonkassettendecke. An den Wänden setzt sich hinter Glas die Bibliothek Herzog Augusts fort. In der dreiseitigen, an der schweren Decke befestigten Vitrine kann der Besucher weitere Kostbarkeiten bewundern, ehe er sich nach links oder rechts wendet, um die beiden anschließenden Räume zu betrachten. In ihnen sind weitere Abteilungen der Augusteischen Bibliothek in weißen Regalen aufgestellt, die vor den dunkel gehaltenen Wänden einen harmonischen Gegensatz zu dem roten Teppichboden bilden. Die Globen und Landkarten befinden sich in dem einen, die modernen Malerbücher in dem anderen Kabinett.

In der Visualisierung der Büchersammlung Herzog Augusts liegt das Geheimnis der Renaissance der Wolfenbütteler Bibliothek. Die Präsenz der langen Bücherreihen und die Eleganz verfremdeter wilhelminischer Architektur haben den vergessenen Ort wieder bekannt gemacht. Viele Veranstaltungen finden seit dem Beginn der siebziger Jahre unter den alten Büchern der Halle statt: Konzerte und Autorenlesungen, Vorträge und Festveranstaltungen, Inszenierungen und Empfänge. So prägen sich den Gästen die alten Bücher als Zeugnisse der Vergangenheit in der zeitgemäßen Vermittlung ein, und das Lob, das uns gezollt wurde, sollte sich nach und nach in barer Münze auszahlen. Ohne diese musealen Räume gäbe es heute kein internationales Forschungszentrum in Wolfenbüttel, und ich behaupte sogar, daß ohne diesen Ort auch die Sanierung der Stadt nicht in Gang gekommen wäre.

Dies alles beeindruckte aber die Denkmalpfleger, die im Europäischen Denkmalschutzjahr 1975 die Augusteerhalle anläßlich einer Jahrestagung in Niedersachsen zu einem ihrer Veranstaltungsorte gewählt hatten, nicht. Im Gegenteil: Die rabiaten Reden, in denen die Experten die Eingriffe des Architekten in die zu schützende wilhelminische Hallenarchitektur verdammten und die musealen Räume der Bibliothek als modernistische Barbarei anprangerten, habe ich noch gut in Erinnerung. Wie ein

Hunnensturm waren sie durch die Bibliothek gefegt. Seither habe ich eine begründete Abneigung gegen den Purismus der Denkmalpflege, wenn sie kompromißlos wiederherstellen will, ohne dem Umfeld Rechnung zu tragen und den Nutzen zu bedenken, den das restaurierte Gebäude stiften soll. Ich habe es stets als grotesk empfunden, wie Denkmalpflegern der Farbanstrich eines Giebels wichtiger war als die Beeinträchtigung des ganzen Gebäudes durch den mörderischen Verkehr.

So hatten die Experten auch keinen Sinn dafür, daß an den Wänden der Bibliotheca Augusta wieder eine der interessantesten historischen Bibliotheken zu sehen war. Das zählte nicht. So habe ich mich auch damit abgefunden, daß in den Kunstführern, in denen die akademische Denkmalpflege die Feder führt, selten auf die Wolfenbütteler Bibliothek eingegangen wird. Allerdings war ich doch sehr verletzt, als viele Jahre später die zuständige Behörde verhindern konnte, daß das Bibliotheksquartier mit einem Straßburger Denkmalpreis ausgezeichnet wurde.

Der Bibliothekar Otto von Heinemann, der den wilhelminischen Neubau Anfang der achtziger Jahre des 19. Jahrhunderts durchgesetzt hatte, hat sich übrigens zeitlebens abfällig über die sinn- und zwecklose Halle im Zentrum des Neubaus geäußert: Er hatte kaum Einspruchsmöglichkeiten gegenüber der herzoglichen Baudirektion, deren Werk die heutigen Denkmalpfleger so vehement verteidigten. Welch eine Ironie der Geschichte, wenn man bedenkt, daß es die herzoglichen Baumeister waren, die zugleich mit dem Neubau den Abriß der von Leibniz geplanten Bibliotheksrotunde, eines der interessantesten deutschen Bibliotheksbauten, verfügten.

Heute ist das abweisende Haus zu einer einladenden »Bibliothek als Museum« geworden. Man kann wieder nachempfinden, wie die Gäste vor 200 Jahren von den Bücherschätzen in der alten Bibliothek überwältigt waren. »Welche erstaunliche Menge von Büchern, und wie wenig weiß man!« hatte Moses Mendelssohn ausgerufen, als er 1770 seinen Freund Lessing besuchte. Diese Erfahrung macht der Betrachter heute wieder: Er steht staunend vor dem Wissen der Vergangenheit.

Hunderttausende haben seit 1971 die Bibliothek in Wolfenbüttel als ein Museum kennengelernt, als einen Ort zum Verweilen und zum Nachdenken über den Lauf der Welt, der in den Büchern früherer Jahrhunderte bewahrt wird. Anders als in Klosterbibliotheken, die der Tourist besucht, spürt der Gast hier, daß die Überlieferung kein totes Kapital ist, sondern eine Quelle des Wissens für die Gelehrten aus vielen Ländern, die die alten Bücher studieren.

Seit dem »Fest der Bücher« im Mai 1971 steht die Bibliotheca Augusta, von freundlichen Aufsehern bewacht, täglich den Besuchern offen. Mit ihrer Präsentation hat der Aufbruch in Wolfenbüttel begonnen. Die Bibliothek als Museum, als Schausammlung, als Stätte der Begegnung mit dem alten Buch: Dieser kulturelle Impetus hat weitreichende Konsequenzen bewirkt.

Musik unter alten Büchern

Unser Architekt und seine charmante Frau, die wir die »Fürstin« nannten, waren begeisterte Musikfreunde. Sie förderten junge Musiker, so vor allem den damals noch nicht so berühmten Pianisten Christoph Eschenbach, der wiederum seinen jungen, außerordentlich liebenswerten

47

Freund Justus Frantz einführte. An dem Sonntagnachmittag des 17. November 1968 gaben sie, von Kraemers, meiner Frau und mir gemeinsam eingeladen, in der Augusteerhalle ein Konzert. Unter den vielen Gästen war auch der Architekt Egon Eiermann, der sich wie alle Zuhörer nicht nur enthusiastisch über das Konzert äußerte, sondern auch über die ganz besondere Akustik der Augusteerhalle. Der eingezogene Fußboden wirkt wie ein natürlicher Resonanzboden, und die Bücherwände nehmen in dem hohen Gewölbe den Nachhall fort.

Christoph Eschenbach und Justus Frantz spielten Mozarts C-dur-Sonate (KV 521) und Maurice Ravels *Ma mère l'oie* zu vier Händen, Eschenbach außerdem eine Schubert-Fantasie. Zwischen den Musikern und dem nahe sitzenden Publikum gab es keine Distanz und kein Gegenüber, das machte, von allen Gästen gelobt, die ganz ungewöhnliche Stimmung des festlichen Konzerts aus. Der Klavierabend wurde der Auftakt zu den vielen Kammerkonzerten und Soloabenden, die seither in der besonderen Atmosphäre der Augusteerhalle, in dem sehr privat wirkenden Rahmen unter den alten Büchern stattfinden. Gern denke ich an die unvergeßlichen Abende zurück, an die Trompetenkonzerte von Adolf Scherbaum mit seinem Barockensemble zum Beispiel oder an das virtuose Spiel der Brüder Kontarsky an zwei Klavieren, an die Flötenkonzerte von Aurel Nicolet und Paul Meisen, an die vielen Streichquartette, die Liederabende, die Konzerte auf historischen Instrumenten. Die Musik unter alten Büchern gehörte vom neuen Anfang an zum Programm der Bibliothek.

Aus Anlaß einer Festwoche wurde 1970 das Michael-Praetorius-Collegium gegründet, zur Erinnerung an den berühmten Komponisten, der am Ende des 16. Jahrhunderts in Wolfenbüttel wirkte. Der Musikverein veranstaltet seither viele seiner Kammerkonzerte in der Bibliothek. Das gilt auch für die Musikabende des Freundeskreises der Bibliothek, von dem noch erzählt werden soll.

Auf Anregung von Reimar Dahlgrün und André Gertler, damals Professoren an der Hochschule für Musik und Theater in Hannover, wurde 1979 in der Bibliothek die IMAS, die Internationale Musikakademie für Solisten, gegründet, die in den ersten sieben Jahren jährliche Kurse für Nachwuchssolisten in drei Fächern unter Leitung renommierter Künstler in der Bibliothek durchführten. So kamen jedes Jahr 15 bis 20 junge, begabte Musiker, Sänger und Sängerinnen aus vielen Ländern ins Haus: Man unterrichtete im Lessinghaus in drei Räumen, meine Frau organisierte den Ablauf; die Vorspiele und das Abschlußkonzert, jedesmal aufregende Höhepunkte im Jahresprogramm der Bibliothek, fanden unter den Büchern der Augusteerhalle statt. So lernten wir Elisabeth Schwarzkopf und später Birgit Nielsen kennen; ihr intensiver Unterricht im Gartensaal des Lessinghauses ist dem kleinen Kreis der ausgewählten Teilnehmer und Zuhörer unvergeßlich. Der bekannte Cellist André Navarra gehörte zu den Dozenten, über Jahre gab der strenge André Gertler Geigenunterricht. Einmal gab es 1982 einen atemberaubenden Wettstreit zwischen zwei jungen hochbegabten Geigerinnen, der Rumänin Lenuta Atanasiù und einer kleinen Japanerin, Elisa Kavaguti, deren unglaublich temperamentvolles Spiel alle Zuhörer in seinen Bann zog.

Seit 1987 setzt die IMAS ihre Arbeit im Schloß Bückeburg fort. Nach dem allzu frühen Tod Reimar Dahlgrüns und dem Ausscheiden des achtzigjährigen Bela Bartók-Interpreten André Gertler, der in Brüssel lebt, haben sich die äußeren Verhältnisse geändert. Wir konnten es kaum noch zulassen, über Wochen das Lessinghaus zum Musizieren zu schließen. Wir haben den Fortgang zwar bedauert, freuen uns aber, daß die IMAS an einem anderen historischen Ort in Niedersachsen weitergeführt wird.

Die Lessing-Akademie

Die Bibliothek stand auch Pate bei der Gründung einer anderen Akademie, die im Zeichen deutsch-jüdischer Verständigung stehen sollte. Von Marbach her kannte ich Dr. Günter Schulz, den Schillerforscher und Goetheverehrer, der über viele Jahre die Bremer Volkshochschule leitete. Er war ein äußerst urbaner, großzügiger, ideenreicher Mann, der über Jahrzehnte erfolgreiche Bildungsarbeit leistete und der sich gemeinsam mit seiner Frau, Ursula Schulz, der Erforschung der Aufklärung in Deutschland widmete. Er fühlte sich von dem Ort, an dem Lessing gewirkt hatte, angezogen, und so machte er mir im Februar 1970 den Vorschlag, in Wolfenbüttel eine Lessing-Akademie zu gründen, die im Geiste der Toleranz und Verständigung die Aufklärungsforschung und zugleich die Beziehungen zu Israel fördern sollte.

Günter Schulz siedelte mit seiner großen Bibliothek von Bremen nach Wolfenbüttel über. Wir hatten große Hoffnungen auf Dr. Max Plaut aus Hamburg gesetzt, der im letzten Kriege als Stellvertreter Leo Baecks Wortführer der deutschen Juden gewesen war. Er wurde der erste Präsident der Lessing-Akademie, die wir in unserer Dienstwohnung im Frühjahr 1971 gemeinsam mit dem Wolfenbütteler Bürgermeister Ernst-August Schütze und dem Braunschweiger Verwaltungspräsidenten Willi Thiele gründeten. Diesem ersten Vorstand gehörte außerdem Professor Karl-Heinrich Rengstorff an, der sich ebenfalls um die deutsch-jüdische Aussöhnung große Verdienste erworben hatte.

Die Lessing-Akademie wurde in dem kleinen Kreis der Gründungsmitglieder, dem auch Frau Schulz, Frau Plaut und meine Frau angehörten, etwas überstürzt ins Leben gerufen, da gegenüber der Bibliothek an der Lessingstraße ein Haus zum Verkauf stand, das sich in dieser Nachbarschaft hervorragend als Domizil für die Lessing-Akademie geeignet hätte. Doch der Kauf zerschlug sich: Die Summe von DM 120 000,- war nicht sofort aufzubringen. So stand von Anfang an in finanzieller Hinsicht kein guter Stern über der Institution. Die Geschäftsräume wurden vorübergehend im Küchenflügel des Lessinghauses eingerichtet – aus dieser Zeit stammt auch das entsprechende Signet –, doch als der Umbau hier begann, mußten neue Räume am Schloßplatz angemietet werden, bis schließlich mit Hilfe der Stadt für die Lessing-Akademie eine leider immer noch vorläufige Bleibe am Rosenwall gefunden wurde.

Nach dem Tode Plauts hatten wir Walter Hesselbach, den Vorstandsvorsitzenden der Bank für Gemeinwirtschaft in Frankfurt, als Präsidenten gewonnen. Doch auch er konnte den Verein Lessing-Akademie, dem ein Stiftungskapital fehlte, nicht aus der finanziellen Enge herausführen. Immer wieder war es Günter Schulz, der Geldquellen für die laufende Arbeit erschloß. Aus der Spende eines Industriellen, Georg Poensgen, konnten dann die ersten Bände der *Wolfenbütteler Studien zur Aufklärung* finanziert werden, in denen die Ergebnisse der Symposien veröffentlicht wurden, die die Lessing-Akademie seit 1973 durchführt.

Einige Jahre stand Karl-Heinrich Rengstorff, eine anerkannte theologische Autorität, an der Spitze der Akademie, ehe dann Anfang der achtziger Jahre Rudolf Vierhaus, der langjährige Direktor des Max-Planck-Instituts für Geschichte in Göttingen, die Geschäfte übernahm.

Durch Günter Schulz war vieles in Bewegung gesetzt worden: Die ersten Dichterlesungen und Vorträge in der Bibliothek, die wir der Lessing-Akademie für ihre Veranstaltungen zur Verfügung stellten; die Veröffentlichungen in dem eigens gegründeten, aber nicht lebensfähigen Jacobi-Verlag in Bremen; die Folge der Symposien über das Weltbild der Aufklärung und später über ihre Zentren, der Austausch mit Wissenschaftlern und manches andere.

Doch Günter Schulz war enttäuscht von der Entwicklung, die seine Idee nahm. Er hatte sich eine blühende Lessing-Akademie gewünscht. So zog er sich zurück, siedelte nach Kassel über und ist dort in hohem Alter vor einigen Jahren gestorben. Seine Frau folgte ihm ein paar Monate später in den Tod.

Für die Herzog August Bibliothek war die Gründung der Lessing-Akademie ein Prüfstein eigener Entwicklung. In mancher Hinsicht konnten wir uns die Form der Symposien zum Vorbild nehmen, und auch die kulturellen Veranstaltungen erwiesen sich im Laufe der Jahre als Bahnbrecher einer Bibliothek in ihrer Umwandlung zu einer wissenschaftlichen Institution.

Vom Dach bis in den Keller

Im Gegensatz zur geschilderten Akademie konnte sich die Bibliothek auf dem sicheren Fundament einer Landeseinrichtung Schritt für Schritt weiterentwickeln. Das »Fest der Bücher« hatte uns mit seinem Erfolg Auftrieb gegeben. Der letzte Bauabschnitt war inzwischen genehmigt worden: In einem Wettlauf mit der Zeit wurden die noch notwendigen Arbeiten durchgeführt und die alten Magazine mit den doppelgeschossigen Holzregalen als Einrichtung wilhelminischer Bibliotheksarchitektur aufgefrischt. Das galt auch für die schmiedeeisernen Roste und die Pulte an den Geländern dieser Anlage. So entstanden ein rotes und ein grünes Magazin, deren Eleganz auch durch den Parkettfußboden betont wird. Der verstaubte Keller wurde entrümpelt und ein Fußboden aufgeschüttet. Neue Räume entstanden auch hier, die Klimaanlage mußte umgerüstet, eine Sicherungsanlage eingebaut werden. Viele Umräumungen waren notwendig. In einer Großaktion hatten wir die Bücher inzwischen mit Individualsignaturen versehen. Als ich 1968 kam, war nur ein kleiner Teil der Bestände mit laufenden Nummern versehen: Nur der Magazinmeister, der tüchtige, allzu früh mit 50 Jahren 1970 verstorbene Gerhard Halm, hatte sich ausgekannt.

Im Sommer 1972 wurde das Dach erneuert, und da das Haus eingerüstet war, wurden auch die über Jahrzehnte dunkel gewordenen Außenmauern mit einem Sandstrahlgebläse gereinigt und bei dieser Gelegenheit die goldene Schrift über dem Eingang aufgefrischt. So war das Haus vom Dach bis in den Keller endlich renoviert, noch rechtzeitig zum Festakt der Bibliothek, mit dem das Jubeljahr 1972 abgeschlossen werden sollte.

Mit dem Umbau des Bibliotheksgebäudes war der wilhelminische Ungeist, eine selbstgerechte, abweisende, bürgerfeindliche Lebensform, endgültig aus dem Hause vertrieben worden. Und auch für Milchsacks Geist war kein Platz mehr. Ich habe diesen noch sehr konkret zu Anfang meiner Dienstzeit im Herbst 1968 erlebt. Wenn ich in den ersten zwei Monaten sehr spät abends in meinem Dienstzimmer arbeitete, hörte ich hin und wieder plötzlich ein undefinierbares Gepolter im Hause, das mich zuerst sehr erschreckte. Ich erkundigte mich, was es wohl mit dem nächtlichen Spuk auf sich habe, und wurde belehrt, daß Milchsacks Geist nachts bisweilen im Magazin sein Unwesen triebe. Gustav Milchsack hatte nach der Jahrhundertwende fast zwanzig Jahre die Bibliothek geleitet, ein pingeliger und strenger Oberbibliothekar, den nicht die Benutzer interessierten, sondern nur seine Doppeldrucke, die er durch Vergleich scheinbar identischer Exemplare entdeckt hatte, übrigens eine bahnbrechende buchgeschichtliche Forschungstat. Mit dem fortschreitenden Umbau verschwand das nächtliche Gepolter. Wir hatten mit der Erneuerung der Bibliothek Milchsacks Geist endgültig aus dem Haus getrieben.

Kurt Lindner
und die Gründung des Freundeskreises

Das Festjahr zum 400jährigen Bestehen der Bibliothek stand vor der Tür. Daß wir es mit zahlreichen Veranstaltungen begehen konnten, war der privaten Finanzierung durch den neuen Freundeskreis zu verdanken. Diese »Gesellschaft der Freunde der Herzog August Bibliothek«, die heute weit über 800 Mitglieder zählt, ist mit dem Namen eines Mannes verknüpft, dem Wolfenbüttel unendlich viel zu verdanken hat: Kurt Lindner.

Er war ein erfolgreicher Großindustrieller in Bamberg, wo er die väterliche Fabrik mit seinem Freund nach dem Verlust der Firma in Sondershausen in Thüringen nach dem Kriege neu aufgebaut hatte. Er gehörte zu den angesehensten Unternehmern in Deutschland, 25 Jahre hatte er den Verband der deutschen Elektroindustrie geleitet. Er genoß in Bayern einen ausgezeichneten Ruf, aber auch in Niedersachsen war er gewissermaßen zu Hause, denn in seiner Eigenschaft als Verbandspräsident war er stellvertretender Aufsichtsratsvorsitzender der Hannover-Messe AG geworden, der bekanntlich größten europäischen Industriemesse. An ihrer Spitze stand damals Alfred Kubel, Niedersachsens Ministerpräsident. Dieser hatte seinem Stellvertreter, einem leidenschaftlichen Jäger, im Oberharz einen Sechzehnender zum Abschuß freigegeben, und da Lindner diesen Hirsch einen Tag früher geschossen hatte, als vorgesehen – er war auf dem Wege zur Messe –, hatte er einen Tag zur freien Verfügung, den er zu einem Besuch der Herzog August Bibliothek nutzte.

So lernte ich den lebhaften, temperamentvollen, immer liebenswürdigen und anregenden Kurt Lindner im Herbst 1969 im Katalograum der Bibliothek kennen. Er suchte ältere Jagdliteratur, und ich erfuhr, daß die Geschichte der Jagd sein Forschungsgebiet war, dem er sich in den wenigen freien Stunden, die ihm blieben, mit der ganzen Leidenschaft eines Mannes widmete, der neben seinem anstrengenden Beruf eine ausgleichende Erholung suchte. Der promovierte Jurist, damals, als wir uns kennenlernten, 65jährig, fand sie in seiner wissenschaftlichen Arbeit: Darin waren wir uns verwandt.

Wir kamen ins Gespräch, und ich erzählte ihm von den veralteten Katalogen, von dem mühsamen Fortgang der Bauarbeiten, den fehlenden Mitteln, kurz: Ich schüttete ihm mein Herz aus, nachdem ich gespürt hatte, wie aufmerksam mein Gast zuhörte. Er kannte als Benutzer viele Bibliotheken im In- und Ausland und besaß selbst eine große jagdgeschichtliche Privatbibliothek. So konnte er meine Sorgen verstehen.

Das Gespräch setzten wir im Briefwechsel fort, wenig später besuchte ich Kurt Lindner in Bamberg und während seiner Kur in Bad Wörishofen. Er hatte inzwischen mit der Norddeutschen Landesbank und ihrem Vorsitzenden Dr. Pleister Verbindung aufgenommen: Eine größere Spende, über mehrere Jahre verteilt, sollte der Einführung der damals noch jungen elektronischen Datenverarbeitung dienen, damit die alten Bestände besser erschlossen werden konnten. Vor allem aber strebte er, wie ich, die Gründung eines Freundeskreises an, der nach seiner Vorstellung die Lobby der Bibliothek gegenüber Parlament und Regierung verkörpern sollte.

Mit der Präzision eines erfolgreich arbeitenden Unternehmers bereitete er die Satzung, den Zeitplan, die Besetzung der Vorstandsposten und die künftige Strategie vor. Er hatte mit dem Ministerpräsidenten Kontakt aufgenommen, auch mit dem Finanzminister, Professor Heinke. So war man in Hannover im Bilde, was in Wolfenbüttel geschehen sollte. »Herr Kubel, waren Sie schon mal in Wolfenbüttel?« hatte Lindner den Chef des Landes gefragt. »Was soll ich denn in Wolfenbüttel?« soll dessen verwunderte Antwort gewesen sein. An einem Samstagnachmittag im Sommer 1970 kam Alfred Kubel mit seiner Frau und Tochter zu einem privaten Besuch. Nach einem Rundgang durch die Bibliothek tranken wir in unserer Wohnung nebenan Tee und sprachen über die nächsten Schritte, die zum Ausbau der Bibliothek notwendig waren. Kubel hörte zu: Ich wußte, daß ich in dem Ministerpräsidenten, der freundlich, sachlich und korrekt war, einen wohlwollenden Gönner gefunden hatte: Die Herzog August Bibliothek wurde zur Chefsache. Offensichtlich war Lindners Einfluß im Lande beachtlich.

So wurde an dem Vormittag des 22. Mai 1971, an dem das »Fest der Bücher« stattfand, die »Gesellschaft der Freunde der Herzog August Bibliothek« in einem Kreis von 20 geladenen Persönlichkeiten in der Bibelsammlung der Bibliothek gegründet. Da Dr. Lindner im letzten Moment wegen einer akuten Erkrankung hatte absagen müssen, fiel mir die Aufgabe zu, die Versammlung zu leiten, die Gründung vorzubereiten und den Vorstand wählen zu lassen. Alles lief zügig und reibungslos zur Verblüffung der anwesenden Göttinger und Braunschweiger Professoren, die inzwischen an ihren Universitäten die Erfahrung endloser Tagesordnungsdebatten gemacht hatten.

Ein paar Wochen später trat der Vorstand unter Leitung von Kurt Lindner, dem immer optimistischen Präsidenten, zusammen. Dr. Günther Findel, Chef der Firma Jägermeister in Wolfenbüttel, wurde zum Vizepräsidenten gewählt und der Frankfurter Verleger Dr. Vittorio Klostermann zum Schatzmeister. Auch der berühmte Historiker Professor Hermann Heimpel gehörte neben Professor Kraemer, Bodo Schintzel, Rolf Schneider und dem braunschweigischen Verwaltungspräsidenten Willi Thiele dem Kreis an, dessen geschäftsführendes Vorstandsmitglied qua Amt seither der Direktor der Bibliothek ist. Beschlossen wurde, nach dem Erfolg des Bücherfestes, das Jubiläumsjahr 1972 zu finanzieren, für dessen Programm erste Vorschläge vorlagen. Souverän hatte Kurt Lindner die Sitzung geleitet. Die Bibliothek hatte ihren größten und selbstlosesten Förderer gefunden.

»Das achte Weltwunder«

Je genauer ich die Bibliothek kennenlernte, um so neugieriger machte mich ihre Geschichte. Otto von Heinemanns historische Darstellung von 1894 war meine Pflichtlektüre gewesen. Aber sie gab kaum Antwort auf die Fragen, die mich interessierten: Welchen Rang hatte Wolfenbüttel in der Geschichte, was waren die »Taten«, nach denen Lessing eine Bibliothek beurteilte, wem hatte sie über Jahrhunderte hin genützt, worin also bestand ihr Ruhm? Lessing hatte seinem Vater seine ersten Eindrücke in einem Brief vom 27. Juli 1770 so geschildert: »Das allerbeste aber dabey ist die Bibliothek, die Ihnen schon dem Ruhm nach bekannt seyn muß, die ich aber noch weit vortrefflicher gefunden habe, als ich mir sie jemals eingebildet hätte.« Giacomo Casanova, der Wolfenbüttel sechs Jahre zuvor besucht hatte, schrieb in seine Memoiren: »Ich verbrachte acht Tage in dieser Bibliothek, die ich nur verließ, um zum Essen und zum Schlafen in meinen Gasthof zu gehen. Ich kann diese acht Tage zu den glücklichsten meines Lebens zählen, denn ich war nicht einen Augenblick mit mir selber beschäftigt; ich dachte weder an die Vergangenheit noch an die Zukunft, und mein Geist, der sich vollständig in die Arbeit versenkt hatte, konnte die Gegenwart nicht bemerken. Ich habe seitdem zuweilen gedacht, daß vielleicht das Leben der Seligen etwas Ähnliches sein könnte.«

Das Bibliotheksgebäude, in dem Casanova arbeitete, steht nicht mehr: Die 1887 abgerissene Rotunde, die zwischen 1704 und 1710 von dem Landbaumeister Hermann Korb errichtet worden war, stand zwischen dem Zeughaus und dem Lessinghaus, dort, wo sich heute noch eine Lücke in dem einst geschlossenen Schloßplatz befindet. Das Haus hatte eine besondere Atmosphäre, von der auch Friedrich Wilhelm Zachariä in seinem Epos *Die Tageszeiten* (1756) geschwärmt hatte:

»Angenehmer fließen die schwülern Stunden des Mittags
Einem Gelehrten im Büchersaal hin. Hier athmet er Ruhe;
Von dem leeren Geräusch der eitlen Besuche gesondert,
Und gestorben für Narren, und ungehirnte Geschöpfe,
Unterhält er sich hier mit unterrichtenden Todten.
Bringe mich itzt, o Muse, zu jener hohen Rotunde,
Zu der Zierde des Gvelfischen Hauses, und laß mich
                                        dort geizig
Reiche Schätze sammeln von allen Arten der Weisheit.
Forsche von denkenden Griechen, oder geh zu dem
                                        Römer,
Welcher, uns Söhne der Gothen, mit seiner Einsicht
                                        erleuchtet.
Suche die alten Geschichtschreiber auf; und laß die
                                        Gesänge
Göttlicher Dichter, die Seele mit Harmonien erfüllen,
Die, wie die Harmonien der Sphären, nur Weise
                                        verstehen.«

Das Wort Rotunde versah der Autor mit einer Fußnote, die auf »die berühmte Wolfenbüttelsche Bibliothek« verwies. Dieses Bauwerk hatte Aufsehen erregt. Es galt als frühester selbständiger Bibliotheksbau für eine profane Bibliothek in der frühen Neuzeit. Die Rotunde wurde auch zum Vorläufer für den gewaltigen Lesesaal des Britischen Museums am Bloomsberry Square in London, den es leider nach dem Umzug der heutigen British Library nicht mehr geben wird.

Doch der ungewöhnliche Ruf der Bibliothek war älter. Schon in Merians Topographie von 1654 wurde die »in gantz Europa berühmte Bibliothek« gelobt. Damals standen die Bücher in zwei übereinandergebauten Sälen des ehemaligen Marstalls. Auf der Suche nach weiteren Zeugnisssen fand ich auch einen Vers in einem barocken Gedicht aus dem Jahre 1661:

> »Dieser Bücher Lust-Gezelt
> Mag ich billig wol erkennen
> Für ein Wunderwerk der Welt
> Und es recht das Achte nennen.«

Sicherlich, das war eine poetische Übertreibung, die geistreiche Schmeichelei eines dem Herzog huldigenden Dichters. Doch in Bezug auf Bibliotheken in der Mitte des 17. Jahrhunderts war eine solche Einordnung in die Weltwunder so abwegig nicht. Es gab damals in Europa keine Büchersammlung, die in ihrer Größe und der Schönheit ihrer Präsentation einem Vergleich mit der Wolfenbütteler standhalten konnte. Sie war das Werk eines gelehrten Fürsten, der, statt Kriege zu führen, Bücher sammelte und so ein Lebenswerk schuf, das inzwischen vier Jahrhunderte überdauerte. Ein monumentum eruditionis, ein Denkmal der Gelehrsamkeit hatte der Fürst, abseits der Zentren der großen Politik, errichtet. Die Reiche der Kaiser und Könige sind längst untergegangen. Das gilt auch für Herzog Augusts Fürstentum, das er nach dem Dreißigjährigen Krieg umsichtig wieder aufgebaut hatte. Doch seine Bibliothek, die heute seinen Namen trägt, hat ihn überlebt.

Der Nachruhm dieser Bibliotheca Augusta ist eng mit dem Bibliotheksneubau zu Beginn des 18. Jahrhunderts verknüpft. Die Universitas literarum architektonisch durch einen Rundbau zum Ausdruck zu bringen, war wohl Leibnizens Idee gewesen. Das Tageslicht fiel durch die Scheiben der oberen Laterne und die Fenster in den Saal und die Rundgänge und gab der Bibliothek an hellen Tagen ein strahlendes Aussehen. Als der Dichter Friedrich Matthisson 1794 die Bibliothek besichtigte, verglich er die Rotunde mit dem Pantheon in Rom: Sie könne sich »einer ebenso günstigen Erleuchtung rühmen«.

Tausende von Besuchern haben allein im 18. Jahrhundert die Bibliothek betrachtet, denn Führungen, wie sie heute stattfinden, gibt es seit jener Zeit fast ohne Unterbrechung. Sie unterschieden sich von den heutigen zweifellos, denn es gab noch keine kundigen Bibliothessen, sondern es war Sache des Bibliotheksdieners, die Besucher herumzuführen. (Noch zu Erhart Kästners Zeiten führte der Hausmeister durch die Bibliothek!) Die überwältigende Wirkung, die die Bücherreihen auf die Besucher machten, aber ist die gleiche geblieben. Nur die Objekte, die der damalige Bibliotheksdiener seinen staunenden Gästen vorführte, werden heute nicht mehr gezeigt: das große Trinkglas, aus dem Martin Luther getrunken haben soll; das verrußte *Paradiesgärtlein*, das berühmte Erbauungsbuch von Johann Arnd, das nach dem Brand eines Hauses unversehrt in der Asche gefunden worden sein soll; die abgegriffene Bibelausgabe, mit der ein Setzerlehrling Schabernack getrieben und das »nicht« aus dem 6. Gebot getilgt hatte, so daß man »Du sollst ehebrechen« liest, und weitere Kuriositäten.

Solche Merkwürdigkeiten schätzte das oft von weither gereiste Publikum. Doch der Ruhm der Bibliothek war nicht darauf beschränkt. Vielmehr begründete Herzog August selbst den Ruf seiner Büchersammlung, die er als Bibliotheca Augusta, als »erhabene« Bibliothek, bezeichnete. Eine Sammlung dieser Größe gab es noch nicht in der Bücherwelt. Weder die Bibliothèque Royale in Paris noch die Privatsammlung des Kardinals Mazarin, weder die Vaticana noch die Bodleiana reichten damals im Umfang an Herzog Augusts Bibliothek heran.

So ist es auch verständlich, daß die Wolfenbütteler Bibliothek immer wieder bekannte Wissenschaftler anzog. Das ist bis heute so geblieben. Mit der Bedeutung der Bestände ist es auch zu erklären, daß zwei hervorragende Gelehrte und Schriftsteller der Aufklärung in Deutschland als Bibliothekare in Wolfenbüttel im 18. Jahrhundert wirkten und den Ruhm der Bibliothek beträchtlich gefördert haben: Gottfried Wilhelm Leibniz, der von Hannover aus im Nebenamt 26 Jahre bis zu seinem Tode 1716 hier tätig war, und Gotthold Ephraim Lessing, der die letzten elf Jahre seines Lebens von 1770 bis 1781 in Wolfenbüttel verbrachte.

Längst ist die Bibliothek von anderen Sammlungen im In- und Ausland überrundet worden, im 18. Jahrhundert vor allem zunächst durch die neugegründete Universitätsbibliothek in Göttingen, dann durch die fürstlichen Bibliotheken in Dresden, Berlin, München; im Ausland durch die Königliche Bibliothek in Paris, die Bodleiana in Oxford, die Akademie-Bibliothek in St. Petersburg. Im Konzert der großen europäischen Bibliotheken hatte die Herzog August Bibliothek ihren ersten Platz verloren. Ihn zurückzuerobern, hatte ich mir zur Aufgabe gestellt. Die Erinnerung daran, daß sie einmal als »Achtes Weltwunder« besungen wurde, beflügelte uns, an den alten, vergessenen Ruhm wieder anzuknüpfen. Die Rückbesinnung auf die eigene Vergangenheit sollte zum Schlüssel für die Zukunft werden. Das Jahr 1972 bot dazu eine willkommene Gelegenheit: Es brachte die überraschende Wende in der Geschichte der Bibliothek.

400 Jahre Bibliothek zu Wolfenbüttel

Das Datum hatte Erhart Kästner gewissermaßen vorgegeben. »Ich habe zusammen mit dem Kollegen Butzmann festgelegt«, hatte er in seinem »Testament« geschrieben, »daß das Jahr 1572 als das Gründungsjahr unserer Bibliothek anzusehen ist. Im Jahr 1571 und 72 nämlich sind die Handschriften aus den Klöstern in eine Liberey im Schloß der Festung Wolfenbüttel zusammengeströmt. Es bildete sich damals die Bibliotheca Julia, die später, 1618, nach Helmstedt übereignet wurde und von dort im 19. und 20. Jahrhundert wieder hierher zurückkam. Da die Bibliotheca Julia 1572 eine Libereyordnung bekam, wird man in dieser Libereyordnung eine Art Gründungsurkunde unserer Bibliothek sehen dürfen.«

Die Anfänge auf den späthumanistischen Herzog Julius zurückzuführen, der 1568 die Reformation in seinem Fürstentum einführte und 1575 die Landesuniversität Helmstedt gründete, war durchaus berechtigt, auch wenn nach der Überführung der Bestände nach Helmstedt der Hof in Wolfenbüttel ein Vierteljahrhundert ohne Bibliothek war: Denn erst 1643 zog Herzog August, der 1634 die Erbnachfolge des ausgestorbenen Mittleren Hauses Braunschweig-Lüneburg angetreten hatte, nach dem Sonderfrieden mit den kaiserlichen Truppen in die teilweise zerstörte Festung ein. Herzog Julius war ein würdiger Vorläufer des Wolfenbütteler Bücherfürsten. Er hatte in Löwen studiert und von dort seine frühesten Bücher und Handschriften, vor allem französischer Provenienz, mitgebracht. Diese Werke, als Kern der heutigen Bibliothek, habe ich immer als gutes Omen gesehen: Das Europäische, das die französische Buchkultur über Jahrhunderte verkörperte, steht auch am Anfang der kulturellen Entwicklung an einem Ort, den holländische Baumeister zur Festung ausbauten und an dem 1592 englische Komödianten unter Thomas Sackville das erste stehende Theater errichteten. Solche Traditionen bezeichnen den europäischen Hintergrund vieler Städte und Orte. Auf diese historischen Linien kann man sich heute berufen.

Damals – 1972 – wollten wir, obgleich der Umbau noch nicht unter Dach und Fach war, das Festjahr nutzen und auf die Chancen hinweisen, die die Herzog August Bibliothek in den Wirren der Hochschulreformen vor sich sah. Das Fest der Bücher im Mai 1971 war der Auftakt, eine Generalprobe für den Anfänger gewesen. Der Überraschungseffekt ermutigte uns, das Festjahr 1972 mit Unterstützung des Freundeskreises großzügig zu planen. Die Zeit schien uns gerade in der Ungunst der Verhältnisse günstig zu sein.

Zu Weihnachten 1971 hatten wir die erste Jahresgabe für unsere Freunde veröffentlichen können: Frau Luise Madsack, Inhaberin des Zeitungsverlags A. Madsack GmbH in Hannover, stiftete das mit vielen farbigen Bildern ausgestattete Bändchen *Ein Schatzhaus voller Bücher*, das ein großer Erfolg wurde. Da es in der Druckerei Schlaeger in Peine hergestellt worden war, wurde dort auch das großformatige Programm *400 Jahre Bibliothek zu Wolfenbüttel 1572-1972* auf 16 Seiten gedruckt. Das Format hat sich bis heute für die Ausstellungskataloge wegen des zweispaltigen Satzes sehr bewährt. Die Futura, die wir verwandten, war damals die erste Type, die sich auf der gerade eingeführten Lichtsatzmaschine befand: Auch das Druckwesen war ja im Umbruch begriffen.

In der Einleitung hatte ich in knappen Sätzen das Programm vorgestellt, Erfahrungen mit Hoffnungen, Tatsachen mit Wünschen verknüpft und mit Komparativen und Superlativen, durchaus zu Recht, nicht gespart:

»400 Jahre Bibliothek zu Wolfenbüttel – dies ist Anlaß und Gelegenheit, der wissenschaftlichen Welt und der interessierten Öffentlichkeit in einem weitgespannten Programm die Herzog August Bibliothek als Bibliotheca illustris und als Forschungsstätte vorzustellen.

Die Wolfenbütteler Bibliothek ist in mehrfacher Hinsicht denkwürdig:

- Sie war die bedeutendste europäische Büchersammlung im 17. Jahrhundert, nicht zu Unrecht damals als ›Achtes Weltwunder‹ besungen.

- Sie ist eine der reichsten Sammlungen mittelalterlicher Handschriften und alter Drucke des 16. bis 18. Jahrhunderts in der Bundesrepublik.

- Sie ist dank des fast vollendeten Umbaus in der Einheit inneren und äußeren Glanzes eine der schönsten Bibliotheken Deutschlands geworden.

- Sie bietet mit ihren unversehrt überlieferten und europäischer Tradition zugehörigen Bücherschätzen die Voraussetzungen für eine vielseitige Forschungsstätte zur älteren europäischen Kultur- und Geistesgeschichte.

- Sie kann infolge ihrer abgelegenen Lage sehr bewußt die Rolle als ›Schatzhaus voller Bücher‹ spielen.«

Damals wurde auf die vierhundertjährige Geschichte als Hintergrund und Alibi für künftige Aufgaben hingewiesen und der Text mit einem Bezug auf das von der UNESCO proklamierte »Internationale Buchjahr 1972« geschlossen: »Das Wolfenbütteler Festjahr kann sich als Beitrag zu diesem Aufruf verstehen.« Zwar wurde diese sinnreiche Verknüpfung von Vorgabe und Zufall kaum zur Kenntnis genommen, doch das Veranstaltungsprogramm erregte Aufsehen. Festtage, Festkonzerte, Ausstellungen, Symposien, Kolloquien, Tagungen, Vorträge, Lesungen, Besichtigungen und ein literarisches Volksfest fanden im Laufe des Jahres statt.

»Es hat uns, als Ihr Jahresprogramm eintraf, für einen Augenblick die Sprache verschlagen«, schrieb Erhart Kästner, »uns verstörte die Sorge, daß Sie sich und den Mitarbeitern zuviel aufladen. Doch hörten wir dann von Kraemers, von Klostermann und von Eyssens, daß sie alle diese Sorge auch hatten. Abgesehen von der: Wenn Sie und die Mitarbeiter es durchhalten und auch sonst nichts darunter allzusehr leidet, der Bibliothek und ihrem Glanz wird es gewaltig nützen und das ist die Hauptsache.« Doch nicht immer hörten wir Wohlwollendes. »Der Raabe feiert nur noch«, hieß es im Kollegenkreis, Mißgunst sollte meinen Weg über viele Jahre begleiten.

Harmonisch verlief der Auftakt des Festjahres Ende Januar und Anfang Februar mit einem Trio concertare mit Flöte, Fagott und Cembalo, mit der Vernissage der ersten Wolfenbütteler Malerbuchausstellung – wir zeigten die graphischen Werke des Hamburger Künstlers Armin Sandig – und der Lesung des Sprachkünstlers Helmut Heissenbüttel.

Im Laufe des Jahres wurden in dem neu errichteten Malerbuchkabinett und in dem von meiner Familie inzwischen wieder verlassenen Flügel des Lessinghauses eine sich ablösende Folge der Malerbücher von Georges Braque und Joan Miró, Henri Matisse und Pablo Picasso gezeigt. Der erste Höhepunkt war der Festabend am 5. April zur Erinnerung an den Tag des Jahres 1572, an dem Herzog Julius seine »Libereyordnung« – im nachhinein also zum Gründungsakt der Bibliothek stilisiert – unterzeichnet hatte. Mein Stellvertreter Yorck Alexander Haase, der später Direktor der Hochschul- und Landesbibliothek Darmstadt wurde, hatte die Geschichte der Bibliothek in sechs Stationen inszeniert und vorgestellt. Zu Beginn sang ein achtstimmiger gemischter Chor Motetten und Liedbearbeitungen von Leonhart Schröter, die mein zweiter Kollege Hans Haase aus den Musikbeständen, für die er verantwortlich ist, ausgegraben hatte. Schröter war der erste Wolfenbütteler Bibliothekar gewesen. Er hatte im Dezember 1571 seine Bestallung als Hofkantor erhalten, und ihm wurde vom Herzog die Betreuung der Bibliothek als Nebenaufgabe, selbstverständlich ohne zusätzliche Besoldung, übertragen. Doch die Belastungen waren der Gesundheit des Musikers nicht zuträglich, zumal er sich von dem Fürsten ungnädig behandelt fühlte. Als ihn der Herzog wieder einmal geschlagen haben soll – man möchte vermuten, daß es sich um eine Ohrfeige handelte –, ergriff Leonhart Schröter heimlich die Flucht und verschwand über Nacht auf Nimmerwiedersehen. Solche Handgreiflichkeiten sind übrigens seither nicht mehr aktenkundig geworden. Das Festkonzert war also auch eine Wiedergutmachung. Wir wollten den geschlagenen Leonhart Schröter rehabilitieren.

Von drei Veranstaltungen des Festjahres 1972 soll ausführlicher die Rede sein. Sie waren nicht nur denkwürdige, sondern zugleich auch folgenreiche Ereignisse.

Ein literarisches Volksfest

Die Vorstellung ist weitverbreitet, Bibliothekare seien weltfremde, mehr introvertierte als extravertierte Menschen, mehr mit den Büchern als mit dem Leben beschäftigt. Wir wollten das Gegenteil beweisen und gingen zwar nicht auf die Straße, wohl aber auf die Wiese zwischen Bibliothek, Lessinghaus und Zeughaus, dem Schloß gegenüber. Dort hatten wir, um die breitere Öffentlichkeit zu erreichen, ein literarisches Volksfest an einem sommerlichen Samstagnachmittag geplant und monatelang vorbereitet.

Damals waren Straßenfeste und Stadtfeste, auch in Wolfenbüttel, noch nicht allgemein üblich und deshalb eine kleine Sensation. »Das Fest der Feste«, schrieben die Zeitungen voller Begeisterung am nächsten Tag. 6 000 Menschen waren auf den Beinen, wir hatten ein volles Programm für die Wiese inszeniert. Mit zwei Bläsern in alten Kostümen auf der Treppe der Bibliothek begann um 14 Uhr das Fest, und pünktlich nach vier Stunden wurde es von den beiden Herolden abgeblasen.

Wir hatten Jazz-Kapellen und Schlagzeuger, einen Drehorgelspieler und einen Bänkelsänger aufgeboten. Es wurde Theater gespielt und auf einer zweiten Bühne Kabarett gezeigt. Der Puppenspieler Walter Büttner aus der Lüneburger Heide fand ein dankbares Publikum. Ein literarisches Quiz hatte ebensolchen Zulauf wie das Zelt, in dem non stop Stummfilme gezeigt wurden. Wir hatten dem ungeliebten Nathan-Denkmal ein Tonband anmontiert, und pausenlos hörte man dann Lessings Monolog mit der Stimme von Ernst Deutsch. Am andern Ende des Platzes stand eine Ferromontage, ein Monstrum, das wir von dem Objektkünstler Günther Kämpfe ausgeliehen und aufgestellt hatten: Man hörte vier Stunden lang die Ursonate von Kurt Schwitters, die wir auf Tonband von der berühmten, damals sehr seltenen Platte überspielt hatten. An der Bibliothekswand konnten Kinder nach Lust und Laune malen.

Auf der Wiese waren Stände aufgebaut worden, die Mitarbeiter hatten die Blauen Blumen der Romantik aus Seidenpapier gebastelt; Günter Schöne, unser Fotomeister, verkaufte seine Postkarten, Fotos und Fotomontagen; die Restauratoren ließen Buntpapiere schöpfen, und man konnte an den Bücherständen alte und neue Bücher kaufen, Ladenhüter und Raritäten erwerben. Die noch sehr wenigen Veröffentlichungen der Bibliothek fanden guten Absatz. Die Einnahmen kamen der »Gesellschaft der Freunde der Herzog August Bibliothek« zugute, die die Kosten trug.

Das Publikum war begeistert. Kinder und Jugendliche machten mit. Bibliothek und Lessinghaus waren geöffnet, und so konnte man ohne Schwellenangst hinter die Fassaden blicken. Im Foyer waren die schönsten Bilder des Schülerwettbewerbs »400 Jahre Bibliothek« zu betrachten. Die Kinder erhielten Preise und Lose, und so lernten viele Wolfenbütteler und Braunschweiger – aber auch aus Hamburg, Hannover und Göttingen waren die Gäste gekommen – endlich einmal »ihre« die Bibliothek kennen. Wenn künftig Fremde am Bahnhof ankamen und nach dem Weg zur Bibliothek fragten, konnten die Angesprochenen Auskunft geben, wo sich diese befindet.

Als das Fest zur Neige ging, veranstalteten Kunstschüler aus Braunschweig ein Happening à la Christo (den es noch nicht gab!): Sie verpackten die Löwen vor der Bibliothek mit weißen Papierrollen, und dann zog man singend zum

Denkmal Nathans, der in Kürze wie ein Schneemann aussah. Daß außerdem Wahrsager und Zauberkünstler ihr Unwesen trieben und Scherenschneider und Töpferinnen dabei waren, gab dem Ganzen schließlich den bunten Anstrich eines wirklichen Volksfestes.

Nachdem die Bläser das Fest pünktlich abgeblasen hatten, verliefen sich die Menschen, manche traurig, daß das Spektakel schon zu Ende war, und verschwanden, wie die Luftballons am Horizont entschwebten, die wir mit Botschaften aus der Bibliothek hatten aufsteigen lassen. Zurückgeblieben waren die Mitarbeiter, die das Fest mit großem Einsatz durchgeführt hatten. Die Stände wurden abgebaut, die Wiese sah durch herumliegendes Papier, Dosen und Pappabfälle schlimm aus. Wir bildeten eine lange Reihe, und so sammelten wir, mit Eimern und Behältern bewaffnet, die Abfälle ein. Nach einer Stunde sah alles so aus, als sei nichts geschehen.

Das gelungene Fest führte alle, die in der Bibliothek tätig waren und sich für ihren Ausbau engagierten, enger zusammen. Wir hatten viele neue Freunde von nah und fern gewonnen. Die Aktion hatte die Aufmerksamkeit und den Beifall der breiteren Bevölkerung gefunden, die in einer Demokratie die Kultur mittragen sollte.

Barocke Bücherlust

Der Bibliothekar sollte nach meiner Überzeugung immer auch Entdecker oder Wiederentdecker vergessener oder übersehener Bücher und Texte sein. Auf den vielen Streifzügen durch die Bibliotheksmagazine habe ich manches gefunden, was mich dann selbst beschäftigte oder auf das ich Gäste hinweisen konnte. Ähnlich hatte im 19. Jahrhundert der Bibliothekar Friedrich Adolf Ebert gedacht, der auch ein paar Jahre in Wolfenbüttel – wenn auch nicht sehr segensreich – gewirkt hatte. Er beschreibt diese Schatzsuche – er spricht von Heuristik -: »Bringt uns auch kein codex rescriptus in den Fall, Knittel's und Angelo Mai's freudige Erfahrungen zu machen, so können wir doch vielleicht aus dem Wuste unscheinbarer Papiere einen Lessingschen Berengarius retten, oder den Drucker einer bisher unentzifferten Inkunabel entdecken, oder in einer alten Bibel oder einem Eber'schen calendarium wichtige Familiennachrichten finden, oder aus einem alten Einbande Bruchstücke alter Handschriften oder unbekannter Drucke hervorziehen. Und giebt im äußersten Falle nicht noch das gehaltloseste Manuscript eine Gelegenheit zur näheren Bestimmung irgendeines diplomatischen Lehrsatzes, das entschieden schlechteste Buch einen Beitrag zum Jöcher oder zur Buchdruckergeschichte oder endlich zur Geschichte der Buchbinderkunst? In der That bewähren sich im bibliothekarischen Kreise recht eigentlich die Worte: Suchet, so werdet ihr finden. Darum aber sey auch der Bibliothekar ein hundertäugiger Argus, spähe bald mit, bald ohne Absicht (denn auch das absichtlose Suchen lehrt Treffliches finden) alle Theile seiner Bibliothek durch, und zeichne sich fleißig auf, was er von diesen Wanderungen mit zurückbringt. Ohne Ertrag wird er nie zurückkommen, die Bibliothek sey so klein, als sie wolle.«

Diese Streifzüge kann der Bibliothekar sich erlauben im Gegensatz zu dem wissenschaftlichen Benutzer, der die Bibliothek im allgemeinen nur im Katalograum und im Lesesaal kennenlernt. Der Bibliothekar aber ist letztlich privilegiert. Er hat zu den Bücherschätzen einen unmittelbaren Zugang. Ich habe dies in meinen Lehrjahren in der Oldenburger Landesbibliothek und später im Schiller-Nationalmuseum immer als eine große Bevorzugung betrachtet. In Wolfenbüttel entdeckte ich für mich die barocken Pergamentbände, die »barocke Bücherlust« in der Bibliothek Herzog Augusts und auch in den Beständen der sogenannten Mittleren Aufstellung. Meine Funde waren sicherlich der Barockforschung meist bekannt. Doch von den überladenen Titelblättern, den schwülstigen Widmungen, den langen Vorreden, der Druckanordnung der Texte, der Fraktur mit den eingestreuten, in Antiqua gedruckten Wörtern, den Marginalien und Fußnoten, den eingefügten Kupferstichen geht ein besonderer Reiz aus. Daß man Gelehrte auf diese Barockbestände ausdrücklich hinweisen sollte, zumal sich die Germanisten oft nur mit den Spitzenautoren beschäftigen, war das Fazit der Rundgänge in meinen ersten Dienstjahren.

Das Festjahr bot dazu eine gute Gelegenheit: Ausstellungen sind ein vorzügliches Mittel, Neugier zu wecken, Wissenschaftler anzuregen. Aber für eine Ausstellung, in der mehr als 500 Bücher des 17. Jahrhunderts gezeigt werden sollten, fehlte in der Bibliotheca Augusta der Platz. So wurde sie dank dem Entgegenkommen meines dortigen Kollegen in den musealen Räumen des Schloßmuseums, die der Barockfürst Anton Ulrich im frühen 18. Jahrhundert bewohnt hatte, zwischen den Möbeln, den Vitrinen und auch teilweise an den Wänden dargestellt.

Die barocken Kupferstichwerke bildeten den Introitus. Für die »barocke Tichtkunst« wurden die Hauptwerke, die in der Bibliothek vorhanden sind, zusammengestellt: Gedichtbücher, Dramen, Romane, Übersetzungen, Poetiken, Rhetoriken, Emblembücher und die Werke der Sprachgesellschaften. Die »barocke Seelenlust« mit Bibeln, Gesangbüchern und Predigtsammlungen, vor allem auch mit den seelentröstenden Erbauungsbüchern, füllte einen anderen Saal, die »barocke Gelehrsamkeit« mit historischen, topographischen, medizinischen und naturkundlichen Werken einen weiteren der schönen historischen Schloßräume. Die barocken Staats- und Hoflehren kontrastierten mit den Büchern der Alltagskultur: Haus- und Reisebücher, Flugblätter und Zeitungen, Schreib- und Schulbücher, Kalender und Musikalien wurden aus der einzigartigen Fülle des in Wolfenbüttel Überlieferten ausgewählt und schließlich die »barocke Bücherlust« im Herzogtum Braunschweig-Wolfenbüttel dargestellt.

Der gedruckte Katalog wie auch die Einladung wurden mit einem Kupferstich geschmückt, der Herzog August, den größten barocken Bücherfürsten, in Georg Philipp Harsdörffers *Porticus* vorstellt: Er reitet als Merkur auf einem Pegasus, der sich von einem Sockel erhebt. Die Szene ist von einer Galerie eingefaßt, in der die Lebensstationen des Herzogs beschrieben sind.

Der junge Schweizer Barockforscher Martin Bircher, damals noch Professor an der Universität Montreal in Kanada, sprach zur Eröffnung vor einem Kreis von Barockforschern, die ein Kolloquium über die Quellen der Barockforschung in der Bibliothek durchführten. Zum erstenmal waren die namhaftesten Barock-Germanisten zu einer Konferenz zusammengekommen. Diejenigen, die einander ihre Arbeiten, vielleicht nicht einmal immer freundlich, rezensiert hatten, lernten sich nun in Wolfenbüttel persönlich kennen. Unter ihnen war Professor Leonard Forster aus Cambridge, der einen öffentlichen Vortrag über den Zusammenhang von deutscher Barockdichtung mit europäischer Literatur in der Augusteerhalle hielt: Forster war der erste namhafte Wissenschaftler, der mich schon 1969 besucht hatte und für die Zusammenarbeit unter den Barockforschern unter dem Dach Wolfenbüttels mit englischer Höflichkeit und Bestimmtheit und – mit Erfolg warb.

Die denkwürdig gewordene Zusammenkunft der »Barockisten« trug Früchte: Sie gründeten im folgenden Jahr den »Internationalen Arbeitskreis für Barockliteratur« in der Bibliothek und bildeten das erste Komitee. Seit jener Zeit werden in Wolfenbüttel Barockkongresse und Arbeitsgespräche über Barockprobleme durchgeführt, Forschungen und Editionen angeregt, Publikationen herausgegeben und als laufendes Informationsblatt die *Wolfenbütteler Barock-Nachrichten* veröffentlicht. Die Barockforscher haben die wissenschaftliche Arbeit in Wolfenbüttel auf den Weg der Koordinierung und der Zusammenarbeit gebracht. Sie waren die Forscher der ersten Stunde. Wenn heute in mehr als 30 Bänden der Titelblattkatalog der *Deutschen Drucke des Barock 1600-1720* im Verlag Klaus G. Saur vorliegt und wenn, wovon noch zu berichten sein wird, die Herzog August Bibliothek eine für das 17. Jahrhundert zuständige Sammlung deutscher Drucke geworden ist, wenn so Wolfenbüttel als »heimliche Hauptstadt des Barock« bezeichnet wird, so ist dies letzten Endes dem Engagement einer Gruppe interessierter Barockforscher aus dem In- und Ausland zu verdanken.

Das Kolloquium hatte ein Zeichen gesetzt: Dies war mein Wunsch gewesen. Eine Zusammenkunft zu finanzieren, war damals noch ein Problem. Die Mittel des Freundeskreises reichten nicht aus, und so stellte ich an die forschungsfördernde Einrichtung in Bad Godesberg einen Antrag: Ich glaube, es handelte sich um DM 6000,-. Man bestellte mich zu einer Anhörung, und so saß ich in dem kahlen und nüchternen Sitzungszimmer wie ein Delinquent auf einem Stuhl, den man, wie man mir später erzählt hat, den elektrischen Stuhl (!) nannte, dem erlauchten Kreis einer Kommission von Germanisten gegenüber und wurde verhört und hatte Antworten zu geben, weshalb, wieso, warum ausgerechnet in Wolfenbüttel ein Barock-Kolloquium stattfinden sollte. Nach dieser mir höchst unangenehmen Gegenüberstellung wurde ich, wie ein Schweizer Kollege schon vorher, vor die Tür geschickt, wo ich, auf dem Treppenabsatz des langen Flures stehend, den besagten namhaften Kollegen schon warten sah. Nachdem man ihn hereingerufen hatte, kam die Reihe wieder an mich, und so hatte ich auf besagtem Stuhl wieder Platz zu nehmen; einige wenige Kollegen sprachen, andere blickten, was ich verstehen konnte, aus dem Fenster. Jedenfalls wurde ich mit der Nachricht entlassen, daß man von sich hören lassen werde.

Das Geld kam tatsächlich: Aber ich hatte mir vorgenommen, nie wieder einen solchen Canossagang anzutreten. Auch ohne dieses hohe Gremium erhielt die Bibliothek Gelder aus anderen Quellen, und zwar so, daß sie selbst über ihre Verwendung für die Wissenschaft zu einem Nutzen, wie wir ihn uns vorstellten, entscheiden konnte. Diese Unabhängigkeit habe ich erkämpfen können. Die Godesberger Erfahrung war ein Schlüsselerlebnis gewesen.

So wurden mit der »Barocken Bücherlust« im Festjahr 1972 die Weichen gestellt. Allen Gästen jener Tagung war nach der Betrachtung der Ausstellung im Schloß klar, daß die Herzog August Bibliothek ein Zentrum kulturgeschichtlicher Forschung werden müsse. Die Barockforscher waren von der Fülle und der Seltenheit der gedruckten Quellen des 17. Jahrhunderts so überwältigt, daß sie mich mit Vehemenz ermutigten, den geplanten Weg zur Öffnung der Bibliothek für die Wissenschaft weiter zu gehen.

Der erste Staatsgast in Wolfenbüttel

»Das nächste Mal bringe ich den Bundespräsidenten nach Wolfenbüttel«, hatte Alfred Kubel nach einer Veranstaltung in der Bibliothek geäußert. Als ich ungläubig nachfragte, wurde er unwirsch. Er schickte mich ins Bundespräsidialamt nach Bonn, und so wurde der Besuch des Bundespräsidenten zum Höhepunkt des Wolfenbütteler Jubiläums 1972. Diese Festveranstaltung war auf die ersten Novembertage verschoben worden, denn nun war der Umbau der Bibliotheca Augusta mit der Reinigung der Fassade und der Herrichtung der letzten Magazinräume abgeschlossen.

Nach der Ankunft stattete der Bundespräsident, begleitet von seiner Frau, der Stadt einen offiziellen Besuch ab. Er war der erste Staatsgast, den der Bürgermeister dank der Aktivitäten der Bibliothek empfangen konnte. Nach der Begrüßung bedankte sich Gustav Heinemann und sagte: »Großartig finde ich auch die Einbeziehung der altehrwürdigen Bibliothek in das geistige Leben der Stadt. Sie ist nicht allein den Bücherfreunden und Fachgelehrten aus aller Welt vorbehalten. Dort finden, wie man mir gesagt hat, regelmäßige Lesungen von Schriftstellern unserer Zeit statt. In Vorträgen und Aussprachen werden die politischen, sozialen und kulturellen Fragen unserer Zeit erörtert. Ich hoffe, daß die Ehrfurcht vor dem vielen in der Bibliothek angehäuften Wissen und Denken niemanden daran hindert, offen und ungeschminkt seine Meinung zu sagen. Damit würde sich der Geist Lessings als immer noch lebendig erweisen.«

Mit diesen Sätzen konnten wir künftig Politiker und andere Persönlichkeiten von der Bedeutung der Herzog

August Bibliothek überzeugen. Solche »Verlautbarungen« waren sehr nützlich, denn sie haben dazu beigetragen, unsere Gesprächspartner für die Förderung der Bibliothek zu gewinnen.

Das Mittagessen in dem Gartensaal des Lessinghauses im Kreise von dreizehn Gästen ist mir nicht wegen der freundlichen Worte, die gewechselt wurden, sondern wegen der anscheinend vorzüglichen Speisen in Erinnerung geblieben: Der Kellner legte, wie es sich gehört, dem Bundespräsidenten zuerst vor, und dann der Reihe nach den übrigen Gästen. Da Gustav Heinemann sofort zu essen anfing und ich als letzter bedient wurde, war er mittlerweile fertig und der erste Gang wurde abgetragen, ohne daß ich in der Lage gewesen wäre, auch nur einen Bissen zu essen. Auch die nächsten Gänge verliefen in gleicher Weise. Da sich viele Honoratioren nicht zu Unrecht beschwerten, daß sie wegen des kleinen Rahmens nicht zu dem Festessen, das der Freundeskreis der Bibliothek gab, geladen worden waren, konnte ich sie mit dem Hinweis trösten, daß auch ich nichts zu essen bekommen hatte.

Der Rundgang durch die Bibliothek in Anwesenheit von Presse und Fernsehen war, wie immer bei solchen Gelegenheiten, anregend. Mein Amtsvorgänger, auch Ehrengast der Festtage, zeigte der kunstverständigen Frau Heinemann die Malerbücher, und so verlief der Tag heiter und harmonisch. Das war nicht zuletzt dem uns begleitenden Festredner zu verdanken, dem damaligen Landesbischof Hanns Lilje, der zugleich Abt des Klosters Loccum war, ein Amt, das er mit der ganzen Würde seiner Persönlichkeit ausfüllte. Seine Rede über Sinn und Grenze der Tradition in dem bis zum letzten Platz besetzten Lessingtheater – die Augusteerhalle hätte die Gäste nicht aufnehmen können – zeichnete sich durch die Ausgewogenheit von intellektuellem Anspruch und einfühlsamer Anschauung eines wortgewandten Lutheraners aus. Im Hinblick auf die geschichtliche Bedeutung des Buches für eine lebendige Tradition führte er aus: »Eine so sorgfältig gesammelte Bibliothek wie diese, deren 400jährigen Bestehens wir hier gedenken, ist ein gutes Anschauungsmaterial für das, was diese Form geistiger Tradition bedeuten kann. Denn die großen Bibliotheken vertreten auch ihrerseits eine ambivalente Sicht geistiger Überlieferung. Sie sind auf der einen Seite Dokumente der Vergänglichkeit. Ich kenne wenige so eindrucksvolle Beispiele für die Vergänglichkeit auch der großen Leistungen des menschlichen Geistes wie die Bücherwände einer Bibliothek. Wie viele von diesen Büchern, die einmal jemand vielleicht mit seinem Herzblut geschrieben hat, die jedenfalls in dem Augenblick, da das fertige Buch auf die Regale gestellt wurde, ihm als eine abgeschlossene, gelungene Leistung erscheinen mußte, sind aber auf der anderen Seite Dokumente der bedrückenden Vergänglichkeit auch großer geistiger Leistungen, wenn sie inzwischen längst der Vergangenheit anheimgefallen sind. Aber man muß das andere auch sagen: Jedes dieser Bücher repräsentiert eine geistige Ernte, die eindrucksvoll ist. Die gesammelte Kraft eines Autors, die oft über Jahrzehnte hin wirksam war, ist in diesen Buchdeckeln enthalten und ist für die später Lebenden greifbar. So soll echte Tradition angesehen werden, als eine geistige Ernte von Reichtum und Kraft, die auch für die heute Lebenden Bedeutung haben kann.«

Hanns Liljes Worte kamen zur rechten Zeit. Unter den Nachwirkungen des letzten Krieges hatte das Geschichtsbewußtsein hierzulande empfindlich gelitten. Die durch das nationalsozialistische System verloren gegangene Kontinuität, die Zerstörung des Landes und der Städte in den

Kriegsjahren, die Entwurzelung von Millionen Deutschen, die als Flüchtlinge in den Westen geströmt waren, und überhaupt die Teilung des Landes hatten eine erhebliche Verunsicherung gegenüber der eigenen Geschichte zur Folge, die durch die Erinnerung an Auschwitz noch erhöht wurde. Auch soll man nicht verschweigen, daß in den Nachkriegsjahren des Wiederaufbaus eines zerstörten, geteilten Landes ein Verdrängungsprozeß einsetzte, der zu einer Geschichtslosigkeit führte.

Das Festjahr hat durch die Folge seiner vielfältigen Veranstaltungen, die sich an die Wissenschaftler wie an die Politiker, an die Bücherfreunde und Leser wie auch an die breite Öffentlichkeit richteten, auf die kulturpolitischen Aufgaben hinweisen können, die sich aus dieser Situation für eine traditionsgebundene Bibliothek im Zonenrandgebiet im Osten Niedersachsens ergaben. Der Einsatz hatte sich gelohnt. Der Besuch des Bundespräsidenten Gustav Heinemann war zu einer großen Ermutigung für uns geworden. Die Festtage im November 1972 mit Theateraufführungen und Konzerten, mit der unvergessenen Lesung von Ernst Schröder und dem Tag der offenen Tür, der Gelegenheit zu eingehender Betrachtung der Bibliothek und ihrer Sammlungen, der Ausstellungen in den musealen Räumen, in Schloß und Lessinghaus gab, gestalteten sich zu einer Demonstration, in der die Veranschaulichung der Überlieferung zukünftige Möglichkeiten erahnen ließ. Die Bibliothek in Wolfenbüttel hatte Flagge gezeigt, und dies wurde zu Recht als ein Zeichen des Neuanfangs verstanden.

Der Druck, den das Festjahr bei allen Beteiligten auslöste, hatte endlich auch zum Abschluß der sich hinziehenden Renovierung der Bibliotheca Augusta geführt. Damit hatten wir den Rücken frei und konnten uns um so intensiver den künftigen Aufgaben widmen. Für mich selbst gingen die Jahre der Orientierung zu Ende: Ich kannte, wie kein anderer, die Bibliotheksbestände und wußte, daß in ihnen die Chancen für einen Aufbruch in die Zukunft lagen.

Erst sehr viel später las ich Erhart Kästners Text über Bibliotheken, den sein Freund Heinrich Gremmels in einem Nachlaßband veröffentlicht hatte. Er traf intuitiv die Situation:

»Durch die Jahrhunderte sind die Bibliotheken Vorratshäuser gewesen, unermeßliche Schober, aus denen man nehmen konnte, wann immer man wollte und brauchte. Aus ihnen können die Wiederaufstiege kommen, die großen Erinnerungsfeste des Geistes, ohne welche er blind und blöd wäre wie ein alter Hund. So haben die Casper Lohenstein, Quirinus Kuhlmann und Grimmelshausen ihre alten Throne wiederbestiegen, so die Vorshakespearer, so die Musik, die vor Johann Sebastian Bach war, Schein, Schütz, Praetorius, die alten Motetten. So geschieht die Wiederkehr eines Denkers, dessen Lehren schon zum Schulbuchwissen gehörten, also zum Falschwissen, und dessen Sätze auf einmal wieder das Erscheinungshafte gewinnen, welches das Geheimnis aller Liebesbegegnungen ist.«

Aufbau
1973-1981

Das Zeughaus als Baustelle, 1977

Begegnung mit Hans Kauffmann

Im April 1973 stand er eines Nachmittags in meinem neuen Arbeitszimmer in der Bibliotheca Augusta, dem Handschriftenzimmer, an dessen hohen Wänden die kostbaren mittelalterlichen Codices und späteren Manuskripte angeordnet waren, die über eine Wendeltreppe und zwei grazile Galerien zu erreichen sind: ein hochaufgeschossener, mit seinen freundlichen Augen mich erstaunt anblikkender Herr, der damals schon in den Siebzigern war. Hans Kauffmann, der berühmte deutsche Kunsthistoriker, war der Nestor seines Faches. Der Professor emeritus aus Bonn hatte im Ausland für die Förderung der Geisteswissenschaften hierzulande geworben und stand überall als gelehrter, souveräner, über die Grenzen seiner Disziplin weit hinausschauender Wissenschaftler in hohem Ansehen.

Hans Kauffmann hatte von der Stiftung Volkswagenwerk den Auftrag erhalten, die Geschichte der Herzog August Bibliothek zu recherchieren und darüber einen Aufsatz zu schreiben. Das kam so. An dem Tag der offenen Tür, dem letzten Tag des langen Festjahres 1972, hatte aus Neugier der damalige Generalsekretär der Stiftung, Dr. Gotthard Gambke, die Bibliothek besucht. Er hatte meine engste Mitarbeiterin, Barbara Strutz, getroffen, die mir seit zwei Jahrzehnten mit klugem Rat und rascher Tat zur Seite steht und die mit Geschick und Überzeugungskraft den mächtigsten Mann im deutschen Stiftungswesen über die Bibliothek instruierte. Das hatte zur Folge, daß sich Gambke unter dem Eindruck der Studentenrevolution an den deutschen Hochschulen an den Vorschlag eines deutschen Princeton erinnerte. Wir führten im Laufe des

Winters einige Gespräche miteinander und kamen zu dem Ergebnis, daß die Stiftung zu Weihnachten 1973 eine Jahresgabe als Gutachtergeschenk herausgeben wollte, deren Thema die Herzog August Bibliothek sein sollte. Wir entschieden uns für die Faksimilierung der Chinakarten aus dem Atlas Sinensis von Joan Blaeu, der dem Herzog August d. J. von Braunschweig-Lüneburg gewidmet worden war. Den Haupttext schrieb Hans Kauffmann, und so hatte er sich einige Tage Zeit genommen, um, begleitet von seiner Frau, die Bibliothek gründlich in Augenschein zu nehmen, sich mit ihrer fürstlichen Geschichte vertraut zu machen und Fragen an die Gegenwart zu stellen.

Deshalb also stand er mir gegenüber und, statt die Bibliothek mit ihren Schätzen zu loben, fing er an, von den amerikanischen Bibliotheksverhältnissen zu schwärmen, dem freien Zugang zu den Magazinen in der Firestone Library der Universität in Princeton, in der er, ein leidenschaftlicher Büchergelehrter und Bibliograph, längere Zeit zu arbeiten das Glück gehabt hatte. Er lobte die Liberalität und den Reichtum der Bibliotheken drüben, auch die langen Öffnungszeiten und die freie Atmosphäre, die er in der unterkühlten Verwaltungsmentalität der deutschen Bibliotheken so sehr vermißte. Ich dachte an unsere Bibliothek, auch hier war, von einer kleinen Handbibliothek in dem engen Lesesaal abgesehen, die Forschungsliteratur, sofern sie überhaupt schon vorhanden war, nicht unmittelbar zugänglich. Ich befand mich in einer peinlichen Lage. Da schoß mir eine Idee durch den Kopf. Ich bat meinen Gast, an das hohe Fenster zu treten, und wies auf den Renaissancegiebel eines roten Gebäudes, das hinter den noch unbelaubten Kastanienbäumen links am Schloßplatz zu sehen war. »Herr Kauffmann, das ist das Wolfenbütteler Zeughaus, es steht fast leer, zuletzt diente es als Kaserne. Das wäre doch die ideale Bibliothek für die Forscher, die nach Wolfenbüttel kommen sollten. Dort haben wir Platz, dort könnten wir sicherlich hunderttausend Bände frei zugänglich aufstellen«, phantasierte ich drauflos. Der alte Herr war begeistert und fand den Vorschlag ausgezeichnet.

Ein paar Monate später lieferte er seinen Beitrag ab, eine ausführliche Geschichte der höfischen Bibliothek, in die er seine ganze Gelehrsamkeit bei der Schilderung der Bestände auf eine fast barocke Weise eingeflochten hatte. Und dann zog er aus der Vergegenwärtigung des Unvergleichbaren einer solchen Bibliothek seine Schlüsse: »Dieses Dokument der Erudition des 16. und 17. Jahrhunderts drängt zu synthetischer Bewältigung, zu einer begrenzteren oder einer vollständigeren Zusammenschau der geistigen Bewegungen dieses in so hohem Grade schöpferischen Zeitalters. Jede Richtung der Geisteswissenschaften kann mitwirken, alle ihre Disziplinen können sich verbünden, um die damals vordringende Besitzergreifung der Welt und der Völkergeschichten, ebenso wie die neuen Regungen der Innerlichkeit, die bevorzugten Bereiche philosophischen Denkens und phantasievollen Erfindens heller ins Bewußtsein zu heben, die die Jahrhunderte durchziehenden Leitideen aufzufangen und widerzuspiegeln.«

Dann fuhr Kauffmann fort: »Die Bibliotheca Augusta ... gibt Elementares an die Hand, wegen dessen Forscher in ihr anfangen, zu ihr erneut zurückkehren müßten, weil sie auf eine Unzahl nicht vorauszusehender Fragen gültige Antworten bereithält und sämtliche Geisteswissenschaften samt Wirtschafts- und Sozialgeschichte übergreift. So verstanden sind einer Prinzipalbibliothek und gerade dieser, einem Juwel in Niedersachsens Krone, keine Grenzen gesetzt, schon gar nicht die niedersächsischen, nicht einmal die bundesdeutschen, vielmehr ist und sei sie allezeit offen zu aller Welt und ein rundum anziehungskräftiger Magnet. Vergangenheit, Gegenwart und Zukunft knüpfen sich aneinander und werden sich in ihr wieder und wieder verknüpfen. Die Fragen stellt die jeweilige Gegenwart, die Antworten arbeiten Künftigem voraus. ›Je weiter man zurückblicken kann, desto weiter wird man vorausschauen‹: diese von Winston Churchill ausgesprochene Wahrheit sichert auch der Bibliotheca Augusta nie und nirgends aussetzende Wirkungskraft.«

Hans Kauffmann blieb nicht im Theoretischen, sondern schloß konkrete Hoffnungen an, die mir, wie man verstehen wird, in der damaligen Situation aus dem Herzen gesprochen waren. Daß sie mehr als in Erfüllung gingen, sei im Blick auf Bibliosibirsk vorwegnehmend gesagt. »Damit sie [die Wirkungskraft] sich dauerhaft belebe, stellt sich der Wunsch ein, daß sich um die Bibliotheca Augusta eine ›Civitas Academica Augusta‹ ansiedeln möge. Welch günstige Voraussetzungen für Herzog Augusts Zukunftsvision: ›Non minus exterorum quam civium dicata!‹ [›Nicht weniger der Fremden, als der Bürger Zierde‹!] Unter diesem Leitsatz möge die Bibliothek zur Vollendung ausreifen. Nichts Hilfreicheres wäre zu erstreben, als daß für längere Zeit, selbst jahrelang verweilende Auswärtige eine befriedigende Bleibe mit eigenem Studierzimmer zustande komme, daß die Bibliothek mit Gästewohnungen umgeben werde. Um Gelehrtengruppen von auswärts, auch aus dem Ausland – ›universo erudito orbi‹ [›der universalen gelehrten Welt‹] –, für einige Dauer wohnhaft zu machen, dazu ist in Deutschland heutzutage noch nirgends eine Gelegenheit gegeben. Welch ein Gewinn, Gelehrte aus ihren alltäglichen Verpflichtungen herausgehoben unabgelenkt in ihre Forschungen vertieft um eine und dieselbe Quelle kreisen zu sehen, zehn oder zwölf jeden

Alters und verschiedener Fachgebiete über ihre Fragestellungen wie über ihre Einsichten – näher beisammen oder weiter auseinanderliegend - sich austauschen, auch durch Grundsätzliches sich befruchten zu lassen. Übergeordnete Kategorien werden sich einstellen können. Die Wissenschaftsgeschichte hätte von der Durchdringung einer Bildungsstätte, in der die Totalität der Geisteswelt zwischen Luther und Leibniz präsent ist, Gewinn zu erhoffen. Die Frage nach der Relevanz wäre mit der Gewißheit zu beantworten, daß der Wissenschaftspolitik und -förderung von Land und Bund Ehre und erhöhtes Ansehen sicher sein würden.«

Eine Stiftung wird zum Mäzen

Die Stiftung Volkswagenwerk, wie damals die heutige Volkswagen-Stiftung noch hieß, kannte ich von ihren Anfängen in einer Villa an der Eilenriede in Hannover zu Beginn der sechziger Jahre. Daß sie der Bibiothek Zukunftsperspektiven eröffnen würde, ahnte ich kaum, nachdem das Gutachtergeschenk mit Hans Kauffmanns Wolfenbüttel-Aufsatz verschickt worden war. Sie galt und gilt als vornehmste, größte und anspruchsvollste Stiftungseinrichtung in Europa. Sie verkörpert den in den USA mit großem Erfolg seit vielen Jahrzehnten fruchtbaren Stiftungsgedanken, »Wissenschaft in Forschung und Technik« unabhängig vom Staat und von staatlich unterstützten Forschungseinrichtungen zu fördern. Das von Professor Oesterlen in Hannover-Döhren vor zwanzig Jahren errichtete moderne Gebäude atmet die persönlich gehaltene Atmosphäre einer kreativ denkenden und Pläne umsetzenden Institution in dem Zusammenspiel von Antragstellern, Geschäftsstelle und Kuratorium. Es gehört zu den unverdienten Glücksfällen meines Lebens, mit der Volkswagen-Stiftung fast über zwei Jahrzehnte freundschaftlich und produktiv zusammengearbeitet zu haben. Welcher geisteswissenschaftlichen Institution war es vergönnt, im Laufe dieser Zeit fast 25 Millionen DM als Investition erhalten zu haben! Wie sehr eine Stiftung zum Mäzen werden konnte, hat die Herzog August Bibliothek erfahren dürfen. Daß die Stiftung außerdem nicht nur von einem souveränen Kuratorium und von weitblickenden, unabhängig denkenden Generalsekretären geleitet, sondern zugleich von mithandelnden, phantasievollen Mitarbeiterinnen und Mitarbeitern vertreten wird, ist eine weitere Erfahrung, die mich immer aufs neue beeindruckt hat.

Im Januar 1974 besuchte mich in Begleitung des bekannten Physikers Professor Wolfgang Gentner und eines israelischen Wissenschaftlers, Professor Bloch, die zuständige Abteilungsleiterin in der Volkswagen-Stiftung, Dr. Marie Luise Zarnitz. Das erste Gespräch fand bald in Hannover seine Fortführung. Ich lernte in der sympathischen, erfahrenen Biologin eine Persönlichkeit kennen, mit der ich dann fast zwei Jahrzehnte bis zu ihrer vorzeitigen Pensionierung eng zusammengearbeitet habe. Ich fand in Frau Zarnitz eine Gesprächspartnerin, die meine Ideen in präzise Projekte umformte und die so selbst im Auftrage ihrer Stiftung zu einer Mäzenin der Bibliothek wurde. Das sei mit Bedacht gesagt, denn eigentlich ist ja ein Mäzen jemand, der aus eigenen Mitteln fördert. Hier mag das Wort im übertragenen Sinne gelten. Das Persönliche und Freundschaftliche zeichnete den Umgang mit der Stiftung und den dort Tätigen aus. So konnten Pläne reifen, von denen man zuerst nur träumte.

Der Aufsatz von Hans Kauffmann hatte uns die Türen zur Volkswagen-Stiftung geöffnet. Wir vereinbarten einen Antrag vor dem Hintergrund einer Denkschrift, die ich im Februar 1974 verfaßt hatte. Wir bedachten auch die Summe zuvor: Sie sollte unter einer Million DM liegen. Ein »Kaufhauspreis« von 975 000,- DM schien hier angebracht zu sein.

So schrieb ich Anfang April – abgeschirmt von der täglichen Arbeit – meinen großen Antrag. Meine Familie war nach Grömitz gefahren, so daß ich mich ganz auf mein Papier konzentrieren konnte. Vier oder fünf Tage habe ich an der Sache gearbeitet, Thema für Thema zu Ende gedacht, Wort für Wort überlegt. Als der Text fertig war – Ostern stand vor der Tür –, reiste ich meiner Familie nach. Ich erinnere mich noch, daß mich in der ersten Nacht eine heftige Fieberattacke überfiel. Doch ich erholte mich bald in dem vorfrühlingshaften Badeort. Mir war bewußt geworden, daß ich an einem Scheideweg stand. Im Juni kam dann die Nachricht aus Hannover, daß die Stiftung bereit sei, ein Stipendien- und Symposienprogramm zu fördern und zu finanzieren.

Unter dem Vorsitz des inzwischen in den Ruhestand getretenen Ministerialdirigenten Rolf Schneider trat im August ein Beirat zusammen, der die Einzelheiten der Stipendienvergabe an Wissenschaftler aus dem In- und Ausland regelte und der die Themen der ersten Wolfenbütteler Symposien über gelehrte Institutionen in der frühen Neuzeit festlegte. Es lief alles nach einem sorgfältig vorbereiteten Plan. Da ich selbst Mitglied des Wissenschaftlichen Beirats war, der der Volkswagen-Stiftung gegenüber für die Mittel Verantwortung trug, war es nicht schwer, meine Wünsche zu begründen. Die Zusammenarbeit mit fünf namhaften Professoren führte schnell zu einer Verständigung über die weiteren Schritte. Unter dem Eindruck der rasanten Entwicklung, die die Bibliothek nun nahm, wurde ein Jahr später ein zweiter Antrag an die Volkswagen-Stiftung, nunmehr über 2,4 Millionen DM, gerichtet. Er wurde im Frühjahr 1976 bewilligt und ermöglichte die Finanzierung mehrerer wissenschaftlicher Unternehmungen und eines gestaffelten Forschungsförderungsprogramms mit Arbeitsgesprächen und Gastseminaren, Sommerkursen und buchgeschichtlichen Seminaren.

So konnte ich von den üblichen Förderungswegen abweichen und nun selbst die Ziele bestimmen und die Pläne verwirklichen, wie ich sie mir in der Verantwortung für eine alte Bibliothek als wissenschaftliche Zukunftsaufgabe vorstellte. Die Bibliothek sollte zu einem Freiraum für Gelehrte jenseits hierarchischer Strukturen und verkrusteter Universitätsverhältnisse werden. Gesellschaftliche Veränderungen an den Hochschulen wurden überall und jahrelang diskutiert, die Relevanz der Wissenschaft in Frage gestellt. In dieser von Eitelkeiten und persönlichem Ehrgeiz nicht freien Debatte konnte die Wolfenbütteler Bibliothek ihren Weg, beachtet und unbeachtet zugleich, gehen. Ich hatte eine Nische außerhalb der Hochschulen gefunden und dazu einen Mäzen, der die finanziellen Voraussetzungen für die Ideen einer Veränderung wissenschaftlicher Arbeitsverhältnisse ermöglichte.

Kabinettsitzung unter den Bibeln

Mit der Bewilligung von Forschungsmitteln war der erste Schritt getan. Doch gleichzeitig war alles Weitere zu bedenken und vorzubereiten: Die Stipendiaten brauchten Arbeitsplätze; sie brauchten Unterkünfte; sie brauchten Bücher, Kataloge, persönliche Unterstützung. Außerdem benötigte ich selbst personelle Hilfe, denn der Mitarbeiterstab war klein und über die himmelstürmenden Pläne des Chefs sehr beunruhigt. Wie sollte das alles verwaltet werden, da es auch nur einen müden Rechnungsführer gab? Wie sollte alles weitergehen, wenn die Mittel der Volkswagen-Stiftung verbraucht sein würden?

Doch für solche kleinmütigen Fragen war keine Zeit. Es galt nur eines – konsequent Schritt für Schritt durchzusetzen. Und ich hatte Glück, fand Gönner und Freunde, und die Zufälle kamen mir zustatten.

Nach dem Gespräch mit Hans Kauffmann hatte ich bei dem Regierungspräsidenten in Braunschweig, Willi Thiele, der dem Vorstand des Freundeskreises der Bibliothek angehörte, wegen der Verwendung des Zeughauses nachgefragt. Das Präsidium reagierte schnell und unbürokratisch. Im Sommer wurde die Liegenschaft zum 1. Januar 1974 der Herzog August Bibliothek zur dauernden Nutzung übertragen. Man war möglicherweise erleichtert, das nutzlose Gebäude aus herzoglicher Zeit loszuwerden, denn der Spätrenaissancebau, der 1619 fertiggestellt worden war, befand sich in einem schlechten Zustand. Die Stadt Wolfenbüttel hatte sich mit dem Gedanken getragen, dort einen Supermarkt einzurichten, denn im ersten Obergeschoß befand sich das »Sozialwerk«, eine Einkaufsstätte für billige Lebensmittel. Im übrigen wohnten dort noch

Familien; eine Malerin hatte ihr Atelier in zwei großen Räumen eingerichtet, und im Erdgeschoß hatten Ämter ihre Bestände eingelagert.

Die Inspektion des Gebäudes war deprimierend, eine Rettung nur durch eine gründliche Sanierung möglich. Doch ich konnte den Vorstand des Freundeskreises, der meine Pläne mit Rat und Tat freundschaftlich und tatkräftig unterstützte, für das gewaltige Bauwerk begeistern. Die ersten Planungen, die der Architekt Professor Kraemer durchführen sollte, wurden finanziert. So entstanden Entwürfe für die Nutzung des siebzig Meter langen Zeughauses mit den drei verzierten Zwerchgiebeln und dem hohen Dach. Eine Handbibliothek und offene und geschlossene Arbeitsplätze für die Forscher, das Katalogzentrum, Verwaltungsräume für die Bibliothekare, Seminar- und Werkstatträume, Hörsaal, Cafeteria und vieles andere sollten dort untergebracht werden. Welch eine Aussicht für eine Bibliothek, deren Raumnot auf diese Weise beseitigt werden konnte.

In vielen gemeinsamen Gesprächen zwischen Architekt und Bibliothekaren kristallisierte sich ein Raumprogramm heraus, das sich in dem weitläufigen, völlig zu entkernenden Gebäude realisieren ließ. Mit den Entwürfen, Zeichnungen, Modellen war der Vorstand des Freundeskreises einverstanden. Daß die Landesregierung diese Pläne zur Kenntnis nehmen konnte, war wiederum dem Geschick von Dr. Lindner zu verdanken.

Im Dezember 1974 lud Ministerpräsident Kubel sein Kabinett nach Wolfenbüttel ein. In der Bibliotheca Augusta fand die Routinesitzung unter den Bibeln statt, ein Rundgang durch das Haus schloß sich an. Dies gab mir Gelegenheit, die Pläne zur Renovierung des Zeughauses anhand der sorgfältig ausgearbeiteten Zeichnungen und eines außerordentlich nützlichen Korkmodells zu erläutern. Alfred Kubel, schon im Vorfeld vertraut mit dem, was ihn erwartete, verstand es, seine Kabinettskollegen von der Notwendigkeit dieser Landesbaumaßnahme zu überzeugen. In der sich anschließenden Pressekonferenz in der Augusteerhalle, in der mich Kubel an seine Seite zog, bekräftigte der Ministerpräsident mit allgemeinen Worten die Entschlossenheit des Landes Niedersachsen, die Ausbaupläne der Bibliothek zu unterstützen.

Zwei Jahre später, im Herbst 1976, begannen die ersten Sicherungsmaßnahmen für den Umbau des Zeughauses. Das Land finanzierte die Rekonstruktion mit 12 Millionen DM und realisierte ein sinnvolles Nutzungskonzept für die Bibliothek. Die Kabinettsitzung unter den Bibeln hatte Früchte getragen, die Politiker, das Land spielten mit.

Anna Vorwerks Haus

Aber was sollte in der Zwischenzeit geschehen? Der Umbau des Zeughauses war auf drei bis vier Jahre berechnet. Die ersten Stipendiaten würden in Kürze vor der Tür stehen und Arbeitsplätze und Bücher benötigen. Der Lesesaal in der Augusta würde vielleicht für die ersten Jahre ausreichen. Aber wohin sollte man die neuen Mitarbeiter setzen, die das gedachte Forschungsprogramm verwalten sollten? Gesucht wurde ein neues Haus. Der Zufall kam wiederum der Bibliothek zu Hilfe.

Der Schloßplatz in Wolfenbüttel hat im wesentlichen seine aus dem 18. Jahrhundert überlieferte Gestalt bewahrt. Zwar sind die markante Schloßkapelle, die Dammmühle und vor allem Leibnizens Bibliotheksrotunde abgerissen worden. Der Schloßplatz selbst war 1974 zu einem Parkplatz verunstaltet worden, und eine diagonal herübergeführte Straße war der Tribut an eine vermeintlich verkehrsgerechte Stadt. Doch das Schloß beherrscht nach wie vor majestätisch den Platz. Das gilt auch für das Gebäude des Zeughauses mit dem dahinterliegenden Kornspeicher. Am Rande steht das damals noch nicht restaurierte Lessinghaus, und dahinter erstrahlte nunmehr in neuer Schönheit die wilhelminische Bibliotheca Augusta.

An der einen Seite stehen einige Bürgerhäuser, an seinem Ende das ehemalige Kommandantenhaus, damals noch als Landwirtschaftsschule genutzt. Eine Baulücke klaffte zur Stadtseite hin: Wie man hörte, wollte dort ein Kaufhauskonzern bauen. Die andere, sich anschließende Häuserzeile – Schloßplatz 2-7 – wies ebenfalls eine empfindliche Baulücke auf. Das Haus, in dem Leibniz viele Jahr hindurch zur Untermiete gewohnt hatte, war abgerissen worden, auch ein schloßähnliches Barockhaus auf dem Hügel der einstigen Befestigung. Nur ein Stück dieser Fortifikation stand noch auf dem abgeräumten Gelände, von dem es hieß, daß die Bundespost dort ein Fernmeldeamt bauen wolle.

Neben diesem leeren Gelände, der Stadt zu, befindet sich das Haus, in dem eine berühmte Wolfenbütteler Pädagogin, Anna Vorwerk, gewohnt hat. Die Schülerin von Friedrich Fröbel war in ihrer Jugend mit Johannes Brahms befreundet gewesen. In der Kaiserzeit hat sie konsequent das Mädchenschulwesen in Wolfenbüttel aufgebaut, in dem ungenutzten Schloß eine höhere Mädchenschule eingerichtet und im Laufe der Zeit die Mädchenbildung vom Kindergarten bis zum Altersheim für pensionierte unverheiratete Lehrerinnen organisiert.

In dem Haus war damals – wir befinden uns in dem für

die Bibliothek so denkwürdigen Jahr 1974 – der alte Major Vorwerk gestorben, der auf dem Totenbett den Wunsch geäußert hatte, daß sein Haus von der Bibliothek übernommen werden sollte. So wurde es mir übermittelt. Aber wie sollte das geschehen? Auf mein Drängen hin erwarb die Stadt Wolfenbüttel das Fachwerkhaus, das in der ersten Hälfte des 18. Jahrhunderts erbaut und von dem Landbaumeister Hermann Korb zuletzt bewohnt worden war. Zu Beginn unseres Jahrhunderts – 1907 – hatten die damaligen Eigentümer eine Jugendstilfassade vorgeblendet und das Gebäude zeitgemäß verfremdet. Aber die Aufteilung der Räume im ersten Obergeschoß mit dem typischen kleinen Saal zur Gartenseite hin, in dem sich ein hübscher Rokokopavillon befindet, war unverändert geblieben: Im Erdgeschoß ein paar Räume, die damals noch von einer alten Dame bewohnt wurden, im Zwischengeschoß die Küche und unterm Dach einige Kammern.

Aber meine Erwartung, daß die Stadt das Haus der Bibliothek für den Aufbau des Forschungsprogramms überlassen würde, ging zunächst nicht in Erfüllung. Die Ratsherren meinten, daß es sich doch anböte, dort eine Altentagesstätte einzurichten. Das war zwar nicht von der Hand zu weisen, aber gab es nicht für einen solchen Zweck andere Lösungen? Ich ging auf die Suche und machte alternative Vorschläge, was schließlich dazu führte, daß die Stadt das »Anna-Vorwerk-Haus«, wie wir es tauften, der Bibliothek gegen einen Mietzins überließ. Der Vorstand des Freundeskreises war für die Nutzung des Hauses schnell gewonnen. Er übernahm die Zahlung der Miete.

Das Gebäude stand in den beiden oberen Etagen leer. Möbel waren nicht vorhanden. So wurde um Spenden geworben, die Handwerker selbst beteiligten sich, eine Firma zahlte das Abschleifen des Fußbodens im kleinen

Saal, eine andere übernahm die Finanzierung der belgischen Tapete. Auch die erste Möblierung wurde gestiftet. Und als wir das Haus am 11. März 1975 mit einem kleinen Empfang einweihten, überreichte mir noch ein Klempner 100,- DM. Wir haben diese Hilfen damals als wirkliche bürgerliche Tugenden empfunden.

Angesichts der öffentlichen Nutzung des Anna-Vorwerk-Hauses entschloß sich der Rat der Stadt zwei Jahre später, das Gebäude der Gesellschaft der Freunde der Bibliothek kostenlos zu überlassen, und dies gerade zu dem Zeitpunkt, an dem ich mich persönlich mit den Ratsherren auf eine erbitterte Fehde eingelassen hatte, von der noch zu berichten sein wird.

Auch tüchtige und engagierte Mitarbeiterinnen waren inzwischen für die Forschungsverwaltung, die ins Anna-Vorwerk-Haus einziehen sollte, gewonnen worden. Auf einem Empfang hatte ich von einer jungen Kunsthistorikerin gehört, die die Kunstgalerie von Dr. Ernst Hauswedell in Baden-Baden leitete und wohl Neigung hatte, ins Braunschweigische zurückzukehren, wo ihr Vater, ein bekannter Industrieller und Kunstsammler, früher einmal die auch für Wolfenbüttel zuständige Museums- und Bibliotheksstiftung geleitet hatte. Ich lud die mir unbekannte Dame ein, und sie besuchte mich mit ihrem sehr viel älteren Mann, einem pensionierten europäischen Beamten, Sohn eines berühmten Diplomaten aus der Zeit der Weimarer Republik. Wir faßten vom ersten Augenblick an Sympathie zueinander, und so trat Dr. Sabine Solf am 1. Dezember 1974 ihr neues Amt an, gemeinsam mit zwei Mitarbeiterinnen für Buchhaltung und Sekretariat. Sie nahmen von dem Anna-Vorwerk-Haus Besitz, mit eigenen alten Möbeln stattete Sabine Solf ihr Dienstzimmer aus.

Einen Raum hatten wir mit sechs Arbeitsplätzen für die Stipendiaten hergerichtet. Mit ihrem Eintreffen begann ein neues Kapitel in der Geschichte der Bibliothek.

Ein Forschungsprogramm entsteht

Er kam pünktlich am 1. April 1975, der erste Wolfenbütteler Stipendiat, ein deutscher Privatgelehrter von der Insel Juist, Dr. Arend Lang. Er befaßte sich mit der berühmten niederländischen Seekarte des Cornelis Anthoneiz aus dem 16. Jahrhundert, deren einziges überliefertes Exemplar in Wolfenbüttel aufbewahrt wird. Er war ein Kenner der Kartengeschichte und machte unter den Beständen der Geographica phantastische Entdeckungen, das älteste Kursbuch zum Beispiel und gedruckte holländische Segelanweisungen mit den in Holz geschnittenen Küstenlinien. Mit Begeisterung berichtete er über seine Funde.

In den nächsten Wochen kamen die ersten ausländischen Stipendiatinnen, Rita Stambough aus North Carolina, die über Teufelsbücher des 16. Jahrhunderts arbeitete, und Waltraud Tepfenhardt aus Kanada, die geistliche Dichtungen des Barockzeitalters erforschte. Und seither studieren Gäste aus vielen Ländern die alten Drucke als Quellen ihrer historischen Forschungen. Gewiß, in den ersten Jahren waren viele Germanisten darunter, insbesondere Barockforscher, die die Herzog August Bibliothek bald als zweite Heimat empfanden und die Wolfenbüttel euphorisch zur »Hauptstadt der Barockliteratur« erklärten.

Vierzehntägig berichtete einer der Stipendiaten im Kreise der anwesenden Gäste und wissenschaftlichen Mit-

97

arbeiter der Bibliothek von seiner Arbeit. Diese Stipendiaten-Kolloquien, die sich vielfach zu ausgearbeiteten Vorträgen ausweiteten, waren von Anfang an als Werkstattberichte gedacht. So lernten die Gäste die Themen und
Fragestellungen gegenseitig kennen, und im Lesesaal
schob man sich die Bücher zu, in denen man zufällig etwas
gefunden hatte, das den anderen Gast interessieren könnte.

Der kleine Kreis der Stipendiaten – zehn bis fünfzehn
Wissenschaftler an der Zahl –, berühmte und unbekannte,
alte und junge, bildete eine über Nationalitäten und Fachdisziplinen hinweg sich verbindende Gemeinschaft. Da wir
an den Arbeiten der Gäste Anteil nahmen, lernten wir –
auch zu unserer Ermutigung – den Wert der Buchbestände
und Quellensammlungen der Bibliothek aufgrund der Erfahrungen, die die Stipendiaten machten, noch besser kennen. Früher war Wolfenbüttel wegen der mittelalterlichen
Handschriften unter Kennern berühmt. Nun rückten die
über Jahrhunderte ungenutzten Drucke des 16., 17. und
18. Jahrhunderts in den Mittelpunkt wissenschaftlichen
Interesses. Insbesondere die Augusteer, die Herzog August
im 17. Jahrhundert systematisch gesammelt hatte, aber
auch die Helmstedter Bestände und die in der Mittleren Aufstellung vereinigten Sachgruppen erregten die
Aufmerksamkeit der Stipendiaten und der Gäste, die die
Bibliothek auf eigene Kosten in immer größerer Zahl benutzten.

So zeichnete sich in kürzester Zeit die Kultur der frühen
Neuzeit als Forschungsgebiet ab, mit dem sich die Germanisten und die Theologen, die Rechts- und Philosophie-,
Kunst- und Musik-, die Sozial- und Medizinhistoriker befaßten. Das soziale und politische, das wissenschaftliche
und kulturelle Leben in Europa zwischen dem Ausgang
des Mittelalters und dem Beginn der industriellen Revolu

tion war und blieb das zentrale Thema, für das Wolfenbüttel überreiche Quellen aus dem ersten Zeitalter Gutenbergs besitzt. Wir verständigten uns bald auf den Begriff der europäischen Kulturgeschichte der frühen Neuzeit und knüpften an Jakob Burckhardts Begriff, aber auch an Herders Ideen bewußt an, so sehr auch immer wieder der Terminus in Zweifel gezogen wurde. Das Forschungsfeld der in Wolfenbüttel arbeitenden Wissenschaftler umfaßt den Wandel von der Statik des Mittelalters zur Dynamik der Veränderungen, die seit der Renaissance, dem Humanismus und der Reformation nach und nach alle Lebensbereiche ergriff. Der moderne Staat entstand durch die Sozialdisziplinierung der Bevölkerung unter der absolutistischen Herrschaft; doch ein Jahrhundert später begann die kritische Auseinandersetzung mit der Realität, die schließlich zu neuen Vorstellungen von Menschenrechten und Menschenwürde führte. Das Fortschrittsdenken fand in der Aufklärung des 18. Jahrhunderts seine gedankliche Ausformung. Zugleich befreite sich die gelehrte Welt von den überkommenen, allein gültigen theologischen Bindungen. Die Säkularisierung war eine der Vorbedingungen zur Modernisierung der Welt. Diese allgemeinen Prozesse vollzogen sich in den verschiedenen Lebensbereichen zu verschiedenen Zeiten und in verschiedenen Ländern und Städten auf unterschiedliche Weise.

Die Geistesgeschichte der Zwanziger Jahre neigte zur Generalisierung historischer Prozesse und betrachtete den Wandel der Zeiten aus der Höhenperspektive. Die moderne internationale Forschung, die Wissenschaftsgeschichte und die Geschichte der sozialen, politischen und ökonomischen Veränderungen in all ihren Spezialdisziplinen von der Philosophiegeschichte bis zur Technikgeschichte hat sich von diesen spekulativen Vorstellungen heute abgekehrt, und eine solide Detailforschung trägt Baustein für Baustein zusammen. Dadurch wird nicht nur ein Gebäudetyp geschaffen, sondern es entsteht eine ganze Stadt mit ihren verschiedenartigen Gebäuden, Straßen und Plätzen.

Wir konnten im übrigen beobachten, wie die Wissenschaftler, die sich mit der Erforschung der frühen Neuzeit befaßten, über die eigene Fachdisziplin hinwegblickten und die Ergebnisse der Nachbarwissenschaften produktiv zur Kenntnis nahmen. Dieses interdisziplinäre Denken war in Wolfenbüttel in den Gesprächen der Stipendiaten von Anfang an gegenwärtig. Statt nur mit den Schwierigkeiten des eigenen Faches und Themas konfrontiert zu sein, lernte man durch Zuhören und durch Diskussionen die Sorgen, Aufgaben und Möglichkeiten benachbarter Wissenschaften kennen. Dieser Denkprozeß unter den Büchern einer alten Bibliothek sollte schließlich den Ort zu einem idealen Zentrum fächerübergreifender Zusammenarbeit machen.

Anstöße zu solchen Bemühungen, den interdisziplinären Diskurs zu befördern, kamen auch von den wissenschaftlichen Veranstaltungen, die von Anfang an die zweite Säule des Forschungsprogramms der Herzog August Bibliothek waren. Die ersten Kolloquien und Symposien wurden im Festjahr 1972 durchgeführt. Das seit 1974 veröffentlichte Veranstaltungsprogramm nennt im ersten Jahr neben den Ausstellungen, Konzerten und Führungen, den Lesungen und Vorträgen die Tagungen und Symposien der Lessing-Akademie und anderer Institutionen. Das Jahresprogramm 1976 führte dann bereits die breite Palette wissenschaftlicher und kultureller Veranstaltungen auf, die seither mit wechselnden Themen die Arbeit der Bibliothek auf diesem Aufgabengebiet dokumentieren.

Der Wunsch, Gelehrte verschiedener geisteswissenschaftlicher Fachrichtungen zu Gesprächen in kleinen, überschaubaren Gruppen zusammenzuführen, ging also dank der Unterstützung durch die Volkswagen-Stiftung in Erfüllung. Die Themen wurden in den ersten Jahren im Haus erörtert und vorgegeben, die jeweiligen Leiter der Veranstaltungen gesucht und die Teilnehmer ausgewählt. Die ersten Symposien, die sich mit der Geschichte wissenschaftlicher Institutionen befaßten, fanden schon 1975 statt. Der Tagungsort war und ist die Bibelsammlung in der Bibliotheca Augusta. Um den ovalen schwarzen Tisch versammeln sich 20 bis 25 Wissenschaftler im Anblick der geschichtlichen Überlieferung aus vier Jahrhunderten. Sie stellen sich einander vor, halten Referate, diskutieren, tauschen Gedanken aus und stellen Überlegungen an, – diese durch den genius loci bestimmte Form wissenschaftlichen Austausches wird nicht von der Perfektion technischer Moderation, sondern von der Improvisation freundschaftlicher Gesinnung bestimmt.

In diesem Rahmen haben seither Hunderte von wissenschaftlichen Veranstaltungen stattgefunden. Für die Teilnehmer war die Atmosphäre einer alten Bibliothek immer wieder ein besonderes Erlebnis. Die Präsenz der Bücher hat eine stimulierende Wirkung, auch scharfe Kontroversen endeten in versöhnlichen Tönen. Von diesen Tagungen, Symposien, Arbeitsgesprächen und Seminaren sind viele Impulse ausgegangen, und es wurden Pläne entwikkelt und verwirklicht, Publikationen beschlossen und realisiert, Freundschaften gestiftet und für die Bibliothek immer neue Interessenten gewonnen, die oft und gern nach Wolfenbüttel zurückkehren.

Da ich keinen Rechenschaftsbericht gebe, sondern die Geschichte von Bibliosibirsk erzähle, unterlasse ich eine

Aufzählung der vielen Veranstaltungen, die im engen Kreis der Wissenschaftler fächerübergreifende Themen aus der Kulturgeschichte der frühen Neuzeit behandelten. Vielmehr ist hier eine andere fruchtbare Veranstaltungsform zu nennen, die wir einem damals noch an der Universität Hamburg unterrichtenden Literaturwissenschaftler zu verdanken haben. Wolfgang Harms führte bereits 1973 mit einem Kreis von Studenten ein Gastseminar durch, wie wir bis heute diesen Typus einer besonders fruchtbaren Nachwuchsförderung nennen. Harms machte die illustrierten Flugblätter – auch auf diesen Terminus haben wir uns damals verständigt – zum Gegenstand auch der folgenden Veranstaltungen. Die Einblattdrucke aus dem 17. Jahrhundert mit den anschaulichen Kupferstichen faszinierten ihn und seine Studenten in der Verbindung von Text und Bild. Aus dieser ersten Begegnung ging eine Folge von Arbeitsgesprächen hervor und schließlich der Plan einer dreibändigen Edition der Wolfenbütteler Flugblattsammlung, die heute im Druck vorliegt. Der besondere Reiz der Wolfenbütteler Gastseminare besteht seither in der Auseinandersetzung der Studenten mit den ihnen an die Hand gegebenen alten Drucken. Das war offensichtlich neu im Universitätsbetrieb, und seither bewähren sich die zehn bis zwölf Gastseminare, die Jahr für Jahr mit finanzieller Unterstützung der Bibliothek in der Bibelsammlung durchgeführt werden, als eine exklusive Form forschenden Studierens.

Den wissenschaftlichen Nachwuchs zu fördern und ihn mit den Problemen der Frühen Neuzeit vertraut zu machen, kommt zukünftiger Forschung zugute, denn die Studenten haben zu den Quellen dieser Jahrhunderte keinen so unmittelbaren Zugang wie zu den Dokumenten des 19. und 20. Jahrhunderts. Nicht nur die lateinische Sprache, auch das barocke Deutsch hat seine Schwierigkeiten. Um aber Studenten und vor allem Doktoranden zu diesen Quellenarbeiten zu ermutigen, wurden Mittel für einen jährlich stattfindenden Sommerkursus mitbeantragt und genehmigt. Seit 1976 stellt diese vierwöchige Veranstaltung einen Höhepunkt in der jährlichen Veranstaltungsfolge dar. Die europäische Kulturgeschichte des 17. Jahrhunderts war das Thema des ersten Programms, das der bekannte, inzwischen verstorbene amerikanische Germanist Harold Jantz durchführte. Seither wurden die sich jeweils auf ein Jahrhundert beziehenden Fragen differenziert. Die Zahl von zehn deutschen und zehn ausländischen Teilnehmern hat sich bis heute bewährt. Die meisten von ihnen sind inzwischen in Amt und Würden, manche unterrichten selbst an den Hochschulen, nicht wenige haben den Kontakt zu Wolfenbüttel aufrechterhalten.

Zu Anfang ahnten wir nicht, wie sehr das Forschungsprogramm der Bibliothek eine Lücke in der geisteswissenschaftlichen Arbeit schließen sollte. Eine außeruniversitäre Forschungs- und Studienstätte auf der Grundlage überlieferter Quellen, die Stipendien vergibt, Veranstaltungen vielfältiger Art durchführt und den wissenschaftlichen Nachwuchs fördert, auch hauptamtliche wissenschaftliche Mitarbeiter mit Forschungsaufgaben betraut und selbst in eigenen Schriftenreihen Bücher herausgibt, war in dieser Form ein Novum in Europa, zumal sie von vornherein auch dem Anspruch der Internationalität und der Interdisziplinarität gerecht zu werden versuchte.

Neue Wege der Wissenschaftsorganisation?

Dem Universitätsbetrieb stehe ich relativ fern, wenngleich ich als habilitierter Professor an der Georgia Augusta in Göttingen unterrichte. Die unerfreulichen Erfahrungen während meiner Hilfsassistentenzeit, in denen ich in Hamburg einem Großordinarius untertan gewesen war, haben mein Leben geprägt. Schon früh hatte ich der Universität den Rücken gekehrt und war dankbar, in Marbach eine literaturgeschichtliche Spezialbibliothek mit einem differenzierten Katalogsystem von der ersten Stunde an aufbauen zu können.

Auch Wolfenbüttel bot mir, dem Bibliothekar, die einzigartige Chance, etwas Neues zu begründen, den über Jahrhunderte angesammelten ungewöhnlichen Bücherbestand der Wissenschaft zu erschließen. Aber das sollte nicht nur durch Kataloge, Benutzung, Ausleihe in den Lesesaal erfolgen. Vielmehr war ich von Anfang an bemüht, dem Gast, dem Leser direkt zu helfen, ihm nicht nur die Arbeit in der Bibliothek zu erleichtern, sondern ihm unmittelbar zur Seite zu stehen, mit ihm ins Gespräch zu kommen. Man kann sich die Not mancher Wissenschaftler in der Fremde vorstellen. Sie können, was ihr gutes Recht ist, weltfremd sein. »Die Gelehrten sind die Verkehrten«, pflegte meine Mutter zu sagen.

Dies waren die Motive und Leitgedanken des Versuchs, die Bibliothek mit Unterstützung eines Forschungsprogramms in den Prozeß wissenschaftlichen Lebens einzubinden. Außerdem hatte ich die nicht abwegige Sorge um die Existenz einer Bibliothek im Zonenrandgebiet. Daß sie Anfang der siebziger Jahre nicht ganz unbegründet war, sollte sich auf merkwürdige Weise bestätigen: Erst Jahre später habe ich erfahren, daß in einer Sachverständigen-kommission, die wieder einmal einen Bibliotheksentwicklungsplan für Niedersachsen mit Fachverstand und anerkannter Kompetenz aufstellen sollte, ein namhafter Kollege den Vorschlag gemacht hatte, die Herzog August Bibliothek aufzuheben und die ohnehin nutzlosen Altbestände an eine andere niedersächsische Bibliothek zu überführen. Daß heute diese seit dem 19. Jahrhundert von den Wolfenbütteler Bibliothekaren immer wieder befürchtete Schließung nicht mehr zur Diskussion steht, nachdem Fakten geschaffen sind, mag den »neuen Wegen zur Wissenschaftsorganisation« zu verdanken sein. Doch ich gestehe, sie haben mich nie interessiert. Ich wollte allein den Wissenschaftlern helfen und die Bücherbestände nutzbar machen. Daß daraus dann in der Tat eine neue Form der Wissenschaftsförderung wurde, hat man dem Umstand zu verdanken, daß sich damals nur wenige um die einzelnen Geisteswissenschaftler, zumal wenn sie aus dem Ausland kamen, kümmerten. Die Routine gewordenen Jahresversammlungen und Kongresse der Verbände und Vereine und die in und außerhalb der Hochschule wirkenden Kommissionen, Beiräte und Gremien fördern immer weniger die persönlichen Beziehungen.

In Wolfenbüttel fanden sich die Wissenschaftler ohne Ansehen der Person aus dem In- und Ausland zusammen, die an bestimmten Forschungsproblemen arbeiteten und die im Kontakt zu Kollegen Hilfe suchten oder brauchten. Die Barockforscher hatten sich dank der Finanzierung aus Bad Godesberg im Festjahr 1972 zum erstenmal getroffen und ein Jahr später den »Internationalen Arbeitskreis für Barockliteratur« gegründet. Dem Komitee, das ich über viele Jahre geleitet habe, gehörten in den ersten fünf Jahren Hans-Henrik Krummacher, Eberhard Mannack und

Hans-Gert Roloff aus der Bundesrepublik, Leonard Forster aus Großbritannien, Ferdinand van Ingen aus den Niederlanden, Martin Bircher aus Kanada, Elida Maria Szarota und Marian Szyrocki aus Polen und schließlich Harold Jantz, John Lindberg und Blake Lee Spahr aus den USA an. Sie wurden Freunde der Bibliothek, ihre ehrenamtliche Tätigkeit glich einer spontanen Wissenschaftsinitiative. Das Komitee und der gesamte Arbeitskreis wirken ohne Satzung und Gesellschaftsordnung, man fühlt sich allein durch den Wunsch zur Zusammenarbeit auf dem Forschungsgebiet ermutigt. Dieser Arbeitskreis der Barockforscher, der inzwischen längst interdisziplinär besetzt ist, das Herzstück der Wolfenbütteler »Wissenschaftsförderung«, versteht sich als offene, freundschaftlich wirkende Selbsthilfe vor dem Hintergrund und mit organisatorischer Unterstützung durch die Bibliothek.

Nach diesem Vorbild des Barock-Arbeitskreises, dem inzwischen mehr als 300 Barockforscher angehören, schlossen sich 1975 die an der Geschichte des Buches interessierten Wissenschaftler und Bibliothekare zum »Wolfenbütteler Arbeitskreis für Geschichte des Buchwesens« zusammen, an dem Herbert G. Göpfert von Anfang an maßgebend mitwirkte. Diesem Kenner verdankt die buchgeschichtliche Forschung entscheidende Anregungen. Später spaltete sich auf Wunsch der Fachvertreter der »Wolfenbütteler Arbeitskreis für Bibliotheksgeschichte« ab.

In den »Gründerjahren« der Bibliothek entstanden noch zwei weitere Zusammenschlüsse, 1976 der renommierte »Wolfenbütteler Arbeitskreis für Renaissanceforschung«, den der engagierte und erfahrene August Buck als anregend wirkende Vereinigung gründete, und ein Jahr später auf Initiative von Bernhard Fabian die »Deutsche Gesellschaft für die Erforschung des 18. Jahrhunderts«. Sie ist mit fast 800 Mitgliedern die stärkste Forschungsgruppierung im Rahmen der Wolfenbütteler Bibliothek. Sie alle führen Veranstaltungen durch, geben Mitteilungsblätter unter der Ägide der Bibliothek heraus und publizieren die Arbeitsergebnisse in eigenen Schriftenreihen.

Die Arbeitskreise, die seit Jahren vom Freundeskreis der Bibliothek mitfinanziert werden, waren spontan entstanden. Man kann in ihnen eine neue Form der Wissenschaftsorganisation sehen, die den Mitgliedern wie der Bibliothek zugute kommt. Daß die ernste Arbeit der Gelehrten sich mit freundschaftlicher Geselligkeit paaren kann, möchte ich mit einem Beispiel belegen.

Zum Abschluß des Barock-Kongresses 1976 fand in der Augusteerhalle ein Fest statt. Meine Frau hatte das Singspiel der Herzogin Sophie Elisabeth *Die glückwünschende Freudendarstellung*, gerichtet an ihren Gemahl Herzog August, mit Stipendiaten, Bekannten und unseren Kindern einstudiert. Hinreißend spielte Leonard Forster das Alter in der Folge der Lebensstationen. Thomas Gelzer, Professor in Bern, hielt als Pfarrer mit einer Perücke verkleidet, an einem Katheder stehend, eine wort- und geistreiche Rede zur »Gründung des hochlöblichen Ordens der Okerschwäne« in der unvergleichlichen Akzentuierung seines Schweizerdeutsch. Barocke Gedichte wurden vorgetragen, Elida Maria Szarota erschien als Fama und wählte mich schließlich mit einem hübschen Gedicht zum Oberschwan. Nun war es meine Aufgabe, die ersten Barockforscher zu Okerschwänen zu küren und ihnen klingende Vogelnamen zu geben, wie es in der Satzung steht, die ich hier wiedergeben möchte: »Sollen sich alle Schwäne, wes Standes oder Landes sie seyen, ehrbar, verständig, weise, tugendhaft und höfflich, nützlich und ergetzlich, leutsehlig, mäßig überall erweisen, sich nie mit fremden Federn schmücken, schnatter- und datterarm, eier- und daunenreich zu aller Zeit, hochgünstlig beflissen seyn.

Soll auch allen Schwänen vor allen Dingen obliegen, alle Assembleen oder Zusammenrottierung anderer in dero Schwanenbezirk flatternden Avibus, als nämlich Adler, Amseln bis zu Zaunkönige und -königinnen daz notwendig höchst ergetzbare Gepräge und Gepränge zu verleihen. Item mit Illuminationibus, Feuerwerk, Wein, Bratwurst, Pizza und Gesängen aller Art zu verschönern. Kurzum lauter Schwanereyen zu betreiben.

Ein jeder Schwan verpflichtet sich, all seine neugelegten Eier dem hiesigen unvergleichlichen Bücherhort (Bibliotheca Augusta) einzuverleiben, und zwar wohlverzollet und mehrwertsteuerpflichtbefreit. Das Gehege der Schwäne soll auf alle Zeiten gepfleget, geheget und gewartet werden, so daß keinen anderen Avibus und Vögeln Gelegenheit geboten würde, in, an, unter und über der Oker zu nisten oder zu pisten, Kaufhäuser zu bauen oder Flieg- und Fahrgeräte okernahe zu parken.

Jederman, der diesem Orden beizutreten gewillet ist, muß einen Vogel haben. Der Leitschwan Raabe entscheidet mutterschwanenallein, wer – zwar nach wohletablierten Regeln – aufzunehmen ist und wie sein ihm zugeteiltes Federwerk heißen soll. Besagte nie zu brechende Regula wurzeln in folgendem Grundsatz – ein jeder Schwanenkandidat muß nachweislich fünf fruchtbringende Brutzeiten an der Oker absolvirt haben, id est, kalendarisch gerechnet, fünf Monden an hiero gebrütet haben (weil 5 den Schwanen heilig ist, zumalen ihr Namen aus 6 weniger einem Buchstaben bestehet)...«

Viele Barockveranstaltungen endeten in den nächsten Jahren mit einer »Ordenssitzung der Okerschwäne«. Es

wurde von den fleißigen Arbeiten der Barockforscher berichtet. Es wurden neue Barockisten gekürt, und sie wurden in einer Zeremonie in den Orden aufgenommen.
Barbara Strutz hatte die Orden angefertigt, auf die alle
Okerschwäne stolz waren. So haben wir über viele Jahre
unseren Spaß an den Okerschwänen gehabt, bis der Orden
allmählich einschlief und mir Gelegenheit gab, beim
letzten Barockkongreß einen Okerschwanengesang anzu-
stimmen, in dem ich mich bei den Barockisten für ihre
Treue, Anhänglichkeit und Gelehrsamkeit bedankt habe.

Ein Kulturrat für Wolfenbüttel

Wenn es im Laufe der Zeit gelang, immer mehr Wissenschaftler für Wolfenbüttel zu interessieren, so lag dies auch
an dem Namen der Stadt, den man mit Lessing und nun
auch wieder mit der Herzog August Bibliothek gedanklich
in Verbindung setzte. Mit Wolfenbüttel konnten wir werben. Der Städtename erwies sich in der Vorstellung vieler
auswärtiger und ausländischer Gelehrter als Synonym für
die Bibliothek, zumal nach und nach die Titel der Schriftenreihen wie der Arbeitskreise mit der adjektivischen
Form *Wolfenbütteler ...* beginnen: *Wolfenbütteler Beiträge*,
Wolfenbütteler Abhandlungen zur Renaissanceforschung,
Wolfenbütteler Notizen zur Buchgeschichte, *Wolfenbütteler
Arbeiten zur Barockforschung* usw.
  Die Bibliothek hatte also Grund genug, sich mit Wolfen-
büttel zu identifizieren. War dies umgekehrt auch der Fall?
Identifizierte sich die Stadt mit der Bibliothek? Die Sache
war kompliziert, Mißtrauen wurde verbreitet, es kam zu
Auseinandersetzungen, die im nachhinein als ein heilsa-

mes und reinigendes Gewitter erscheinen. Zunächst aber gab es kulturelle Gemeinsamkeiten.

Weder eine durchgreifende bibliothekarische Reform noch das 1975 zur Entfaltung kommende Forschungsprogramm leiteten die radikalen Veränderungen in den Strukturen einer alten Bibliothek ein, vielmehr standen die kulturellen Veranstaltungen am Anfang einer Neuorientierung, die ohne Kästners Idee einer Bibliotheca illustris wiederum nicht denkbar gewesen wäre. Die Kammerkonzerte unter den Büchern, die ersten Lesungen der Schriftsteller in der Augusteerhalle und die frühen Malerbuchausstellungen machten die Öffentlichkeit auf die Bibliothek und ihre Schätze aufmerksam, und das kulturelle Programm des Festjahres *400 Jahre Bibliothek zu Wolfenbüttel* mit dem literarischen Volksfest und dem Tag der offenen Tür als publikumswirksame Höhepunkte haben ebenso viel bewirken können wie manche wissenschaftliche Leistung. In einer Welt der Werbung und des Marketing kann sich eine Kulturinstitution nur behaupten, wenn sie »Öffentlichkeitsarbeit« ernst nimmt. Viele Kollegen empfinden dies unter ihrer Würde, und die Professoren fanden es manchmal sogar deplaciert, daß sich eine Forschungseinrichtung so verkaufen will. Aber die Geschichte von Bibliosibirsk zeigt, daß das Interesse der Öffentlichkeit, das durch ein kulturelles Programm geweckt wird, die Aufmerksamkeit der Politiker am ehesten hervorrufen kann.

Diese Haltung wird man nicht zynisch auslegen dürfen. Ich bin vielmehr überzeugt, daß nur durch die offene Hinwendung an die Bevölkerung eine letztlich elitäre Bibliothek bestehen kann. Verschließt sie sich, lebt sie nicht mehr. Das mag für die Wissenschaftler, die in ihr tätig sind, leichter sein: Sie haben ihre Ruhe zur konzentrierten

Arbeit. Aber diese kann schnell zur Grabesruhe werden, und was lebendige Vergangenheit bleiben soll, ist zum endgültigen Untergang bestimmt.

Vielleicht wäre das Verhältnis der Öffentlichkeit zu ihren Universitäten unproblematischer, wenn es gelungen wäre, diese Einrichtungen der anspruchsvollen Forschung und Lehre mehr in das allgemeine Bewußtsein zu integrieren. Das Elitäre weckt oft Aggressionen. Man kann sie nur abbauen, indem man auch denjenigen, denen diese Welt fremd und verschlossen erscheint, Brücken baut und Einblicke ermöglicht.

So jedenfalls habe ich das Kulturprogramm der Herzog August Bibliothek von Anfang an verstanden. Es schützt die Gelehrten und bewahrt die Bücher. Die interessierte Öffentlichkeit nimmt an »ihrer« Bibliothek Anteil, und diese ist nicht isoliert, sondern versteht sich als Teil der Stadt und des Landes.

In dieser Hinsicht habe ich damals von der Kulturpolitik der DDR gelernt, ohne allerdings ihre politischen Implikationen zu übersehen. Im Herbst 1973 hatten wir mit allen Mitarbeitern eine Fahrt nach Weimar unternommen. Dort hatte der damalige Generaldirektor, Professor Helmut Holtzhauer, der in diesen Wochen todkrank war und bald danach starb, die Nationalen Forschungs- und Gedenkstätten der klassischen deutschen Literatur als eine weit ins Thüringer Land ausgreifende kulturelle und wissenschaftliche Einrichtung im Laufe von fast zwanzig Jahren aufgebaut, die mich wegen ihrer Vielfalt und ihres klassischen Mittelpunkts immer erneut faszinierte. Wir besuchten die Museen, die Bibliothek, das Goethe- und Schillerarchiv, die Gedenkstätte Buchenwald und lernten die editorischen und bibliographischen Unternehmungen kennen und vor allem auch das Kulturprogramm als eine Form der Popularisierung historischen Erbes. Besonders imponierten uns die Tafelrunden in der Bibliothek. Man zeigte einem interessierten Kreis kostbare Drucke, illustrierte Bücher, Erstausgaben, Almanache und machte so die Laien mit den Schätzen einer Bibliothek vertraut. Auch Vorträge, Exkursionen, Besichtigungen, Führungen, Konzerte standen auf dem Programm der Weimarer Klassikerstätten. Für mich war die Stadt Goethes und Schillers, Herders und Wielands, auch die Wirkungsstätte von Franz Liszt und Henry van de Velde, von Harry Graf Kessler und den Künstlern des Bauhauses seit meinen ersten Forschungsaufenthalten 1954 immer die schönste Stadt Deutschlands geblieben. Man hat mir dies selten abgenommen, wenn ich es später bei den Führungen durch das Lessinghaus vor dem Bild der Herzogin Anna Amalia von SachsenWeimar, die aus Wolfenbüttel gebürtig war, äußerte. Jedenfalls: Von unserer Exkursion nach Weimar kehrten wir alle voller Anregungen zurück.

Seit 1974 finden daher in der Bibelsammlung jährlich sechs Donnerstagsrunden nach dem Weimarer Muster statt, inzwischen mehr als hundert Veranstaltungen, in denen auch wir alte Drucke, Handschriften, Flugblätter, Atlanten, Porträtstiche, Exlibris, Postkarten und vieles andere, meist zeitlich oder thematisch begrenzt und auf besondere Ereignisse bezogen, vorstellen.

Dieses Engagement der Bibliothek führte verständlicherweise zur Belebung einer Mittelstadt, in der das Lessingtheater – eine bespielte Bühne –, der Kulturbund, die Lessing-Akademie und die Kreisvolkshochschule Veranstaltungen durchführten und in der das Staatsarchiv, das Stadt- und Kreisheimatmuseum sowie eine über Jahre geschlossene archäologische Abteilung des Braunschweigischen Landesmuseums weitere kulturelle Einrichtungen darstellten. Vor dem Hintergrund des Erfolges der Veranstaltungen im Festjahr der Bibliothek lud ich Ende 1973 die Leiter dieser Einrichtungen und darüber hinaus die Vertreter der Stadt zu einem Gedankenaustausch ein. Wir diskutierten über das kulturelle Leben in Wolfenbüttel, über die Notwendigkeit der Zusammenarbeit, über Gedenktafeln und Texte und vereinbarten schließlich, unsere Gespräche regelmäßig fortzusetzen. So gründeten die Teilnehmer den Wolfenbütteler Kulturrat und wählten den Geschäftsführer des Kulturbundes, der 1946 entstanden war, zum Vorsitzenden. Ein paar Jahre später trat ich seine Nachfolge an.

Die Zusammenarbeit wurde ein Erfolg. Gemeinsame Veranstaltungen wurden angeregt und koordiniert, Gedenktafeln beschlossen und in Auftrag gegeben. Vor allem wurde ein Kulturentwicklungsplan diskutiert, den ich zur Belebung der Stadt Wolfenbüttel entworfen hatte. Nachdem schon 1971 ein Verein zur Förderung des Musikwesens, das Michael-Praetorius-Collegium, gegründet worden war, entstanden auf diese Weise weitere Vereine: der Historische Arbeitskreis zur Erforschung Wolfenbüttels unter Leitung des Staatsarchivs, der Kunstverein Galerie und Werkstatt, der seit 1975 junge, noch unbekannte Künstler durch Ausstellungen fördert, und schließlich die Aktionsgemeinschaft Altstadt, von der noch ausführlicher die Rede sein wird.

Diese Gründungen standen bereits im Zusammenhang mit der vom Kulturrat beschlossenen ersten Wolfenbütteler Altstadtwoche als Beitrag zum Europäischen Denkmalschutzjahr 1975, die unter der Federführung der Bibliothek die Szene in Wolfenbüttel veränderte. Nach der Neubelebung unserer Institution sollte nun auch die Stadt, die damals ohne kulturellen Ehrgeiz und ohne sonderlichen historischen Sinn selbstzufrieden in den Tag hineinlebte, von dem Wandel ergriffen werden. Es lag in der Luft. Man sprach allgemein von der »Tendenzwende«.

Der alten Stadt eine Zukunft

Welchen Sinn hat es, wenn die Bibliothek im Schloßplatzbereich zu einer Forschungs- und Kulturstätte ausgebaut wird, sagte ich mir, und die Stadt läßt es zu, daß ihre Fachwerkhäuser abgerissen werden, daß der Verkehr in der Innenstadt diese Zerstörungen befördert und daß das Traditionsbewußtsein immer mehr schwindet?

Im Oktober 1974 führte die Bibliothek in Verbindung mit dem Kulturbund und der Lessing-Akademie einen Vortragszyklus durch unter dem Leitthema: »Zukunft ohne Geschichte? Historiker sprechen über eine aktuelle Frage«. Ich hatte für meinen Vortrag den Titel *Zukunft ohne Geschichte oder: Wolfenbüttel ohne Zukunft?* gewählt. Das gab mir Gelegenheit, meine Gedanken über die Stadt, ihre Vergangenheit, Gegenwart und Zukunft auch im Hinblick auf das Europäische Denkmalschutzjahr darzulegen.

Um die Stimmung, die viele von uns damals bewegte, wiederzugeben, soll dieser Vortrag in Auszügen mitgeteilt werden:

»Wolfenbüttel: Der Fremde verbindet mit dem Namen alte Fachwerkhäuser oder auch eine Bibliothek, andere aber Lessing und Jägermeister. Oft verwechselt er es auch mit Wolfsburg, und meist klagt er über die Lage: ›Wenn doch Wolfenbüttel bei München läge!‹ Wenn sie einmal dagewesen sind, schwärmen die Fremden von Wolfenbüttel, und die Einheimischen sagen dann: Ja, unsere liebe kleine Herzogstadt. Und der Fremde denkt: Da ist die Zeit stehengeblieben, daß es so etwas noch gibt! Rat und Verwaltung aber haben nur Sorgen mit ihrer Stadt, und vielleicht denkt mancher: Wenn es doch die alten Häuser nicht gäbe, die kosten immer mehr Reparaturen. Wie schön wäre es, auch wir hätten eine neue Stadt. Wer möchte es ihnen verdenken?

Man könnte so fortfahren und die Stadt in ihrem Alltag mit ihren liebenswürdigen Schwächen boshaft beschreiben, auf Krähwinkel und Wilhelm Busch und Wilhelm Raabe zu sprechen kommen und die übliche Frage, warum auf dem Reiterdenkmal in Wolfenbüttel der Fürst abgesessen dargestellt wird, entsprechend beantworten. Doch wir würden so der Sache nicht gerecht und werden deshalb vielmehr die Lage nüchtern darstellen.

Die 200 Jahre fürstlicher Residenz haben das Bild der Stadt bis heute geprägt: die geschlossene Bausubstanz mit dem typischen Wolfenbütteler Beamtenhaus, das breit hingelagert an Zeiten erinnert, in denen der Hofbeamte und der Stadtbeamte die wichtigsten Autoritäten waren. Diese großen Fachwerkhäuser sind meist ohne Schmuck, ohne die typischen Inschriften, wie wir sie in dem Handel treibenden Weserbergland in Lemgo und Rinteln, Hameln und Vlotho Haus für Haus finden. Aber immerhin: Diese Wolfenbütteler Fachwerkhäuser sprechen eine eigene Sprache und stehen für eine Gesellschaftsform, der unsere Zeit Institutionen und Gebräuche verdankt ...

Die Innenstadt mit ihrer Mischung der Beamtenhäuser und ärmlich wirkender Kaufleute- und Handwerkerhäuser ist nur verständlich im Zusammenhang mit der Dammfestung, der fürstlichen Hofanlage mit Schloß und Zeughaus, Kavaliershäusern und Dammühle. Dort ist das Gegengewicht zur Stadt, oder man kann auch umgekehrt sagen, der Stadtkern und seine Teile, die Vorstädte, verstehen sich nur in dem Zusammenhang mit der Residenz, deren Anlage ausgezeichnet erhalten ist. Wenn man noch die Kirchen hinzudenkt, die Geschlossenheit der Märkte und die erhaltenen Wälle, dann hat man eine Vergangenheit vor Augen, die es in dieser Art in Deutschland nur noch selten gibt . . .

So ist die Vergangenheit in Wolfenbüttel ein Stein gewordenes Dokument historischer Herrschaftsform und zugleich eine Gegenwart geistiger Geschichte, die ihren sichtbaren Ausdruck in den Büchern der Herzog August Bibliothek findet . . .

Wenn man sich die historische Bedeutung unserer Stadt vergegenwärtigt, so sollte man diese Erkenntnis nutzen zur Gestaltung städtischer Politik. Angesichts der Zerstörungen der Kriege und angesichts der geographischen Lage sollte man sich auf die geschichtliche Bedeutung Wolfenbüttels berufen, wenn man die zukünftige Entwicklung begründet. In der heutigen uniformen Welt können sich nur wenige Städte solcher Tradition rühmen, und sie ist in Deutschland ein Kapital, mit dem man wuchern sollte. ›Eine Zukunft für die Vergangenheit‹ ist das Schlagwort, unter das der Europarat das Denkmalschutzjahr 1975 stellte. Gerade in Wolfenbüttel kann dieser Wille zur Erfüllung werden und die Vergangenheit als Verpflichtung, aber zugleich auch als einzigartige Chance für die Zukunft verstanden werden.

Nach dem Stillhalten der letzten Jahrzehnte ist es auch schon angesichts der Konkurrenz der benachbarten aufblühenden Großstädte notwendig, mit aller Kraft der Stadt Wolfenbüttel den Platz im Verbund der Städte Niedersachsens und der Bundesrepublik zu verschaffen, der ihr eben aufgrund der geschichtlichen Überlieferung zusteht...

Die Erhaltung der Innenstadt in ihrer Bausubstanz wird in den nächsten Jahren das Hauptproblem Wolfenbüttels sein. Angesichts der Zerstörungen der letzten Jahre, die die Schäden des Zweiten Weltkriegs weit in den Schatten stellen, sollten die verantwortlichen Bürger und die von ihnen gewählten Vertreter in Zusammenarbeit mit der Verwaltung der Stadt alles daransetzen, diese schöne historische Bausubstanz zu erhalten und der Nachwelt zu überliefern. Wenn man die Einsichten der Zeit versteht und das Schlagwort ernstnimmt: ›Eine Zukunft für die Vergangenheit‹, so sollte es den gemeinsamen Bemühungen durchaus gelingen, unter Heranziehung der Hilfe des Bundes und des Landes die alten Bauten zu sanieren ...

Die Welle der Sympathie für die Schönheit und den Wert historischer Altstadtkerne erreicht unsere Stadt in einer Zeit, die einen Wendepunkt darstellt. Schon ist eine ganze Häuserzeile gefallen, um dem bekannten Kaufhausprojekt Platz zu machen, und immer mehr Baulücken verängstigen die aufmerksamen und verantwortungsbewußten Bürger, denen das Wohl des Ganzen mehr gilt als die egoistischen Interessen Einzelner und einzelner Gruppen. Es scheint höchste Zeit zu sein, daß man zur Rettung Wolfenbüttels aufruft, zur Rettung eines historischen Stadtkerns, der in seinem Charakter und seiner Eigenart eine Variante unter den vergleichbaren Städten darstellt ...

Nun sind sich die Experten darüber einig, daß es keineswegs damit getan ist, das Äußere und Innere der alten Häuser zu restaurieren, zu sanieren und dafür die Hilfe flankierender Maßnahmen durch Gemeinde, Land oder Bund zu erbitten. Vielmehr ist die Reanimierung des historischen Stadtkerns, die Neubelebung von Handel und Wandel eine Grundvoraussetzung für die Rettung und

Bewahrung der Altstadt. Man sollte alles versuchen, den Wohnwert der Häuser in der Innenstadt zu erhöhen – und gerade junge Menschen lieben diese Wohnungen heute, zumal sie auch in den Mietpreisen in normalen Grenzen bleiben und diese Häuser für alle sozialen Schichten attraktiv machen. So stirbt das Leben nicht aus wie in den Cities der vielen deutschen Städte, die abends ahumane Nekropolen darstellen ...

Dazu ist es notwendig, den lärmenden Verkehr aus der Innenstadt zu verbannen und so jene städtische Harmonie wiederherzustellen, die einst die Stadt selbstverständlich auszeichnete ...

Die Stadt: Das ist unsere Stadt. Sie sollte von allen Bürgern als Eigentum betrachtet werden. Sie sind schließlich die Träger des städtischen Lebens, und für sie wirkt die Verwaltung und die von ihnen gewählte Vertretung. Die Kluft zwischen Rat und Verwaltung auf der einen und dem Bürger auf der anderen Seite sollte endlich überwunden werden. Das ist dann möglich, wenn sich der Bürger im Interesse seiner Stadt für das Gemeinwohl engagieren kann und er so den Raum der Freiheit wiedergewinnt, der in unserer anonymen Zeit verloren gegangen ist. Das kann in einer überschaubaren Stadt sehr wohl gelingen ...

Fragt man nach der Zukunft der Geschichte, so könnte Wolfenbüttel die Antwort geben, daß die Stadt eine segensreiche, bis in den Alltag hinein wirkende Kraft besitzt, daß die Vergangenheit eine Zukunft hat, daß die Frage nach der Zukunft ohne Geschichte durch die hier dargestellte mögliche Zukunft Wolfenbüttels beantwortet werden könnte. Die Chance läßt uns hoffen.«

Dieser Vortrag, den ich mit einem vorangegangenen über die kulturelle Bewußtseinsbildung in der Mittelstadt im Frühjahr 1975 als Broschüre unter dem Titel *Der alten*

Stadt eine Zukunft veröffentlichte, hatte die gewünschten Folgen. Die nach den Ideen der Bibliothek vom Kulturrat geplante und nach langem Zögern von der Stadt mitgetragene Altstadtwoche Ende August und Anfang September 1975 wurde zum Planspiel, in dem unsere Vorstellungen von der Zukunft der Stadt in vielfältiger Weise diskutiert werden konnten. Sie setzte ein Signal.

Eine Festwoche verändert die Stadt

Stadtfeste gehören heute zu den Ritualen der Kommunen. Damals, im Europäischen Denkmalschutzjahr, war das noch anders. Schon vor dem Fest war die Gefahr der Häuserabbrüche in der Altstadt immer größer geworden. Eines Tages brachte mir ein 85jähriger Architekt, Kurt Paeckelmann, den Aufriß eines Eckhauses am Ende des Kleinen Zimmerhofs, am Okerarm gelegen. Diesen Blick nennen die Wolfenbütteler verträumt »Klein Venedig«. Das Haus hatte die Stadt erworben, offensichtlich, um es abzureißen, denn die kleine Brücke sollte für den Innenstadtverkehr verbreitert werden. So war ich gewarnt. Als ich kurz danach erfuhr, daß die Schindeln von dem leerstehenden Haus abgebrochen würden, stand fest, was mir dann die Stadtverwaltung auch bestätigte: Es sollte »abgetragen« werden. Ich wandte mich in 43 Briefen an die Ratsherren und bot an, das Haus kaufen und restaurieren zu lassen, denn mein rühriger junger Göttinger Assistent, Burghardt von Hanstein, war mit seiner Frau bereit, das Haus zu erwerben und zu sanieren. Die Stadt ging nach einigem Zögern darauf ein, Hanstein kaufte das völlig verbaute und heruntergekommene Haus und fing mit

Freunden an, es bewohnbar zu machen. Heute ist es ein Schmuckstück in der Stadt und ein beliebtes Fotomotiv.

Ein anderes Beispiel: Mein Kollege Martin Bircher, der ebenfalls 1975 nach Wolfenbüttel kam, erwarb das sehr schöne hohe Bürgerhaus Schloßplatz 13 mit dem imposanten runden Treppenhaus und nahm die Sanierung in Angriff, für die es in der Stadt damals nur ganz wenige Beispiele gab.

Die Altstadtwoche sollte so eine groß angelegte Aktion zur Aufklärung der Bürger über ihre gefährdete Stadt und die Wege ihrer Erhaltung werden. Es wurde bei dem schönsten Sommerwetter das heiterste Fest, das es in Wolfenbüttel gegeben hat. Die Bewohner entdeckten ihre alte Stadt, sie sahen sie mit anderen Augen. Weiträumig war sie vom Verkehr freigehalten worden, täglich fanden Vormittage der offenen Tür in Schulen, Behörden, Institutionen statt. 24 Ausstellungen informierten über Vergangenheit und Gegenwart Wolfenbüttels. Die Häuser waren geschmückt, die Schaufenster mit Erinnerungsstücken dekoriert. Die Happenings der Kunsterzieher fanden viel Beifall: Dem Herzog auf dem Stadtmarkt beispielsweise hatte man die Attrappe einer nackten Frau aufs Pferd gesetzt – damit Herzog August nicht so allein sei! Einige Innenhöfe waren geöffnet worden, überall machten die Bewohner mit, die Jungen waren begeistert wie die Alten. Man konnte die Stadt von vielen neuen Seiten erleben.

In der Bibliothek wurde täglich gegen Abend »Literarisches aus Wolfenbüttel« vor einem großen Publikum gelesen. Als wir schließlich Wilhelm Raabe, »einen Erzähler aus der Okerstraße«, mit einer Lesung aus seinen Schriften angekündigt hatten, mußte die Augusteerhalle geschlossen werden. Es gab keine Plätze mehr, viele mußten umkehren. In den musealen Räumen hatten wir eine Ausstellung »Bücher, Dichter, Gelehrte in Wolfenbüttel« veranstaltet. Es war ein Plädoyer für ein Wolfenbüttel-Museum, das leider bis heute noch nicht verwirklicht wurde. Die Gäste erfuhren überall Neues, Interessantes, Beherzigenswertes. Die Altstadtwoche leitete ein Umdenken in der Bevölkerung im Blick auf die historische Bausubstanz ein. Das Europäische Denkmalschutzjahr hatte in Wolfenbüttel nachhaltige Wirkungen.

Allerdings ging es zur Verständigung über das, was nun geschehen müsse, nicht ohne heftige Auseinandersetzungen ab. Sie setzten schon während der Altstadtwoche ein: Ich hatte Abend für Abend zur späten Stunde die Ratsherren und interessierte Bürger in eine Gaststätte eingeladen, und wir diskutierten in dieser Stammtischrunde aktuelle Themen in Wolfenbüttel: Denkmalschutz, Stadterhaltung, Verkehrsfragen, Fußgängerzone, Ausländerprobleme usw. An einem Abend ging es um das geplante Kaufhaus. In unserem Eifer und in dem Irrglauben, die Stadtväter längst von unserer Idee der Stadterhaltung überzeugt zu haben, mußten die Verteidiger der Altstadt in den heftigen Debatten mit den im Baugewerbe tätigen Ratsherren feststellen, daß an dem 1967 gefaßten Beschluß nicht mehr zu rütteln sei. So läßt sich ausmalen, wie groß unsererseits – wir waren ein kleiner Kreis engagierter Bürger – die Betroffenheit und Erregung war.

Wir gründeten einige Tage nach der Altstadtwoche, die mit einem von der Stadt getragenen »Friedensfest der Landsknechte« zu Ende gegangen war, eine »Notgemeinschaft für die Erhaltung der Stadt Wolfenbüttel« und druckten einen Aufruf zur Mitarbeit, in dem wir unsere Ziele darstellten: Die Notgemeinschaft würde für die konsequente Erhaltung der Altstadt wirken, Vorschläge zu ihrer Neubelebung erarbeiten, die Öffentlichkeit über die

Vorbilder und Erfahrungen in der Stadterhaltung im In- und Ausland informieren und sich mit Entschiedenheit weiteren negativen Veränderungen in der Altstadt widersetzen. Wir beteuerten, daß sich unsere ehrenamtliche Arbeit nicht gegen Rat und Verwaltung richte und daß die Notgemeinschaft kein Verein, sondern eine offene Gruppierung aller Bürger sei, die sich für die Erhaltung der Altstadt einsetze.

So entstand – ohne daß der Begriff damals geläufig war – die erste und fast einzige Bürgerinitiative in Wolfenbüttel. Man kann sich vorstellen, daß wir in ein Wespennest gestochen hatten. Unsere Aktivität richtete sich vor allem gegen den Plan des Kaufhauses am »neuralgischen Punkt zwischen Schloßplatz und Innenstadt«. Vor einer Ratssitzung verteilten wir eine vierseitige »Stellungnahme Wolfenbütteler Bürger zum Standort des Kaufhauses am Schloßplatz«, die von vielen Bürgerinnen und Bürgern unterzeichnet worden war.

Die Fehde verlief heftig. Wir hatten alles mobilisiert, was aufzubieten war. Die großen Tageszeitungen berichteten über die drohende Zerstörung einer historischen Stadt, die Lokalpresse beteiligte sich an dem Für und Wider. In der Hitze der Auseinandersetzungen schrieb ich übertreibend, daß nun aus der Stadt Wolfenbüttel »eine Karstadt, eine Stadt der Trauer« würde, und ging in meiner Emotion – die man wirklich nicht zeigen sollte – sogar so weit zu behaupten, daß Landesbischof Lilje in seinem Festvortrag 1972 wohl bedacht habe, an welchem Ort er über das geistige Fellachentum als die Gefahr unserer Zeit gesprochen habe. Das grenzte an Beleidigung und war allzu unbedacht niedergeschrieben worden.

Den Bau des Kaufhauses konnten wir nicht aufhalten. Immerhin hatten wir erreicht, daß der Betonkörper verkleinert wurde und daß man die noch leerstehenden Fachwerkhäuser in den Komplex einbezog. Dennoch kann ich mich mit dem kolossalen Bauwerk in dem kleingliedrigen Ensemble auch wegen seiner fensterlosen Gebäudefront und dem hohen Betonkern des Parkhauses nicht anfreunden.

Doch das Engagement der Notgemeinschaft blieb nicht ohne Wirkung. Die Vorträge, Diskussionen und Gespräche beeinflußten die Entwicklung. Auch Rat und Verwaltung der Stadt sahen manche Probleme anders als früher. Jeder von uns lernte dazu. Unsere Initiative mauserte sich zur Aktionsgemeinschaft Altstadt, die seither kritisch und konstruktiv die Stadtentwicklung begleitet.

Der Rat beschloß ein Jahr nach unserem »Aufstand« die Vorbereitung der Altstadtsanierung nach dem Städtebauförderungsgesetz. Dazu war es notwendig, einen Untersuchungsbeirat einzusetzen, dessen Leitung ich übernahm. So beeinflußte unser Kreis die Ausweisung des weiten Sanierungsgebiets und auch die Methoden der Restaurierung. Von Abrissen war nicht mehr die Rede, die Gefahr einer Flächensanierung gebannt. Haus für Haus wird auf der Grundlage der von uns in Zusammenarbeit mit dem Sanierungsträger gefaßten Beschlüsse seit 1979/80 saniert. Mehr als 100 Millionen DM sind bisher in die von den Eigentümern in Verbindung mit Bund, Land und Stadt getragene Restaurierung der Fachwerkhäuser geflossen.

Seit 1975 hat sich die Stadt völlig verändert. Sie ist ein Beispiel für die Erhaltung einer historischen Stadt geworden. Das weitläufige Ensemble der Fachwerkhäuser wird nach und nach wiederhergestellt. Die Stadterhaltung, die in Celle und Goslar seit langen Jahrzehnten betrieben wird, wurde in Wolfenbüttel nachgeholt. Ihr Charakter ist mit den genannten Orten nicht zu vergleichen. Sie hat ihr durch die fürstliche Residenz geprägtes Ansehen wiedererhalten. Auch hat die Kirche ihre Gotteshäuser restauriert: Die Marienkirche ist der früheste protestantische Kirchenneubau nach der Reformation. Die Stadt selbst hat den Stadtmarkt vorbildlich gestaltet, das Land hat nicht nur die Häuser der Bibliothek renoviert, sondern auch das alte Kanzleigebäude für die archäologische Abteilung des Braunschweigischen Landesmuseums wiederhergestellt.

Der Einsatz für die Erhaltung der Altstadt hatte sich gelohnt. Sie ist auch der Lebensraum für die Gäste und Stipendiaten der Bibliothek. Viele von ihnen wohnen dort, und der Ruf der Bibliothek ist ohne das Ansehen der Stadt nicht zu denken.

Auch die Stipendiaten hatten sich an der Altstadtwoche beteiligt. In der Augusteerhalle lasen sieben Kollegen aus Amerika, Italien, Deutschland und der Schweiz Wolfenbütteler Barockdichtung. In ihren weißen Hemden sahen sie wirklich wie »Okerschwäne« aus. Ihr Auftritt war ein großer Erfolg gewesen, und als es um das Kaufhaus ging, veröffentlichten sie einen geharnischten Leserbrief in der Zeitung. So leisteten sie uns Beistand.

Bibliothekarische Reformen

Der Lesesaal in der Bibliotheca Augusta, in der die Stipendiaten die Barockliteratur erforschten und ihre Entdeckungen unter den alten Büchern machten, war zwar beengt, aber man arrangierte sich. Doch andere Schwierigkeiten waren vorauszusehen. Im Frühjahr 1976 kam für ein Jahr ein junger katholischer Theologe aus Süddeutschland, Dr. Otto Scheib. Für seine Forschungen über die theologischen Auseinandersetzungen zwischen der katholischen und protestantischen Kirche suchte er die Streitschriften des 16. und 17. Jahrhunderts. Diese Kontroversliteratur ist, wie er zu Recht vermutet hatte, in sehr großer Zahl in Wolfenbüttel vorhanden.

Doch wie sollte er sie finden? Die alphabetischen Zettelkataloge gaben einigermaßen Auskunft über die Schriften eines Verfassers. Aber damit war in diesem Fall wenig zu erreichen. Ein Sachkatalog der alten Drucke existierte nicht, und der Standortkatalog war unvollständig. Daher blieb Otto Scheib nur der Weg über die Durchsicht des Bücherradkatalogs. So heißt der von Herzog August angelegte und bis 1700 fortgeführte Akzessionskatalog, der alle augusteischen Drucke in säuberlicher Handschrift nachweist. Wir hatten diesen Katalog wie auch den von Gottfried Wilhelm Leibniz angelegten alphabetischen Bandkatalog zwar fotokopieren und binden lassen, so daß die Lektüre der vorher unhandlichen Bände überhaupt ermöglicht wurde. Doch das war für unseren Gast ein schwacher Trost. Fast ein halbes Jahr benötigte er, diesen Bücherradkatalog durchzulesen. Für die Bearbeitung der vielen Drucke, die er fand, brauchte er die doppelte Zeit – die Bibliothek verlängerte sein Stipendium um ein weiteres Jahr –, doch der Aufwand des Recherchierens war unverantwortlich hoch gewesen. Gewiß, man kann sich damit trösten, daß alte Drucke in den meisten Bibliotheken unter sachlichen Bezügen schwer zu ermitteln sind. Doch das war für Wolfenbüttel kein Argument: Hier stehen die Drucke vor 1830 im Zentrum der Arbeit.

Otto Scheib war, wie sich bald herausstellte, kein Einzelfall. Die Fragen nach inhaltlichen Kriterien wurden immer dringlicher gestellt. Viele Generationen von Wolfenbütteler Bibliothekaren hatten bereits Ansätze zur Neukatalogisierung der alten Drucke gemacht. Doch über eine alphabetische Verzeichnung waren sie nie hinausgekommen. Ein Index chronologicus der Bücher, den sich Leibniz gewünscht hatte, war nie verwirklicht worden. Wir hatten damals immerhin, von Dr. Lindner gefordert, den Versuch unternommen, die elektronische Datenverarbeitung einzuführen. Eine Lochstreifen-Schreibmaschine wurde angeschafft. Doch es stellte sich bald heraus, daß dieser Weg bei der damals noch sehr unvollkommenen Technologie allzu kostspielig werden würde. So setzten wir mit den wenigen Bibliothekarinnen vernünftigerweise die konventionelle Katalogisierung fort.

Für einen Teil der Bestände, die neuverzeichneten medizinischen und naturwissenschaftlichen Drucke 1472-1830, führten wir eine »manuelle Datenverarbeitung« ein. Die maschinenschriftlichen Katalogzettel wurden aus dem alphabetischen Katalog herausgezogen, viermal kopiert und dann in mehrjähriger Arbeit chronologisch, nach Druckorten und schließlich systematisch geordnet, danach auf markierte Bogen geklebt, die Ränder retuschiert und schließlich zusammen mit der alphabetischen Folge vom Verlag Klaus G. Saur über Offsetfilme gedruckt. In der 14bändigen Publikation kehren alle Aufnahmen viermal, jeweils in anderer Sortierfolge, wieder.

Um den Gesamtbestand alter Drucke neu zu erfassen, wurden Versuche der fotografischen Titelblattwiedergabe gemacht. Dabei kam uns das große Format des Wolfenbütteler Zettelkatalogs sehr zugute: Es ist ein wenig höher als breit, ein Titelblatt läßt sich darauf vorzüglich reproduzieren. Außerdem wurde für die Wiedergabe der Signaturen ein eigenes Verfahren entwickelt.

Die hohe Arbeitslosigkeit im Zonenrandgebiet – Wolfenbüttel lag nahe der Grenze zur DDR – kam unserer Absicht zustatten. Im Herbst 1976 wurde die erste Arbeitsbeschaffungsmaßnahme für fast 20 Mitarbeiterinnen und Mitarbeiter beantragt und von der Arbeitsverwaltung genehmigt. Sie hatten die Aufgabe, die nicht selten komplizierten Signaturen zunächst vorsichtig mit Blei auf den Titelblättern zu vermerken. Mit einer ausgedienten Linhoff-Kamera fotografierte dann ein ehemaliger Drucker Titelblatt für Titelblatt der mit Bücherwagen herangebrachten Bücher. In drei Jahren waren die Titelseiten aller 350 000 Drucke der Bibliothek, die vor 1830 erschienen waren, verfilmt. Aus Mitteln der Volkswagen-Stiftung wurden die Kopierkosten bestritten und einige Fachkräfte eingesetzt. Der Vizepräsident des Freundeskreises, Dr. Findel, überließ uns für fünf Jahre eine Etage des Mastschen Stammhauses in der Innenstadt. Die 15 bis 18 Mitarbeiterinnen und Mitarbeiter, die weiterhin in wechselnder Besetzung vom Arbeitsamt finanziert wurden, sortierten die inzwischen von der Kopierfirma angelieferten Titelblattkopien. So entstand aufgrund dieser mechanischen Arbeit ein neuer Standortkatalog, ein nach den Druck- und Verlagsorten geordneter Ortskatalog und ein Sprachenkatalog, in dem die wiederum 350 000 Titel innerhalb einer Sprache chronologisch geordnet wurden. Ein Gattungskatalog wurde leider nicht fertiggestellt, dagegen wurde der Sachkatalog nach und nach in Angriff genommen.

Dieses Erschließungssystem, mit dem Einzug in das Zeughaus im Frühjahr 1981 weitgehend abgeschlossen, hat sich seither bewährt. Es ist nun kein Problem mehr, die Reformationsschriften aus dem Jahre 1525 oder die italienischen Komödien, die im 16. Jahrhundert in Siena gedruckt wurden, festzustellen oder die französischen Bücher der Frühaufklärung zu ermitteln, die in Den Haag publiziert wurden. Auf viele Fragen gibt das Katalogsystem Antwort.

Übrigens funktionierte die Zusammenarbeit mit der Arbeitsverwaltung in diesen Aufbaujahren und auch später vorzüglich. Für die mehr als hundert Arbeitsbeschaffungsmaßnahmen, die bis vor wenigen Jahren zu 100 % finanziert wurden, brachte die Bundesanstalt für Arbeit rund 18 Millionen DM auf. Ohne diese Unterstützung, die die vorübergehende Einstellung sehr vieler zusätzlicher Hilfskräfte ermöglichte, hätte das bibliothekarische Reformwerk nicht gelingen können, von dem Anbringen der Signaturschilder über die Reinigung und Pflege der Bücher bis hin zur Unterstützung der vielen bibliographischen Arbeiten, der Katalogisierung und Erschließung standen diese Mitarbeiterinnen und Mitarbeiter zur Verfügung. Die Bibliothek wurde mit ihrer Hilfe neu organisiert.

Die Erwerbung der Forschungsliteratur, die fast völlig fehlte, war die erste dringende Maßnahme gewesen, das Ministerium in Hannover stellte aus Mitteln des »Niedersächsischen Vorabs« der Volkswagen-Stiftung später 2,5 Millionen DM zur Schließung von Bestandslücken zur Verfügung. So wurde die Grundlagenliteratur nachgekauft und systematisch die Handbibliothek zur europäischen Kulturgeschichte für das Zeughaus vorbereitet. Es war unser Ziel, dem Forscher, der über die frühe Neuzeit arbeitet, die wesentliche in- und ausländische Literatur an die Hand zu geben. Heute arbeiten viele Wissenschaftler, insbesondere aus dem Ausland, gerade wegen dieser Nachschlagemöglichkeiten in Wolfenbüttel.

In den Jahren des Aufbaus galt die ungeteilte Aufmerksamkeit nicht nur dem Erwerben des Neuen, zugleich auch dem Erhalten des Alten. Die Werkstatt für Buchrestaurierung, die Erhart Kästner eingerichtet hatte, ist neben der Fotowerkstatt eine der soliden Säulen des Bibliotheks- und Forschungsbetriebs. Die Tüchtigkeit der Restauratoren, ihre Kenntnisse und Fertigkeiten, vor allem auch ihr ästhetischer Sinn tragen außerordentlich zur Weiterentwicklung der Bibliothek bei. Das betrifft nicht nur die Restaurierung einzelner Handschriften und alter Drucke, sondern auch die Konservierung größerer Sammlungen, beispielsweise der Porträtstiche, die in großen Haufen ungeordnet im Magazin lagen. Die Sammlung, die 25 000 Blätter umfaßt, wurde im Laufe der Jahre bearbeitet, jedes Blatt wurde gewaschen, gereinigt, neu verleimt und mit einem Japanfalz auf Karton geklebt. Die Stiche wurden dann in Kästen gelegt, die in der Werkstatt angefertigt wurden. Nach und nach sind auf diese Weise die topographischen Bestände, die Flugblätter, die Einblattdrucke, in den letzten Jahren die Exlibris, Visiten- und Geschäftskartensammlungen und die 20 000 Postkarten in Großaktionen gesichtet und unter Leitung der Restauratoren in Kästen oder Schuber, in Mappen oder Schränke gelegt und erschlossen worden.

Meister Adolf Flach fuhr mit der Bearbeitung der Malerbücher fort. Die in losen Lagen gelieferten Bücher wurden in selbstgefertigte Kästen gelegt, für die er ein auf den Künstler abgestimmtes Überzugpapier entwickelte. Mit großer Perfektion erhielt so die Sammlung in dem Malerbuchkabinett der Augusta ihre äußere unverwechselbare Gestalt.

Gerta Frantzen dagegen befaßte sich neben der Handschriftenrestaurierung mit dem Berufsbild und dem Ausbildungskonzept für Restauratoren. In vielen Stunden wurden Pläne entwickelt und Studien vorbereitet, um das Berufsbild des Buchrestaurators zu profilieren. Im Jahre

1975 kam Dag-Ernst Petersen hinzu, der heute die beiden Werkstätten leitet und junge Buchbinder in 18monatigen Kursen zu Restauratoren fortbildet. Der Besuch der Werkstatt in der ersten Etage des Direktorhauses war für mich immer ein ermutigendes Vergnügen. Hier fühlte ich mich zu Hause.

Die Diskussion: Wie geht es weiter?

Die Veränderungen der Bibliothek fanden in der Öffentlichkeit viel Beifall, die Stipendiaten waren begeistert, die Mitarbeiterinnen und Mitarbeiter nach und nach motiviert, ihre Zahl war inzwischen beträchtlich gestiegen. Der Erfolg des Forschungsprogramms, die Gespräche mit den Gästen, die anregenden Vorstandssitzungen des Freundeskreises, die Unterstützung durch den Beirat machten mich in meinen Plänen immer kühner. Im Sommer 1976 sah es so aus, als ob das Zeughaus bald als Baustelle eingerichtet werden würde. Da die Denkmalpflege den Ausbau bis in die Dachspitze ablehnte, mußte umgedacht und umgeplant werden. Bot sich nicht die Baulücke neben dem Anna-Vorwerk-Haus als Ersatzgebäude an?

Das Veranstaltungsprogramm 1976 lief bereits auf Hochtouren. Im Mai fand die erste Tagung des »Wolfenbütteler Arbeitskreises für Geschichte des Buchwesens« statt. Die Historische Kommission des Börsenvereins des Deutschen Buchhandels verlegte ihre Festversammlung zum hundertjährigen Bestehen nach Wolfenbüttel. Für die Festschrift hatte ich nach Diskussionen mit Herbert G. Göpfert und Bertold Hack einen programmatischen Artikel nach meinem damaligen Kenntnisstand über die Frage

»Was ist die Geschichte des Buchwesens?« geschrieben. Diese Reflexionen dienten vor allem der eigenen Positionsbestimmung. Historische Leserforschung wurde zu einem zentralen Thema.

Der Empfang, den der Börsenverein in der Augusteerhalle gab, verlief, wie vieles damals, in enthusiastischer Stimmung. Die Bücherfreunde und Buchforscher, Verleger und Buchhändler sprachen dem Badener Wein, den der Vorsitzende, Friedrich Wittig, gestiftet hatte, lebhaft zu. Als dann zu später Stunde unser Verleger, Dr. Ernst Hauswedell, ein routinierter Auktionator, die leeren Flaschen amerikanisch zu versteigern anfing, stieg die Stimmung auf ihren Höhepunkt. Und als dann die letzte Flasche abgegangen war – die Einnahmen kamen natürlich der Bibliothek zugute –, trennte man sich in heiterster Laune.

Die Ausstellung »Die neue Welt in den Schätzen einer europäischen Bibliothek« war ein weiterer Höhepunkt des Sommers. Professor Harold Jantz aus Baltimore und mein Kollege Yorck Alexander Haase hatten sie anläßlich der Zweihundertjahrfeiern der USA in den musealen Räumen aufgebaut. An die Eröffnung durch den neuen Staatssekretär Professor Axel Freiherr von Campenhausen, der in seinem weißen Anzug allgemein bewundert wurde, schloß sich ein Empfang im Garten des Anna-Vorwerk-Hauses an. Meine Dankrede vom Söller herunter an die versammelten Gäste sei - so sagte man mir hinterher – eine gelungene und eindrückliche Inszenierung gewesen.

Wenn ich noch erwähne, daß in diesen Wochen der »Wolfenbütteler Arbeitskreis für Renaissanceforschung« gegründet wurde, der zweite Barockkongreß mit dem Fest der Okerschwäne zu Ende gegangen war und die »Deutsche Gesellschaft für die Erforschung des 18. Jahrhunderts« im Herbst ihre erste Jahresversammlung in Wolfenbüttel durchführte, und wenn noch zu ergänzen ist, daß außerdem 20 Symposien, Arbeitsgespräche und Gastseminare und schließlich der erste Sommerkursus organisiert und begleitet wurden, wird man die ungewöhnliche Aufbruchstimmung verstehen können, die in der Bibliothek herrschte.

Vor diesem Hintergrund wurde der dritte, größte Antrag an die Volkswagen-Stiftung zur »Finanzierung des Ausbaus der Herzog August Bibliothek zu einer Forschungs- und Studienstätte der frühen Neuzeit« vorbereitet, der mit einer fulminanten Endsumme von fast 8 Millionen DM abschloß. Beantragt wurden die Fortfinanzierung des Forschungsprogramms bis Ende 1980, die Aufstockung des wissenschaftlichen Personals und schließlich die Baukosten für das nunmehr geplante Studienzentrum.

Es war verständlich, daß ein solcher Vorschlag unausweichliche Fragen provozierte: Wurden hier nicht Mittel erbeten, die das Land Niedersachsen in Zugzwang setzten? Konnte dies die Stiftung, die Wolfenbüttel weiterhelfen wollte, verantworten? Diese Fragen wurden auf einer denkwürdigen Sitzung aufgeworfen, zu der der damalige Generalsekretär der Stiftung, Dr. Borst, die Beteiligten und vielleicht zu Beteiligenden nach Hannover eingeladen hatte: das Niedersächsische Ministerium für Wissenschaft und Kunst, das Bundesministerium für Forschung und Technologie und die Herzog August Bibliothek. Das Land war durch die zuständigen Ministerialräte und den neuen Staatssekretär vertreten, der auch die Geschäfte des noch nicht berufenen Ministers führte. In Hannover hatte sich ein Machtwechsel vollzogen. Alfred Kubels Wunsch, während der Legislaturperiode des Landtags die Regierungsgeschäfte einem Nachfolger zu übertragen, war überraschenderweise gescheitert. Dr. Ernst Albrecht war an die Regierung gekommen.

In dieser Situation hatten die Neider, an denen es ja nicht fehlte, gehofft, daß Raabes Höhenflug nun endlich gestoppt würde. Ein Mann, der Alfred Kubels Schutz und Unterstützung genossen hatte, würde nun sicherlich in Ungnade fallen. Aber das neue Kabinett begrüßte nicht nur die Entwicklung in Wolfenbüttel, sondern förderte sie nach Kräften. Das sollte sich schon bald bei dem Gespräch in Hannover herausstellen.

Der Generalsekretär der Stiftung hatte die in Wolfenbüttel anstehenden Probleme in dem kleinen Kreis dargestellt und gefragt, wie es in Zukunft in Wolfenbüttel weitergehen solle. Nachdem die verschiedenen Möglichkeiten beraten worden waren, unterbreitete der Vertreter des Bundes ausführlich seine Vorstellungen von der Bundesbeteiligung an einer Forschungsstätte in Wolfenbüttel. Er sah dafür durchaus Chancen und gab der Hoffnung Ausdruck, daß auf diese Weise einer geisteswissenschaftlichen Institution außerhalb der Hochschulen geholfen werden könne.

Während der Gast aus Bonn sprach, merkte ich, wie der Staatssekretär Freiherr von Campenhausen, der erst einige Monate im Amt war und, wie erwähnt, die Verantwortung des Ministeriums trug, unruhig wurde. Wie aus der Pistole geschossen, erklärte er, nachdem sein Vorredner geendet hatte: »Nein, dieses Wolfenbüttel ist uns als Institution zu wichtig. Das Land Niedersachsen wird allein finanzieren.« Diese unerwartete Feststellung löste Verblüffung aus. Meine Kollegin Sabine Solf und ich waren im ersten Augenblick erleichtert. Doch als wir die betretenen Gesichter der langjährigen, erfahrenen und für die Bibliothek zuständigen Beamten sahen, wußten wir nicht, wie es weitergehen würde. Hatte sich der Staatssekretär nicht zu weit vorgewagt? Hatte er die Kompetenz, so spontan zu entscheiden?

Unsere kleinmütigen Sorgen waren unbegründet. Im Herbst fand das erste Expertengespräch im Wissenschaftsministerium in Hannover statt, zu dem der damals noch unbekannte Ministerialdirigent Dr. Christian Hodler eingeladen hatte. Alle Ressorts und Institutionen waren beteiligt: das Wissenschaftsministerium, die Staatskanzlei, das Finanzministerium, das Wirtschaftsministerium, die Volkswagen-Stiftung, die Bezirksregierung Braunschweig, die Herzog August Bibliothek und ihr Freundeskreis.

Sabine Solf und ich waren gut vorbereitet, vor der Sitzung hatten wir die Pläne für das Zeughaus und die ersten Skizzen für das Forschungsgebäude im Sitzungszimmer aufgehängt, dazu das Korkmodell und schon ein Modell für die Neubebauung mitgebracht. Ich erläuterte dem Kreis meine Vorstellungen, auch die Absicht, für die Errichtung des Forschungsgebäudes eine GmbH zu gründen, damit die Kosten nicht auch noch auf das Land Niedersachsen zukommen sollten. Die Pläne wurden wohlwollend zur Kenntnis genommen, und nach der Klärung der Verfahrensfragen vertagte man sich.

In den nächsten Monaten fanden weitere Sitzungen dieses Gremiums unter der äußerst geschickten Leitung Christian Hodlers statt. Er hatte sich, wie wir bald merkten, unsere Sache ganz zur eigenen gemacht und packte die Probleme mit der Klarheit eines Juristen an. Wenngleich die finanzielle Situation des Landes auch damals außerordentlich schwierig war und für innovatorische Maßnahmen im Landeshaushalt wenig Spielraum ließ, gelang es, sich auf ein Finanzkonzept für Personal- und Sachausgaben zu verständigen, das die Bibliothek als Forschungs-

und Studienstätte nach Auslaufen der vw-Mittel sichern sollte. Auf Vorschlag des Planungschefs der Staatskanzlei, Dr. Kappert, wurde der GmbH-Gedanke für das Forschungsgebäude fallengelassen. Er sollte nach dem Bau aus Mitteln der Volkswagen-Stiftung in das Eigentum des Landes übergehen. Im übrigen setzte sich Dr. Kappert nachdrücklich für die Etatisierung des Kulturprogramms ein, das immer noch aus Mitteln des Freundeskreises finanziert wurde.

So zeichneten sich die einzelnen Punkte für den Entwurf einer Kabinettsvorlage ab, zu der ich für den Wissenschaftlichen Beirat eine Denkschrift ausarbeitete. Die Tätigkeit der Expertengruppe wurde im Frühjahr 1977 erfolgreich abgeschlossen. Die Volkswagen-Stiftung hatte inzwischen einen Teilbetrag in Höhe von 3,75 Millionen DM bewilligt. Der Rubikon war überschritten. Die gewünschte Forschungs- und Studienstätte zeichnete sich als Ergebnis des Ausbaus der Bibliothek ab.

Der Rechnungshof vor der Tür

Kann ein einzelner Beamter eine Institution, die ihm anvertraut worden ist, verändern? Hat er eine Chance, alternative Parolen in die Tat umzusetzen? Es mag zunächst so erscheinen, als habe ich wirklich eine Bibliothek, die ja der Inbegriff des Statischen ist, in ihrer Struktur verändern können. Eigentlich jedoch wurde sie lediglich auf ihr antikes Muster zurückgeführt: »Bibliotheca docet«. Für mich ist eine Bibliothek in ihrem Wesen eine wissenschaftliche Anstalt, ein Ort des Forschens unter den Büchern, eine humane Einrichtung also, der es um den Men-

schen geht. Eine Bibliothek ist nach meinem Verständnis
mehr als ein Institut, das Bücher verleiht und den Bibliothekar oft zu einem Knecht seiner Benutzer macht. Vielmehr soll er sich aktiv an der wissenschaftlichen Nutzung
beteiligen. Er ist sein erster Benutzer, so hochmütig es
klingen mag. Er kennt schließlich seine Bücherbestände
am besten, oder er sollte sie jedenfalls kennen. Nur so kann
er dem einzelnen Wissenschaftler Anregungen vermitteln
und seiner Fachdisziplin sogar Impulse geben. Mit dieser
Auffassung stand ich in den siebziger Jahren innerhalb des
bibliothekarischen Berufsstandes ziemlich allein. Jedoch
habe ich öffentliche Auseinandersetzungen mit den Kollegen tunlichst vermieden. Die Zukunft der Institution war
noch nicht gesichert, ich wollte die Entwicklung nicht ge-
fährden, vieles blieb noch in der Schwebe.

Auch die vorgesetzten Behörden mußten sich fragen, ob
alles mit rechten Dingen zuging, was sich in Wolfenbüttel
veränderte. Ich hätte eigentlich voraussehen müssen, daß
eines Tages der Landesrechnungshof sich einstellen
würde, um die Institution zu prüfen. Er kam unangemeldet
und traf mich unvorbereitet im Herbst 1977 zu dem un-
günstigsten Zeitpunkt. Mein Stellvertreter, Yorck Alexander Haase, dem ich viele Verwaltungsaufgaben übertragen
hatte, war einem Ruf als Direktor der Hochschul- und
Landesbibliothek Darmstadt gefolgt, und der mehrfach
erwähnte Rechnungsführer war seit längerem erkrankt. So
stand ich den Beamten aus Hildesheim relativ hilflos gegenüber. Die Situation wäre ausweglos gewesen, wenn ich
nicht Barbara Strutz an meiner Seite gehabt hätte. Die
Liste der Monita war lang. Viele Ordnungen und ein Geschäftsverteilungsplan waren nicht vorhanden: Es hatte sie
nie gegeben. Die Führung der Haushaltsüberwachungsli-
sten gab zu Recht Anlaß zu Beanstandungen, doch letz-

ten Endes stimmten die Rechnungen. Auch die Ausgaben für die Büchererwerbungen und das Forschungsprogramm waren exakt abgerechnet worden.

Es war ungewöhnlich, daß eine Landeseinrichtung mehr Mitarbeiterinnen und Mitarbeiter aus Sondermitteln der Volkswagen-Stiftung, der Arbeitsverwaltung und der Deutschen Forschungsgemeinschaft beschäftigte als aus dem schmalen Haushalt. Die Gesellschaft der Freunde finanzierte vieles, was im staatlichen Haushalt nicht vorgesehen war. Das galt beispielsweise für die Arbeitskreise der Bibliothek. Daß solche Aufwendungen Verwunderung im Landesrechnungshof hervorgerufen hatten, konnte ich verstehen, der Nachweis der Mitfinanzierung der Bibliothek durch eine private Initiative erledigte viele Rückfragen.

Die Vertreter des Rechnungshofs fragten zu Recht, wieso eigentlich die Herzog August Bibliothek – ihrem Status nach eine niedersächsische Landesbibliothek – dazu kam, ein Forschungsprogramm aufzubauen und Wissenschaft in der Bibliothek zu verankern, wieso sie sich nicht auf die üblichen Aufgaben beschränkte. Wir gingen der Sache gemeinsam auf den Grund: Die Herzogliche Bibliothek war einst eine fürstliche wissenschaftliche Einrichtung des Braunschweig-Lüneburgischen Herzoghauses gewesen und im 19. Jahrhundert dem Staatsministerium in Braunschweig zugeordnet worden. Nach dem 9. November 1918 wurde sie verstaatlicht, die Anfechtung durch das ehemalige Haus Braunschweig-Lüneburg führte 1925 zu einem Vergleich und zur Errichtung der Braunschweigischen Museums- und Bibliotheksstiftung, die vom Freistaat Braunschweig und dem früheren Herzoghaus gleichermaßen ausgestattet und betrieben wurde. Seit 1927 gibt es die fürstlichen Bezeichnungen: Herzog Anton Ulrich-Museum Braunschweig und Herzog August Bibliothek Wolfenbüttel. In der Satzung der Stiftung – sie wurde am 19. Mai 1927 erlassen – waren ausdrücklich die wissenschaftlichen Aufgaben der beiden Einrichtungen betont worden. Die Förderung der Wissenschaften der Herzog August Bibliothek ließ sich also klar begründen. Da die Stiftung aber später nicht mehr lebensfähig war, nahm das Land Niedersachsen die Herzog August Bibliothek in ihren Haushalt auf. Die Stiftung wurde durch Gesetz erst 1970 vom Land Niedersachsen aufgehoben, aber mit der Maßgabe, in alle Rechte und Pflichten, die sich für die beiden Institute aus ihr herleiteten, einzutreten.

Mit dieser verwaltungsrechtlichen Rekonstruktion hatte der Landesrechnungshof die Forschungsaufgaben der Bibliothek abgesegnet. Im übrigen forderte er das Ministerium auf, für die Einrichtung einer eigenen kompetenten Verwaltung Sorge zu tragen. Sie wurde im Haushalt 1979 bereits verankert, am 1. August trat der damalige Regierungsamtsrat Manfred-Udo Schmidt sein Amt an. Heute verfügt die Bibliothek über eine vorbildliche und effektiv arbeitende Verwaltung, in der acht Mitarbeiter tätig sind und die einen jährlichen Haushalt von 12 bis 14 Millionen DM zu bewirtschaften hat. So wurde mir nach und nach immer mehr Verwaltungsarbeit abgenommen. Wenn ich heute den Haushaltsplan oder den umfangreichen Geschäftsverteilungsplan für die nahezu 200 Mitarbeiter zur Hand nehme, denke ich an die harten Zeiten des Anfangs und an die Prüfung des Landesrechnungshofs zurück. Er hatte der Bibliothek konstruktiv den Weg in die Zukunft ermöglicht. Die Verwendung von Steuermitteln aus dem Landeshaushalt wurde sanktioniert.

Ein Landtagsbeschluß sichert die Zukunft

Die Prüfung durch den Landesrechnungshof ging der Entscheidung des Landtags über das Schicksal der Herzog August Bibliothek zeitlich voraus. Zu Recht hatte man sich höheren Orts über die Solidität des Wolfenbütteler Unternehmens vergewissern wollen.

In diesem Zusammenhang hat mich längere Zeit die Frage der Freiheiten eines leitenden Beamten beschäftigt. Gewiß, er ist weisungsgebunden, wie es in der Verwaltungssprache heißt. Aber als Leiter einer wissenschaftlichen Einrichtung ist er im Rahmen der geltenden Bestimmungen und im Rahmen seines Haushalts in der Gestaltung seiner Institution frei. Anderseits aber erfüllt er seine Pflicht, wenn er seinen Verantwortungsbereich kontinuierlich so fortführt, wie er ihn von seinem Amtsvorgänger übernommen hat. Er kann seinen Tag so einrichten, daß das Privatleben, die Familie, die Hobbies nicht zu kurz kommen. Man kann von ihm nicht mehr verlangen als das, wofür er berufen wurde. Wenn er nach Beförderungen strebt, wird er sich profilieren müssen und kann einen anderen Posten und eine höhere Vergütung erhalten. Ich habe diese Überlegungen nie angestellt, sondern war von der Bibliothek fasziniert, als ich sie übernahm, und habe jede Möglichkeit ergriffen, wo immer sie sich bot, um ihr Ansehen zu erhöhen. Es war für mich selbstverständlich, daß ich den beruflichen Aufgaben und Verpflichtungen stets den Vorrang gegenüber persönlichen Wünschen einräumte. Hätte ich die Veränderung der Bibliothek nicht angestrebt, so hätte ich ein ruhigeres Leben führen können. Viele Aufgaben waren nur durch zusätzlichen Einsatz zu bewältigen. Im Rückblick aber bin ich dankbar, daß ich den Spielraum und die Entscheidungsfreiheit in meinem Amt zum Wohl der Bibliothek ausschöpfen konnte.

Die erwähnte Denkschrift für den Wissenschaftlichen Beirat, die nur wenig verändert von dem Vorsitzenden, Rolf Schneider, dem neuberufenen Minister, Professor Eduard Pestel, am 15. August 1977 überreicht wurde, war eine Darstellung der gegenwärtigen und der zukünftigen wissenschaftlichen, bibliothekarischen und kulturellen Aufgaben der Bibliothek, an die sich die Beschreibung der Ziele einer Forschungsstätte anschloß, für die es in Europa keine Vergleiche gab. Damals wurde die Struktur festgelegt, wie sie heute besteht. Dem Direktor sind gleichberechtigt zwei Bereiche zugeordnet: der Bibliotheksbereich und der Forschungs- und Kulturbereich. Sie sind jeweils wieder in Abteilungen untergliedert. Als dritte Säule kam dann die allgemeine Verwaltung hinzu.

Nur ein Passus dieser Denkschrift stammte nicht aus meiner Feder. Er betraf den Resident Fellow. »Für die innere Lebendigkeit der Forschungs- und Studienstätte und ihr wissenschaftliches Ansehen nach außen erscheint es als dringend erwünscht, ja notwendig, einen international angesehenen Forscher mit breitem Interesse und starker Anregungskraft, jeweils für einen längeren Zeitraum, an Wolfenbüttel zu binden ... Er sollte deshalb auch nicht die Stellung eines Mitdirektors einnehmen, sondern eine Sonderstellung erhalten, die man als Forschungsprofessur definieren könnte.« Ich begrüßte diese Idee, die Rudolf Vierhaus, dem die Bibliothek viele konstruktive Anregungen verdankte, entwickelt und formuliert hatte.

Aus Mitteln der Volkswagen-Stiftung gelang es, für diese Aufgabe den Germanisten Walther Killy zu gewinnen, der in Bern unterrichtete und 1979 nach Wolfenbüttel übersiedelte. Nach seiner Emeritierung übernahm Peter

Ganz aus Oxford, ebenfalls ein renommierter Gelehrter, diese Tätigkeit, die in ihrer Unabhängigkeit und in ihrem Anspruch letzten Endes neben der Stelle des Direktors nicht leicht zu praktizieren war. Es gab verständlicherweise Konflikte, so daß das Experiment einer völlig freien Forschungsprofessur vor einigen Jahren aufgegeben wurde.

Die Denkschrift aber wurde dem Entwurf der Kabinettsvorlage als Anlage beigefügt. Das im Ministerium formulierte Papier regelte die Überführung des von der Volkswagen-Stiftung getragenen Forschungsprogramms in die Finanzierung des Landes Niedersachsen zum 1. Januar 1981. Dank der vorzüglichen Arbeit des Wissenschaftsministeriums verabschiedete das Kabinett die beiden Papiere ohne Abstriche. Am 1. April 1978 nahm auch der Niedersächsische Landtag diese Kabinettsvorlage zustimmend zur Kenntnis. Damit war die wichtigste Entscheidung gefallen: Die Herzog August Bibliothek wurde als Forschungs- und Studienstätte für europäische Kulturgeschichte anerkannt. Der Blick in die Zukunft war frei.

Der Wolfenbütteler Gedanke

Viele haben an dieser Entwicklung mitgewirkt: die Mitglieder des Landeskabinetts und des Landtags, die Beamten im Ministerium, Persönlichkeiten aus der Wirtschaft, die Vertreter der Volkswagen-Stiftung und nicht zuletzt der Vorstand des Freundeskreises. Dieses Gremium diskutierte über viele Jahre alle Ideen und Pläne der Bibliothek. Insbesondere war es der Präsident, Kurt Lindner, mit dem ich mich brieflich und mündlich beraten konnte. Er wurde der hilfreichste Freund, der als erfolgreicher Verbandsvorsitzender die Feinheiten eines strategischen Vorgehens kannte und dieses Geschäft mit einer bewundernswerten Perfektion beherrschte. Er hatte inzwischen Verbindung zu dem neuen Ministerpräsidenten Ernst Albrecht aufgenommen und ihn für Wolfenbüttels Pläne gewonnen. Er besaß in seiner Liebenswürdigkeit einen entwaffnenden Charme und verstand es, seine Partner dadurch zu faszinieren und zu begeistern. Als Präsident des Freundeskreises war er eine überzeugende Autorität. Da er meinen Weg ohne Einschränkung unterstützte, war die Gesellschaft der Freunde der Herzog August Bibliothek in den Jahren des Aufbaus die unmittelbare Partnerin. Hier konnte ich immer unbürokratische Hilfe erwarten.

Der privaten Initiative haben wir, was oft auch öffentlich betont wurde, schließlich die staatliche Förderung zu verdanken. Alle entscheidenden Schritte der Wandlung der Bibliothek wurden vom Freundeskreis von Anfang an finanziell mitgetragen: das Festjahr 1972; die Herausgabe der ersten Veröffentlichungen; die Zeughausplanung in Höhe von DM 20 000,-, die 12 Millionen DM nach sich ziehen sollte; die ersten Gastseminare als neue Form der Nachwuchsförderung; die Arbeitskreise und die Gesellschaft zur Erforschung des 18. Jahrhunderts als wissenschaftliche Initiativen; die Anmietung und erste Renovierung des Anna-Vorwerk-Hauses, das dem Freundeskreis inzwischen gehört; die vielen Kulturveranstaltungen. Schließlich hatte sich die Gesellschaft auch die Mitfinanzierung des Forschungsgebäudes am Schloßplatz zu eigen gemacht. So war der Freundeskreis der Vorreiter zur Realisierung der Wolfenbütteler Forschungs- und Studienstätte.

Als sich Ende 1977 die Übernahme des Programms

durch Niedersachsen abzeichnete, war es der Unternehmer Kurt Lindner, der den Vorstandskollegen seine Gedanken über die künftige Rolle des Freundeskreises als Forum und Planungsinstrument in einem Weihnachtsbrief mitteilte. Er war wie ich ein Idealist und nach dem Verlauf der Entwicklung von dem »Wolfenbütteler Gedanken« erfüllt, der nach seiner Überzeugung »aus dem Geist einer bedeutenden europäischen Bibliothek« lebt. Ihre Ausgestaltung war für ihn, den Mann aus der Industrie, »eine Herausforderung an eine vorwiegend technokratisch orientierte Welt«. So sollte nach Lindners Vorstellungen der »Wolfenbütteler Gedanke« die historische Forschung mittragen und das Geschichtsbewußtsein stärken. Und schließlich: »Der Wolfenbütteler Gedanke will das europäische kulturelle Erbe im Geiste eines konsequenten Humanismus sichern und verteidigen.«

Kurt Lindner, der gewohnt war, Ideen in die Praxis umzusetzen, ließ es nicht mit einem Manifest bewenden. Er wollte im Blick auf die Entwicklung der Bibliothek auch der Gesellschaft der Freunde eine neue Dimension geben. Er lud Vertreter der von der Bibliothek gegründeten Arbeitskreise und Vereine, auch unseren Verleger Dr. Hauswedell als Gäste zu einer Vorstandssitzung ein und legte ihnen seinen Plan vor. Er wollte die Gesellschaft der Freunde der Herzog August Bibliothek als Träger seines Wolfenbütteler Gedankens zu einem »Wolfenbütteler Kreis« ausbauen, gewissermaßen zu einem Dachverband aller Wolfenbütteler Aktivitäten. Er sollte als einflußreiche Lobby Gelder für ein erweitertes Aufgabenspektrum einwerben. Der »Wolfenbütteler Kreis« war als Obertitel einer erweiterten »Gesellschaft der Freunde der Herzog August Bibliothek zur Förderung der kulturellen wissenschaftlichen Arbeit« gedacht. Kurt Lindner, von der wachsenden

Bedeutung der Bibliothek überzeugt, wollte ihr, wie er es aus der Industrie gewohnt war, eine starke Kraft zur Sicherung der Zukunft an die Seite stellen. Die große Zahl der Mitglieder der Arbeitskreise faszinierte ihn, mit ihren Namen wollte er weltweit werben.

Mir leuchteten Lindners Ideen ein. Aber ich hatte den Widerstand schon befürchtet. Die erweiterte Vorstandssitzung verlief einigermaßen positiv. Einwände gegen das groß angelegte – »großspurige« – Unternehmen wurden geäußert, aber Lindner ließ sie nicht gelten. Er beharrte auf der Einberufung einer »Wolfenbütteler Konferenz« am 14. April 1978, zu der alle maßgebenden Wissenschaftler, die an dem Ausbau der Bibliothek als Vertreter der Arbeitskreise und der »Deutschen Gesellschaft für die Erforschung des 18. Jahrhunderts« beteiligt waren, eingeladen worden waren. Auch der Präsident der Lessing-Akademie und ein Vertreter des Ministeriums waren gekommen. Es war ein erlesener Kreis von 25 Gästen, in dem Kurt Lindner der einzige Repräsentant der Wirtschaft war.

Doch die beeindruckende Runde war weit entfernt, Kurt Lindners idealistischen »Wolfenbütteler Gedanken« als Sinngehalt eines Wolfenbütteler Kreises zu begrüßen. Ein Teilnehmer fühlte sich an Elmau erinnert und ein anderer an Paul Rohrbachs nationalistisches Buch *Der deutsche Gedanke*. Auch die organisatorischen Konsequenzen wurden in Frage gestellt. So wurde das Konzept nach und nach zerrupft, und als schließlich der Vorschlag eines Koordinierungsausschusses gemacht wurde, sah sich Kurt Lindner um seine Idee gebracht, für die viele Gäste keinen Sinn hatten. Wolfenbüttel wollte man fördern. Aber es leuchtete nicht ein, daraus ein umfassendes Wissenschaftskonzept zu machen.

So endete die erste Wolfenbütteler Konferenz ohne Ergebnis. Sie blieb die einzige. Der »Wolfenbütteler Kreis« wurde nicht verwirklicht. Kurt Lindner war realistisch genug und ließ seinen bewundernswerten Plan fallen. Uns beiden war bewußt geworden, daß ein solcher Anlauf zu früh gewesen war. Wir haben ihn später nicht wiederholt. Die Arbeitskreise und auch die Gesellschaft für die Erforschung des 18. Jahrhunderts erhalten noch heute Zuwendungen von dem Freundeskreis, dessen Vorsitz Kurt Lindner dann 1983 aus Altersgründen abgab. Sein Enthusiasmus hatte zwar einen Dämpfer erhalten, aber sein Engagement für die Bibliothek blieb ungeteilt. Der Wolfenbütteler Gedanke aber ist heute, ohne daß er ausgesprochen wird, auch eine der Grundlagen der Wolfenbütteler Institution. Er ist der gute Geist, der sie trägt.

Die Bibliothek als Baustelle

Der Umbau der Bibliotheca Augusta hatte ästhetische Maßstäbe gesetzt. Auch für die Restaurierung des Zeughauses konnte mit Genehmigung des Ministeriums das Büro Kraemer beauftragt werden. Die Umbauten der Bibliothek sollten seine Handschrift tragen. Das persönliche Gespräch mit Professor Kraemer, der in jeder Situation eine kluge, besonnene Entscheidung treffen konnte, die auch meinen Vorstellungen entsprach, war mir in jenen Jahren des permanenten Bauens unentbehrlich geworden. Wir wollten die Idee von dem Freiraum, den die Bibliothek für die Wissenschaft in Zukunft bieten sollte, auch durch die räumliche Gestaltung zum Ausdruck bringen.

So stand das Bauen über ein Jahrzehnt hin ganz im Zentrum meiner täglichen Arbeit. Von meinem Amtsvorgänger hatte ich die Aufgabe übernommen, die Erneuerung der Bibliotheca Augusta zu Ende zu führen. Die Renovierung des Direktorhauses hinter der Bibliothek war hinzugekommen und hatte ein Jahr in Anspruch genommen. Das Erdgeschoß war von der zentralen Treppe befreit und für die Werkstatt oben ein neues Treppenhaus gebaut worden. So entstand eine geräumige, helle Dienstwohnung. Aus eigenen Mitteln – wir hatten einen Bausparvertrag eingelöst – wurden die Decken abgehängt und der Fußboden mit einem sandfarbenenen Teppichboden versehen. Für die Fläche am Ende des langen Flurs hatte uns Professor Kraemer einen Riesenholzschnitt von HAP Grieshaber geliehen. Aus dem Fundus der Bibliothek wurde für das Wohnzimmer einer der schönen Bücherschränke der Herzogin Philippine Charlotte und das Kinderbildnis Friedrichs II. mit seiner Schwester übernommen. So gab sich auch die Privatwohnung jedem Gast als großzügige Dienstwohnung zu erkennen, in der sich die Familie nach dem Auszug aus dem Lessinghaus wohlfühlte.

Die Sanierung alter Häuser bringt immer Überraschungen, und so war es auch beim Zeughaus. Im Erdgeschoß befanden sich seit dem 18. Jahrhundert kleine Kasernenstuben, die durch die Einziehung von Wänden entstanden waren, eine Treppe hatte das Gewölbe zerstört. Aber als es nach und nach freigelegt wurde, kam eine durch zwei Pfeilerreihen getragene dreischiffige Halle zum Vorschein. Der überwältigende, imposante Raumeindruck veranlaßte den Architekten zur Umplanung. Ursprünglich sollten zwei Joche für ein Treppenhaus zur Südseite geopfert werden. Nun wurde der schmale Erschließungskern für Treppe, Fahrstuhl und Toiletten so in die teilweise zwei Meter starken Wände eingestemmt, daß der kolossale Eindruck nicht beeinträchtigt wurde. Der Haupteingang wurde zum Westtor verlegt, so daß der Besucher den ganzen Raum in seiner Tiefe bei seinem Eintritt genießen kann. Der Plan, im hinteren Bereich Bücherregale in der Mitte aufzustellen, wurde ebenfalls fallengelassen.

Doch ehe dies alles möglich war, vergingen vom ersten Einsatz der Preßluftbohrer bis zur Fertigstellung des Hauses fünf Jahre. Nach den ersten Räumarbeiten stellte sich heraus, daß das Gebäude, im 16./17. Jahrhundert in das Sumpfgelände der Dammfestung gebaut, neu gegründet werden mußte. Nach und nach wurden 260 Betonpfeiler neun Meter tief in die Erde gerammt und mit Betonkränzen versehen, die mit den Fundamenten der Pfeiler und Außenwände verbunden wurden. Allein diese Arbeit nahm zwei Jahre in Anspruch und stellte unser aller Geduld beträchtlich auf die Probe. Als sich dann seitens eines Prüfstatikers herausstellte, daß die Pfeiler die künftigen Lasten der beiden neuen Obergeschosse nicht tragen würden, gab es weitere Verzögerungen. Auch sie sind längst vergessen: Der Ausbau hat sich vorzüglich bewährt.

Die Erdgeschoßhalle wurde von Regalen weitgehend freigehalten, die Handbibliothek im Eingangsbereich als zweigeschossige Anlage hinter den Pfeilerreihen installiert. In den beiden oberen Stockwerken konnten Arbeitszimmer, Katalogzentrum, Ausleihe und Lesesaal, ein Seminarraum und eine kleine Cafeteria, vor allem auch die Hauptteile der Handbibliothek eingerichtet werden.

Im Publikumsbereich der zweiten Etage wurde ein grüner Teppichboden verlegt. Damit hatte es folgende Bewandtnis. Auch das Lessinghaus war 1975 nun endlich zur Baustelle geworden – ein Jahr früher als das Zeughaus. Da Anfang der siebziger Jahre zunächst nur ein kleiner Betrag für die Sanierung dieses Hauses zur Verfügung stand, verzögerte sich der Beginn der Restaurierung um fünf Jahre. Das dreigliedrige Haus, 1735 für einen Oberkammerdiener des Hofes im französischen Stil um einen kleinen Innenhof gebaut, täuscht durch das überstrichene Fachwerk eine Steinbauweise vor. Lessings Familie war kurz vor Weihnachten 1777 eingezogen. Nach seinem Tode 1781 blieb das Haus Bibliothekarswohnung bis 1887. Es war dann über ein halbes Jahrhundert der Bibliothek entfremdet gewesen, ehe diese es wieder übernehmen konnte.

Die Restaurierung wurde mit größter Sorgfalt unter den Augen der Denkmalpfleger durchgeführt. Viele Balken mußten ausgetauscht werden. Als der Rohbau endlich fertig war, sollte nach den Vorstellungen des Architekten auf einen neu zu verlegenden Holzfußboden ein grüner Teppichbelag verlegt werden. Mir gefiel dieser Stilbruch von vornherein nicht. Da kam uns der inzwischen begonnene Umbau des Zeughauses zugute. Beim Ausräumen der oberen Geschosse wurden die zahlreichen, 400 Jahre alten Holzdielen entfernt. Auf mein Drängen hin sicherte das Staatshochbauamt diese Holzböden, und es fand sich eine Firma, die die Aufarbeitung dieser alten Bretter, in denen noch viele Nägel steckten, übernahm. So erhielt das Lessinghaus einen alten Holzfußboden wieder. Die Sache hatte aber einen Haken. Der ursprünglich vorgesehene grüne Teppichboden war nicht nur bereits bestellt und bezahlt, sondern auch auf Lager genommen worden. Dies war der Grund, weshalb er kurzerhand im zweiten Obergeschoß des Zeughauses verlegt wurde.

Verständlicherweise waren solche Umdispositionen mit einem hohen Verwaltungsaufwand verbunden, der auch die Bauzeit des Zeughauses verlängerte. Außerdem hatte die Denkmalpflege gegen den Ausbau bis unters Dach

Bedenken erhoben, nachdem bereits ein umfassendes Raumprogramm genehmigt worden war.

Es wurde schon berichtet, daß dem Expertengremium im Frühjahr 1977 die ersten Ideen für ein Forschungsgebäude neben dem Anna-Vorwerk-Haus auf dem Gelände der Bundespost vorgelegt wurden, für das der Freundeskreis eine GmbH hatte gründen wollen. Die Beschaffung der Mittel wurde zu einem dramatischen Wettlauf mit der Zeit. Von der Oberpostdirektion erfuhren wir, daß, nachdem die Bundespost von dem Bau eines Gebäudes an dieser Stelle abgesehen hatte, ein Gebrauchtwagenhändler das Gelände dieses stadtnahen Grundstücks erwerben wollte. Doch es gelang, die sehr entgegenkommenden Beamten solange zum Hinhalten zu bewegen, bis die Mittel für den Grundstückskauf eingeworben worden waren. Aufgrund eines zusätzlichen Antrags an die Volkswagen-Stiftung wurden die Baukosten bewilligt, und da auch das Land bereit war, die Folgekosten zu übernehmen, wurde seit 1979 nach den Plänen unseres Architekten ein vierteiliges Forschungsgebäude unter Einbeziehung einer früheren Kasematte errichtet und so die Baulücke geschlossen. Der Direktor des Staatsarchivs, Günther Scheel, konnte nachweisen, daß an jener Stelle das Haus gestanden hatte, in dem Leibniz viele Jahre zur Untermiete wohnte. Es lag auf der Hand, das Gebäude nach ihm zu benennen, und so kam es, daß das Leibnizhaus anstelle eines Postamts gebaut wurde.

Die Restaurierung des Lessinghauses hatte sich bis in
das Frühjahr 1978 hingezogen. Die Einweihung fiel mit
der Wiederkehr von Lessings 250. Geburtstag nahe zusammen. So entschieden wir uns für ein Wolfenbütteler
Lessingjahr vom April 1978 bis zu den Festtagen im Januar
1979. Die Neueröffnung des Hauses stand im Mittelpunkt
unserer Bemühungen.

Das Lessinghaus war nie ein Museum gewesen. Den
Gartensaal hatte ich von meinem ersten Besuch im Jahre
1951 her in Erinnerung. An den Vorhängen waren Lessings Briefe mit Nadeln befestigt. Das also gab es noch
nach dem Kriege. Der Verfasser des *Nathan* stand übrigens
zu seiner Zeit bei der Wolfenbütteler Bevölkerung in keinem guten Ruf. Man hielt ihn, den Dichter der Humanität,
der Aufklärung, der Toleranz, für einen gottlosen Menschen. Von der Magd Clara Guntelwerner sind die plattdeutschen Worte überliefert: »He deide nicks, he hadde
nicks, he glöwde nicks«, und die Kinder sollen auf den
Gassen den Reim gesungen haben:

> »De Düwel kam eenmal up Eren
> Un will he gern een Blacksmied weren
> Doch harr he weder Tinn noch Messing
> Drumm namm he den Professor Lessing.«

Man hatte offensichtlich nicht viel Sinn für Lessing.
Selbst für den Bibliothekar Otto von Heinemann, der dem
Abriß der Bibliotheksrotunde zugestimmt hatte, war auch
das benachbarte Lessinghaus abgängig gewesen. Nur den
Protesten der Presse war es zu verdanken, daß es heute
noch steht und an eine der bedeutendsten Persönlichkei-

ten seines Jahrhunderts erinnert. Für mich war es eine Verpflichtung, das Haus so würdig und so schlicht wie möglich herzurichten. Den Denkmalpfleger, der gemusterte Tapeten anbringen wollte, habe ich fortgeschickt, was sicherlich nicht klug war, denn nun wurde die Abneigung gegen die Bibliothek und ihren Chef seitens dieser Behörde noch größer. Doch ich entschied mich für einen neutralen, von Raum zu Raum abgestimmten hellen Wandanstrich. Er wirkt in den mit Stuck und Paneelen ausgestatteten Zimmern auch in der Beziehung zum Holzfußboden sehr nobel. Aufgrund alter Pläne, die wir wiedergefunden hatten, war eine Zimmerflucht entstanden, die einen Eindruck von der großzügigen Atmosphäre gibt, in der Lessing hier gelebt hat.

Lessings Möbel waren, wie diejenigen seiner Frau, nach seinem Tode versteigert worden. Ersatzweise verwandten wir das fürstliche Meublement aus dem alten Lessingzimmer, das vor dem Ausbau der Augusta über eine längst verschwundene zentrale Treppe von der alten Halle aus erreichbar gewesen war. Es stammt vermutlich aus dem 1810 abgetragenen Schloß Salzdahlum. Die vorhandenen Bildnisse wurden auf die Räume verteilt: Anton Graffs Lessingporträt, das Bildnis Eva Königs, die Ölbilder von Karl Wilhelm Ferdinand und von dem Abt Jerusalem. Auch das bekannte Spinoza-Porträt wurde einbezogen, denn im Gartensaal hatte Lessings berühmtes Gespräch mit Friedrich Heinrich Jacobi über den Spinozismus stattgefunden. Lessings Totenmaske, die danach gearbeitete Büste von Christian Krull, auch die Gipsbüsten von Homer und Leibniz setzen Akzente. Der Typograph Gotthard de Beauclair druckte Lessingsche Texte im großen Format für die einzelnen Ausstellungsräume, in die sich der Besucher vertiefen kann.

So wurde kein Lessingmuseum, sondern ein Ort der

Erinnerung eingerichtet, den die Museologen eine »Memorialstätte« nennen. Selbstverständlich wurden Vitrinen mit Dokumenten, Briefen, Büchern, Kupferstichen ausgelegt. Im Nordflügel beschränkt sich die Ausstellung unter Einbeziehung von Eva Königs Sterbezimmer auf die wenigen Jahre, in denen Lessing in dem nach ihm benannten Hause gewohnt hat. Eine im Anstrich weiß gehaltene Informationsebene trennt diese Erinnerungsräume von den Zimmern, in denen Lessings Beziehungen zum Hof, zu den Braunschweiger Freunden, seine gelehrten Studien, seine Reisen und seine Gäste in Wolfenbüttel andeutend dargestellt werden.

Das Haus wurde sparsam und zurückhaltend eingerichtet. Der Besucher soll wenig abgelenkt werden und sich von dem Fluidum des Hauses mittragen lassen. Auch nach dem Umbau ist der genius loci gegenwärtig.

Nur ein Möbelstück aus Lessings Besitz ist in seiner einstigen Wohnung zu sehen: sein Schachtisch. Im April 1945 war beim Einmarsch der alliierten Truppen ein kanadischer Soldat in das Lessinghaus eingedrungen, sah in dem Gartensaal unter den wenigen Erinnerungsstücken den Lessingschen Schachtisch und nahm einen schwarzen Turm als Souvenir mit. Nach dreißig Jahren reute diesen Mann, der inzwischen Professor für Ingenieurwesen an einer kanadischen Universität geworden war, seine Jugendtat. Er schickte den Turm mit einem Entschuldigungsbrief an den Bürgermeister nach Wolfenbüttel, den Kirchenrat Ernst-August Schütze. Da dessen Frau meine Sekretärin war, wurden auf diesem Wege Turm und Brief an mich weitergeleitet. Ich gab den Turm dem Eigentümer des Schachtisches, dem alten Kirchenrat Rosenkranz, zurück. Er hatte nach dem Kriege seine Leihgabe aus dem Lessinghaus zurückgezogen und war über die Rückerstattung der verlorengeglaubten Figur so gerührt, daß er testamentarisch das kostbare Möbelstück der Bibliothek vermachte. So haben wir Lessings Schachtisch letzten Endes der guten Tat eines kanadischen Soldaten zu verdanken.

Eine andere Geschichte will ich noch anschließen. Am Ende des Rundgangs geht der Besucher des Lessinghauses auf ein Altersbildnis von Herzog August d. J. zu, das auf Kreidegrund angelegt ist und wie ein großer Kupferstich wirkt. Mit diesem Porträt des Büchersammlers, dem die Bibliothek und alle Bibliothekare von Leibniz und Lessing bis heute ihre Existenz verdanken, hat es eine besondere Bewandtnis. In meinen ersten Dienstjahren teilte mir ein hiesiger Archivar mit, daß er einen Brief Lessings an den Herzog gefunden habe, in dem es um ein Herzog August-Bildnis ging, das damals im Weghaus in Stöckheim wohl etwas deplaziert gehangen habe. Lessing, der sich dort oft mit seinen Braunschweiger Freunden auf halbem Wege zu treffen pflegte, erbat es für seine Bibliothek. Mein Kollege wollte wissen, ob jenes Bild noch vorhanden sei. Ich entdeckte es denn auch nach langem Suchen, eingerollt und ohne Rahmen, in einem Winkel des Dachbodens und ließ es restaurieren. Das eindrucksvolle Stück ist so gehängt, daß der Besucher, wenn er im vorderen Eckzimmer des Lessinghauses steht, nicht nur Herzog August in den Blick nehmen kann, sondern, wenn er nach links schaut, auch eine Zeichnung des Weghauses erblickt, in dem es sich einst befand. Solche versteckten Spielereien haben mir bei der Einrichtung des Hauses viel Freude gemacht. Im übrigen schrieb ich zur Eröffnung eine kleine Einführung und etwas später ein bebildertes Buch über das Lessinghaus unter dem Titel *Erinnerung und Gegenwart.*

Die Einweihung des Hauses am 15. April 1978 in der Augusteerhalle wurde ein denkwürdiger Tag. Nach der

Begrüßung der Festversammlung durch Minister Eduard Pestel hielt der damals in Belgien lebende Schriftsteller Jean Améry, der im Jahr zuvor den Hamburger Lessingpreis erhalten hatte – ein feinnerviger, zierlicher Mann mit lebhaften Augen – die Festrede über das Thema *Lessingscher Geist und die Welt von heute*, in der der unbestechliche Schriftsteller leidenschaftlich für die Aufklärung im Geiste Lessings eintrat:

»Wie bitter nötig hätten wir Männer wie ihn gerade jetzt, in den Tagen, da die Aufklärung in Mißkredit gerät und ein neuer Obskurantismus sich hervortut, von dem man vielleicht später sagen wird, er sei gefährlicher gewesen als das Dunkelmanntum seines Erzfeindes, des Hauptpastors Goeze. Die Welt bedürfte Lessings, oder richtiger: seines geistigen Typus, denn tatsächlich war er zwar ein Einziger mit seinem nur ihm gehörigen Eigentum, zugleich aber Personifikation einer intellektuellen Struktur, der wir in der Geistesgeschichte zwischen Sokrates und, sagen wir: Heinrich Mann, immer wieder begegnen. Zugegeben, der Charakter ist selten und ist nicht immer so recht erfolgreich. Sokrates, um im Exempel zu bleiben, gilt weniger als Plato. Heinrich Mann erfreut sich nicht der gleichen Resonanz wie sein Bruder oder gar Hermann Hesse, dem man einen glänzenden Willkomm veranstaltet und sogar den Ehrentitel eines politischen Schriftstellers zuerkennt. Aber Erfolg ist nicht gleich dem, was folgt. Ist das Menschengeschlecht weitergekommen durch Erziehung – und nur morbider Kulturpessimismus wird leugnen, daß es weiter kam, unachtlich der Debakel, die es wieder und wieder erlitt –, dann dankt man es geistigen Erscheinungen wie Lessing eher denn anderen, feierlicheren, prophetischeren, bezaubernderen.

Wie fassen wir seine Gestalt? Zunächst, indem wir uns

freimachen vom Wust emsiger Forscherarbeit, die sie uns verstellt. Ich habe mich, ehe ich mich an die Niederschrift dieses keinerlei wissenschaftlichen Anspruch, Gott bewahr's, erhebenden Huldigungsaufsatzes gemacht, nicht irre und nicht kirre machen lassen durch gelehrte Sekundär- und Tertiärliteratur: Nicht über Lessing habe ich gelesen; Lessing las ich wieder, und das genügte. Nur so nebenhin wurde ich dabei seiner Biographie gewahr, mir bekannt seit frühen Tagen, aber hilfreich immerhin zum Heraufbeschwören eines, der mehr als irgendein anderer – und ich denke da ganz zufällig an Schopenhauer, weil ich zur gleichen Zeit auch dessen Werk mir neu anzueignen versuchte – identisch ist mit seinen schriftlichen Niederlegungen. Hier muß auch nicht gedeutet und gedeutet werden, wie etwa bei Hölderlin, den man je nach Temperament zu einem deutschen Mythos oder zu einem Jakobiner machen kann. Alles steht ja wörtlich da, ›clair et précis‹, wie dieser nicht eben vom virus gallicum infizierte Schriftsteller es in französischer Sprache gesagt hat ...«

Jean Améry analysierte das intellektuelle Modell, als dessen vollkommenes Beispiel er Lessing betrachtete. Er sprach dann über die Ideen der Aufklärung, Vernunft und Sittlichkeit und schloß mit der Feststellung vom »wahrhaft beunruhigenden Mangel an zeitgenössischen Nachfolgern unseres Meisters«: »Die Rückbesinnung auf Lessing, auf den historischen weniger als auf den Typus, der in ihm Gestalt wurde, scheint mir das allerdinglichste Gebot zu sein. In seinem Geiste sollte jener Mensch wieder auferstehen, dessen Tod Michel Foucault feierlich verkündete. Wie ist er beschaffen? Schön, wie Lessing erscheint auf allen zeitgenössischen Bildnissen, die ich niemals ohne eine gewisse Zärtlichkeit betrachten kann. Tapfer, wie der es war, der da wagte, den *Anti-Goeze* und den *Nathan* zu schreiben. Kritischgescheit und moralisch bewegt, wie der Verfasser der *Erziehung des Menschengeschlechts*. Gütig auch und nicht zuletzt einer also, von dem vor fünf Jahrzehnten in seiner Lessing-Rede Thomas Mann gesagt hat: ›Daß er gütig war, das ist es, was sein Volk und die Völker ihm am höchsten anrechnen sollten (...). Er war ein so gläubiger, liebevoller und hoffender Geist als nur je einer gelebt und sich um das Menschliche bemüht hat.«

Jean Amérys Rede war ein ermutigender Auftakt des Wolfenbütteler Lessingjahres. Der Eröffnungstag ist uns allen in heiterer Erinnerung geblieben. Die Besucher nahmen das Lessinghaus in Besitz, die zurückhaltende Ausstellung brachte uns damals viel Lob ein. Der erste Gast, der eines der beiden Appartements im ehemaligen Küchenflügel bewohnte, war der Schriftsteller Dieter Hildebrandt, der in Wolfenbüttel sein Buch über Lessing vollenden wollte, das auch rechtzeitig zum Lessingjahr erschien. Darin heißt es: »In Wolfenbüttel ist die Geschichte gleichsam eingeschlafen, und der sie erlöst hat, ist paradoxerweise Lessing. Die Stadt hat sich inzwischen neu begriffen und begründet als Lessing-Stadt. Seit Wolfenbüttel sich auf das Jahrzehnt mit Lessing besonnen hat, ist es eine Stadt dieses Jahrhunderts geworden.«

In dem Programm für das Lessingjahr wollten wir vor allem in Vorträgen und Diskussionen über diesen »Mann im Winkel« aufklären. Auch Schriftsteller lasen, nicht nur unter den Büchern der Augusteerhalle, sondern diskutierten anderntags mit Schülern in den Schulen. Diese Lesungen erhielten durch die unmittelbare Nähe des Autors zu seinem Publikum und den sich anschließenden Empfang unter Lessings Dach immer eine anregende persönliche Note. Herbert Heckmann und Wolfdietrich Schnurre, Martin Walser und Siegfried Lenz, Helmut Heissenbüttel und Ernst Jandl hinterließen im Lessingjahr bleibende Eindrücke wie auch Günter Grass, dem ich nach seiner Lesung in der überfüllten Augusteerhalle den »Orden der Okerschwäne« umhängte und ihn zum Ehren-Okerschwan ernannte. Der überraschte Dichter war ungehalten: »Sie haben ja gar nicht vorher angefragt, ob ich den Orden annehmen würde.« Er hatte den Scherz nicht bemerkt, mit dem ich ihm für seine Erzählung *Das Treffen in Telgte* danken wollte, die unter unseren Barockforschern mit Begeisterung aufgenommen worden war.

In den ersten Jahren hatte die Lessing-Akademie die Lesungen der Schriftsteller organisiert, die dann in das Kulturprogramm der Bibliothek aufgenommen wurden. Da jedes Jahr zwischen vier und sechs Autoren eingeladen wurden, sind es mehr als 100, die in Wolfenbüttel gelesen haben: bekannte und unbekannte, alte und junge. Ihre Namen würden Seiten füllen.

Nachdem Reiner Kunze 1977 aus der DDR ausgebürgert worden war, fand seine erste öffentliche Lesung im Westen in Wolfenbüttel statt. Dicht gedrängt saßen die Zuhörer in der Halle, viele auf dem Fußboden, dem Dichter zu Füßen. Dieser Abend mit dem sympathischen Autor war ein unvergeßliches Erlebnis. Das Publikum hatte Fragen über Fragen gestellt. Auch die anderen Autoren, die ihr Land hatten verlassen müssen, waren später zu Gast: Peter Huchel, Sarah Kirsch, Jurek Becker, Jürgen Fuchs, Günter Kunert und andere. Auf der andern Seite haben wir auch immer wieder versucht, Autoren aus der DDR einzuladen. Leider konnten nur wenige reisen: Stephan Hermlin und Rolf Schneider zum Beispiel.

Der Gartensaal im neueröffneten Lessinghaus eignete sich vorzüglich zu Lesestunden, mit denen wir im Lessingjahr begonnen hatten. Gelesen wurden, wie es auch Jean

Améry empfohlen hatte, Lessings Fabeln, Gedichte, seine bibliothekarischen Schriften, Briefe und – mit verteilten Rollen – der Dialog *Ernst und Falk*. Auch Texte über Lessing und Texte von Lessings Freunden wurden vorgetragen. Man hörte gerne zu. Die Veranstaltungen wurden gut besucht. Seither gehören die Lesestunden im Lessinghaus zum festen Kern des Kulturprogramms, das damals endlich feste Konturen annahm. Mein Schüler Manuel Lichtwitz übernahm diese Aufgabe zunächst aus Mitteln des Freundeskreises, der auch das Lessingjahr insgesamt mitfinanziert hatte.

Führungen durch das Lessinghaus sind eigentlich kaum nötig. Doch mit persönlichem Engagement und kokett gespielter Naivität verstand es Ingrid Götze, die, als wir die Lessingsche Wohnung bezogen, schon zehn Jahre mit ihrer Familie unter dem Dach in den Räumen von Lessings Stiefkindern lebte, die Besucher durch die fast schauspielerische Leistung ihrer Führung zu entzücken – und zu rühren. Wenn sie mit verhaltener Stimme im Sterbezimmer Eva Königs Lessings Briefe nach dem Tode von Frau und Kind zitierte, kamen vielen Zuhörern die Tränen.

Frau Götze, inzwischen pensioniert, war in den langen Jahren ihres Dienstes dabei eine energische, resolute Frau, die ihr Lessinghaus in Ordnung hielt und keine Zeit scheute, den Besuchern ihren Lessing näherzubringen. Einmal kam es zu einer denkwürdigen Begegnung. Kurz nach Eröffnung des Hauses betrat ein würdiger Herr das Entrée und stellte sich der Dame vor, die hinter ihrem Tresen saß und kassieren wollte. »Lessing«, sagte der Gast und verbeugte sich kurz: Er war ein entfernter Nachkomme der Familie. »Götze«, rief die Dame hinter der Kasse und sprang auf. Solche Szenen sollen häufiger vorgekommen sein.

Im Sommer veranstalteten wir unter Beteiligung der Schulen und Vereine ein »Lessingfest der Lessingstadt«. Wieder war alles aufgeboten, von der Kutsche, mit der Lessing und seine Frau durch die Stadt fuhren, bis zu Theaterspielen, Lessingrätseln, Informationen, Bücherständen, Lesungen, Ausstellungen. Aber das Fest fiel buchstäblich ins Wasser: Ein einsetzender Dauerregen verdarb uns den Nachmittag. Wir versuchten, Fassung zu bewahren, und setzten die Veranstaltung, so gut es ging, in den Häusern fort. Die Folge aber war, daß ich erst zwölf Jahre später, im Vorfeld meines Abschieds, ein neues Bücherfest anregte, das uns und allen Besuchern dann sehr viel Freude machte.

Das Wolfenbütteler Lessingjahr klang mit Festtagen im Januar 1979 aus. In der Augusteerhalle fand der Festakt in Anwesenheit des damaligen Bundespräsidenten Walter Scheel statt. Er war in Begleitung von Ministerpräsident Ernst Albrecht und dem früheren Bundestagspräsidenten Carlo Schmid mit dem Hubschrauber, der den Schnee aufwirbelte, auf dem Schloßplatz gelandet. Seine Ansprache »Ein Mann wie Lessing täte uns not« war eine Reverenz vor dem unabhängigen, kritischen Geist Lessings. Nach Walther Killys Festrede begab sich der Bundespräsident, barhäuptig an dem kalten Wintertag, mit einem großen Gefolge, zu dem auch Alfred Kubel gehörte, auf einen Rundgang durch die Innenstadt, er nahm an dem Bankett im Schloß teil, bei dem sich die Gäste drängten, warf einen Blick in die Ausstellung des Schülerwettbewerbs »Lieber Lessing« und besuchte zum Schluß das Lessinghaus. In jovialer Laune betrachtete der Bundespräsident die Ausstellungsstücke. Erst zu spät bemerkte ich, daß er seine unvermeidliche Zigarre in der Hand hielt. Ich wagte nicht, ihn auf das Rauchverbot hinzuweisen.

Der eigentliche Geburtstag, der 22. Januar, wurde die Schlußveranstaltung des Lessingjahres. Am Vormittag um 11 Uhr war die Augusteerhalle bis auf den letzten Platz besetzt. Nur der Hausherr fehlte noch. Es hatte sich herumgesprochen, daß ich am Abend zuvor beim damaligen Bundeskanzler Helmut Schmidt in Bonn zu Gast gewesen war, der übrigens das Vorwort zum ersten Heft *Lessing 79. Mitteilungen aus dem Lessingjahr 1979* geschrieben hatte. Mit dem frühesten Zug war ich von Bonn nach Hannover gefahren, dort erwartete mich meine Frau mit dem Auto. Es war 10 Uhr, die Zeit also knapp. Aber wir schafften es. Auf die Minute pünktlich betrat ich die Halle. Der Überraschungseffekt war gelungen, die Veranstaltung gerettet.

Mit einem offenen Abend in der Bibliothek klang in heiterer Stimmung das Lessingjahr in Wolfenbüttel aus. Es war der Versuch, an einen großen europäischen Schriftsteller der Aufklärung in der Stadt zu erinnern, in der er sein letztes Lebensjahrzehnt verlebt hatte. Eine der vielen schönen Huldigungen war Schülerinnen des Gymnasiums gelungen. Für den erwähnten Schülerwettbewerb »Lieber Lessing« hatten sie einen riesigen Pullover gestrickt und auf einen übergroßen Bügel gehängt. Daran war ein Zettel befestigt, auf dem zu lesen war: »Für Lessing, weil Du so groß bist.«

Herzog August zur Erinnerung

Lessings 250. Geburtsjahr fiel mit dem 400. Geburtsjahr des Fürsten zusammen, der im 17. Jahrhundert, keine Kriege führte, sondern Bücher sammelte. Herzog August der Jüngere zu Braunschweig-Lüneburg, der als größter

Büchersammler seiner Zeit in die Geschichte einging, wurde 1579 in Dannenberg an der Elbe geboren. Er war nicht zur Regierung bestimmt gewesen. Mit 15 Jahren wurde er Ehrenrektor der Universität Rostock, und zwei Jahre später bekleidete er dieses Ehrenamt an der Universität Tübingen, wo er alte Sprachen studierte. Er machte eine Bildungsreise durch Italien, hielt sich in Padua und Neapel auf, nahm 1603 an der Krönung Jakobs I. von England teil, lernte die Bibliotheken in Oxford, Leiden und Paris kennen und residierte seit 1604 in dem fürstlichen Amt Hitzacker, mit dem er von seinen Brüdern abgefunden wurde.

In seinem »Ithaka« richtete er seine Bibliothek ein, die ihm zu einem Lebensinhalt wurde. Agenten in Augsburg und Nürnberg, später in Den Haag und Paris, in Kopenhagen und Rom vermittelten ihm neue und alte Bücher, und so entstand eine der interessantesten Bibliotheken seiner Zeit als Versuch, sich mit allem Wissen der Zeit zu umgeben. Er veröffentlichte 1616 ein berühmt gewordenes Schachbuch unter dem Pseudonym Gustavus Selenus, das, aufgelöst, Augustus vom Monde heißt; das griechische Wort stand für das lateinische Luna: Herzog August von Lunaburg, d.h. Lüneburg, nach dem das norddeutsche Geschlecht benannt war.

Unter dem Namen »Der Befreiende« wurde er 1634 Mitglied der Fruchtbringenden Gesellschaft, der bedeutendsten Sprach- und Tugendgesellschaft des Barock, die sein Vetter, Fürst Ludwig von Anhalt, als Oberhaupt leitete. Herzog August, Verfasser einer lateinisch geschriebenen Kryptographie, schrieb später als strenger Lutheraner auch einige religiöse Erbauungsbücher und beauftragte schließlich die Helmstedter Professoren, die Lutherbibel in ein barockes Deutsch zu übertragen.

Inzwischen hatte der Fürst 1634 die Erbnachfolge des

mit dem glücklosen Friedrich Ulrich ausgestorbenen Mittleren Hauses Braunschweig-Lüneburg angetreten, die er durch gute Beziehungen zum Wiener Hof selbst betrieben hatte. Erst am 17. September 1643 konnte Herzog August mit seinem Hofstaat und seiner Bibliothek in Wolfenbüttel einziehen. Er hatte einen Sonderfrieden mit den kaiserlichen Truppen geschlossen, die seit fast zwei Jahrzehnten die Festung Wolfenbüttel besetzt gehalten hatten.

Neben dem Wiederaufbau seines braunschweig-lüneburgischen Teilherzogtums, das unter den Folgen des Dreißigjährigen Krieges gelitten hatte, widmete sich der patriarchalisch regierende, inzwischen zum dritten Mal verheiratete Fürst den Musen und der Wissenschaft. Er berief Gelehrte an seinen Hof, wie den Sprachforscher Justus Georg Schottelius, den Erbauungsdichter Joachim von Glasenapp und den Theologen Joachim Lütkemann. Er führte eine umfangreiche Korrespondenz mit Gelehrten und Theologen, so zum Beispiel mit Johann Valentin Andreä. Er feierte barocke Feste in seiner wiederaufgebauten Residenz in der Dammfestung, unter seiner Gemahlin Elisabeth Sophie wurde im Kreise der Familie und des Hofes musiziert, Heinrich Schütz wurde zum Hofkapellmeister ernannt.

Herzog Augusts Lieblingsbeschäftigung aber war der Ausbau seiner Bibliothek, für die er ein Marstallgebäude gegenüber dem Schloß herrichten ließ. Unten standen seine Pferde – Herzog August war ein begeisterter Reiter – und darüber in zwei Geschossen seine Bücher, nach 20 Sachgruppen und darin nach der Größe aufgestellt. Die meisten Schriften waren in helles Pergament oder Schweinsleder gebunden. Den voluminösen Katalog auf dem Bücherrad führte er selbst: Von den 7200 Seiten hatte er bis 1649 fast 5000 eigenhändig geschrieben.

In dem weiten Gelehrtenmantel im Vordergrund seiner Bibliothek abgebildet, an deren Regal »Deo et posteritati« zu lesen ist – so ist uns Herzog Augusts Bildnis in dem prächtigen Folioband von Martin Gosky von 1650 überliefert. Es ist eines der vielen, meist in Kupfer gestochenen Porträts, die den Fürsten in Harnisch und Gelehrtenkäppchen darstellen. Mit 86 Jahren starb er 1666 in Wolfenbüttel. Er wurde in der Gruft der Hauptkirche beigesetzt, in der 23 Jahre zuvor sein Einzug in Wolfenbüttel mit einem Festgottesdienst begangen worden war.

Herzog August hinterließ mit 130 000 Schriften die größte Bibliothek seines Jahrhunderts. Sie umfaßte nicht nur das gesamte Wissen der damaligen Zeit, sondern vereinigte auch in unzähligen kleinen Sammelbänden Streitschriften, Zeitungen und Nachrichten, die heute ebenfalls unschätzbare Quellen der Forschung sind. Daß diese Bibliothek so gut wie vollständig erhalten und nach Augusts Signaturen geschlossen aufgestellt geblieben ist, ist Leibniz zu verdanken, der, als 1704 mit dem Neubau der Bibliotheksrotunde begonnen wurde, dieses »Monumentum eruditiones« abschloß. Alle Neuerwerbungen stehen seither für sich.

So hinterließ ein Barockfürst seine Bibliothek als eindrucksvolles Denkmal der gelehrten Welt. Sie war bis zu ihrer Aufstellung in der Augusteerhalle und den sich anschließenden musealen Räumen ein vergessenes Kapital gewesen, das seither, um mit Goethes Anschauung zu sprechen, »geräuschlos unberechenbare Zinsen trägt«. Diese Bibliotheca Augusta wurde die Keimzelle der Wiedergeburt einer Bibliothek als Ort wissenschaftlichen und kulturellen Lebens.

Auch aus diesem Grunde widmeten wir 1979 Herzog August die größte Ausstellung, die ich im Laufe meines

Lebens veranstaltet habe. Anläßlich der 400. Wiederkehr seines Geburtstags wollten wir ihm einen Platz im Pantheon der Geschichte zurückerobern, denn in kulturgeschichtlichen Darstellungen, speziell in bibliotheksgeschichtlichen Werken wurden Herzog Augusts Verdienste ebenso wenig gewürdigt wie in landesgeschichtlichen Handbüchern. Das sollte sich ändern.

Der Zeitpunkt, an den Namensgeber der Bibliothek zu erinnern, lag allerdings angesichts der vielfältigen Tagesgeschäfte, die mit der Durchführung des Forschungsprogramms, der Vorbereitung des Umzugs in das Zeughaus, der Reorganisation der Verwaltung und der Mitwirkung an den Baumaßnahmen zu tun hatten, äußerst ungünstig. Doch das Datum war vorgegeben, und es sollte zugunsten der Bibliothek genutzt werden.

Nachdem das Lessingjahr kaum zu Ende gegangen war, mußten bereits die Vorarbeiten für die Herzog August-Ausstellung und das Begleitprogramm abgeschlossen sein. Mit äußerster Anstrengung – »verliebt in den Stress«, spotteten manche – wurde der Ausstellungskatalog, an dem mehr als ein Dutzend Kollegen nicht nur aus dem eigenen Hause mitgearbeitet hatten, fertig, mit einem großen Kreis von Helfern der Ausstellungskomplex aufgebaut und so die Idee einer Herzog August-Schau mit 900 Dokumenten an vier Orten verwirklicht. Buchstäblich im letzten Moment vor der Eröffnung waren die zahlreichen neuen Mitarbeiter, die über eine Arbeitsbeschaffungsmaßnahme eingestellt wurden, in ihre Aufgaben eingewiesen worden.

Nach der Ansprache von Minister Eduard Pestel, im Innenhof des Wolfenbütteler Schlosses, fand der erste Rundgang mit einem großen Kreis von Gästen statt. Wiederum hatte uns die Stadt die Schloßräume zur Verfügung gestellt. Das Treppenhaus und die Galerie waren mit einem roten Teppich ausgelegt worden, vergrößerte Reproduktionen der Herzog August-Bildnisse an den Wänden luden zur ersten Betrachtung ein. In 13 historischen Räumen wurde das Leben und Wirken des Fürsten anhand meist unbekannter Porträts, Dokumente, Modelle, Karten, Stiche und Bücher vorgestellt. Die hölzernen Standbilder des Herzogs und seiner Knappen, die früher einmal im Herzogtor gestanden hatten, und insbesondere der kuriose, auf einem hölzernen Pferd reitende August erregten Aufsehen. Am Ende der Galerie hing sein überlebensgroßes prächtiges Porträt. Ebenso eindrucksvoll waren die bis dahin so gut wie unbekannten Familien- und Kinderbilder.

Für die Jugendgeschichte hatte Maria von Katte, die sich als wissenschaftliche Mitarbeiterin seit Jahren mit der Bildungsgeschichte Herzog Augusts beschäftigt hatte, zahlreiche Dokumente ausgegraben, darunter den Riesenholzschnitt eines fürstlichen Stammbaums. Breiten Raum nahmen die Sammlungen des Fürsten ein, darunter seine kostbaren Augsburger Uhren. Die gelehrte Tätigkeit wurde anhand der Originalmanuskripte, Skizzen und Entwürfe beschrieben. Auch die barocke Hofkultur und die Schriften der mit ihr verbundenen Poeten, Gelehrten und Musiker wurden präsentiert. Das galt ebenso für die herzogliche Familie, für die musische Sophie Elisabeth und die fürstlichen Kinder, insbesondere Rudolf August, Anton Ulrich und Ferdinand Albrecht. Ein überlebensgroßes Bild, das den Herzog August auf dem Totenbett darstellt, beschloß die Darstellung der Lebens- und Wirkungsgeschichte des Wolfenbütteler Fürsten.

Im Foyer des Schlosses vermittelte eine didaktische Schau die Biographie Herzog Augusts. Die vielen Tafeln wurden zugleich in verkleinertem Format als Broschüre angeboten. Die Ansichten der Städte, Orte und Ämter des Herzogtums Braunschweig-Lüneburg Wolfenbüttelschen Teils wurden 1655 auf Veranlassung des Fürsten von dem Wolfenbütteler Hofkupferstecher Conrad Buno für Merians Topographie in Kupfer gestochen. Die eindrucksvolle Serie wurde in großem Format reproduziert, ein Modell von Festung und Stadt Wolfenbüttel aus Mitteln der Stadt angefertigt. Im Schloßtheater lief eine Diaschau über Herzog Augusts Leben und Werk, die unser damaliger Fotograf Günter Schöne mit Maria von Katte zusammengestellt hatte. So konnten die Besucher einen instruktiven Eindruck von der Bedeutung dieses Barockfürsten und seines Herzogtums gewinnen. Selbstverständlich trug dazu auch der stark bebilderte, 400 Seiten umfassende Katalog bei.

Über die Präsentation im Schloß hinaus wurden weitere Orte einbezogen, so die kleine Fachwerkkirche St. Johannis, die Herzog August 1663 der von ihm erbauten Vorstadt, der Auguststadt, gestiftet hatte. Ein »Herzog August-Pfad« führte vom Schloß über das dahinterliegende freie Gelände, vorbei an den Resten der einstigen Festungswerke, zur Jägerstraße – in den kleinen Fachwerkhäusern wohnten einst Soldaten – zur versteckt gelegenen Kirche.

Der Weg, den die städtischen Arbeiter angelegt hatten, wurde durch rot-gelbe Pfähle – die alten braunschweigischen Landesfarben – gekennzeichnet. Zum Verweilen waren Bänke aufgestellt worden. Außerdem erläuterten am Wege viele Tafeln in gelb-roter Farbe die räumliche Situation, auf anderen wurden Kupferstiche oder barocke Gedichte wiedergegeben. Männer des Technischen Hilfswerks hatten freiwillig vier Brücken über die Okerarme gebaut, sie verbanden Schloß mit Johanniskirche und Kirche mit Bibliothek und schlossen den Bahnhof an das Ausstellungsgelände an. Die Kirche selbst wurde als Bauwerk aus Herzog Augusts Zeit einbezogen. In den Vitrinen auf der Empore wurden Dokumente zur Frömmigkeit des Herzogs gezeigt, darunter seine vielen eigenen Erbauungsschriften.

Der Pfad führte von hier durch die Auguststadt, über eine der neuen Holzbrücken zur Bibliotheca Augusta. Dort konnte der Besucher nicht nur das größte Ausstellungsstück, seine Bibliothek, an den Wänden bewundern, sondern in den Vitrinen auch einige seiner schönsten Büchererwerbungen: mittelalterliche Handschriften, Inkunabeln, Drucke und Karten des 16. und 17. Jahrhunderts. Schließlich konnte man die Geschichte der Büchererwerbungen anhand der Bestellungen, Listen, Briefe und Rechnungen aus dem Bibliotheksarchiv im Malerbuchkabinett studieren. Auch das Lessinghaus wurde in den Rundgang einbezogen. Dort hatten wir Lessings Beziehungen zu Herzog August in einigen Vitrinen dargestellt.

So wurde die vierteilige, durch den Herzog August-Pfad sinnvoll miteinander verbundene Ausstellung eine großzügige Huldigung an den Fürsten, dessen Werk nicht nur die Zeit überdauert hat, sondern der heute Mittelpunkt einer wissenschaftlichen Institution geworden ist, die sein Andenken bewahrt und von seiner Tätigkeit lebt.

Die Ausstellung war für Wolfenbütteler Verhältnisse mit mehr als 40 000 Besuchern ein großer Erfolg. Der Katalog wurde nach und nach in 12 000 Exemplaren verkauft, er ist seit vielen Jahren vergriffen. Das Begleitprogramm mit Konzerten und Vorträgen, Arbeitsgesprächen und Seminaren fand seinen Höhepunkt in dem Barock-Kongreß, an dem sich mehr als 200 Wissenschaftler mit der europäischen Hofkultur des 17. Jahrhunderts befaßten. Martin

Bircher hielt damals einen höchst instruktiven Vortrag über die barocke Hofkultur in Wolfenbüttel.

Herzog Augusts Geburtstag hatte auch lokale Initiativen zur Folge. Die Auguststädter, die sich durch die Ausstellung in ihrem Selbstverständnis gestärkt sahen, veranstalteten im Sommer ihr erstes Fest. Ein amerikanischer Stipendiat der Bibliothek, William Sheldon, der mit seiner Familie in der Auguststadt wohnte, organisierte eine kleine Ausstellung zur Geschichte der Auguststadt in einem leerstehenden Haus, einer ehemaligen Apotheke. Im zentralen Raum zerteilte ein weißer Strich das Gebäude. Man erfuhr, daß hier eine Straße, eine Tangente, durchgebaut und deshalb das Haus abgerissen werden sollte. So verband sich schließlich eine Aktivität der Bibliothek mit einem Ereignis, das nicht nur die Auguststädter auf die Barrikaden brachte. Der Kampf um die Verkehrsführung, an dem ich mich auch wieder in der Verantwortung für das Geschichtliche beteiligte, endete mit einer Niederlage. Seither ist die kleine Vorstadt vom Innenstadtbereich durch eine breite Straße und Kreuzung abgeschnitten. Die wirtschaftlichen Interessen hatten die Oberhand behalten. Der Herzog August-Pfad, der behutsam die Probleme aufwerfen wollte, ist wieder verschwunden, ebenso die schönen Holzbrücken. Doch geblieben ist die Erinnerung und das Bewußtsein, einen klugen, sympathischen Barockfürsten, nach dem die Wolfenbütteler Bibliothek benannt ist, wieder ins Gespräch gebracht zu haben.

Die Einweihung des Bibliotheksquartiers

Die Herzog August-Ausstellung und vorher das Lessingjahr durften den Aufbau des bibliothekarischen und wissenschaftlichen Programms nicht behindern. Unter Zeitdruck mußten Bücher für die geplante Handbibliothek im Zeughaus ausgewählt, beschafft, bearbeitet werden. Die Zahl der Mitarbeiter stieg dank der Unterstützung durch die Arbeitsverwaltung auf 150 Personen an, auch der Anteil der Gäste nahm von Jahr zu Jahr zu und mit ihm die Platznot in den Häusern. Angesichts dieser unvermeidlichen Hektik waren Konflikte nicht zu vermeiden und unerfreuliche Spannungen in Kauf zu nehmen. Wir hatten in jenen Jahren nur ein Ziel vor Augen: die Fertigstellung des Bibliotheksquartiers, das gegenüber dem Schloß mit dem Zeughaus als Mittelpunkt und den beiden Flanken – Bibliotheca Augusta, Direktorhaus und Lessinghaus auf der einen und Anna-Vorwerk-Haus und Leibnizhaus auf der anderen Seite – entstand. Meine leitenden Kolleginnen und Kollegen, der damals neue Bibliotheksdirektor Wolfgang Dittrich, der inzwischen die Niedersächsische Landesbibliothek in Hannover leitet, Sabine Solf, Barbara Strutz und der Verwaltungsleiter Manfred-Udo Schmidt organisierten mit ihren Mitarbeiterinnen und Mitarbeitern diese Aufgaben, die auch mich selbst täglich erneut forderten.

Nicht nur die Fertigstellung des Zeughauses verzögerte sich, auch der Neubau des Leibnizhauses konnte erst im letzten Quartal 1979 in Angriff genommen werden, da durch die unvorhergesehenen Gründungsarbeiten die bewilligten Mittel zunächst nicht ausreichten. Außerdem war auch die Grundsanierung des Anna-Vorwerk-Hauses

1980/81 in die Bauarbeiten einbezogen worden. Die zusätzlichen Gelder hatte der damalige noble, zu früh verstorbene Regierungspräsident Joachim Passow dem Vorstand des Freundeskreises zur Verfügung gestellt.

Im Sommer 1981 aber konnte das Zeughaus bezogen werden. Ein Lesesaal war ursprünglich nicht vorgesehen. Der große Raum im zweiten Obergeschoß mit den Fenstern an drei Fronten war als Hörsaal gedacht, geschlossene Arbeitsräume für die Stipendiaten und Gäste vorgesehen, die mit alten Drucken arbeiten wollten. Der Aufstand kam unerwartet: Unsere Gästen wünschten einen gemeinsamen Lesesaal auch in diesem Hause. Ihr Wortführer war Leonard Forster, der erste ausländische Kollege, der mich zu Anfang meiner Dienstzeit besucht hatte. Man wünschte die Gemeinschaft der Studierenden, man brauche die Ermutigung in der anstrengenden Arbeit durch die Gegenwart der Nachbarn. Man erwartete einen Lesesaal, der nach ihren Erfahrungen von der Gegenwart aller Leser getragen wurde. Wir konnten uns diesen Argumenten nicht verschließen, und so wurde der gedacht Hörsaal ohne Verzögerung zu einem Lesesaal, später auch mit individueller Arbeitsplatzbeleuchtung, umfunktioniert.

Das Zeughaus wurde bequem eingerichtet mit Katalogräumen im Zentrum, der Handbibliothek mit Leseplätzen über drei Geschosse verteilt, den Arbeitszimmern der Bibliothekare in unmittelbarer Nachbarschaft der Auskunft und Ausleihe und nicht zuletzt der Cafeteria neben einem Seminarraum.

Rechtzeitig zur Einweihung war auch die Renovierung des Anna-Vorwerk-Hauses abgeschlossen. Das Forschungsgebäude, das Leibnizhaus, wurde ebenfalls noch fertiggestellt. Es enthält Arbeitsräume für die Stipendiaten, wissenschaftlichen Mitarbeiter und den Resident Fellow, ebenso Räume für die zweite Restaurierungswerkstatt und schließlich für das bibliothekseigene Restaurant. Wir haben dafür ein italienisches Pächterpaar angeworben, den schnurrbärtigen, von seiner Statur her imposanten Antonio Sinapi, in Itri zwischen Rom und Neapel beheimatet, und seine ebenfalls eindrucksvolle Frau mit ihren großen braunen, ein wenig hervorquellenden Augen, sowie Maria, die Schwester, die allerdings nur noch ein paar Jahre in Wolfenbüttel blieb. Für die Stipendiaten und Gäste wurde ein langer Tisch gedeckt, an dem viele Jahre Dr. Hans-Heinrich Solf präsidierte, eine eindrucksvolle Persönlichkeit und dank seiner großen Lebenserfahrung ein anregender und geistreicher Gesprächspartner. Seit seinem Tode setzt seine Frau diese Tradition souverän fort.

Der Festtag am 8. Oktober 1981 war ein großer Tag für die Bibliothek. Nach zehn Jahren war ihr Ausbau abgeschlossen, das bis dahin von der Volkswagen-Stiftung finanzierte Programm – allerdings mit einigen Abstrichen – vom Land Niedersachsen übernommen worden. Ein Beirat hatte sich unter dem Göttinger Altgermanisten Karl Stackmann konstituiert. Das Land Niedersachsen und die Gesellschaft der Freunde der Herzog August Bibliothek hatten gemeinsam zur Festversammlung in die Zeughaushalle eingeladen. Nach einem einleitenden Chorgesang sprach Ministerpräsident Ernst Albrecht und übergab offiziell die Häuser der Obhut der Bibliothek. Ehe Walther Killy in seiner Festrede über das Lesen und seinen Nutzen in diesem Hause reflektierte, nahm Kurt Lindner das Wort. Für ihn war dieser Tag wie für alle Mitarbeiter der Bibliothek und des Architekturbüros Kraemer, die Beamten des Staatshochbauamtes und des Ministeriums und für die Verantwortlichen der Volkswagen-Stiftung ein Tag der Erfüllung vieler Wünsche.

Da die Gesellschaft der Freunde der Bibliothek zugleich ihr zehnjähriges Bestehen feierte, dankte Kurt Lindner für die Unterstützung. Er erinnerte an die Anfänge und sagte: Wolfenbüttel war »eine der schönsten Bibliotheken unseres deutschen Vaterlandes, gleichsam eine Juwelensammlung, von der kaum jemand etwas wußte. Natürlich holten sich Gelehrte hin und wieder hier ihren Rat, auch war man bemüht, durch bauliche Veränderungen die Substanz zu sichern und organisatorisch Anschluß an eine neue Zeit zu finden, aber im Grunde schlummerten die Schätze in einem Dornröschenschlaf.«

Er sprach dann über die Gründung des Freundeskreises, der von Anfang an seine Anonymität bewahrt hatte: »Er ist weder in der Stunde der Gründung noch in den Jahren der Gestaltung namentlich in Erscheinung getreten und hat dies auch zu keiner Stunde gewollt. Denn diese Gründung der Gesellschaft der Freunde war kein auf den Einzelnen bezogener Akt. Man wollte schlechthin einer Sache dienen ... Es ist damals das Wort gefallen, und ich fand es beim Studium der Akten kürzlich wieder: ›Wir sind ein Kreis von Menschen, die dieser Bibliothek eine neue Chance geben möchten, und wir glauben, daß man sie zu nutzen verstehen wird.‹ Sie sehen aus diesen bescheidenen Worten, daß die, die hier in Wolfenbüttel etwas Neues gestalten wollten, nicht mit großen proklamatorischen Erklärungen antraten, sondern ganz einfach handeln wollten. Die Unbefangenheit, mit der sie an diese Aufgabe herantraten, hat die Arbeit sehr erleichtert. Hinter keinem dieser Initiatoren stand eine politische Partei oder ein wie auch immer geartetes Dogma. Kurzum, es gab keine Bindung, die die Freiheit des Denkens und des Handelns hätte einengen können.

Man sah es als die Aufgabe an, Vergangenes, was hier

magaziniert war, wieder lebendig zu machen. Und dies nicht im Sinne einer Weitergabe an eine kleine elitärische Schicht, sondern um es weiten Kreisen der geistig interessierten Bevölkerung zu erschließen und auf diese Weise nachdrücklich in die Gegenwart hineinzuwirken.

Lassen Sie mich das letzte Wort, diesen Bezug auf das ›Hineinwirken‹ noch einmal unterstreichen, denn ich darf sagen, wir wollten in der Tat auf das Tagesgeschehen einwirken. Das geschah nicht mit dem Geschrei und der Aufdringlichkeit, die leider heute selbst gutgemeinten Bürgerinitiativen in der Regel eigen sind. Aber diese Zurückhaltung nach außen hin soll nicht vergessen machen, daß es sich letztlich hier doch um eine echte Bürgerinitiative gehandelt hat.

Die Gründung der Gesellschaft sollte mithelfen, den musealen Eindruck dieser Bibliothek zu vermeiden und die ganze Lebendigkeit dieses Hauses deutlich werden zu lassen. Wir wollten einer durch vorgegebene Denkschemen bestimmten engeren Betrachtung entgehen und dazu beitragen, das historische Geschehen stärker zu einem Bestandteil unseres Bewußtseins schlechthin zu machen. Wir waren uns von der ersten Stunde an der Bedeutung einer Betrachtung unserer Zeit unter geschichtlichen Perspektiven bewußt.

So sind wir vor zehn Jahren angetreten. Und wenn ich mich daran zu erinnern versuche, was wir uns zu erreichen vorgenommen hatten, so darf ich sagen, wir waren bescheiden und maßvoll in unserer Zielsetzung, nicht zuletzt, weil uns sehr klar war, daß alle unsere Absichten in einer Zeit mit sehr vielfältigen Aufgaben zu bewältigen waren, Aufgaben, die häufig zum sparsamen Wirtschaften zwingen.

Was nun geschah, kann nur als eine Kette ungewöhnlicher, nicht alltäglicher Glücksumstände bezeichnet werden, für die es vielfältig Dank zu sagen gilt.«

Kurt Lindner schloß seine Rede mit dem Bekenntnis, daß die Gesellschaft auch in Zukunft »mit Initiativen dienen« wolle.

Zum Abschluß der Veranstaltung bedankte ich mich und zog zugleich eine Summe aus den Aufbaujahren. Die Rede faßt noch einmal im Rückblick das Gedachte und Erreichte zusammen, und so soll sie ohne Auslassung folgen, denn sie illustriert einen geschichtlichen Moment in der mehr als vierhundertjährigen Geschichte einer Bibliothek.

»Herr Ministerpräsident, Herr Landtagspräsident, verehrte Gäste, liebe Mitarbeiter,

als 1972 anläßlich des 400jährigen Bestehens der Herzog August Bibliothek die umgebaute und erneuerte Bibliotheca Augusta eingeweiht wurde, galt der Dank vor allem drei Persönlichkeiten, die das Werk begonnen und gefördert hatten, meinem Amtsvorgänger Erhart Kästner, der der Bibliothek ihr Selbstbewußtsein zurückgab, dem Architekten Friedrich-Wilhelm Kraemer, der das Haus genial umbaute, und dem damaligen Ministerialdirigenten Rolf Schneider, der das Verständnis für die große Aufgabe einer solchen Bibliothek hatte.

Heute, neun Jahre später, habe ich erneut die ehrenvolle Möglichkeit, zur Vollendung eines Werkes wiederum einer Dreiheit zu danken, nicht einem Triumvirat, sondern drei Institutionen, die sich um die Bibliothek verdient gemacht haben: dem Land Niedersachsen – Landtag, Landeskabinett und Ministerium für Wissenschaft und Kunst –, das einer Bibliothek in einer unvergleichlichen Situation so viel Vertrauen und Hilfe gewährt, der »Gesellschaft der Freunde der Herzog August Bibliothek«, die die Initiativen aufgegriffen und getragen, und der Stiftung Volkswagenwerk, die die Verwirklichung dieser Ideen finanziert hat. Daß hinter den Institutionen viele Persönlichkeiten stehen, denen es im einzelnen zu danken gälte, versteht sich. Die Liste ihrer Namen aber ist so lang, daß ich um Verständnis bitte, wenn ich sie nicht aufzähle.

In diesen Dank schließe ich alle Freunde, Förderer, Gäste, Stipendiaten und nicht zuletzt alle Mitarbeiter ein, die den Aufbau durch Rat und Tat, durch Anstöße und Ermutigung, durch Anregungen und Ideen ermöglichten. Wir sind uns bewußt, daß diese Förderung einer alten Bibliothek eine ebenso großzügige wie ungewöhnliche Tat ist, an die viele in unserem Land Hoffnungen knüpfen dürfen. Der Aufbau einer traditionsreichen wissenschaftlichen Institution, ihre innere und äußere Umgestaltung setzt ein großes Verständnis für die gegenwärtige Lage voraus und ein fast unerwartetes Vertrauen, das in diejenigen gesetzt wird, die durch Anträge, Bitten und Wünsche die verantwortlichen Stellen über Jahre bedrängt haben.

Es ist hinlänglich bekannt und auch oft beklagt worden, daß in unserem wissenschaftlichen Zeitalter die Humaniora, die Geisteswissenschaften, ihre zentrale Position im allgemeinen Bewußtsein eingebüßt haben. Sie sind an den Rand des Interesses gedrängt worden, und viele von ihnen werden spöttisch als Orchideenwissenschaften bezeichnet. Im Gegensatz zu den naturwissenschaftlich-technischen Disziplinen, deren materieller Nutzen jedermann leicht verständlich ist, sehen sich die Wissenschaften, die geistige Grundlagen legen sollen, einer letzten Endes ja verständlichen Kritik nach ihrer ›gesellschaftlichen Relevanz‹ ausgesetzt, die nicht nur von Seiten extremer Veränderer geäußert wird. Eine wirtschaftlich orientierte Welt fragt ja vordergründig nach dem, was etwas einbringt. Da haben die Sciences einen leichteren Stand als die Humaniora.

Eine solche unaufhaltsame Entwicklung steht jedoch im Widerspruch zu den Forderungen einer menschlichen Zukunft in humaner Verantwortung für eine friedliche Welt und auch zu den Interessen einer immer wieder beschworenen Bildungsgesellschaft, die historische Fragen und menschliche Probleme gerade heute bewegen. Allerdings: Allein mit Klagen und Beschwörungen kann der Zukunft unserer menschlichen Gesellschaft kaum gedient sein. Es liegt an uns, den Herausforderungen durch Taten und Zeichen zu begegnen.

Wenn wir auf dem Höhepunkt eines fast perfekten technischen Zeitalters zum Überstehen von Krisen auch eine Renaissance der humanistischen Studien in allen historischen und philosophischen, ästhetischen und philologischen Disziplinen wünschen, haben wir Orte zu schaffen, an denen man ad fontes gelangt, wo im Zusammenwirken von Wissenschaften so etwas wie eine Res publica literaria neu entstehen und sich entfalten kann.

Je mehr die Universitäten unter den Zwängen der Gegenwart zu Ausbildungseinrichtungen geworden sind, um so mehr muß man andere Stätten der wissenschaftlichen Arbeit zu erweiterter und gezielter Förderung gerade der Humaniora heranziehen: Institute wie Akademien, Archive, Museen und – Bibliotheken. Gerade diese sind klassische Orte humanistischer Gelehrsamkeit schon früher gewesen. Man könnte an Alexandria und Bobbio, an die Laurenziana und die Bodleiana erinnern.

An solche Traditionen und Vorbilder haben wir in Wolfenbüttel letzten Endes anzuknüpfen versucht angesichts der reichen Bücherschätze und Quellenbestände der Herzog August Bibliothek und angesichts ihres Ruhms, der nicht nur durch Gelehrte wie Leibniz und Lessing, sondern auch durch fürstliche Sammler wie Herzog Julius und Herzog August zu Braunschweig und Lüneburg in früheren Jahrhunderten geprägt worden ist. Die Bibliothek überliefert die gedruckten Quellen, auch die handschriftlichen und graphischen Dokumente zur Geschichte des alten Europa in so großer Zahl, daß man sich als Bibliothekar herausgefordert sieht, eine solche Sammlung zu einer Stätte auszubauen, in der sich die Gelehrten, die Geisteswissenschaftler, in ihrer Tätigkeit, den technokratischen Tendenzen unserer Zeit entgegenzuwirken, bestärkt und unterstützt sehen können.

Die Forderung, die alte Bibliothek als Fundament gelehrter Arbeit zu verstehen, stand am Anfang der Erneuerung und Erweiterung der Bibliothek zu einem Bibliotheksquartier: Hans Kauffmann hat sich dieses vor Jahren in einer zukunftsweisenden Schrift für die Stiftung Volkswagenwerk als Civitas Academica Augusta vorgestellt. Entstanden ist so in sechs Häusern ein Platz für humanistische Studien, eine Forschungsstätte für europäische Kulturgeschichte, an der Wissenschaftler verschiedener Fachrichtungen für sich oder gemeinsam arbeiten, ein Ort gelehrter Gespräche und Begegnungen, eine internationale und interdisziplinäre Bibliothek zur Förderung geisteswissenschaftlicher Forschung, ein Freiraum in der freundschaftlichen Atmosphäre relativer Abgeschiedenheit als Chance konzentrierter Arbeit und fruchtbaren Austausches. Die Bibliothek vergibt Stipendien, sie führt wissenschaftliche Veranstaltungen durch, richtet Sommerkurse und Gastseminare ein. Arbeitskreise und Gesellschaften wurden gegründet, und eigene Forschungsabteilungen entstanden.

Eine so verstandene Bibliothek, der man in Fachkreisen

seit eh und je eine Sonderstellung als Bibliotheca sui generis einräumt, hat neben ihren gelehrten Aufgaben viele bibliothekarische Pflichten zu erfüllen, von der Erwerbung neuer und alter Bücher über die Erschließung der Quellen bis zur Erforschung der Bibliothek und ihrer Bestände. Diese Tätigkeiten finden ihre Motivation in der Nutzung durch die Wissenschaftler, die nicht nur anonyme Benutzer, sondern persönliche Freunde der Bibliothek sind.

Doch auch die Öffentlichkeit ist in Wolfenbüttel eingeladen, an dem Wirken der Bibliothek teilzuhaben. Diese wurde zu einem Zentrum kulturellen Lebens: Ausstellungen und Lesungen, Vorträge und Konzerte sind in ihren Räumen seit vielen Jahren ebenso selbstverständlich wie Führungen und Besichtigungen. Daß wir der Öffentlichkeit ein jederzeit offenes Haus bieten, gehört zum Selbstverständnis einer Bibliotheca humanistica. Die res literaria ist immer eine res publica literaria gewesen.

Wir ließen uns also von der Überzeugung leiten, daß die Wissenschaftler Ruheorte und Oasen mehr denn je benötigen, Stätten, die mehr den Klöstern des Mittelalters als den Stützpunkten und Bastionen einer militärischen Vergangenheit verwandt sind. In der Sprache unserer verwalteten Welt nennt man solche Orte Forschungszentren. Wir meinen, daß der Ausdruck nicht ganz das trifft, was wir in einer neuen alten Bibliothek erstreben. Einerseits haben wir in den letzten Jahren nie den Anspruch eines allein bestimmenden Forschungsmittelpunktes für Geisteswissenschaften erhoben. Das wäre eine Anmaßung gewesen. Anderseits wird an einem solchen Ort nicht nur geforscht, das Unbekannte ergründet, auch das Gesicherte wird zur Kenntnis genommen und bedacht. In einer Bibliothek wird gelesen. Der Schatz des Wissens ist hier nun einmal wie an keinem anderen Ort aufbewahrt und aufgehoben. Bücher als Lehrmeister des Lebens. Auch das ist ja der Sinn humanistischer Studien.

Wenn sich Jahr für Jahr mehr Wissenschaftler aus vielen Ländern in unserer Bibliothek aufhalten als Stipendiaten oder Gäste, als Teilnehmer von Tagungen und Veranstaltungen, wenn wir erleben, daß sie immer wiederkehren, so spüren wir den Wert und den Nutzen, den Sinn und die Unentbehrlichkeit einer solchen Stätte in der heutigen Zeit.

In der räumlichen Großzügigkeit der neuen Häuser können wir künftig die Freiheit gelehrten Lebens, die wir als Grundbedingung wissenschaftlicher Arbeit in den letzten Jahren erfahren, erlebt und gefördert haben, noch besser und fruchtbarer gewährleisten. Sollte es eines Tages gelingen, das Bibliotheksquartier von dem Unruhe stiftenden Verkehr zu befreien, so wird man zu Recht einen Library Campus, einen Campus Librorum verwirklicht sehen, der Anregungen von englischen Colleges wie von amerikanischen Institutes for Advanced Study und Independent Research Libraries auch schon jetzt erkennen läßt.

Wir sind uns bewußt, daß das, was wir in Wolfenbüttel schaffen konnten, in vielfacher Hinsicht ungewöhnlich ist und sicherlich unter Bibliothekaren nicht allein Zustimmung findet, denn einer Bibliothek heute ihren ursprünglichen Sinn zurückzugeben, erscheint im Hinblick auf die gewandelten bibliothekarischen Aufgaben unserer technisch-industriellen Welt doch so gut wie ausgeschlossen. Auch Bibliotheken sind Spiegel des gesellschaftlichen und wirtschaftlichen Wandels. Man kann an ihrer Massennutzung, ihrer Auffassung von Büchern als Informationsmedien, ihrer Funktion als Literaturversorgungsanstalten ablesen, daß sie zu Betrieben geworden sind, in denen notgedrungen das Persönliche durch das Anonyme, das Gelehrte durch das Berufsbezogene abgelöst wurde. Diese modernen wissenschaftlichen Bibliotheken können in ihrer Arbeitsteiligkeit und Betriebsbezogenheit die Alternativen kaum noch nachvollziehen. Die alte Bibliothek muß in den Augen dieser Bibliothekare wie eine ferne Welt, ja wie eine Anti-Bibliothek erscheinen, in der noch die Qualität vor der Quantität der wissenschaftlichen Arbeit den Vorrang haben kann.

Wenn man aber einsieht – und an dieser Einsicht wird niemand zweifeln –, daß eine solche Bibliothek in der wissenschaftlichen Welt eine notwendige Herausforderung darstellt, wird man die Spannung als fruchtbaren Impuls verstehen in der gemeinsamen Verantwortung gegenüber der Wissenschaft und ihren bibliothekarischen Erfordernissen.

Im Mittelpunkt unserer Bibliothek stehen die alten Bücher. Ihre Erhaltung, Bewahrung und Erforschung haben wir uns zur Aufgabe gesetzt. Seit vielen Jahren ist die Restaurierung für uns eine lebenswichtige Aufgabe, denn die steigende Nutzung der alten Bestände bringt eine nicht zu verhindernde Gefährdung oder gar Beschädigung mit sich. Diesem Risiko versuchen wir durch Einrichtung und Aufbau der Restaurierungswerkstätten, in denen auch der Nachwuchs herangebildet werden soll, zu begegnen.

Die alten Bücher stellen für die moderne historische Forschung unentbehrliche Quellen dar. Mehr als in früheren Zeiten, in denen die Historiker den Akten ihre Hauptaufmerksamkeit widmeten, wertet man heute die gedruckten Aussagen für die Fragen der Lebensbedingungen und Lebensauffassungen in der frühen Neuzeit ebenso aus wie ihre Nachrichten für den Strukturwandel der Öffentlichkeit zwischen Reformation und 19. Jahrhundert.

Angesichts dieser Bedeutung der alten Bücher als historischer Quellen versteht sich ihre bibliothekarische Erschließung als vornehmste Aufgabe von selbst. So haben wir in den letzten Jahren mit Hilfe der Titelblattkopierung ein Katalogzentrum aufgebaut, das die 350.000 alten Drucke vor 1830 nach Zeiten und Orten, Sprachen und Gattungen, Standort und Inhalt aufschlüsselt in einer Form, wie es in diesem Umfang wohl kaum in einer anderen Bibliothek geschieht. Daß dies nur mit zusätzlichen Mitteln, vor allem mit Arbeitsbeschaffungsmaßnahmen, durchzuführen ist, sollte nicht unerwähnt bleiben.

Auf dem sicheren Fundament reicher historischer Überlieferung können wir – davon sind wir überzeugt – den Geisteswissenschaften auf vielfache Weise helfen. Wir versuchen, die fächerübergreifende Forschung durch die Interdisziplinarität der Fragestellungen zu ermöglichen. Wir fördern vernachlässigte Fachgebiete wie Wissenschafts- und Gelehrtengeschichte, Buch- und Bibliotheksgeschichte, ohnedies die kulturgeschichtliche Quellenkunde intensiver, als es sonst in Deutschland geschehen ist. Wir versuchen, im Bereich der Erforschung europäischer Kulturgeschichte Anstöße zu geben und neue Fragen zu stellen. Wir nehmen die internationale Zusammenarbeit in den Geisteswissenschaften ernst. Durch ein Netz persönlicher Beziehungen haben wir Freunde unserer Arbeit in vielen Ländern in West und Ost gewonnen. Wir hoffen, daß wir diese Kooperation sogar mit einzelnen ausländischen Institutionen in den nächsten Jahren noch intensivieren können. Auch die Arbeitskreise haben an der internationalen Entwicklung der Bibliothek erheblichen Anteil.

Herausgefordert durch die schwindende Bedeutung der Geisteswissenschaften, aufgerufen zur Verteidigung dieser gelehrten Studien in einer vorwiegend materiell eingestellten Zeit, ermutigt durch das weltweite Echo, das unsere Arbeit gefunden hat, angespornt durch die Hoffnungen, die viele Wissenschaftler im In- und Ausland auf diese Tätigkeit setzen, sehen wir die Zukunft der Bibliothek in einer konsequenten und beharrlichen Fortführung des Begonnenen und in der dauerhaften Verwirklichung und Konsolidierung einer offenen, von freundschaftlichem Geist und Umgang geprägten internationalen Stätte gelehrter Arbeit, geisteswissenschaftlicher Forschung und kulturellen Lebens. In der Auseinandersetzung mit den Problemen der Gegenwart und dem Bewußtsein der Bedeutung humanistischer Vorstellungen in unserer heutigen und in der zukünftigen Welt sind wir überzeugt, unseren Teil dazu beitragen zu können, den Geisteswissenschaften wieder mehr Geltung zu verschaffen und ihnen zu helfen, verlorenes Ansehen zurückzugewinnen.

Angesichts der Verantwortung gegenüber der Überlieferung, ihrer Bewahrung und Fortführung und der Notwendigkeit, humane Werte für die Zukunft unserer menschlichen Gesellschaft zurückzugewinnen, verstehen wir Wolfenbüttel als bibliothekarische Chance.«

Einblicke
1982-1988

Besuch des Bundespräsidenten
Richard von Weizsäcker, 1984

Bibliosibirsk
oder Wissenschaft am Ende der Welt

Wissenschaftliches Leben war in einer alten europäischen Bibliothek wieder erwacht. »Die Schatzkammer aller Reichtümer des menschlichen Geistes, zu der man
seine Zuflucht nimmt für die Künste des Friedens und des
Krieges«, so hatte Gottfried Wilhelm Leibniz sie genannt.
»Sie ist ... vergleichbar einer Versammlung der größten
Menschen aller Jahrhunderte und aller Nationen, die uns
ihre auserlesensten Gedanken mitteilen.« Die Abgeschiedenheit der geographischen Lage, die kleine Stadt, in der
sie zurückgeblieben war, das Fehlen einer Universität
hatte sie in Vergessenheit geraten lassen. Sie war in einen
Dornröschenschlaf gefallen, der sein Gutes hatte. So haben
die Bestände die Jahrhunderte überdauert. Das Erwachen
war um so überraschender für die, die Stadt und Bibliothek
nicht kannten. *Das überwundene Schweigen* überschrieb
Barbara Bondy, die Feuilleton-Redakteurin der *Süddeutschen Zeitung*, ihren Artikel über *Wolfenbüttel, die Herzog
August Bibliothek und der Versuch, die Außenwelt zu er-
obern*, der uns, wie überhaupt der Beifall von Presse,
Rundfunk und Fernsehen, außerordentlich hilfreich war.

»Wolfenbüttel: Nichts bindet die Deutschen, weder im
Norden, noch gar im Süden, an diesen alten Namen, es ist
immer wieder erstaunlich, wie wenig die ursprünglichen
großen Besitztümer bei uns erinnert werden. Es ist eine
kleine Stadt, heute um die fünfzigtausend Einwohner,
südlich von Braunschweig gelegen, unzerstört vom Krieg,
mit Wolfsburg nicht zu verwechseln (!)«, schrieb sie. »Heiter atmende, prachtvolle Fachwerkbauten, unangetastet
durch Jahrhunderte, lassen in der Großzügigkeit von An-

lage und Ausführung schon ahnen, daß hier Bürgerlichkeit mit höfischer Welt verbunden war. Zweihundert Jahre lang, bis in die Mitte des 18. Jahrhunderts, war Wolfenbüttel die Residenz der Herzöge von Braunschweig-Lüneburg. Das Schloß (das größte erhaltene des ganzen Landes Niedersachsen) mit der wunderbaren hellen, weitgeschweiften Barockfassade, die als Spiegelbild im Wasser der Oker, sanft, zerfließend, ihre Weltlichkeit in Frage stellt, dieses Schloß sprengt nicht, bewahrt vielmehr das Maß des Ortes.

Gleich jenseits der Fahrstraße, die wie eine unruhige Schlange zischend um Schloß und Schloßplatz biegt, beginnt die Ergänzungswelt des höfischen Entwurfs, steht eben jene Bibliotheca Augusta, die einst als achtes Weltwunder besungen wurde ...«

Ähnlich schrieb Marion Gräfin Dönhoff: »Viel Spott hat unsre auf ständig wachsende Zentralgewalten eingeschworene Zeit über die Duodez-Fürsten vergangener Jahrhunderte ausgegossen. Wer Wolfenbüttel, die ehemalige Residenz der Herzöge zu Braunschweig-Lüneburg, besucht, kann über diesen Hochmut wiederum nur spotten.«

Im geteilten Deutschland war Wolfenbüttel doppelt getroffen worden, früher schon seines Entwicklungszentrums, des Hofes, beraubt, und so zur bedeutungslosen Provinz degradiert, und seit 1945 durch den Verlust des natürlichen Hinterlandes, des mitteldeutschen Raumes, abgeschnitten von den gewachsenen Verbindungen zu Magdeburg und Halberstadt, Quedlinburg und Weimar, in ein wirtschaftlich schwieriges Abseits geraten, das man das Zonenrandgebiet nannte. Wir lebten im Grenzland, hier endeten die Bahnlinien und die Straßen im Nichts. Und hinter dem Todesstreifen, den wir oft unseren Gästen zeigten, wenn wir mit ihnen siebzehn Kilometer östlich fuhren, begann eine andere Welt.

So war es nicht verwunderlich, daß eines Tages süddeutsche Kollegen, immer verärgert über die lange Bahnfahrt in den fernen Norden mit mehrfachem Umsteigen in Kreiensen oder Hannover oder Braunschweig, für Bibliothek und Stadt Wolfenbüttel einen, wie ihnen schien, passenden Namen gefunden zu haben glaubten: Bibliosibirsk. Das klang in ihren Ohren exotisch, in weiter Ferne, im finsteren Osten, ärmlich, ohne Komfort, jenseits der zivilisierten Welt. Aber in dem Wort schwang auch Respekt, Anerkennung, vielleicht sogar ein Stück Bewunderung mit. Wohlwollend und nachsichtig, wie wir in dem entrückten Bibliosibirsk immer gewesen sind, wollten wir darin durchaus auch eine Liebeserklärung sehen. Wir kannten nicht den Luxus und die wohlhabende Bequemlichkeit des Südens, die klimatischen Vorzüge einer Welt, die dem Mediterranen näher war. Unser Werk war in mühsamer, aber auch hartnäckiger Arbeit den Verhältnissen abgetrotzt worden. Das neue Wolfenbüttel mit der Bibliothek als geistigem Mittelpunkt trug durchaus Züge der Kolonisation. Deshalb fanden wir die Bezeichnung Bibliosibirsk so abwegig nicht. Wir hatten aus einer Steppe ein blühendes Land gemacht, wie es im fernen Sibirien geschehen war, als der Sozialismus noch die Kraft der Zukunft in sich trug.

Im übrigen hatten die Süddeutschen, die Kollegen aus Bayern, aus Baden und Württemberg – viele von ihnen unsere treuesten Freunde – ja recht. Wolfenbüttel war weit und die Reise eine nervenbelastende Unternehmung.

Einmal hörte ich, mit dem Intercity-Zug aus dem Westen, aus Bonn kommend, zwei gut gekleidete Herren kurz vor der Einfahrt zum Hauptbahnhof unserer Landeshauptstadt den einen zum andern sagen: »Ach, jetzt sind wir endlich in Hannover. Hier ist ja die Welt zu Ende.« Da dachte ich: Nun mußt Du noch einmal fast fünfzig Kilometer mit dem Zuge ostwärts fahren. Was würden die beiden Fahrgäste wohl geäußert haben, wenn sie in Braunschweig ausgestiegen wären oder gar mit dem Vorortzug, dem Bus oder dem Taxi bis Wolfenbüttel hätten reisen müssen?

Bibliosibirsk – am Ende der Welt: Das war Strapaze und Chance zugleich. Wie oft habe ich von dankbaren Stipendiaten, aus West und Ost, Briefe erhalten, in denen sie sich für den »paradiesischen Aufenthalt«, für das »Paradies« bedankten, in dem sie, die Büchergelehrten, einige Zeit verbracht hatten.

Das war Schmeichelei und doch auch ein Quentchen Wahrheit. Bibliosibirsk war ein Ort der Wissenschaft geworden, an dem die zahlreichen Stipendiaten und Gäste konzentriert, unabgelenkt, in der Idyllik einer kleinen Stadt, aber inmitten einer großen Bibliothek, umsorgt von freundlichen und hilfreichen Mitarbeitern, sich ganz ihrem wissenschaftlichen Tun widmen können. Für Unterkunft und Mittagessen wird gesorgt, und wer Hilfe angesichts der Unbequemlichkeiten des täglichen Lebens sucht, findet sie. Die Gäste, alle in der gleichen Situation, lernen sich am Mittagstisch kennen oder anschließend im Saal oder Garten des Anna-Vorwerk-Hauses bei dem regelmäßigen Kaffee, zu dem jeder seine Arbeit im Lesesaal oder im Leibnizhaus unterbricht.

Barbara Bondy schrieb darüber: »Man muß in Wolfenbüttel deutsche Professoren erleben – fern ihren unmittelbaren Arbeitsplätzen, die ihnen selten jene Möglichkeiten bieten, die sie hier so sichtbar genießen: Freiheit und Ruhe des Denkens, des Gesprächs, der Präsenz. In Wolfenbüttel treffen sie auf das freundlichste zusammen, sie, denen man nachsagt, sie kennten in ihren Universitäten kaum den Kollegen in der eigenen, geschweige denn der anderen Fakultät. Ein großzügig angelegtes Stipendienprogramm für ausländische Forscher bringt Leute her aus der ganzen Welt, eine Gelehrtenrepublik soll sich herauskristallisieren.«

Die Münchnerin lobte die Gastlichkeit und Geselligkeit: »Ein Empfang folgt da rasch dem anderen, zwei, drei, vier wissenschaftliche Arbeitsgruppen tagen oft gleichzeitig; die Empfänge sind äußerlich nicht aufwendig, von den Präsenzen her aber überaus anspruchsvoll, alles scheint von jener Herzlichkeit bestimmt, die sich auf nahezu rätselvolle Weise immer dann einstellt, wenn irgendwo Freiheit herrscht, die gleichzeitig sachgebunden ist.«

Das also war Bibliosibirsk am Anfang der achtziger Jahre, ein Ort am Ende der Welt, an dem die Wissenschaftler aus vielen Ländern und vielen geisteswissenschaftlichen Disziplinen als Stipendiaten oder Gäste einander treffen, Fachliches austauschen, Freundschaften schließen, gemeinsame Arbeiten in Angriff nehmen. Viel größer ist die Zahl der Teilnehmer wissenschaftlicher Veranstaltungen, die, wenn sie noch nicht in Wolfenbüttel waren, bei ihrem Aufenthalt die Chancen in Erfahrung bringen, die sich an einem solchen Ort dem Gelehrten bieten, die auf Bücher, besonders auch auf alte Bestände angewiesen sind. Oft wird mir berichtet, daß man in Wolfenbüttel in einem Monat das schaffen könne, wofür man – alle Unbequemlichkeiten der Literaturbeschaffung in Kauf nehmend – zu Hause ein Vielfaches an Zeit benötigte.

So ist dieses Bibliosibirsk ein angenehmer Ort für forschende und lesende Gelehrte geworden. Die Gemeinschaft der Wissenschaftler, die ihre Zeit mit ihrer Arbeit verbringen, bildet so etwas wie eine Res publica literaria, eine Gelehrtenrepublik, in der nur die Gesetze des eigenen Handelns und die Freiheit des Forschens gelten.

Wissenschaft »am Ende der Welt«: Die Herzog August Bibliothek ist dafür ein Beispiel geworden. Die zahlreichen Bücher und Aufsätze, die hier entstanden sind, stellen eine positive Bilanz dar. Bibliosibirsk hat sich bewährt.

Deutsche Wirklichkeit und amerikanische Erfahrungen

So ungeteilt der Beifall der Journalisten über die Veränderungen einer alten Bibliothek war und auch die Dankbarkeit der Stipendiaten über die Arbeitsbedingungen, so verständnislos reagierten die bibliothekarischen Kollegen im Lande. Dem Festtag zur Eröffnung des Bibliotheksquartiers waren sie, von einigen niedersächsischen Bibliotheksdirektoren abgesehen, fern geblieben, während sie doch sonst keine Einweihung eines Bibliotheksumbaus ausließen. Früher hatte man über Wolfenbüttel gespottet, nun aber war man verärgert, daß so viele Mittel in eine Bibliothek gegeben wurden, die doch keine Massenbenutzung hatte und sich noch in ihren Augen elitär gab. Man hatte kaum Verständnis für eine Institution, in der das alte Buch, dem man noch wenig Beachtung schenkte, so aufgewertet wurde. Damals ging es in den Fachdiskussionen fast ausschließlich um Verbundsysteme und um Datenkommunikation, um technokratische und bürokratische Probleme, um betriebswirtschaftliche Analysen, nur nicht um das Buch. Dem Gast in der Bibliothek war man paradoxerweise immer mehr entfremdet, er war ein anonymer Benutzer geworden, eine Nummer in der Kodierung der Ausleihverbuchung. Damit hängt zusammen, daß man sich auch der Wissenschaft und den Wissenschaftlern entfremdete. Nicht nur einmal habe ich Klagen junger Bibliotheksreferendare über ihre Ausbildungsbibliotheken gehört, in denen man ihnen, wenn sie, in Fortführung ihres Universitätsstudiums, den Wunsch hatten, weiterhin wissenschaftlich zu arbeiten, geradeheraus erklärte, daß man so etwas in der Bibliothek nicht zulasse.

Nicht zuletzt Bernhard Fabians von der Volkswagen-Stiftung veranlaßte programmatische und folgenreiche Schrift über *Buch, Bibliothek und geisteswissenschaftliche Forschung* (1986) hat im Laufe der letzten Jahre die Diskussion über das alte Buch in Gang gebracht. Ein Themenwechsel hat sich in der westdeutschen bibliothekarischen Fachwelt auf breiter Front zugunsten historischer Buchbestände abgezeichnet. Die Wolfenbütteler Entwicklung hat zweifellos dazu auch beigetragen.

Wie das Verhältnis verständnisloser deutscher Kollegen zu einem unkonventionellen Außenseiter war, der ihre Kreise störte, sei an einem Beispiel demonstriert, das die eigene Lage im Verhältnis zur bibliothekarischen Öffentlichkeit, die außerhalb dieser kaum eine Rolle spielt, illustriert. Auf dem Bibliothekskongreß 1982 in Hannover hielt ich den Hauptvortrag vor fast tausend Fachkollegen über *Gelehrte Tradition und preußisches Erbe*, in dem ich den Anspruch der Bibliotheken auf unmittelbare Mitwirkung an wissenschaftlichen Aufgaben – zugestandenermaßen durchaus gegen den Strom schwimmend – anmahnte, das preußische Erbe für die finanziellen Defizite in deutschen Bibliotheken mitverantwortlich machte und mich am Ende vehement für die Schaffung neuer Arbeitsplätze in den Bibliotheken einsetzte. Als ich geendet hatte und die Veranstaltung geschlossen wurde, verliefen sich die Zuhörer, und plötzlich sah ich mich in dem riesigen Kuppelsaal der Stadthalle stehen gelassen. Keiner hatte es offenkundig gewagt, mich vor den Augen der übrigen Anwesenden anzusprechen. Es war eine doch typische Situation. Man konnte und wollte den Sonderweg einer Bibliothek nicht akzeptieren, die ihre Aufgabe in der unmittelbaren Beteiligung an der geisteswissenschaftlichen Forschung wiedergefunden hatte.

In meinem Buch *Die Bibliothek als humane Anstalt betrachtet. Plädoyer für die Zukunft der Buchkultur* habe ich einige Jahre später meine Ansichten über das deutsche Bibliothekswesen auch unter dem Eindruck einer sich abzeichnenden Mediengesellschaft, in der das Buch nicht mehr einen Alleinanspruch erheben kann, zusammengefaßt. In dem Vorwort heißt es: »Unter dem Eindruck existentieller Bedürfnisse und Erfordernisse der Gesellschaft und ihrer individuellen Wünsche und Hoffnungen ist es notwendig, bibliothekspolitische Probleme über die Fachkreise hinaus zu diskutieren, die sie alle angehen, die man im heutigen Sprachgebrauch die ›Betroffenen‹ nennt: die Leser und Nichtleser, die Lehrer und Schüler, die Wissenschaftler und Praktiker, die Jungen und die Alten. Notwendig ist zur Sicherung der Zukunft der Buchkultur die Bibliothek als humane Anstalt, nicht als Erziehungsinstitut, nicht als moralische Anstalt, sondern als eine durch Freizügigkeit, Liberalität und Humanität sich auszeichnende kulturelle und wissenschaftliche Einrichtung. Die Bibliotheken sollten prägende Stätten des Lesens und Lernens, Orte der konzentrierten geistigen Arbeit und der schöpferischen Besinnung sein, mehr als dies heute der Fall sein kann. Das macht für die einzelne Institution mehr Mittel, mehr Personal erforderlich, verlangt von den Bibliothekaren Phantasie, Einsatzfreude, Mut zum Risiko und Willen zur Verantwortung. Allein so ist der Anschluß an die übrigen Kulturinstitute zu erreichen. Die Forderungen sind keine egoistischen, aus der Enge beruflichen Denkens erwachsene Erwartungen, sondern sie sind bibliothekspolitische Überlegungen, die aus der Mitverantwortung für die Zukunft der Buchkultur und der Lesekultur erwachsen sind.«

So wenig noch die deutschen Kollegen Anfang der achtziger Jahre Verständnis für Wolfenbüttel und für meine Ideen hatten – heute ist das sehr viel anders geworden –, so stark waren Interesse und Unterstützung, die schon früh aus dem Ausland kamen. Ian Willison, der engagierte englische Bibliothekar der British Library in London, hatte in einem Artikel in *The Times Literary Supplement* bereits 1976 die Herzog August Bibliothek unter dem Titel *The idea of a research library* dargestellt. Er schloß seine zustimmenden Ausführungen mit folgendem Passus, den ich in deutscher Übersetzung wiedergebe: »In mancher Hinsicht – so etwa in ihrer Funktion als weltlicher Zufluchtsort für die Universität, in dem Pluralismus der Finanzierung, in ihrer Verbindung mit der Stadt und in der von ihrem Direktor glänzend beherrschten Kunst der Öffentlichkeitsarbeit – ist daher die Herzog August Bibliothek Wolfenbüttel zum gegenwärtigen Zeitpunkt die erste europäische Bibliothek, die in die gleiche Richtung geht wie die großen unabhängigen Forschungsbibliotheken der Vereinigten Staaten, wie z.B. die Folger, die Huntington und die Newberry Library. Indem sie auf diese Weise das Problem anpackt, den kulturellen Standard in einer Massendemokratie zu erhalten, verfügt sie über den unschätzbaren Vorteil, daß die Tradition, die sie repräsentiert, bereits in das kollektive Bewußtsein ihrer Öffentlichkeit eingeprägt ist und so als starkes und dauerhaftes Moment verwirklicht wird.«

Dieser Beitrag eines englischen Kollegen, der der Volkswagen-Stiftung die Beschlüsse für Wolfenbüttel zweifellos sehr erleichtert hatte, öffnete mir auch die Augen für die genannten amerikanischen unabhängigen Forschungsbibliotheken, die Independent Research Libraries, von denen ich damals in der Bundesrepublik – ich muß es bekennen – nichts wußte. Ich war zwar Anfang der sechziger Jahre einige Zeit in den USA gewesen, war jedoch damals mit meiner Expressionismus-Ausstellung, die ich im Goethehaus in der 5th Avenue in New York unter schwierigen Bedingungen aufbauen mußte, so beschäftigt, daß ich nur wenige Bibliotheken zwischen Havard und Princeton besuchen konnte. Durch Ian Willisons Vermittlung wurden Kontakte zur Newberry Library in Chicago aufgenommen, die den Wunsch äußerte, die Wolfenbütteler Ausstellung »The New World in the Treasures of an old European Library« zu übernehmen.

So lernte ich im Winter 1976/77 – es war eine klirrende Kälte – die Newberry Library, damals noch im alten Gebäude, sehr gründlich in ihren Funktionen und Aufgaben kennen. Ich gebe zu, daß ich sehr überrascht war, dort die gleichen zusätzlichen Programme wiederzufinden, wie ich sie in Unkenntnis der amerikanischen Aktivitäten in Wolfenbüttel auf den Weg gebracht hatte: In der Newberry traf ich Stipendiaten, außerdem fand gerade eine wissenschaftliche Veranstaltung – ein workshop – über amerikanische Geschichte statt. Da es für die Teilnehmer in den engen Räumen keinen Platz gab, mußte der Direktor für zwei Tage sein Dienstzimmer aufgeben und den Gästen zur Verfügung stellen. Mir waren solche Improvisationen, der Stil des Umgangs, auch die Kaffeepausen und Empfänge vertraut. Ich erlebte sie in der Neuen Welt wieder. Auch das Kulturprogramm war eine integrierte Komponente, so daß ich mich, zumal in den vielen kollegialen Gesprächen, in meinen eigenen Bemühungen völlig bestätigt sah.

In der Newberry Library bildeten die Sammlungen ebenfalls die Grundlage der Forschungsarbeiten. Die Lage ähnelte sehr der eigenen, nur mit dem Unterschied, daß diese und die übrigen Independent Research Libraries private Einrichtungen sind, unabhängig vom Staat und frei in ihren Zielen, aber beaufsichtigt von einem Board of Trustees, der Spenden und Mittel einwirbt. Wenn sich die Herzog August Bibliothek mit diesen amerikanischen Forschungsbibliotheken vergleicht, so hat das Adjektiv independent einen anderen Sinn. In Wolfenbüttel wird eine staatliche Einrichtung durch private Initiativen gefördert, sie ist unabhängig von einer Universität und im Rahmen staatlicher Vorgaben in ihren Entscheidungen frei.

So war es sinnvoll, daß die Wolfenbütteler Bibliothek Anfang der achtziger Jahre als einziges nichtamerikanisches Institut in die IRLA, die Independent Research Libraries Association, als Mitglied aufgenommen wurde. Mit diesem Kreis verbindet uns die gleiche Struktur in der Einheit von Büchersammlung und Forschungseinrichtung, verbinden uns die gleichen Sorgen, die gleichen Probleme.

Im Laufe der Jahre besuchte ich die anderen bedeutenden unabhängigen Forschungsbibliotheken in den USA: die Folger Shakespeare Library in Washington in unmittelbarer Nachbarschaft zur Library of Congress mit ihrem attraktiven Forschungs- und Kulturprogramm auf dem Gebiet der englischen Renaissance und mit Shakespeare als Mittelpunkt. In der Huntington Library in Los Angeles bewunderte ich die eindrucksvolle Ausstellung zur amerikanischen Literatur, in den Magazinen zeigte man mir die Handschriftensammlungen und Buchbestände zur Weltliteratur. Auch dort arbeiten Stipendiaten, man veranstaltet Seminare und Vorträge, Konzerte und Lesungen. In der American Antiquarian Society in Worcester in Neuengland lernte ich in meinem Kollegen Marc McCorison einen »Bruder im Geiste« kennen. Er hatte gerade eine Dependance erworben und dort neben Gästezimmern für die Fellows der Bibliothek eine Forschungsstätte für amerikanische Buchgeschichte eingerichtet.

Überall in Amerika traf ich auf freundliche Offenheit, lockere Form des Umgangs, fachliche Kompetenz. Die uns verwandten Institute verbinden bibliothekarische Arbeiten mit wissenschaftlichen und kulturellen Aktivitäten, auch das Publikationswesen wird gefördert. Die freie, unkomplizierte, den Gästen zugewandte Lebensform nahm ich mir zum Vorbild, und jeder Besuch drüben – und es folgten viele – ermutigte mich, denn ich sah die Bücherleidenschaft mit einem Pragmatismus verknüpft, der vieles erleichtert.

Die amerikanischen Erfahrungen bestärkten mich in dem eigenen Bestreben. Im übrigen hatte ich ein paar Jahre später – im Sommer 1983 – Gelegenheit, den amerikanischen Kollegen der IRLA die Wolfenbütteler Bibliothek und ihre Möglichkeiten an Ort und Stelle zu zeigen. Man war von dem alten Europa beeindruckt und sah den Unterschied zwischen den amerikanischen Gründungen und Wolfenbüttel: Hier wird vor dem Hintergrund der sichtbaren Geschichte gearbeitet, an dem Ort, an dem die Bücher, die man benutzt, zur Zeit ihres Erscheinens gesammelt worden waren.

Nur eines vermißten die amerikanischen Kollegen: den

Computer. Damals sagte mir Marc McCorison: »Paul, du mußt den Computer einführen. Ohne Computer hat deine Bibliothek keine Zukunft.« Als er nach sechs Jahren wiederkam, konnte ich ihm unsere Computer und Dateneinrichtungen zeigen.

So hat die Wolfenbütteler Bibliothek ihre Partner jenseits des Ozeans gefunden. Darin kommt auch ihre Internationalität zum Ausdruck, von der endlich die Rede sein soll.

Brückenschlag zwischen West und Ost

Die englischen und amerikanischen Bibliothekare und insbesondere die Wissenschaftler aus Großbritannien und den USA waren die ersten, die die Chancen Wolfenbüttels wahrnahmen. Leonard Forster wurde schon erwähnt, aus Amerika kamen die ersten Barockforscher. Einige von ihnen hatten noch die strengen Zeiten vor meinem Dienstantritt erlebt: Drei alte Drucke wurden ihnen pro Tag ausgehändigt, mittags und früh am Abend wurde das Haus geschlossen, die Gasthäuser waren klein und eng. Auch lag die Stadt noch im tiefen Dornröschenschlaf.

Nun kamen sie seit Mitte der siebziger Jahre mit und ohne Stipendien der Bibliothek, bald nicht nur mehr die Germanisten, auch die Kirchenhistoriker und die Kunsthistoriker und die Vertreter anderer Fächer. Sie spürten von Anfang an die ungezwungene Atmosphäre unter den Büchern und waren von den großen Veränderungen beeindruckt, die sich um sie vollzogen. Sie fanden in Wolfenbüttel die Aufgeschlossenheit, die sie an den Hochschulorten oft vermißten. Dort wurden die ausländischen Gelehrten in den Lesesälen unter der Masse der Studierenden kaum zur Kenntnis genommen.

Bald folgten auch die ersten Niederländer, Dänen, Norweger, Schweden und Finnen, die Nachbarn aus dem Westen und Norden. Aber auch Wissenschaftler aus Frankreich, Italien, Spanien und Israel entdeckten die Bibliothek als Möglichkeit, ihre Forschungen zu fördern. Manche blieben einige Monate, manche richteten sich auf längere Aufenthalte ein und blieben Jahre wie Kim Veltman, ein Holländer aus Kanada, der im Warburg Institute in London seine Studien über Leonardo da Vinci und die Perspektive begonnen hatte und viele Jahre in Wolfenbüttel verbrachte.

Die ausländischen Gäste waren in Wolfenbüttel bald in der Überzahl. Es bildete sich im Laufe der Jahre eine wohltuende internationale Atmosphäre heraus, die so ganz den Intentionen des fürstlichen Gründers der Bibliothek im 17. Jahrhundert entsprach. Die Erforschung der Kultur des alten Europa brachte es mit sich, daß Gelehrte aus vielen europäischen Ländern an den Beständen arbeiteten.

Die persönlichen Beziehungen und Freundschaften unter den Gästen führten zu gegenseitigen Einladungen. Die Bibliothek wurde zu einer Kontaktstelle in den internationalen wissenschaftlichen Beziehungen. Gemeinsame Projekte wurden verabredet, zum Beispiel planen zwei Wolfenbütteler Stipendiaten, die sich in der Bibliothek kennenlernten, ein französischer Germanist, Pierre Béhar aus Limoges, und seine irische Kollegin aus Oxford, Helen Watanabe-O'Kelly, ein Handbuch zum europäischen Theater zwischen 1580 und 1720, das von der Bibliothek unterstützt wird.

Die Kontakte unter den Wissenschaftlern werden auch

dadurch erleichtert, daß sie im Grunde alle auf demselben historischen Gebiet arbeiten. Damit unterlaufen sie alle Informationssysteme: Die Forschungsergebnisse kommen in Wolfenbüttel aus erster Hand. Man erfährt von den »works in progress«, die Stipendiaten können sich auch über die aktuellen Forschungsprobleme der Nachbardisziplinen informieren, in denen sie nicht zu Hause sind. Hinzu kommt, daß die Mitarbeiter der Bibliothek in diesem Informationsaustausch nicht nur die Gebenden, sondern auch die Nehmenden sind. Sie lernen vor Ort durch die Stipendiaten Bücher und Bestände, Probleme und Forschungen ungewöhnlich gut kennen.

Die Internationalität der Wolfenbütteler Forschungsstätte spiegelt sich ebenfalls in der Besetzung der Symposien und Arbeitsgespräche, der Veranstaltungen, der Arbeitskreise und den Sommerkursen, die von Anfang an zur Hälfte ausländischen Studenten vorbehalten waren. Durch diese Kurzaufenthalte wurde die Bibliothek an allen entscheidenden Orten, Universitäten und Akademien im Ausland bekannt, und so entstand ein enges Netzwerk internationaler Kontakte. Alle Teilnehmer der wissenschaftlichen Veranstaltungen erhalten die seit 1977 erscheinenden Jahresprogramme zugeschickt. Es sind inzwischen mehr als 6 000 Adressen, die jedes Jahr bedient werden.

In den siebziger Jahren kamen fast alle ausländischen Gäste aus westlichen Ländern. Die Welt war noch in zwei undurchdringliche politische Machtblöcke geteilt, was sich auch auf die Zusammenarbeit negativ auswirkte. Vergeblich bemühten wir uns, Kollegen aus der DDR, aus dem zweiten deutschen Staat, einzuladen. Es war, von wenigen Ausnahmen abgesehen, ein einseitiges Werben. Hin und wieder erschienen Wissenschaftler aus Rumänien. Sonst war Funkstille in der Verbindung zu den sozialistischen Ländern.

Gewiß: Aus Polen durften zwei international renommierte Germanisten hin und wieder nach Wolfenbüttel reisen, da sie als Barockforscher an dem Barock-Arbeitskreis mitwirkten: Marian Szyrocki aus Breslau und Elida Maria Szarota aus Warschau, die noch heute in Wolfenbüttel lebt. Eines Tages – es war im Herbst 1978 – kam eine Bewerbung von einem gewissen Dr. Jan Pirozyński, einem uns unbekannten jüngeren Historiker aus Krakau. Er wollte in Wolfenbüttel über eine polnische Prinzessin aus dem 16. Jahrhundert Nachforschungen anstellen und fügte den Unterlagen offizielle Dokumente seiner Universität bei, Empfehlungen in polnischer Sprache mit deutscher Übersetzung, sämtlich mit Stempeln versehen. Wir – die Mitglieder des Beirats des Forschungsprogramms – waren von der Korrektheit und Sorgfalt dieser Unterlagen beeindruckt. Das Stipendium wurde bewilligt, und im nächsten Jahr kam der höfliche, gut deutsch sprechende polnische Kollege zum erstenmal nach Wolfenbüttel. Das Ereignis hatte Folgen. Wir lernten durch diese Beziehung die Verhältnisse in Polen aus den Gesprächen und dann auch durch die vielen Reisen, die immer über das Gebiet der DDR führten, näher kennen. Es stellte sich bald heraus, daß Einladungen an polnische Wissenschaftler unter bestimmten Voraussetzungen Erfolg haben würden. So konnten wir nach und nach Beziehungen zu Wissenschaftlern in Krakau und Warschau, Thorn und Posen, Danzig und Breslau anknüpfen und vertiefen. Nach Dr. Pirozyński kamen im Laufe der Jahre sehr viele polnische Gelehrte nach Wolfenbüttel. Mit Hilfe der Bosch-Stiftung in Stuttgart konnten Forschungsaufenthalte polnischer Wissenschaftler über Jahre finanziert werden.

Dem Beispiel Polens folgte bald auch Ungarn, das sich Mitteleuropa ebenso geistig wie historisch verbunden fühlt. In ähnlicher Form kam es mit den ungarischen Kollegen zu einer fruchtbaren Zusammenarbeit. Gemeinsame Tagungen werden seit vielen Jahren in Wolfenbüttel und an einem Ort in Ungarn in Kooperation mit der Renaissanceabteilung des Instituts für Literaturwissenschaft der Ungarischen Akademie der Wissenschaften durchgeführt. Professor Tibor Klaniczay wurde in diesem Dialog zur entscheidenden Kontaktfigur als Partner auch von August Buck, dem Vorsitzenden des »Wolfenbütteler Arbeitskreises für Renaissanceforschung«.

Während es zu Wissenschaftlern in der Tschechoslowakei und der Sowjetunion so gut wie keine Beziehungen gab, wurden die polnischen und ungarischen Wissenschaftler in Wolfenbüttel integriert. Die östlichen Kollegen lernten ihre westlichen Fachgenossen kennen. Es begann ein fruchtbarer Austausch.

In Wolfenbüttel war der Brückenschlag zwischen West und Ost trotz der politischen Lage gelungen, was uns in den achtziger Jahren, ehe die Mauer fiel, mit großer Genugtuung erfüllte. Über das Gebiet des anderen deutschen Staates hinweg waren die westlich-östlichen Wissenschaftsbeziehungen geknüpft worden. Besonders Polen wurde für uns das Beispiel wissenschaftlicher internationaler Zusammenarbeit über Grenzen und Ideologien hinweg. Die Jagiellonische Universität Krakau verlieh mir im Juli 1988 die Ehrendoktorwürde. Die Feier der hohen Auszeichnung an einen Westdeutschen an dem Ort, an dem die nationalsozialistische Gewaltherrschaft nicht zu heilende Wunden geschlagen hat, in der würdigen Atmosphäre des Collegium Majus im Zeremoniell einer ehrwürdigen Universität und in der Farbenpracht der Talare war für meine Familie und mich ein großes Erlebnis.

In meiner Dankrede, aus der einige Passagen zitiert werden sollen, brachte ich die Fruchtbarkeit bilateraler wissenschaftlicher Verbindungen zum Ausdruck:

»In dem europäischen Rahmen der Frühen Neuzeit zwischen Renaissance und Französischer Revolution kann man die polnischen Beziehungen zu der kulturell beachtlichen Wolfenbütteler Residenz betrachten. Sie sind vielfältig und paradigmatisch für die Mobilität und Internationalität im alten Europa.

Im Jahre 1554 heiratete Herzog Heinrich von Braunschweig-Wolfenbüttel, ein leidenschaftlicher Gegner Luthers, die polnische Prinzessin Sophie Jagiellońska. Sie war die Schwester des polnischen Königs Sigismund August, die 22 Jahre bis zu ihrem Tode in dem Wolfenbütteler Fürstentum lebte. Die Prinzessin, deren reizvolles Porträt in der Sammlung Czartoryski im Nationalmuseum in Krakau viele Bewunderer findet, war eine religiös gesinnte und kulturell aufgeschlossene Persönlichkeit. Mit ihrem Gefolge kamen manche ihrer polnischen Landsleute nach Wolfenbüttel. So hielt sich auch der wichtigste polnische Staatswissenschaftler seiner Zeit, Andreas Frycz-Modrzewski, als Gesandter einige Zeit am Hofe auf. Er war ein enger Freund Philipp Melanchthons.

Die Herzogin Sophie hat manche Spuren in Wolfenbüttel hinterlassen: so ihre bis vor wenigen Jahren unbekannte Büchersammlung mit vielen polnischen Werken, deren Reste sich in der Herzog August Bibliothek befinden. Ihre Briefschaften und anderen handschriftlichen Hinterlassenschaften liegen im Staatsarchiv Wolfenbüttel und bilden mit den ebenfalls überlieferten umfangreichen Akten zur Testamentsvollstreckung eine reiche Quelle zur polnischen Geschichte. Die Bedeutung dieser Bestände hat zum erstenmal Jan Pirozyński, dessen Habilitationsschrift der Bibliothek der Herzogin Sophie gewidmet ist, in ihrer ganzen Tragweite erkannt. Dr. Pirozyński war der erste polnische Stipendiat in Wolfenbüttel.

Aus den Bücherbeständen der Bibliothek läßt sich das lebhafte Interesse an Polen ablesen. Es wurden nicht nur Werke zur polnischen Geschichte, meist in lateinischer oder französischer Sprache, angeschafft, sondern sie wurden auch, wie man aus den alten überlieferten Ausleihbüchern der seit 1666 öffentlichen Bibliothek ersehen kann, vielfach ausgeliehen. Zu diesen Büchern gehört auch Simon Starowolskis bekanntes Werk über Polen, das interessanterweise 1656 in Wolfenbüttel neu gedruckt worden war.

Die Bibliothek war bereits im 18. Jahrhundert eine beliebte Sehenswürdigkeit. Unter den Besuchern aus allen Ländern Europas befanden sich viele polnische Adlige, deren Namen man in den erhaltenen Besucherbüchern entdecken kann, vielfach mit den Zusätzen: polonus oder nobilis polonus. Nennen wir nur einige Namen: Stephanus Chaski, Jan Michael Chalecki, Daniel Gliński, Hieronymus Wielopolski, Georg Kornatowski, Otto Skribeński, Friedrich Skorzewski und andere. Auch ein polnischer Tischlergeselle, Jan Iphraim Lukasz aus Toruń, betrachtete die Bibliothek und entlieh für seine praktische Arbeit ein Fachbuch, Johann Friedrich Penthers *Anleitung zur bürgerlichen Baukunst*.

In einer alten Bibliothek entdeckt man viele solcher Spuren, die belanglos erscheinen, die aber im Kontext Konturen erhalten, wenn man z.B. darauf hinweisen kann, daß der bekannte polnische Schriftsteller und Historiker Jan Graf Potocki für seine Studien zur slawischen Archäologie und zu den Anfängen Polens 1795 und 1796 die Wolfenbütteler Bibliothek besuchte und benutzte. Damals erschienen zwei Werke von ihm in Braunschweig und Hamburg. In Wolfenbüttel studierte Jan Potocki die portugiesischen Seekarten aus dem 15./16. Jahrhundert, und im Vorwort einer kleineren Publikation zu diesem Thema (1796) lobte er die Bibliothek zu Wolfenbüttel ›où mes recherches ont été accueillies avec une prevenance et une hospitalité sans bornes‹.

Daß fast gleichzeitig ein junger Wolfenbütteler Privatdozent, Heinrich David Wilckens – später Begründer der Forstwissenschaften in Ungarn – in der Bibliothek dem Lebensweg und einem mathematischen Werk des berühmten Krakauer Gelehrten Jan Brozek nachging und 1792 in Wolfenbüttel eine kleine Studie dazu unter dem Titel *Etwas aus der polnischen Gelehrtengeschichte* in Buchform veröffentlichte, zeigt noch einmal, daß es viele vergessene Quellen gibt, die die Beziehungen Polens und polnischer Wissenschaftler zu Wolfenbüttel in der frühen Neuzeit veranschaulichen.

Im 19. Jahrhundert lebte Polen als Staat nur noch in den Herzen seiner Bewohner weiter, und in dem fernen Wolfenbüttel verblaßten zur gleichen Zeit die Erinnerungen an die reichen Jahrhunderte kulturellen Lebens, denn mit dem Fortzug des Hofes 1753 verfiel die Stadt zur Bedeutungslosigkeit, und mit ihr versank die einst so berühmte, nun ganz und gar vernachlässigte Bibliothek in einen tiefen Dornröschenschlaf...

Die Gelehrten und Künstler, die Diplomaten und Beamten, aber auch die Soldaten und Handwerker, die die Kultur des alten Abendlandes über die Ländergrenzen hinaustrugen, bildeten eine imaginäre Gemeinschaft, die wir heute als ein historisches Modell im Zusammenleben der

Europäer über wirtschaftliche und politische Barrieren hinweg betrachten können.

Im Rahmen einer solchen kulturellen Zusammengehörigkeit sind Polen und Deutsche heute als Mitteleuropäer gleichermaßen angesprochen. Daher erfüllt es mich mit Genugtuung, daß sich polnische Wissenschaftler – ich möchte sagen: unsere polnischen Freunde – an dieser Erforschung der gemeinsamen europäischen Tradition seit vielen Jahren beteiligen und in der Wolfenbütteler Bibliothek viele unbekannte Quellen zur polnischen Geschichte und zum Anteil Polens am alten Europa entdecken. Diese Studien zur frühen Neuzeit, zwischen dem Spätmittelalter und der Aufklärung, belegen, wie eng und unlöslich sich das Regnum Poloniae und seine Bewohner als Teil Mitteleuropas verstanden.

Aus diesen Forschungsaufenthalten vieler polnischer Wissenschaftler in den letzten zehn Jahren in der Herzog August Bibliothek erwuchsen fruchtbare Beziehungen zu polnischen Institutionen, zur Akademie der Wissenschaften, zu Universitäten und Bibliotheken in Warschau und Krakau, Breslau und Danzig, Thorn und Posen, Lublin und Kattowitz. Die Zusammenarbeit führte zu gemeinsamen wissenschaftlichen Veranstaltungen, Publikationen und Forschungsplänen...«

Ausstellungen und Jubiläen

In der Wolfenbütteler Bibliothek korrespondiert das wissenschaftliche Programm mit den kulturellen Aktivitäten. Das eine fördert das andere und umgekehrt. Die erwähnte Amerika-Ausstellung von 1976 in der Newberry Library öffnete die Türen zu den amerikanischen Forschungsbibliotheken, und eine kleine Spanien-Ausstellung hatte später die intensiven Kontakte zu spanischen Institutionen zur Folge. Auch die Zusammenarbeit mit Krakau wurde vom Austausch von Ausstellungen begleitet. Historische Bibliotheken können diese Chance nutzen, ihre reichen Bestände durch solche Präsentationen der Öffentlichkeit bekanntzumachen, in Katalogen zu beschreiben und damit der Wissenschaft Hinweise auf möglicherweise unbekannte Quellen zu geben.

Gerade seit Eröffnung des Zeughauses bietet der westliche Teil der Halle Raum für zwei- bis dreimal jährlich wechselnde kulturgeschichtliche Ausstellungen. Sie werden im allgemeinen von Wissenschaftlern vorbereitet, die Experten für das entsprechende Thema sind. Sie bearbeiten auf Honorarbasis Konzeption und Katalog vor dem Hintergrund der räumlichen Gegebenheiten.

Für die thematischen Ausstellungen werden im allgemeinen bestimmte Buchformen und Buchgattungen gesichtet, Hausarzneibücher beispielsweise in einer der ersten Zeughaus-Ausstellungen über »Pharmazie und der gemeine Mann«, die mit Apothekergläsern und -flaschen garniert und mit Schautafeln, wie bei allen späteren Ausstellungen, illustriert wurde. Denn es verlangt Phantasie, jeweils etwa 200 Bücher in 20 bis 25 Vitrinen so darzubieten, daß sie das Interesse der Betrachter wecken können.

Ulrich Schütte, einer unserer Stipendiaten, schlug die Aufarbeitung der Architekturtraktate und der Festungsbücher des 16. bis 18. Jahrhundert vor, die in der Bibliothek in erstaunlich reicher Zahl vorhanden sind. So entstand eine zweiteilige Ausstellung »Architekt und Ingenieur. Baumeister in Krieg und Frieden«. In der Zeughaushalle stellte der zweite Bearbeiter, Hartwig Neumann, damals noch Lehrer in Jülich, anhand der hervorragenden Werke den Festungsbau in der frühen Neuzeit dar. Zur Demonstration richtete er in einem Joch des Zeughauses, das sich selbst als Teil der Ausstellung verstand, eine Rüstkammer mit Waffen, Geschützkugeln und Harnischen ein. In der Mitte der Halle lagerte ein im späten 16. Jahrhundert im Harz geschmiedetes Geschützrohr von 5,80 m Länge, genannt »Der wilde Mann«. Herzog Julius hatte vergeblich versucht, mit dem Ungetüm das verfeindete Braunschweig zu beschießen: Der Schuß soll nach hinten losgegangen sein. Neumann hatte dieses einzigartige Stück im damaligen Historischen Museum Berlin, Unter den Linden, entdeckt. In der Hauptstadt der DDR luden Soldaten der Nationalen Volksarmee das schwere Geschützrohr auf einen Tieflader aus Braunschweig, und in Wolfenbüttel hatten wir Pioniere der Bundeswehr für das Abladen gewonnen. Deutsch-deutsche militärische Zusammenarbeit nannten wir hinter vorgehaltener Hand diese Aktion. Wir schrieben das Jahr 1984! Von der Arbeit Hartwig Neumanns waren wir übrigens so begeistert, daß der beamtete Lehrer durch unsere Vermittlung in Aachen neben seiner beruflichen Tätigkeit studieren und promovieren konnte. Er schrieb seine Doktorarbeit über Zeughäuser.

Lehr-, Fach- und Kunstbücher der frühen Neuzeit wurden so ansprechend und abwechslungsreich wie möglich ausgestellt, Musikdrucke zum Europäischen Jahr der Musik 1985 unter dem Titel »Musikalischer Lustgarten« dargeboten, Mathematikbücher in einer Ausstellung »Maß, Zahl und Gewicht« als Beitrag zur Mathematik-Olympiade in Braunschweig aufgeschlüsselt, Fabelbücher aus fünf Jahrhunderten und danach deutsche, englische und französische illustrierte Bücher des 19. Jahrhunderts in einer Sequenz von drei Ausstellungen gezeigt. Oder – ein anderes

Beispiel – die zierlichen Bände der Almanache und Ta-
schenbücher der Klassik und Romantik als Ausdruck einer
bürgerlichen Lesekultur in den großen Vitrinen von York-
Gotthart Mix raffiniert präsentiert. Ein großer Erfolg
wurde die Ausstellung der visuellen Poesie aus zweitausend Jahren, in deren Mittelpunkt viele unbekannte Figu-
rengedichte des Barock standen. Zwei Wissenschaftler
hatten sich, unabhängig voneinander, mit dem Thema
beschäftigt: Jeremy Adler in London und Ulrich Ernst in
Wuppertal. Sie weilten als Gäste in Wolfenbüttel, und so
machten wir sie miteinander bekannt. Sie hatten nichts
voneinander gewußt und waren betroffen über die gleichen Entdeckungen des anderen. Wir schlugen den beiden Experten vor, gemeinsame Sache und so eine gemeinsame Ausstellung zu machen. Das gelang so vorzüglich,
daß man im Katalog dieser Ausstellung *Text als Figur.*
Visuelle Poesie von der Antike bis zur Moderne nicht erkennt, was der eine und was der andere geschrieben hat.

Jubiläen sind dankbare Gelegenheiten, an Geburts-
oder Todestage historischer Persönlichkeiten zu erinnern.
Sie wurden oft zum Anlaß für Ausstellungen genommen,
die nicht nur Gedenkveranstaltungen sein sollen, sondern
zugleich der Forschung Anstöße geben können. Das galt
für Herzog August wie für Lessing. Im kleineren Rahmen
wurden solche Ausstellungen schon Ende der siebziger
Jahre in den musealen Räumen der Bibliotheca Augusta
realisiert, beispielsweise für den Wolfenbütteler Barock-
dichter und Grammatiker Justus Georg Schottelius oder für
den Philosophen Baruch de Spinoza, dessen 350. Todestag mit meinem 50. Geburtstag zusammenfiel und gemeinsam gefeiert wurde.

Als Gemeinschaftsarbeit mit meinen Göttinger Studenten hatte ich schon 1976 an den 225. Geburtstag des

Adolph Freiherrn Knigge, des bedeutenden Aufklärungsschriftstellers, erinnern können. »Ob Baron Knigge auch wirklich todt ist?« nannten wir Ausstellung und Katalog nach einem zeitgenössischen Nachruf. Durch diese Initiative lernten wir damals Ernst August Freiherrn Knigge in Leveste kennen, einen Nachfahren der Knigge-Familie, der mit seinen großen Augen und der charakteristischen scharfen Nase dem Verfasser des *Umgang mit Menschen* frappierend ähnelt. Er begeisterte sich für den wegen seiner demokratischen Gesinnung in der Familie bis dato gern totgeschwiegenen Vorfahren und sammelt und beschreibt seither mit Leidenschaft alle erreichbaren Bücher, Briefe und Dokumente von und über Knigge.

Auch anderen Aufklärungsschriftstellern wie Salomon Gessner, Friedrich Nicolai, Moses Mendelssohn wurden Ausstellungen gewidmet. An den Helmstedter Gelehrten Hermann Conring sollte auf Vorschlag von Michael Stolleis, dem Frankfurter Juristen, erinnert werden: Wir vereinbarten 1980 eine Ausstellung im Juleum, dem alten Universitätsgebäude in Helmstedt, an Conrings Wirkungsstätte. Eine junge, für die Sache begeisterte Studentin, Patricia Herberger, wurde mit der Katalogbearbeitung beauftragt. Sie wußte in Kürze mit bewundernswürdigem Geschick alle anwesenden Stipendiaten für den Begründer der Rechtsgeschichte zu interessieren und wurde selbst bald Patricia Conring genannt. So heißt sie heute tatsächlich: Sie hatte die ostfriesische Conring-Familie kennengelernt, heiratete bald danach den noch unverheirateten Dr. Conring und ist heute glückliche Mutter einer großen Familie. Auch auf diese Weise können also erfreuliche Wirkungen von Ausstellungen ausgehen.

Die Festlichkeiten zum 500. Geburtstag Martin Luthers am 10. November 1983 überboten alle vorherigen Veran staltungen nicht nur in Wolfenbüttel an Umfang und Intensität. Wir hatten von der intensiven Vorbereitung nationaler Luther-Veranstaltungen in Eisleben und Erfurt, Wittenberg und auf der Wartburg durch das staatliche Luther-Komitee der DDR gehört und waren verwundert, daß in der Bundesrepublik nichts ähnliches geschah.

Im Vorfeld luden wir diejenigen ein, die sich an dem Lutherjahr beteiligen würden: Museumsleute, Vertreter der Kirche, Reformationshistoriker. Es erwies sich allerdings als undurchführbar, die Veranstaltungen in der Bundesrepublik insgesamt zu koordinieren. So traf ein Koordinierungsausschuß in Verbindung vor allem mit den lutherischen Landeskirchen die intensiven Vorbereitungen für ein Lutherjahr in Niedersachsen. Es wurden Veranstaltungen angeregt und ein Besichtigungsprogramm zu den Stätten kirchlichen Lebens im 16. Jahrhundert erarbeitet.

Ein junger Vikar, Dr. Hans R. Balzer, heute Professor für Kirchengeschichte in Südafrika, wurde im Herbst 1982 als Sekretär zur Durchführung des Lutherjahres gewonnen. Wir hatten die nötigen Mittel gesammelt und eine Vorinformation gedruckt: »Im Jahr 1983 jährt sich zum fünfhundertsten Mal der Geburtstag des Reformators Martin Luther. In der neueren Geschichtsschreibung aller Konfessionen und Nationen wird dargestellt, daß Luther, dem es zunächst um eine Reform innerhalb der überlieferten christlichen Kirche zu tun war, tatsächlich einen tiefgreifenden Bruch in der Geschichte der Kirche, einen folgenschweren Wandel der Frömmigkeit und eine ebenso folgenreiche Veränderung der Lebensverhältnisse in Gang gesetzt hat, so daß ihm die europäische Kultur der Neuzeit wichtige Motive und Elemente verdankt. Diese weiträumigen Nachwirkungen Luthers dürfen freilich nicht vergessen machen, daß die geschichtliche Breiten- und Tiefenwirkung der Reformation zunächst darauf beruht, daß sie sich ›vor Ort‹, in der einzelnen Stadt und im einzelnen Land durchgesetzt hat. Dies gilt auch für den Raum des heutigen Niedersachsen ... In Gestalt seiner unmittelbaren Mitstreiter – es sei nur an Johannes Bugenhagen oder an Urbanus Rhegius erinnert – ist der Reformator Luther in unserem Lande sehr wirksam gewesen. Hier das Lutherjahr 1983 zu feiern, bedeutet daher, auch der vielen reformationsgeschichtlich wichtigen Ereignisse zu gedenken, die im heutigen Niedersachsen geschehen sind, und dies auch an Orten zu tun, an denen sie stattgefunden haben.«

Waren uns auch die entscheidenden Stätten der Reformation zwischen Eisleben und Wittenberg verschlossen, so wollten wir doch am Beispiel des eigenen Landes an dieser geschichtlichen Erinnerung mitwirken. Unter der Federführung der Bibliothek wurden Hunderte von Veranstaltungen in Niedersachsen organisiert, die in drei Nummern der aufwendig gedruckten und in einer Auflage von 30 000 Exemplaren kostenlos verbreiteten Zeitschrift *Luther 83* jeweils angekündigt wurden. Das Lutherjahr in Niedersachsen wurde durch eine Festveranstaltung in der Bibliothek eröffnet und am 10. November auch beschlossen. Wir gaben eine Niedersachsenkarte heraus, in der die mehr als hundert Stätten der Reformation und des kirchlichen Lebens im 16. Jahrhundert markiert und beschrieben wurden. Eine Wanderausstellung zur Reformation in Niedersachsen wurde vorbereitet und an vielen Orten gezeigt. Die Bibliothek selbst beteiligte sich mit einem reichen wissenschaftlichen und kulturellen Programm, im Zentrum stand eine wissenschaftliche Ausstellung über Luthers Bibelübersetzung in der Zeughaushalle.

Wir nutzten die Gelegenheit, mit den bedeutenden Lutherbeständen - es sind beispielsweise 7 000 zeitgenössische Lutherdrucke vorhanden – vertraut zu machen. Der wissenschaftliche Ertrag war die Faksimileausgabe und erstmalige exakte Transkription von Luthers *Wolfenbütteler Psalter*. Der Professor der Theologie hatte 1517 seine Psalmenvorlesung in das auf seine Veranlassung in Wittenberg lateinisch gedruckte, einzig überlieferte Exemplar des Psalters interlinear und marginal in seiner winzigen Gelehrtenhandschrift geschrieben. Das erste fertige Exemplar konnte ich 1984 dem Bundespräsidenten Richard von Weizsäcker bei seinem Besuch in Wolfenbüttel übergeben. Unser Ziel hatten wir erreicht. Das Lutherjahr brachte eine Fülle von Werken und Büchern hervor, die eine Neubesinnung auf Luther und Luthers Schriften einleiteten.

Innovationen:
Bibliothessen und Schülerseminare

Die wachsenden Aktivitäten hatten steigende Besucherzahlen in den musealen Räumen der Bibliothek, im Lessinghaus und Zeughaus zur Folge. Die großen Sonderausstellungen verlangten Sonderführungen, und vor allem wünschten immer mehr Gruppen, durch die Bibliotheca Augusta geführt zu werden. Wolfenbüttel stand auf vielen Besuchsprogrammen, und eine Besichtigung der Herzog August Bibliothek, die so viel von sich reden machte, wurde fast schon als selbstverständliche Pflicht angesehen. Die Aufseher, die in den musealen Räumen für die Sicherheit zuständig waren, hatten immer wieder mit Erläuterungen einspringen müssen, wenn die mit den Führungen zu beauftragenden wissenschaftlichen Mitarbeiter zeitlich überfordert waren.

Daß das Führungswesen nun seit zehn Jahren zu aller Zufriedenheit funktioniert und daß diejenigen, die führen, sehr viel Lob und Anerkennung erhalten, haben wir allein den Bibliothessen zu verdanken. Wenn ich stolz von ihnen berichtete, erntete ich zuerst Gelächter. Bibliothessen? Sind das Damen in Uniform, Hostessen, wie man sie auf Messen und auf Flughäfen elegant herumflitzen sieht? Oder sind es die strengen Damen, die Verkehrssünder an Parkuhren erbarmungslos zur Kasse bitten? Mitnichten: Die Bibliothessen sind eine Erfindung von mir, das heißt, ich habe die Idee importiert. Und dann erzählte ich die Geschichte, wie meine Frau und ich Anfang der achtziger Jahre auf einer unserer Amerikareisen die ehrenamtlich tätigen Damen in der Huntington Library kennengelernt hatten, die uns durch die wunderbaren Gärten und die Ausstellungen der Bibliothek führten, die gewandt und kundig Erläuterungen gaben, Auskünfte erteilten und uns begleiteten. Die Damen erzählten von ihren Trainingskursen. Sie leisteten die Arbeit unentgeltlich im Dienst einer guten Sache und im Bewußtsein sozialer Mitverantwortung. Sie nannten sich docents und waren auf ihre docent programs, wie wir feststellten, sehr stolz. Das Engagement und auch der Pragmatismus waren beeindruckend. Wie hier in Los Angeles wird auch in anderen kulturellen Einrichtungen Amerikas diese ehrenamtliche Tätigkeit als eine selbstverständliche Aufgabe betrachtet.

Nach Hause zurückgekehrt, lud ich, nachdem ich vorher mit ihnen einzeln gesprochen hatte, einen Kreis von etwa einem Dutzend Damen zu einer Gesprächsrunde ein – auch meine Frau war darunter – und trug ihnen meine Wünsche vor. Die Zuhörerinnen waren begeistert und sofort bereit, mitzumachen, sich einzuarbeiten und einzulesen, die ihnen von eigenen Besuchen her bekannte Bibliothek näher kennenzulernen, die Handschriften und Ausstellungsstücke zu studieren. Es wurde eine einmal wöchentlich stattfindende Schulung vereinbart, und nach einem Monat verpflichtete sich jede, einen Vormittag oder Nachmittag oder nach Bedarf auch zusätzlich zu kommen und Gästegruppen oder einzelne Besucher durch das Bibliotheksquartier zu führen, vor allem auch die Ausstellungen in der Bibliotheca Augusta zu erläutern.

Wir diskutierten lange über eine sinnvolle Benennung der Tätigkeit, es wurden Vorschläge gemacht: Führungsdamen, Führerinnen, Bibliotheksdamen, docents, Hostessen und manches andere. Die Bezeichnungen wollten uns samt und sonders nicht gefallen. Da sagte eine: »Warum nennen wir uns nicht ›Bibliothessen‹?« Von diesem Vorschlag waren alle angetan. Zur freiwilligen Aufgabe gesellte sich der passende Name.

Inzwischen hat sich der Kreis verdoppelt. Die Bibliothessen sind unentbehrliche ehrenamtliche Mitarbeiterinnen geworden. Sie machen ihre Führungen mit Begeisterung und Engagement, und sie selbst sind glücklich über die Anregungen und die Aufgabe, die sie bindet und ihnen doch die Freiheit läßt. Als einziges Honorar erhält jede Bibliothesse den Katalog jeder neuen Ausstellung: Sie sind die ersten und eifrigsten Katalogleser, die dann auch die Führungen durch diese Sonderausstellungen in ihr Programm einbeziehen. Ich bin stolz auf meine Bibliothessen. Sie sind mir ans Herz gewachsen. Sie leisten eine vorbildliche Arbeit nicht nur für die Bibliothek, sondern für die Gesellschaft. Warum nur, frage ich mich manchmal, findet eine solche Innovation keine Nachahmung?

Auch von einer anderen freiwilligen Aufgabe ist zu berichten, auch sie war eine Innovation. Eines Tages – es war kurz nach der erwähnten Amerikareise – besuchte mich eine Oberstudienrätin vom gegenüberliegenden Gymnasium am Schloß. Sie bedauerte, daß die Lehrer, Schülerinnen und Schüler so wenig von der Bibliothek wüßten, die frei zugängliche Handbibliothek im Zeughaus böte doch ideale Arbeitsbedingungen, die Schüler müßten diese Möglichkeiten besser als bisher nutzen lernen. Sie schlug ein Experiment vor: Sie wolle mit einem Leistungskurs Deutsch ein Schülerseminar, wie sie es nannte, für drei Tage im Seminarraum der Bibliothek durchführen. Sie bat um technische Unterstützung, um einige ältere Bücher, deren Titel sie mir auch gleich nannte, und um den besagten Raum.

So führte Urte von Kortzfleisch das' erste dreitägige Schülerseminar über die Literatur der Aufklärung mit 15 Schülerinnen und Schülern der Oberstufe durch. Einzelne Probleme – die literarischen Formen, die soziale Lage, die Emanzipation, die Rolle des Buches etc. – sollten von den Schülern untersucht werden. Sie arbeiteten in fünf kleinen Gruppen, jeder standen einige zum Thema gehörige alte Drucke des 18. Jahrhundert zur Verfügung, und außerdem konnte man weitere Nachschlagewerke aus der Handbibliothek heranziehen und Sekundärliteratur an den Arbeitsplatz ausleihen. Man half einander, es wurden Zwischenberichte gegeben, und am Ende fand eine Abschlußbesprechung statt, an der ich teilnahm. Die Schülerinnen und Schüler hatten nach der Einführung in die Katalogbenutzung schnell die Handhabung des Schlagwortkatalogs und des alphabetischen Katalogs verstanden und die Bücher auf den Regalen gefunden. Sie lernten auch die Frakturschrift der alten Drucke, mit denen sie äußerst vorsichtig umgingen, kennen. Am Ende stellten sie fest, daß alles ganz toll gewesen sei, daß die Tage so viel Spaß gemacht hätten und daß sie am liebsten länger geblieben wären.

Aus diesen Anfängen entwickelte sich nach und nach ein Schülerprogramm. Urte von Kortzfleisch, die besagte Oberstudienrätin, begleitete bald die Seminare ihrer Kolleginnen und Kollegen aus anderen Gymnasien und anderen Städten. Die Bezirksregierung gab der Leiterin Stundennachlaß, das Kultusministerium nahm von der Arbeit Notiz. Im Laufe der Jahre ist ein Programm mit jährlich 25 bis 30 Veranstaltungen entstanden, an denen Schülergruppen aus ganz Niedersachsen und darüber hinaus beteiligt sind. Ehe das Programm anlief, hatte übrigens die Direktorin des Marie-Curie-Gymnasiums in Neuss am Rhein die Wolfenbütteler Bibliothek entdeckt. Ihre Klassen besuchten uns häufig und lernten den Umgang mit alten Büchern kennen. Doch erst die Verankerung des didaktisch aufbereiteten Programms in ministerielle Erlasse ermöglichte eine dauerhafte Perspektive, wie sie sich nach und nach herausbildete.

Inzwischen sind viele Schülergruppen aus zahlreichen Schulen in Wolfenbüttel gewesen. Die Tage in der Bibliothek empfinden sie als ungewöhnliches Angebot, die meisten schreiben enthusiastische Berichte. So können auch alte Bibliotheken für das Buch und für das Lesen mit einer Nachwuchsförderung, die in der Schule beginnt, werben. Zuerst hatten wir Sorge, ob sich die gelehrten Stipendiaten und Gäste im benachbarten Lesesaal durch die Jugend gestört fühlen. Aber das Gegenteil traf zu: Sie fanden es großartig, daß so früh jungen Menschen, die später die Universität besuchen werden, die Chance geboten wird, unmittelbar mit der Welt der Bücher, die ihre Heimat geworden ist, in Verbindung gebracht zu werden.

Heute finden in Aurich, Oldenburg, Hannover und anderen niedersächsischen Bibliotheksstandorten nach dem Wolfenbütteler Vorbild und mit hiesiger Unterstützung Schülerseminare statt. Das Programm hat Schule gemacht. Didaktische Hefte liegen zu einzelnen Themen gedruckt vor. Jüngst sind die Schülerseminare der Herzog August Bibliothek in die niedersächsischen Rahmenrichtlinien Deutsch des Kultusministeriums aufgenommen worden. Nur eines ist nicht gelungen – die Stelle der Initiatorin des Schülerprogramms, die immer noch einige Lehrverpflichtungen in ihrer Schule hat und inzwischen von einem zweiten engagierten Bibliothekspädagogen unterstützt wird, vom Kultusministerium ins Wissenschaftsministerium zu überführen und so im Haushalt der Bibliothek, was sinnvoll wäre, zu verankern.

»Das teuerste Buch der Welt«

Zum Ruhm einer Bibliothek tragen in der heutigen Gesellschaft weniger interne innovatorische Erfolge oder wissenschaftliche Leistungen, als publikumswirksame, mediengerechte Sensationen bei, wie ich selbst erfahren habe. Dennoch wäre es ungerecht, wenn man den Ruhm und das Ansehen auf ein spektakuläres Ereignis reduzieren wollte. Die Medien haben oft über die Bibliothek in Wolfenbüttel freundlich berichtet, und viele Interviews haben dazu beigetragen, die Institution ins Gespräch zu bringen. Doch – wer wollte es leugnen – der Wirbel um das »teuerste Buch der Welt«, ein Schlagwort, das eine zu Superlativen und Simplifikationen neigende Berichterstattung flugs erfunden hatte, brachte Wolfenbüttel bald in aller Munde.

Am Mittag des 6. Dezember 1983, 13.23 Uhr traf die

Nachricht aus London ein. Ich saß in dem Arbeitszimmer des Leitenden Ministerialrats im Wissenschaftsministerium. Hans Joachim Ulrich unterstützte seit Jahren mit freundschaftlicher Zuneigung und ungewöhnlicher Risikobereitschaft, manchmal auch mit belustigter Derbheit die Herzog August Bibliothek in ihren Wünschen, Erwartungen, Eskapaden. Wir hatten nervös auf den Anruf gewartet. Wie wird die Auktion bei Sotheby's in London laufen? Wird Niedersachsen den Zuschlag erhalten? Was wird dann mit diesem kostbaren Evangeliar aus dem späten 12. Jahrhundert geschehen, das einst Heinrich der Löwe für die Stiftskirche St. Blasius in Braunschweig gestiftet hatte? Wird es nach Wolfenbüttel kommen, in die größte Handschriftensammlung Niedersachsens, in die alte Braunschweiger Bibliothek? Als dann der Anrufer aus London – ich konnte mithören – trocken erklärte, daß Hermann Joseph Abs, der Beauftragte des Landes Niedersachsen, die Handschrift für 7,4 Millionen englische Pfund, das heißt 32,4 Millionen DM, ersteigert habe, waren wir nicht nur erleichtert, sondern auch ziemlich entsetzt. Gewiß, nun war dieses »Patrimonium«, von dem Herr Abs kurz danach in einer Erklärung sprach, für unser Land gerettet worden. Aber woher sollte das Geld kommen? War nicht mit 20 Millionen DM ein Limit erreicht gewesen?

Die Verhandlungen, die vorangegangen waren, hatten sich als äußerst schwierig erwiesen. Zwei Monate zuvor war bekannt geworden, daß ein Konsortium in England die Handschrift, die vorher dem ehemaligen Herzoghaus Braunschweig-Lüneburg gehört hatte, versteigern lassen wollte. Der Streit, ob der Prinz von Hannover noch Anteile daran hatte, ist nie ganz aufgeklärt worden. Es stand nur fest, daß das hannoversche Königshaus das Manuskript

1862 in Prag erworben hatte, wohin es im späten Mittelalter auf unbekannte Weise gekommen war. Der kostbare, wahrscheinlich mit Gold und Edelsteinen besetzte Einband war nicht mehr vorhanden. Man hatte die Handschrift am Ende des 16. Jahrhunderts mit einem verzierten Ledereinband versehen, Vorder- und Rückendeckel mit rotem, an den Kanten inzwischen abgeschabtem Samt bezogen und den Deckel mit zwei Heiligenreliquien in einer Glaskapsel und mit Eckbeschlägen versehen. Als ich die Königliche Hoheit Anfang der siebziger Jahre einmal nach dem Verbleib des Evangeliars Heinrichs des Löwen angesprochen hatte, wurde ich unwirsch abgefertigt. Später erzählte mir der inzwischen verstorbene Prinz, zu dem ich ein gutes Verhältnis gefunden hatte, daß er die Handschrift bis zum Kriegsende auf Schloß Blankenburg, dem verbliebenen Hauptstammsitz, jede Nacht unter dem Kopfkissen bewahrt habe. Ich stellte mir vor, wie hart er geschlafen haben muß. Nach dem Kriege befand sich das Evangeliar in Großbritannien, wurde beliehen und dann wahrscheinlich eines Tages verpfändet, denn die Unterhaltung der Güter, die Zahlung der Pensionen kosteten Geld, das dem im Osten enteigneten Hause sicherlich nach und nach ausging. Jedenfalls stand die berühmte Handschrift, die auf das Kostbarste mit 50 ganzseitigen Miniaturen und Ornamenten auf jeder Seite ausgestattet ist und ein einzigartiges Wunderwerk mittelalterlicher Buchkunst darstellt, zur Versteigerung an. Das erlauchte Gremium, dem nach und nach unter Leitung des Ministerpräsidenten die führenden Vertreter des Bundes, der Stiftung Preußischer Kulturbesitz und des Freistaats Bayern angehörten, verhandelten zäh. Schließlich verständigte man sich auf hohe Anteile, die vermuten ließen, daß man den berühmten Bankier aus Frankfurt mit Vollmachten ausstatten konnte, zumal die Wirtschaft Spenden ankündigte, nachdem die »Braunschweiger Zeitung« zu einer Spendenaktion zur Rettung des Evangeliars aufgerufen hatte. Wir wußten allerdings nicht, daß sich die Ministerpräsidenten von Niedersachsen und Bayern, Ernst Albrecht und Franz Josef Strauß, im letzten Moment auf eine Summe verständigt hatten, die es dann Hermann Joseph Abs gestattete, das gesetzte Limit zu überziehen.

Am Abend desselben Tages hatte ich in der Staatsbibliothek Berlin die Wolfenbütteler Friedrich Nicolai-Ausstellung zu eröffnen. Vor mir sprach Professor Werner Knopp, der Präsident der Stiftung Preußischer Kulturbesitz, und berichtete als engagierter Braunschweiger von der Ersteigerung des Evangeliars Heinrichs des Löwen. Über den künftigen Standort verlor er kein Wort.

Mein Braunschweiger Kollege, der Direktor des Herzog Anton Ulrich-Museums, der, wie ich, an den erwähnten Beratungen teilgenommen hatte, war der Meinung, daß die Handschrift nach Braunschweig gehöre, während ich den Anspruch der Herzog August Bibliothek mit dem Argument begründete, daß eine Handschrift ein Bibliotheksgut sei und selbstverständlich in die für den braunschweigischen Raum nach wie vor zuständige Regionalbibliothek gehöre. Davon hatte ich auch das Ministerium, den Ministerpräsidenten und unseren Minister überzeugen können. Einen Streit darüber wollte man vor der Versteigerung vermeiden, zumal das Engagement des Braunschweiger Oberbürgermeisters bekannt war.

Am Tage danach – ich war noch abends aus Berlin zurückgefahren – wurde ich frühmorgens vom Norddeutschen Rundfunk um ein telefonisches Interview gebeten, in dem ich meine ehrliche Freude über die großartige Erwerbung zum Ausdruck brachte und mich selbstverständlich auch für den Standort Wolfenbüttel ausgesprochen hatte. Nun setzte eine unerwartet heftige Kampagne ein, die ich als höchst unfair empfand, denn mit so viel Lokalpatriotismus hatte ich nicht gerechnet. Die alte Feindschaft zwischen Braunschweig und Wolfenbüttel schien erneut ausgebrochen zu sein. Doch das Landeskabinett blieb bei seiner Entscheidung, die ja auch eine eminent bibliothekspolitische Entscheidung war. Das Evangeliar Heinrichs des Löwen erhielt seinen endgültigen Standort in der Bibliothek in Wolfenbüttel. Aber es ist wohl nicht von der Hand zu weisen, daß ein solcher Beschluß kaum gefaßt worden wäre, hätte sich nicht die Bibliothek von Grund auf erneuert. Ohne die Realisierung der Forschungsstätte wäre die teuerste Handschrift, die je auf den Markt gekommen ist, nie nach Wolfenbüttel gebracht worden.

Doch der Weg bis dahin war weit. Es wurde vereinbart, daß die Handschrift zuvor in Berlin, Bonn, München, auf der Landesausstellung in Braunschweig und nochmals in München ausgestellt werden solle. In der Niedersächsischen Landesvertretung in Bonn habe ich sie übrigens der spanischen Königin, der Nichte des Prinzen von Hannover, erläutern können.

Vereinbart wurde die Anfertigung eines Faksimiles von höchster Qualität, für das der Insel Verlag in Frankfurt den Zuschlag erhielt. Zur Vorbereitung wurde eine Expertengruppe aus bibliothekarischen Vertretern gebildet, die unter strenger Bewachung – Polizisten mit Maschinenpistolen standen vor dem Sitzungssaal – die ersten Beratungen in Berlin durchführte. Das 1988 erschienene Faksimile ersetzt zu 95 Prozent das Original, das in der Zwischenzeit, wie vereinbart, in der Bayerischen Staatsbibliothek restauriert und wieder eingebunden worden war. In Wolfenbüttel waren die Vorbereitungen für die Unterbringung in einem Tresorneubau durch Überbauung eines Lichthofes geschaffen worden. Am 15. April 1989 endlich wurde hier das Evangeliar Heinrichs des Löwen als Prunkstück einer großen Ausstellung Wolfenbütteler Cimelien zum erstenmal ausgestellt. Seither wird das »teuerste Buch der Welt« in Wolfenbüttel auf Dauer verwahrt. Unsere Bemühungen hatten sich gelohnt. Für die Herzog August Bibliothek war es die größte Neuerwerbung seit den Handschriftenkäufen von Leibniz zu Beginn des 18. Jahrhunderts. Die Ersteigerung des Evangeliars Heinrichs des Löwen wurde zugleich die erregendste Erwerbungsgeschichte meiner Dienstjahre.

Prominente Gäste

Eine Bibliothek, deren frühen Ruhm wir wieder neu begründen wollten, erlebt verständlicherweise nicht nur viele Besucher, sondern ihr wird auch die Ehre zuteil, von manchen prominenten Gästen aufgesucht zu werden. Diese bekannte Erfahrung machte ich schon eine Woche nach meinem Dienstantritt. Nach kurzer Anmeldung entstieg an einem Samstagnachmittag, an dem damals noch die Bibliothek für den Publikumsverkehr geschlossen war, eine ältere amerikanische Dame in Begleitung hoher Beamter dem vorgefahrenen Cadillac, Mrs. Dulles, die Witwe des langjährigen amerikanischen Außenministers. Ich hatte nun als Newcomer die überraschende Aufgabe, den prominenten Gast durch das Haus zu führen, in dem außer der Halle eigentlich nur das gerade fertig gewordene Handschriftenzimmer, das ich dann später zu meinem Arbeitszimmer wählte, vorgezeigt werden konnte. Ich versuchte, so gut wie möglich in meinem damals noch ungeübten Englisch einige interessante Stücke zu erläutern, die ich wahllos aus den Regalen griff. Zuletzt öffnete ich ein in rotes Wildziegenleder eingebundenes großformatiges Buch, in das eine Anzahl der Lutherbriefe im Original, an der Seite mit Japanfalz befestigt, eingelegt waren. »Oh, marvellous«, stieß die entzückte Dame aus. »That's Luther's own handwriting, oh marvellous.« Auch ich wurde von der Begeisterung angesteckt und unterstrich, ohne es eigentlich begründet zu haben: »It's one of our most precious manuscripts.« Mrs. Dulles strahlte, sie hatte einige Schätze aus »old Europe« gesehen, zufrieden lächelnd fuhr sie nach einer Stunde in ihrem Cadillac davon, begleitet von den freundlichen Herren.

Viele prominente Gäste habe ich danach im Laufe der Zeit kennengelernt und herumgeführt. Nachdem die Bibliotheca Augusta fertig war, konnte ich das Programm immer vielfältiger gestalten und jeweils auf die Interessen des Besuchs abstimmen. Solche Führungen habe ich stets mit größtem Vergnügen gemacht und dabei auch eine gewisse routinierte Perfektion erreicht. Es kamen einzelne prominente Gäste, Diplomaten aus europäischen und außereuropäischen Ländern, Botschafter, Minister, Staatsgäste, Politiker im Wahlkampf, Wirtschaftskapitäne, einflußreiche Persönlichkeiten. Es kamen Delegationen und Gruppen prominenter Vertreter ihrer Länder, Europäer, Amerikaner, Afrikaner, Inder, Chinesen und so fort. Allen hatte die Bibliothek Eigentümliches und Interessantes zu bieten: mittelalterliche Handschriften, seltene Drucke, Landkarten, Globen, moderne Kunstbücher.

Unvergeßlich ist mir wegen eines Zwischenfalls der Besuch eines Kardinals der römischen Kurie geblieben. Er war der erste Kardinal, der seit Nikolaus von Cues, der im 15. Jahrhundert am Wolfenbütteler Hof eine Hochzeit vollzogen hatte, unsere Stadt besuchte. Er kam mit einem großen Gefolge. Beim Betreten der Halle stutzte er über die Disproportion der hohen Säulen mit den schweren Kapitellen. Daß die zugehörigen Basen durch den eingezogenen Fußboden verdeckt worden waren, gefiel ihm nicht: Ein römischer Kardinal konnte eine solche Profanisierung nicht gutheißen, auch wenn die Bibliothekshalle keine Kirche war. Sie mußte ihm nicht zu Unrecht als sakraler Raum angesichts der Pracht der Bücherwände und der ausgestellten Handschriften so erscheinen. Nach einem Rundgang nahm er an einer Veranstaltung zu seinen Ehren teil. Inzwischen hatte sich die Halle mit katholischen und evangelischen Würdenträgern und Pfarrern gefüllt, Stühle waren aufgestellt worden, und man hatte Platz genommen. Nun war der Umbau der Bibliotheca Augusta noch nicht ganz abgeschlossen, und so passierte es. Kaum hatte sich der Kardinal an das Rednerpult begeben, um zu seiner Ansprache anzuheben, setzte in der Stille des Moments hinter der Wand das ohrenbetäubende Hämmern des Preßlufthammers eines Handwerkers ein. Ich hätte vor Entsetzen im Boden versinken mögen. Es dauerte einige Minuten, bis der Mann verständigt worden war und seine Arbeit für eine Stunde unterbrach. Mir war die Sache so peinlich, daß ich sie nie vergessen habe. Allerdings gilt das auch für den Gesang am Ende dieser Veranstaltung, den die katholischen und evangelischen Geistlichen in der Halle angestimmt hatten. Er erschien allen als Ausdruck einer ersehnten Ökumene.

Von einem anderen hohen geistlichen Würdenträger ist ebenfalls zu berichten. In den siebziger Jahren besuchte Seine Heiligkeit Ignatios xxxix., Jakob iii., Patriarch der syrisch-orthodoxen Kirche, zusammen mit farbenprächtig anzusehenden hohen Geistlichen die Bibliothek. Er wurde von dem braunschweigischen Landesbischof begleitet und hatte einen besonderen Wunsch geäußert: Er wollte das *Tetraevangelium Syriacum* betrachten. Diese Pergamenthandschrift aus der zweiten Hälfte des 6. Jahrhunderts ist die älteste vollständige Überlieferung der Evangelien in syrischer Sprache. Sie wurde im 17. Jahrhundert von Athanasius Kircher an Herzog August vermittelt und stellt ein besonders heiliges Dokument der syrischen Christenheit dar. Mit großer Kennerschaft vertieften sich der Kirchenfürst und seine um ihn versammelten Erzbischöfe in der Augusteerhalle, auf deren ovalem Marmortisch die Handschrift auflag, in die Betrachtung und Lektüre des Werkes. Die Andacht, mit der dies geschah, beeindruckte alle, die Zeugen dieser Szene waren. Der Patriarch war sehr beglückt, als ihm dann der Landesbischof eine in einen schwarzen Pappband sehr würdig eingebundene Kopie der Handschrift, die wir auf Kosten der Landeskirche angefertigt hatten, als Geschenk überreichte.

Später erwarteten wir einen anderen hohen Gast aus dem Vorderen Orient, den König von Jordanien mit seiner Gemahlin. Wieder waren die Vorbereitungen eines solchen Besuchs mit gewohnter äußerster Sorgfalt getroffen worden. Der protokollarische Aufwand und auch die Arbeit der Sicherheitskräfte verlangten Zeit. Alle Örtlichkeiten mußten inspiziert und durchsucht werden. Vor Anschlägen war man nicht sicher. An dem trüben Herbsttag hatten sich die Reporter und Fernsehjournalisten in großer Zahl vor der Bibliothek eingefunden. Der rote Teppich, über den die Majestäten schreiten sollten, war ausgerollt und bis zum Treppenaufgang verlegt worden. Der Hubschrauber sollte auf der Wiese vor der Bibliothek landen.

Der Pilot hatte dies vorher geübt. Doch dann verwandelte sich das trübe Wetter in dichten Novembernebel. An eine Landung war nicht zu denken, der Besuch des jordanischen Königs wurde im letzten Moment abgesagt. Dennoch wurde mir nachträglich das mir zugedachte Präsent zugestellt: ein Saffianlederetui mit einem goldenen Füllfederhalter, mit Kugelschreiber und Drehbleistift in ebenfalls vergoldeter Ausführung.

Auch der Besuch von Sekou-Touré, dem Staatspräsidenten von Guinea, Anfang der achtziger Jahre ist mir in lebhafter Erinnerung geblieben: Der hochgewachsene schwarze Politiker in Begleitung von Minister Johann-Tönjes Cassens und seiner Frau kam mit einem abenteuerlich exotischen Gefolge. Voller Würde betrachtete der Afrikaner die Bücherschätze, die ich ihm vorführte. Am meisten beeindruckten ihn frühe Afrikabücher und die Bildnisse von zwei afrikanischen Gelehrten aus dem 18. Jahrhundert. Der eine war ein lutherischer Geistlicher aus Holland, der in Kupfer abgebildet war, der andere aber ein ehemaliger Sklave, der zu Beginn des 18. Jahrhunderts in Wolfenbüttel gelebt hat: Anton Wilhelm Amo Afer. Er wurde so gelehrt – er las damals in der Herzoglichen Bibliothek! –, daß er 1727 in Halle und Wittenberg studieren konnte, Magister wurde und seit 1736 als Dozent in Halle und dann in Jena unterrichtete, sich aber unglücklich in ein thüringisches Mädchen verliebte, das Land verlassen mußte und nach Afrika zurückkehrte, wo sich seine Spur verliert. Diese Geschichte, die ich anhand der bei uns überlieferten lateinischen Dissertationen erzählte, rührte den afrikanischen Herrscher sehr.

Die Bundespräsidenten waren die prominentesten Gäste. Von Gustav Heinemann und Walter Scheel war schon die Rede, Karl Carstens kam mit seiner Frau, ein paar

Monate, nachdem er aus seinem Amt geschieden war. Dagegen nahm der neue Bundespräsident Richard von Weizsäcker seinen Antrittsbesuch in Niedersachsen im Dezember 1984 zum Anlaß, die Herzog August Bibliothek persönlich kennenzulernen. Anläßlich des Empfangs zur Eröffnung der Preußen-Ausstellung 1981 in Berlin war ich dem damaligen Regierenden Bürgermeister vorgestellt worden, der über die Herzog August Bibliothek und ihre neuere Entwicklung vorzüglich im Bilde war und den Wunsch äußerte, Wolfenbüttel bald einmal zu besuchen. Nun also war er gekommen; der Hubschrauber landete am frühen Nachmittag auf dem Schloßplatz. Der Bürgermeister und ich begrüßten den hohen Gast und Marianne von Weizsäcker. Zu meinem Bedauern war aus zeitlichen Gründen die Besichtigung des Zeughauses aus dem Programm gestrichen worden. Doch zielstrebig ging der Bundespräsident, umringt von Menschen, auf das Gebäude zu, bahnte sich eine Gasse durch die Menge, und so hatte ich Gelegenheit, ihm die hellerleuchtete Zeughaushalle für einen Augenblick zu erläutern. Vor der Bibliothek wurden der Bundespräsident und seine Gattin von Ministerpräsident Ernst Albrecht und Minister Cassens mit ihren Frauen willkommen geheißen.

Nach einer kurzen Laudatio in der Augusteerhalle überreichte der Gast dem in Wolfenbüttel bei seinen Kindern wohnenden, damals 92jährigen Professor Dr. Adolf Lowe, dem Gründer des »Institute of World Affairs« in New York, das Große Bundesverdienstkreuz. Ein Rundgang durch die Bibliotheca Augusta schloß sich an. Der Bundespräsident betrachtete aufmerksam die musealen Räume. In meinem Arbeitszimmer nahm das Ehepaar von Weizsäcker an meinem Schreibtisch Platz, der Bundespräsident hatte sich auf meinem Stuhl zurückgelehnt, und in sehr persönlicher Atmosphäre berichteten wir über das Forschungsprogramm, das den Gast lebhaft interessierte und das er gegen das Wissenschaftskolleg in Berlin abhob. Man spürte das lebhafte Interesse, das er an der Bibliothek nahm. Die Idee einer Forschungsstätte außerhalb des Hochschulbetriebs zur Förderung kulturgeschichtlicher Studien leuchtete ihm sichtlich ein.

Im Lessinghaus hatte sich inzwischen das Niedersächsische Landeskabinett vollständig versammelt. Das Gespräch, in dem sich der Bundespräsident als neues Staatsoberhaupt den Ministern präsentierte, wurde so in »Niedersachsens heimlicher Hauptstadt« geführt, wie er Wolfenbüttel bezeichnete. Sein Besuch war nicht nur für mich, sondern auch für alle Mitarbeiter eine Ermutigung, denn unsere Arbeit hatte die höchste Anerkennung durch diesen Staatsbesuch erfahren. Es war ein Tag, der in die Geschichte der Bibliothek einging.

Prominente Gäste: Am Schluß möchte ich noch von dem Besuch eines anderen Staatsoberhaupts erzählen. Der französische Staatspräsident François Mitterrand, bekanntlich nicht nur ein großer Politiker, sondern auch Schriftsteller und Bücherfreund, wollte die Bibliothek in Wolfenbüttel anläßlich eines Staatsbesuchs in der Bundesrepublik und anschließend in Niedersachsen sehen. Wieder war Herbst, Ende Oktober 1987, das Wetter miserabel, der Himmel trübe verhangen. Wir wollten den verehrten Gast mit den französischen Schätzen der Bibliothek bekanntmachen, den schönsten illuminierten Handschriften – nicht nur aus dem Besitz des Duc de Berry –, mit alten Karten, frühen französischen Drucken und den Malerbüchern aus Frankreich. Die Bibliotheca Augusta war deshalb aus Anlaß dieses Besuchs in ein Haus französischer Buchkultur verwandelt worden.

Wieder waren alle Vorkehrungen getroffen worden, wieder warteten wir mit den Journalisten vor dem Gebäude. Dann jagte eine Nachricht die andere aus Hannover; der Hubschrauber könne bei dem Wetter nicht landen, der Besuch sei abgesagt. Dann folgte der Widerruf und schließlich zu unser aller Enttäuschung die endgültige Botschaft: Der Präsident kommt nicht. Die meisten Journalisten zogen ab, ich versammelte diejenigen Verehrer, die so lange auf Mitterrand gewartet hatten, in der Halle und erzählte ihnen von den französischen Büchern, die ich dem Gast hätte zeigen wollen.

Dann aber geschah das Unerwartete: Die Nachricht kam, der Staatsgast werde, von dem Ministerpräsidenten begleitet, in Kürze mit einer Autokolonne eintreffen. So hatte ich doch noch Gelegenheit, den hohen Gast zu empfangen. Ich stellte ihm die drei französischen Professoren vor, die ich aus Anlaß des Besuchs eingeladen hatte. Pierre Béhar aus Limoges, Roland Krebs aus Paris und Pierre André Bois aus Reims. Der Präsident war verdutzt und fragte, wieso sie in Wolfenbüttel arbeiteten, und erhielt zur Antwort, daß man dies hier vorzüglicher als in Frankreich tun könne. Der Gast zog die Brauen hoch und war sichtlich irritiert. Nach meiner kurzen Ansprache führten wir den Gast durchs Haus, vorbei an den französischen Cimelien, die eine Bibliothesse, Französin von Geburt, erläuterte, in mein Arbeitszimmer. Dort hatte ich die schönsten Malerbücher aus Frankreich, aber auch das älteste, in französischer Sprache gedruckte und illustrierte Buch von 1478, die *Melusine* von Jean d'Arras, das einzig erhaltene Exemplar, aufgelegt. Der Präsident war bewegt und geradezu gerührt, als ich ihm davon ein seltenes Faksimile, das wir nach langem Suchen schließlich in der Schweiz hatten auftreiben können, als Geschenk überreichen konnte.

Beim Verlassen des Hauses gab eine Schulklasse dem französischen Gast ein Ständchen und schwenkte französische Fahnen als Zeichen der Verbundenheit Wolfenbüttels besonders auch mit der Partnerstadt Sèvres bei Paris. Für den Besuch waren 32 Minuten eingeplant. Wie immer hatte ich den Zeitplan eingehalten. Daß ich durch diesen Besuch Officier de l'Ordre du Mérite geworden bin, hat mich, ehrlich gesagt, gefreut, denn der französischen Kultur hat unsere Bibliothek viel zu verdanken. Die frühesten Bücher, die Herzog Julius als Student in Löwen erwarb, waren französische Renaissancedrucke, und auch Herzog August sammelte dank seiner Agenten in Paris französische zeitgenössische Bücher, die heute so selten sind, daß viele von ihnen nicht in Frankreich überliefert sind. Auch die Episode der Entführung der kostbarsten Handschriften und Drucke aus Wolfenbüttel in der napoleonischen Zeit, die mit ihrer Rückkehr nach 1815 ein happy-end fand, gehört in das Bild dieser Beziehungen. Immerhin haben wir ihr Briefe von Stendhal zu verdanken, der als Kriegsrat in Braunschweig die Aktion geleitet hat. In unserem Jahrhundert sind die großen französischen Malerbücher Ausdruck der Buchkultur Frankreichs.

Die Besuche prominenter Gäste aus dem Ausland waren für mich immer eine Gelegenheit, diesen Fremden Zeugnisse ihrer eigenen Geschichte zu zeigen und zu erläutern. Daß dies möglich ist, bleibt den sammelnden Fürsten in Wolfenbüttel zu verdanken.

Nachrufe auf einige Weggefährten

In meinem Leben habe ich sehr früh, nach der Heimkehr aus dem Kriege, das Glück gehabt, Mentoren zu finden, die mir meinen Weg gewiesen haben. In Wolfenbüttel fand ich nicht nur in Erhart Kästner einen wohlwollenden Vorgänger und Förderer unter seinen Freunden, sondern ich machte neue Bekanntschaft mit vielen Persönlichkeiten, die mir geholfen haben: Ministerpräsidenten und Minister, Staatssekretäre und Ministerialbeamte, Landesbischöfe und Regierungspräsidenten, Abgeordnete und Bürgermeister und dann die lange Reihe deutscher Professoren aus Münster und Frankfurt, Marburg und Tübingen, Bielefeld und Göttingen, München und Berlin, die in der Wolfenbütteler Bibliothek einen neuen Weg der wissenschaftlichen Arbeit sahen. Auch den Persönlichkeiten aus der Wirtschaft habe ich hilfreiche Unterstützung zu verdanken. In den siebziger Jahren hatte ich beispielsweise Hans Birnbaum kennengelernt, den unvergessenen und einflußreichen Vorstandsvorsitzenden der Salzgitter AG. Er machte mir nicht nur einmal das Kompliment, daß ich auch ein erfolgreicher Manager in der Industrie geworden wäre. Ich bin sicher, daß er in den Aufbaujahren der Bibliothek, deren riskante Phasen man von außen zweifellos besser beurteilen konnte, manches gute Wort an höchster Stelle eingelegt hat.

Die meisten dieser Förderer – manche schon emeritiert oder im Ruhestand – leben noch. Sie sind der Bibliothek als Mitglieder der Gesellschaft der Freunde oder auch als ihre Vorstandsmitglieder, als Mitwirkende in den Arbeitskreisen oder als treue Gäste, manche aus dem Ausland, persönlich eng verbunden.

Erinnern aber möchte ich an einige Weggefährten, deren Tod in meinem Leben stark empfundene Lücken hinterlassen hat. Am 2. Februar 1974 war Erhart Kästner an einem schweren Krebsleiden gestorben. Ich hatte einen guten Freund und Ratgeber verloren. Bei seinem Abschied im Frühherbst 1968 hatte er vorgeschlagen, daß ich ihn doch hin und wieder in Staufen anrufen möge. Da ich ihm antwortete, daß ich lieber schreiben würde, entwickelte sich bald eine intensive Korrespondenz. Ich habe die Briefschaften später kopiert und in drei Bänden binden lassen. Sie sind ein aufschlußreiches Dokument für meine Anfänge in Wolfenbüttel. Ich rechne es mir zum Verdienst an, daß Kästner zweimal zu festlichen Anlässen Wolfenbüttel wieder besucht hat, denn er hatte geschworen, er wolle nie wieder den Fuß über die Schwelle der Bibliothek setzen. Ein paarmal habe ich ihn in seinem großzügigen, nach seinen Plänen gebauten Haus, das im Grunde aus einem einzigen großen Raum besteht, besucht. Er fühlte sich im Badischen frei und glücklich.

Einmal kam ich mit einem ausgedienten großen Nähmaschinenkoffer nach Staufen und packte ihn aus: Es waren die Originalhandschriften Jakob Böhmes, die ich in Balingen in Württemberg tags zuvor in Empfang nehmen konnte. Dort hatten sich die letzten Freunde einer Jakob Böhme-Gemeinde in dem einfachen Haus eines Schneiders versammelt, die unter abenteuerlichen Umständen in Linz am Rhein, wo sie ihre jetzige Heimat hatten, die heiligen Schriften Jakob Böhmes gerettet hatten: die *Aurora*, die Sendbriefe, das Bündel der Originalbriefe, meist mit Teutonicus unterzeichnet. Nur einige waren mit dem vollen Namen unterschrieben. Sie hätten Walter Buddecke, dem Göttinger Böhme-Forscher aus den Zwanziger Jahren, als Beweis für die Identität von Böhmes Handschrift dienen können. Aber sie standen ihm damals noch nicht zur Verfügung, und so hatte er in detektivischer Arbeit anhand der seit dem frühen 18. Jahrhundert in Wolfenbüttel vorhandenen Böhme-Manuskripte die Autographen identifiziert. Im letzten Krieg wurden, nachdem Rudolf Hess am 10. Mai 1941 nach England geflogen war, alle Sekten und suspekten Bünde von der Gestapo aufgelöst, und so beschlagnahmte man in Linz die Böhme-Papiere. Vergeblich hatte sich Buddecke bemüht, sie noch zu retten. Sie blieben verschwunden. Nur einiges ist nach dem Kriege in der Universitätsbibliothek in Breslau aufgetaucht. Doch dann brachte eines Tages ein Münsteraner Professor die Originalhandschriften den überraschten alten Böhme-Freunden nach Linz zurück. Er hatte sie, was aus irgendeinem Grunde in Vergessenheit geraten war, ein paar Tage, bevor die Gestapo kam, ausgeliehen! So wurden die Papiere gerettet, die dann durch Vermittlung von Buddeckes Sohn, Professor in Kassel, der Bibliothek in Wolfenbüttel geschenkt wurden. Da lagen also in der Stube in Balingen diese Handschriften auf den Tischen, die mit weißen Tüchern bedeckt waren. Die alten Leute hatten sie noch einmal ausgebreitet und mir dann mit vielen Segenswünschen übergeben. Die Geschichte erzählte ich Kästner in Staufen, der wie ich von dieser einzigartigen Erwerbung fasziniert war. Bei einer guten Flasche Kaiserstühler wurde das Ereignis gefeiert.

So hatte ich ein harmonisches Verhältnis zu meinem Amtsvorgänger gefunden, das leider in den letzten Monaten seines Lebens durch mißverständliche Äußerungen getrübt wurde, die ihm über den geplanten Zeughausausbau zugetragen worden waren. Daß ich sie nicht mehr habe ausräumen können, hat mich über Jahre bekümmert, denn unser Briefwechsel und unsere Begegnungen haben mir meine ersten Schritte in der unbekannten Welt der alten Bücher sehr erleichtert. Zu seinem Andenken veranstalteten wir zum zehnten Todestag eine Ausstellung der Werkmanuskripte des Schriftstellers Erhart Kästner, die Anita Kästner der Bibliothek gestiftet und die ihre Schwägerin um die Familienbriefe angereichert hatte. Julia von Hiller, eine junge Kästner-Leserin, die später bei mir ihre Doktorarbeit über Kästners Griechenlandbücher schrieb, sichtete in meinem Auftrag den Nachlaß. Die zahllosen Entwürfe zu den Texten, oft in acht bis zehn Fassungen, wurden Blatt für Blatt mit einer Akribie verzeichnet, wie dies wohl selten für einen modernen Autor geschehen ist. Inzwischen wurde eine Schrankwand im ehemaligen Direktorzimmer, in dem der Bibliothekar Kästner gearbeitet hat, gebaut. Die Papiere werden nun in Mappen und Schubern aufbewahrt, die Adolf Flach in liebevoller Arbeit hergestellt hat. So bleibt das Andenken an Erhart Kästner an der Stätte seines Wirkens für die Zukunft bewahrt.

Der Frankfurter Verleger Vittorio Klostermann hat sich um die Herzog August Bibliothek Verdienste erworben. Die Beziehung zu dieser eigenwilligen Verlegerpersönlichkeit hatte ich von meinem Amtsvorgänger übernommen. Klostermann hatte seinem Unternehmen durch grundlegende philosophische und geistesgeschichtliche Werke ein bis heute prägendes Gesicht gegeben, das auch in der konsequenten typographischen Gestaltung zum Ausdruck kommt. Die Fortführung der gedruckten Wolfenbütteler Handschriftenkataloge hatte er vor meiner Zeit begonnen, und so lag es nahe, daß er auch die neue Schriftenreihe, die *Wolfenbütteler Beiträge*, mit denen ich an die Tradition von Lessing anknüpfen wollte, übernahm. Daß die Reihe nur sehr schleppend vorangekommen ist, liegt allein an mir. In den Jahren des Aufbaus fehlte mir die Muße, die Serie so fortzuführen, wie es bei dem Anspruch des Verlegers allein zu rechtfertigen war.

Vittorio Klostermann, der inzwischen seinen Sohn in den Verlag genommen hatte, wurde Schatzmeister der 1971 gegründeten Gesellschaft der Freunde der Herzog August Bibliothek. Mit Kurt Lindner hatte der pessimistische, manchmal grantige Verleger seine Schwierigkeiten: Dessen optimistische Idee, in Wolfenbüttel etwas ganz Neues zu beginnen, konnte er nicht teilen. Neugründungen geisteswissenschaftlicher Institute, erklärte er, seien in heutiger Zeit, in der doch ganz andere Interessen als die Förderung der Geisteswissenschaften im Vordergrund stünden, ganz ausgeschlossen. Daß es anders kam, hat Klostermann leider nicht mehr erlebt.

Das elitäre Weltverständnis und den ästhetischen Sinn verband Vittorio Klostermann mit einer anderen Persönlichkeit im Vorstand des Freundeskreises, mit dem Architekten Friedrich Wilhelm Kraemer. Von seinen bleibenden Verdiensten war schon die Rede. Die Um- und Neubauten der Bibliothek in den siebziger Jahren tragen seine sensible Handschrift. Der aus dem Kriege schwer verwundet heimgekehrte Architekt, der mit eisernem Willen seine ihn behindernden Verletzungen zu beherrschen gelernt hatte, war zunächst als Baurat in Braunschweig tätig. Der Wiederaufbau des Gewandhauses, eine frühe, hervorragende Leistung der meisterhaften Denkmalpflege in dem zerstörten Braunschweig, war sein Werk. Als Architekturprofessor an der Technischen Universität in Braunschweig hat er eine ganze Schule begründet. Seine Bauten, die daneben im eigenen Architekturbüro entworfen wurden, zeichnen sich durch eine funktionale Zweckmäßigkeit, aber zugleich durch noble Eleganz aus, in der die Phantasie des Künstlers am Werke ist. Mit Kästner war er befreundet, und so entstand die Rekonstruktion der Bibliotheca Augusta und vor allem der Augusteerhalle, in der das Geheimnis des Wiederaufstiegs der früheren fürstlichen Sammlung begründet ist. Die Freundschaft habe ich übernehmen können, und in den Gesprächen mit Kraemer reiften die Ideen für den Umbau des Zeughauses, die Rekonstruktion des Lessinghauses und die Errichtung des Leibnizhauses.

Daß er dann nach seinem 70. Geburtstag ganz nach Köln übersiedelte, wo er ein zweites Büro am Römerturm aufgebaut hat, konnte ich verstehen. Dort erregten seine Neubauten Aufsehen. Dort gab es das Musikleben, das der musische Freund und Förderer junger Virtuosen liebte. Für Wolfenbüttel ging er zwar nicht ganz verloren, aber die räumliche Distanz führte dazu, daß die freundschaftlichen Beziehungen sich im Laufe der Jahre immer mehr lockerten. Doch die Nachricht im April 1990, daß Friedrich Wilhelm Kraemer im Alter von 82 Jahren in Köln gestorben sei, erfüllte uns mit tiefer Trauer. Die Bibliothek mußte von einem großen Freund Abschied nehmen.

Auch der Tod von Hans Butzmann, acht Jahre früher, hat uns betroffen, auch er war ein gutes Erbstück aus Kästners Amtszeit. Der Germanist, der 1948 von Dessau nach Wolfenbüttel verschlagen worden war, übernahm die Leitung der Handschriftensammlung, die er neu aufbaute. Seine vorzüglichen wissenschaftlichen Kataloge trugen ihm den frühen Ruf eines der besten Kenner mittelalterlichen Handschriftenwesens ein. Seit 1961 fördert die Deutsche Forschungsgemeinschaft mit großem Einsatz die Katalogisierung der mittelalterlichen Handschriften in deutschen Bibliotheken: Die entscheidende Sitzung hatte in Wolfenbüttel stattgefunden, und Butzmann war einer der Initiatoren gewesen.

Eine meiner ersten Amtshandlungen war es, ihm »nach Erreichung der Altersgrenze« am 31. Oktober 1968 die Urkunde zu überreichen. Da wir ihm aber gleichzeitig einen ständigen Arbeitsplatz in der Bibliothek anbieten konnten, blieb uns Hans Butzmann erhalten. Er konnte manchmal wegen der Unruhe, die das Umbauen mit sich brachte, unwirsch sein. Doch er gab sein Wissen aus der Fülle seiner Lebenserfahrungen den jungen Handschriftenkollegen, seinem Nachfolger Wolfgang Milde und Helmar Härtel, der die Erschließung mittelalterlicher Handschriften in Niedersachsen in Angriff genommen hatte, weiter. Eine solche Gelehrtenpersönlichkeit ist in deutschen Bibliotheken eine Seltenheit geworden: Seine *Kleinen Schriften*, die sein Nachfolger verdienstvollerweise herausgab, sind Musterstücke philologischer Handschriftenforschung, die Faksimileausgabe des *Corpus Agrimensorum Romanorum*, eine der ältesten Wolfenbütteler Handschriften aus dem 5./6. Jahrhundert, wurde von der Kritik mit Bewunderung aufgenommen, sein Katalog der Weißenburger Handschriften setzte Maßstäbe. Als wir nach seinem Tode – er starb am 16. Juli 1982 im Alter von 78 Jahren – zu einer Gedenkveranstaltung in die Augusteerhalle eingeladen hatten, waren alle versammelt, die in Deutschland im Handschriftenwesen Rang und Namen hatten.

Diejenigen Freunde und Förderer, die ich als Kästnerscher Erbe für Wolfenbüttel gewinnen und begeistern konnte und denen die Bibliothek so viel verdankt, leben unter uns, und so brauche ich ihrer nicht zu gedenken. Nur an drei Persönlichkeiten möchte ich erinnern, an Ernst Hauswedell, Kurt Lindner und Burghardt von Hanstein. Sie haben sich, jeder auf seine Weise, um die Bibliothek verdient gemacht.

Ernst Hauswedell, promovierter Germanist – er hatte seine Doktorarbeit 1923 über Dostojewskis Einfluß auf den deutschen Naturalismus geschrieben –, war einer der großen Bücherfreunde dieses Jahrhunderts in Deutschland, als Antiquar und Buch- und Kunstversteigerer ein erfolgreicher hanseatischer Kaufmann, auch als Verleger ein kluger, kenntnisreicher Büchermacher. Er war ein Geschäftsmann, ein Diplomat, ein Grandseigneur. An Wolfenbüttel hatte er sein Herz verloren. Die Ausstellung der »Barocken Bücherlust« begeisterte ihn so, daß er fortan unser engster Freund und Partner wurde. Die neuen Veröffentlichungen, die Schriftenreihen und Mitteilungsblätter nahm er von 1974 an in seinen Verlag. Besonders die wissenschaftlichen Nachrichtenblätter stattete er aufs Vorzüglichste aus, er hatte daran viele Jahre seine Freude. Man kann auch sagen, daß Wolfenbüttel Ernst Hauswedells letzte große Liebe war. Er war 76 Jahre alt, als er 1977 das Auktionshaus seinem Partner Ernst Nolte überließ und sich in den letzten Lebensjahren ganz seinem Lieblingsgeschäft, dem Büchermachen, hingab. Aber ihn verließ die unbändige Lebensfreude, die ihn so gewinnend gemacht hatte. Er trug schwer an seiner Krankheit, und er machte es auch seinen Freunden schwer. Wie oft klagte er – selbstverständlich auch nicht zu Unrecht – über Titeländerungen und Terminverschiebungen, über Zahlungsrückstände und hohe Rechnungen. Wir, Barbara Strutz, meine Frau und ich, haben ihn oft zu trösten versucht.

Bewußt hat er sein vorbildliches Lebenswerk abgeschlossen. Er legte 1981 einen bibliographischen Arbeitsbericht vor und verkaufte ein Jahr später auch seinen Verlag. Die Präsidentschaft der Maximilian-Gesellschaft, deren Jahresversammlungen er bravourös unter Einschluß seiner eigenen Wiederwahl als Alleinredner über die

Bühne zu bringen pflegte, übergab er einem jüngeren Kollegen, Horst Gronemeyer, Direktor der Staats- und Universitätsbibliothek Hamburg. Seine Verlagsproduktion aber stiftete er der Herzog August Bibliothek mitsamt dem schönen, großen Sammlungsschrank als Dauerleihgabe in dem Wissen, daß so sein Lebenswerk, die von ihm verlegten und betreuten Bücher, auf Dauer an seinem Lieblingsort bewahrt wird. Als er alles geordnet hatte, starb Ernst Hauswedell am 2. November 1983 in seiner Vaterstadt Hamburg. Testamentarisch hatte er angeordnet, daß seine eigenen Sammlungen – seine Erstausgaben-Bibliothek, seine Autographen und die Werke der modernen Kunst – versteigert werden sollten. So wurde seine einzigartige Sammlung zerstreut, doch der Antiquar wollte mit den Büchern, Handschriften und Kunstwerken, die er geliebt hatte, vielen privaten Sammlern und Kennern Freude machen. Der Auktionskatalog, den er noch selbst mit allen bibliographischen Angaben zusammengestellt hat, ist das letzte, bewegende Dokument dieser charaktervollen Persönlichkeit. Ernst Hauswedells Freundschaft und Zuneigung trägt bis heute unsere Arbeit in Wolfenbüttel.

Das Gleiche läßt sich von Kurt Lindner sagen. Auch er war ein erfolgreicher Unternehmer, ein leidenschaftlicher Büchersammler und der beste Kenner der europäischen Jagdgeschichte. Von seinem Verhältnis zu Wolfenbüttel, von seinen bleibenden Verdiensten in den Jahren des Aufbaus war die Rede. Auch er – fünf Jahre jünger als Ernst Hauswedell – hat bis zu seinem Tode rastlos seinem Lebenswerk gedient. Er hatte 1983 seine Präsidentschaft, den Vorsitz der Gesellschaft der Freunde der Herzog August Bibliothek, an einen jüngeren, Axel Freiherrn von Campenhausen, den früheren niedersächsischen Staatssekretär, abgegeben. Doch als Ehrenpräsident ließ er es sich nicht nehmen, auch weiterhin an den Vorstandssitzungen teilzunehmen. Sein Fahrer Jentsch brachte ihn in drei Stunden von Bamberg nach Wolfenbüttel. Oft wurde allerdings in Göttingen Station gemacht. Dort wirkte Kurt Lindner als Honorarprofessor an der Georg August-Universität, die ihm, dem Juristen, schon früher die Ehrendoktorwürde verliehen hatte. Seine Schülerin Sigrid Schwenk, die Lindners jagdgeschichtliches Lebenswerk fortführt, hat darüber anläßlich seines 80. Geburtstags berichtet: »Wer ihn im Kreis ›seiner Studenten‹ – er lehrt noch immer und zu seiner größten Freude an der Forstlichen Fakultät der Universität Göttingen Jagdgeschichte – sitzen sieht, lebhaft sprechend, gespannt lauschend, immer wieder nachfragend und bisweilen ein jungenhaft ›lässiges‹ Wort auf den Lippen, würde ihm nie und nimmer seine achtzig Jahre abnehmen. Ganz offensichtlich hat ihn der von ihm so sehr geliebte Umgang mit jungen Leuten, die Aufgeschlossenheit gegenüber allen mit Mensch, Tier und Geschichte zusammenhängenden Problemen, die Fähigkeit, sich begeistern zu lassen und andere für die eigene Sache zu begeistern, das engagierte Eintreten für alles, von dessen Richtigkeit oder Sinnhaftigkeit er überzeugt ist, und die vielen Pläne, die er immer noch gern verwirklichen möchte, jung erhalten. Dazu kommen eine eiserne Selbstdisziplin, ein phänomenales Gedächtnis, eine rasche Auffassungsgabe, die Fähigkeit zur Systematisierung, des Dranges, jedes Thema erschließend zu behandeln und ein universales Wissen von der Vorzeit bis zur Gegenwart. Viele Arbeiten jüngerer Wissenschaftler gehen auf ihn zurück ...«

Das eigene jagdgeschichtliche Werk Kurt Lindners ist erstaunlich: Mit 18 Jahren veröffentlichte er bereits *Beiträge zur Jagdgeschichte Schwarzburg-Sondershausens.*

Von seiner großangelegten *Geschichte des deutschen Waid-werks* sind nur zwei Bände erschienen, die Manuskripte der folgenden gingen im Kriege verloren. Seine Editionen jagdgeschichtlicher Quellen und seine große jagdgeschichtliche Bibliographie sind Standardwerke. Vieles weitere ließe sich nennen.

Dieses gelehrte Lebenswerk eines führenden Unternehmers der deutschen Elektroindustrie muß man kennen, nur so wird man verstehen können, was ihm Wolfenbüttel bedeutete. Als das letzte große Halali am 24. November 1987 über seinem Grabe in Bamberg geblasen wurde, wußte ich, daß ich einen unersetzlichen Freund für immer verloren hatte. Anläßlich einer würdigen Gedenkveranstaltung wurde beschlossen, das neue Gästehaus, das auch Kurt Lindner so sehr am Herzen gelegen hatte, zu seiner Erinnerung nach ihm zu benennen.

Wenn ich den Nachrufen auf die großen alten Männer, die sich um die Bibliothek verdient gemacht haben, ein paar Worte über Burghardt von Hanstein anschließe, der vor ein paar Jahren an multipler Sklerose im Alter von 41 Jahren gestorben ist, so tue ich es aus großer Dankbarkeit in Erinnerung an einen meiner treuesten und hilfreichsten Mitarbeiter. Er war eines Tages – es muß 1974 gewesen sein – in meine Sprechstunde in Göttingen gekommen und bot mir seine Hilfe für meine Lehrtätigkeit an, obwohl er nicht der philosophischen, sondern der theologischen Fakultät angehörte und sich auf sein Examen vorbereitete. Der junge Mann mit seiner ebenso jungen Frau gefiel mir mit seinem wirren, unordentlichen Haarschopf, denn er erwies sich als vorzüglicher Literaturkenner und Büchersammler. So wurde Hanstein meine Hilfskraft in Göttingen und ein paar Jahre später wissenschaftlicher Mitarbeiter in Wolfenbüttel.

Er war ein ungewöhnlich mir zugewandter junger Mann, der meine Gedanken lesen konnte und Aufträge erledigte, ehe ich sie erteilte. Er hatte das zum Abbruch freigegebene Haus am Kleinen Zimmerhof erworben und begann es mit Gisela von Hanstein zu restaurieren. Er stand mir in der Altstadtwoche wie ein Paladin zur Seite und teilte alle Sorgen und Erfolge mit mir. Ihn zeichnete eine grenzenlose Hilfsbereitschaft aus, und so stand er Sabine Solf in den ersten Jahren, in denen das Forschungsprogramm aufgebaut wurde, selbstlos zur Seite. Er empfing die neuen Stipendiaten, beriet sie, führte sie herum und wies sie in die Benutzung ein. Er kümmerte sich um alles, nichts wurde ihm zu viel, er war immer und für alle da.

Die unheilbare Krankheit, die ihn eines Tages überfiel, war für uns alle ein Schock. Die Art, wie Hanstein sein sich immer mehr verschlimmerndes Leiden mit einer Tapferkeit über Jahre hin ertrug, war ergreifend. Nie sprach er von seinem Leiden, für ihn zählten nur die anderen. Seine Wohnung stand voller Bücher, sie waren seine letzten Freuden, und als er kaum mehr sprechen und sich kaum mehr bewegen konnte, erlöste ihn ein sanfter Tod.

In Spanien und Lateinamerika

Die Bibliothek nutzte die achtziger Jahre vor allem, um die Institution zu sichern und in ihren Aufgaben abzurunden. Dabei spielten die internationalen Beziehungen eine bedeutende Rolle, von denen ja schon ausführlich berichtet wurde. So umfassend die Themen der Veranstaltungen waren und auch die Fragestellungen der Stipendiaten das

breite Spektrum der europäischen Kulturgeschichte ab-
deckten, so blieben noch viele weiße Flecken. Vor allem
die iberische Welt, von Mitteleuropa weit entfernt, war für
uns eine terra incognita geblieben. Der einzige spanische
Stipendiat, der Ende der siebziger Jahre kam und als Schüler von Ernesto Grassi über Gracian forschte, Emilio Hi-
dalgo Serna, war hiergeblieben, er hat eine Wolfenbütteler
Lehrerin geheiratet und unterrichtet seither an der Technischen Universität in Braunschweig. So wurde der Deutsche Hispanistentag, der in der Bibliothek durchgeführt
wurde, zum Anlaß eines Veranstaltungsprogramms für
Spanien und Lateinamerika genommen. Ein Höhepunkt
war die Eröffnung einer kleinen, aber hochkarätigen Ausstellung alter spanischer Drucke und moderner Malerbücher im Rahmen des Hispanistentags. Zwei Kenner, Diet-
rich Briesemeister, der heutige Direktor des Iberoameri-
kanischen Instituts in Berlin, und Hans-Josef Niede-
rehe, Professor in Trier, hatten Ausstellung und Katalog aus
den Beständen der Bibliothek bearbeitet. Die deutschen
Hispanisten waren von den seltenen Drucken, die in den
Vitrinen des Globenkabinetts ausgebreitet waren, überrascht. Solche Rarissima hatten sie in Wolfenbüttel nicht
erwartet.

Zu den leidenschaftlichen Anhängerinnen der Bibliothek gehört eine feurige, enthusiastische Katalanin, der
»Engel« aller Ausländer in Wolfenbüttel, die aus Barcelona gebürtige Matilde Romagosa de Pruss. Sie wollte dem
großen Cellisten des 20. Jahrhunderts, Pablo bzw. Pau
Casals, im Bibliotheksquartier ein Denkmal setzen als
sichtbares Zeichen der Freundschaft zwischen Spanien
und Deutschland. Die Idee fügte sich durchaus in das
Europäische Jahr der Musik 1985 ein. Und da Matilde eine
unwiderstehlich energische Frau ist, die durchbringt, was

sie sich in den Kopf gesetzt hat, wurde das Denkmal tatsächlich am Europatag, am 5. Mai 1985, vor dem Anna-Vorwerk-Haus, das ja dem Freundeskreis der Bibliothek gehört, enthüllt. Vier hintereinander angebrachte Scheiben, Umrisse einer Kopfform, sind auf einem hohen Steinsockel befestigt. An der vorderen Scheibe ist ein Halbrelief zu sehen. Von der Seite erkennt man in dieser Plastik zugleich auch die vier Cellosaiten. Die Einweihung des originellen Denkmals – ein Werk des spanischen Bildhauers Antonio Miró – war der Höhepunkt eines eindrucksvollen Europatags, den Matilde gleichfalls vorbereitet hatte. Heute steht das Werk vor dem Leibnizhaus – zuerst hatte die Bezirksregierung die Zustimmung zur Aufstellung auf dem Landesgrundstück verweigert –, als Symbol der Beziehungen zwischen zwei europäischen Ländern und als sichtbarer Ausdruck unserer Bemühungen, die Zusammenarbeit mit Spanien zu fördern.

Unter den Experten sprach es sich herum, daß sich die Bibliothek für die Kulturgeschichte Spaniens interessiere, und die Nachricht erreichte auch die Fachgelehrten in Spanien selbst. So entstanden wissenschaftliche Kontakte, Besuche in Madrid und Toledo folgten, und schließlich fanden wir in der Kulturinstitution El Brocense in Cáceres, in der Estremadura im Westen Spaniens, einen aufgeschlossenen Partner. Die Wissenschaftler, die lange unter der isolierten Lage ihres Landes gelitten hatten, wollten den Anschluß an die moderne historische Forschung vor allem auch in Deutschland gewinnen, und so wurde anläßlich des ersten bilateralen Symposions, das 1988 über die Aufklärung in Spanien in Cáceres durchgeführt wurde, ein Vertrag zur Zusammenarbeit geschlossen, den Manuel Veija, der Präsident der Provinzialdeputation in Cáceres, und ich unterzeichneten. Der Spanier hatte das Zeremoniell bereits vorbereitet, so daß mir zur Rückfrage in Deutschland keine Zeit mehr blieb. Seither besteht ein Austausch zwischen spanischen und deutschen Wissenschaftlern, der sich fruchtbar entwickelt.

Auch die Beziehungen zu Katalonien kamen zu ihrem Recht. Die Stadt Wolfenbüttel und der Freundeskreis der Bibliothek stifteten 1986 der alten Universität Barcelona den Abguß der Lessing-Büste von Christian Friedrich Krull. Die feierliche Enthüllung im gepflegten Garten der Universität mit Musik, Chor und Reden war ein würdiges Zeremoniell. Unserer kleinen Delegation, darunter der Bürgermeister, wurde ein fürstlicher Empfang bereitet. Matilde Romagosa de Pruss hatte auch hier ein vorzügliches Besuchsprogramm organisiert, mit Empfang beim katalanischen Präsidenten Pujol, bei den Vertretern des Stadtrats und mit einer Audienz beim würdigen Abt von Montserrat. Die ungewöhnliche Gastfreundlichkeit, die wir auch in Cáceres kennengelernt hatten, die bewegende Herzlichkeit, mit der man uns begegnete, hat uns gezeigt, wie sinnvoll die Förderung der kulturellen und wissenschaftlichen Beziehungen gerade zu Spanien ist.

Daß auch Lateinamerika in unser Programm einbezogen wurde, hing mit der Gründung einer Simon-Bolivar-Gesellschaft zusammen, die die damalige niedersächsische Wirtschaftsministerin Birgit Breuel angeregt hatte. Sie wollte langfristig die wirtschaftlichen Beziehungen zu Lateinamerika aufbauen. Da die Kultur eine Vorreiterrolle spielen sollte, wurde ich als Vizepräsident gewählt. Es lag nahe, eine Ausstellung »Von Kolumbus zu Bolivar. Lateinamerika und Niedersachsen« zu planen. Sie wurde von meinem Kollegen Wulf Piper vorbereitet und zuerst in der Vertretung des Landes Niedersachsen in Bonn gezeigt. Dort wurde der Staatspräsident der Vereinigten mexikanischen Staaten, Miguel de la Madrid Hurtado, unser prominentester Besucher. Daraus ergab sich der Vorschlag des Auswärtigen Amts, die Ausstellung in die lateinamerikanischen Länder zu geben. Der Katalog wurde ins Spanische übersetzt, und von 1987 bis 1989 wurden die Ausstellungsstücke in Venezuela, Kolumbien, Peru, Bolivien, Ecuador, Argentinien und Mexiko in insgesamt zwölf Städten gezeigt. Aufbau, Begleitung und Abbau lagen in Pipers Händen. Die Ausstellung fand überall großes Interesse, besonders auch in der Presse, in Rundfunk und Fernsehen. In Bogotà und Medellin eröffnete ich selbst die Ausstellung und hatte Gelegenheit, dies außergewöhnliche Ereignis mitzuerleben.

Diese Bemühungen führten in Deutschland dazu, daß sich die führenden Lateinamerikanisten im Hinblick auf das Jahr 1992 zu einem Organisationskomitee unter Federführung der Wolfenbütteler Bibliothek zusammenschlossen. In mehreren Sitzungen wurde ein Veranstaltungs- und Publikationsprogramm beschlossen mit dem Aspekt der Alten und Neuen Welt als Begegnung zweier Kulturen. Leider fanden wir in Bonn wenig Aufgeschlossenheit für ein Programm, das den deutschen Anteil am sogenannten Kolumbusjahr 1992 hätte dokumentieren können.

Für die Bibliothek war dieser Versuch ein Lehrstück für die Schwierigkeiten, eine gesamtdeutsche Planung im Hinblick auf ein kulturelles Ereignis zu realisieren, da der Bund in Kulturangelegenheiten im Prinzip nicht zuständig ist. Die Erfahrungen, die wir mit der Vorbereitung des Lutherjahres 1983 gemacht hatten, wiederholten sich. Nationale übergreifende Kulturveranstaltungen aus besonderem Anlaß bundesweit durchzuführen, ist nicht möglich. Im Blick auf das künftige Europa, in dem gerade die Kultur ein einigendes Band sein sollte, wird diese Situation für die Präsenz einer deutschen Kultur nicht förderlich sein.

Eine Findel-Stiftung für den Nachwuchs

Viele Ereignisse, Erlebnisse, Begegnungen ermutigten uns auf dem Wege, die Wolfenbütteler Forschungsstätte immer weiter in behutsamer Kleinarbeit auszubauen. Das tägliche Leben in der Bibliothek zeigte, wie sinnvoll, ja wie notwendig die Förderung der Wissenschaftler ist, die sich die Vergangenheit auch zur Klärung heutiger Probleme vergegenwärtigen.

Unerläßlich schien es zu sein, den wissenschaftlichen Nachwuchs in die Arbeit immer mehr einzubeziehen. Es war ein besonderer Wunsch von Kurt Lindner gewesen, die Jugend an Wolfenbüttel zu interessieren, und der Erfolg der Sommerkurse und der vielen Gastseminare gaben ihm recht. Der Freundeskreis der Bibliothek hielt deshalb einige kleine Beträge bereit, dem einen oder anderen Doktoranden finanziell zu helfen.

Diese bescheidenen Zuschüsse führten zu einer großherzigen Stiftung, die der Bibliothek ein eigenes Nachwuchsförderungsprogramm ermöglicht. Der langjährige Vizepräsident des Freundeskreises war Dr. med. Günther Findel, der stellvertretend für seine Frau, die Erbin, die Firma Mast KG leitete, die den Jägermeister herstellt. Da Findel seine Doktorarbeit 1947/48 in der schwierigsten Zeit im Lesesaal der alten Bibliothek geschrieben hatte, interessierte er sich von Anfang an für den Freundeskreis, den er über lange Zeit finanziell unterstützte.

In Gesprächen mit seinem Nachfolger im Vorstand des Freundeskreises, dem verdienten Medizinhistoriker Richard Toellner in Münster, entstand die Idee einer Stiftung zur Förderung des wissenschaftlichen Nachwuchses. Nach sorgsamer Vorbereitung – eine Stiftung zu errichten, ist ein höchst komplizierter juristischer, vom Staat zu genehmigender Akt – wurde am 4. Juli 1986 in einer festlichen Veranstaltung die Dr. Günther Findel-Stiftung zur Förderung der Wissenschaften öffentlich bekanntgegeben. In den Ansprachen des Ministers und des damaligen Präsidenten der Westdeutschen Rektorenkonferenz wurde diese private Initiative lebhaft begrüßt, und der Stifter selbst, der die Öffentlichkeit eher meidet und lieber im stillen wirkt, wandte sich in seiner kurzen Rede mit einem sehr persönlichen Wort – hier sprach ein alter Wolfenbütteler – an mich und sagte: »Lieber Herr Raabe, man soll sehr vorsichtig miteinander umgehen – und wir haben es getan –, wie viele Vorurteile hätte und hat man uns nachgesagt. Aber die hatten *wir* auch, diese Vorurteile. Nur wir haben sie nicht gelten lassen. Ich wußte immer, lieber Herr Raabe, was Sie für Wolfenbüttel und die Herzog August Bibliothek, schließlich auch für Kultur und Wissenschaft in Deutschland und darüber hinaus bedeuteten. Nur weil ich es wußte, war es mir möglich, mein Scherflein beizutragen. Sie also sind es, der auch meinen Beitrag, der Herzog August Bibliothek zu helfen, ausgelöst hat. Nein! Ausgelöst haben Sie es nicht, Sie haben mich gewonnen. Aber ausgelöst hat es ein Mann vor Ihnen, ein Mann, der in schwerer Zeit diese Bibliothek, eine der kostbarsten der Welt, geführt und vor Schaden bewahrt hat; ein stiller Gelehrter: Wilhelm Herse.« Er hatte recht: Herse, der die Bibliothek in der Stiftungszeit zwischen 1927 und 1949 leitete, hatte die Bibliothek ohne Schaden über den Krieg gebracht, die Bestände im Bergwerk in Grasleben eingelagert und danach zurückgeführt. Da ohnehin kein Geld vorhanden war, hatte die verschlossene Bibliothek in der Nazizeit keine Rolle gespielt.

Günther Findel hat eine Million DM gestiftet und auf Zins gelegt. Seither werden jedes Jahr etwa ein Dutzend junger Leute, meist Doktoranden, aus dem In- und Ausland jeweils bis zu sechs Monaten unterstützt. Sie können in der Bibliothek für ihre Dissertation oder eine andere wissenschaftliche Arbeit die alten und neuen Bestände benutzen. Auch ziehen sie Gewinn aus den Gesprächen und Kontakten nicht nur mit anderen »Findel-Kindern«, sondern auch mit den Stipendiaten und Gästen, mit denen sie mühelos in Verbindung kommen.

Die Stiftung eines einzelnen Mannes, der aus seinem persönlichen Vermögen die hohe Summe abzweigte, ist eine vorbildliche, Nachahmung weckende Privatinitiative. Sie kommt dem Ansehen einer wissenschaftlichen Institution ebenso zugute wie denjenigen, die aufgrund ihres meist vorzüglich begründeten Forschungsprojekts finanziell unterstützt werden. Diese Verbindung staatlichen Engagements mit privater Förderung zeichnet einen Ort wie Bibliosibirsk »am Ende der Welt« aus.

Aus diesem Grunde ist es sinnvoll, einige Bemerkungen über das Thema »Kultur und Wirtschaft« anzuschließen. Mich hatte 1980 diese Frage in einem Festvortrag in Hannover anläßlich der Verabschiedung eines verdienten Bankdirektors zum erstenmal beschäftigt. Vor 300 Vertretern des wirtschaftlichen und öffentlichen Lebens hatte ich zur Begründung meiner These von der gegenseitigen Durchdringung von Wirtschaft und Kultur einige Autoritäten zitiert, so Albert Schweitzer, der 1915 über die »kulturhemmenden Umstände in unserem wirtschaftlichen

und geistigen Leben« geschrieben hatte: »Hätten die Verhältnisse sich so entwickelt, daß ein bescheidener und
bleibender Wohlstand immer weiteren Kreisen zuteil geworden wäre, so hätte die Kultur davon viel größere Vor-
teile gehabt als von allen materiellen Errungenschaften,
die in ihrem Namen gepriesen werden.« Auch Alexander
Rüstow wurde zitiert: »Es gibt viele Dinge, die wichtiger
sind als die Wirtschaft: Familie, Gemeinde, Staat, alle
sozialen Integrationsformen überhaupt bis hinauf zur
Menschlichkeit, ferner das Religiöse, das Ethische, das
Ästhetische, kurz das Menschliche, das Kulturelle überhaupt.« Und noch einen berühmten Ökonomen, Wilhelm
Röpke, hatte ich herangezogen, der 1958 unter dem Titel
Jenseits von Angebot und Nachfrage geschrieben hatte:
»Was nützt aber materieller Wohlstand, wenn wir die Welt
gleichzeitig immer häßlicher, lärmender, gemeiner und
langweiliger machen und die Menschen den moralisch-
geistigen Grund ihrer Existenz verlieren? Der Mensch lebt
eben nicht von Radios, Autos und Kühlschränken, sondern
von der ganzen unverkäuflichen Welt jenseits des Marktes
und der Umsatzziffern, von Würde, Schönheit, Poesie,
Anmut, Ritterlichkeit, Liebe und Freundschaft, vom Un-
berechnenden, über den Tag und seine Zwecke Hinaus-
weisenden, von Gemeinschaft, Lebensbuntheit, Freiheit
und Selbstentfaltung. Umstände, die ihm das verwehren
oder erschweren, sind damit unwiderruflich gerichtet,
denn sie zerstören den Kern seines Wesens.«

Zu solchen Vorstellungen müßten wir zurückfinden,
meinte ich, ohne damit einer Restitution früherer Verhältnisse das Wort reden zu wollen: »Verlorene Werte kann
man nur zurückerobern, indem man ihnen einen neuen,
aus den Erfahrungen unseres heutigen Lebens gewonne-
nen Inhalt gibt. Begriffe können aus der Mode kommen,

aber es sind Ideale, für die wir uns einsetzen sollten.« So plädierte ich für die Partnerschaft zwischen Kultur und Wirtschaft in dem Bewußtsein, daß die Kultur auf die Hilfe der Wirtschaft und die Wirtschaft auf die Hilfe der Kultur angewiesen ist: »Auf lange Sicht ist nicht nur der Mercedesstern ein Werbemittel und Aushängeschild im Ausland, sondern notwendig ist die Vermittlung des Bildes einer Kulturnation, die ihren Partnern nicht nur Maschinen und Güter verkauft, sondern sie überzeugt, daß dahinter eine geistige, kulturelle Welt steht. Goethe und Bach sind dann so wichtig wie die Exportartikel selbst. Unter diesem Gesichtspunkt wird die Wirtschaft an der Pflege und Vermittlung der Kultur interessiert sein.« So kam ich zum Schluß, daß Kultur und Wirtschaft zwei zusammenhängende Teile einer großen Zukunftsaufgabe darstellen. Ihre Lösung ist eine Lebensfrage für eine europäische Nation, die auf eine bedeutende kulturelle Überlieferung zurückgreifen kann.

Die Arrondierung des Bibliotheksquartiers

Für den Aufbau der Verwaltung der Bibliothek, die wir dem Votum des Landesrechnungshofes zu verdanken hatten, war im Rahmen des Bibliotheksquartiers zunächst kein Platz gewesen. Wir mußten Räume von der Stadt am Rosenwall, einige Minuten entfernt, anmieten. Doch dann bot sich ein Tausch mit der Lessing-Akademie an, die ihr Domizil in der ersten Etage des Privathauses neben dem Anna-Vorwerk-Haus hatte. So konnte die Verwaltung kurz nach der Einweihung des Bibliotheksquartiers die freigewordenen Räume beziehen.

Eines Tages erfuhren wir, daß das hohe, damals grün überstrichene Fachwerkhaus neben diesem Privathaus zur Stadt hin von den Dienststellen des Finanzamtes geräumt werden sollte. Es hatte seine eigene Geschichte wie jedes Haus in einer alten Stadt. Das breite, dreigeschossige Gebäude mit einer ausgebauten Mansarde wurde vor 1720 für den hannoverschen Buchhändler Gottfried Freytag errichtet und kurz danach von seinem Nachfolger Johann Christoph Meißner übernommen. Er führte dort seine Hofbuchhandlung über Jahrzehnte in einer Zeit, in der viele vermögende Beamte in der Stadt Bücher sammelten. Der private Bücherbesitz überstieg sogar den Bestand der Fürstlichen Bibliothek. Meißner hinterließ, als er 1765 starb, mehr als 30 000 Bände an Lager. Sie wurden versteigert, denn der Hof und die Beamten waren nach Braunschweig verzogen, so blieben die Kunden aus. Meißners Söhne waren mit der Auflösung des Geschäfts befaßt, als der jungvermählte Hofrat Gotthold Ephraim Lessing mit seiner Frau und ihren Kindern die Beletage des Hauses im Herbst 1776 bezog. Die bronzene Tafel über dem Eingang besagt, daß Lessing hier das schönste Jahr seines Lebens verbracht habe. Aber wer will es so genau wissen? Jedenfalls hatte der Bibliothekar mit seiner Familie hier vorübergehend Quartier gefunden, ehe das hübsche, geräumige, später nach ihm benannte Haus neben der Bibliotheksrotunde für ihn renoviert wurde. Im 19. Jahrhundert ging das Haus in den Besitz der Braunschweigischen Evangelischen Landeskirche über. Das Konsistorium hielt in dem mit Ledertapeten ausgestatteten getäfelten Zimmer im ersten Obergeschoß seine Sitzungen ab.

Nach einigen Anläufen war es gelungen, das Haus für die Zwecke der Bibliothek zu übernehmen. Nachdem die Finanzbeamten das Haus verlassen hatten, wurde das zweite Obergeschoß für die Verwaltung und die linke Seite des Erdgeschosses für das Kulturprogramm hergerichtet. Erst zwei Jahre später konnte die erste Etage für die Forschungsstelle zur Geschichte des Buchwesens bezogen werden. In dem dunklen, getäfelten Raum stehen heute Mikrocomputer. Wieder verging einige Zeit, bis kurz vor Weihnachten 1987 der Buchladen unten rechts eingeweiht werden konnte. Dort liegen alle Bibliothekspublikationen aus und können erworben werden. Das Gebäude ist heute nach dem Hofbuchhändler Johann Christoph Meißner benannt. Um die Renovierung dieses Meißnerhauses – inzwischen sind Fassaden und Hof ebenfalls hergerichtet worden – hat sich der Leiter der Verwaltung, Manfred-Udo Schmidt, besondere Verdienste erworben.

In dieser Zeit wurde auch die Dammühle frei, die die westliche Flanke des Bibliotheksquartiers abschließt, wie das am anderen Ende gelegene Meißnerhaus die östliche. Das unansehnliche hohe Mühlengebäude mit dem später hinzugebauten noch höheren Silo, das den Blick in die Auguststadt versperrte, war 1873 errichtet, der Mühlenbetrieb aber seit 30 Jahren aufgegeben worden. An der Stelle hatte vorher die eigentliche Fürstliche Dammühle aus dem 15. Jahrhundert mit dem tief heruntergezogenen Dach und ihren Nebengebäuden gestanden, wie dies auf dem Merian-Stich von 1650 dargestellt ist.

Die Bibliothek hatte im Laufe der Jahre immer größere Schwierigkeiten bekommen, die vielen Stipendiaten in der Stadt unterzubringen. Es grenzte für mich immer an ein Wunder, wie es Sabine Solf mit ihren Damen gelang, Wohnungen, Appartements, Häuser zur Unterbringung der Gäste zu finden. Der Wunsch nach einem eigenen Gästehaus, von dem schon Hans Kauffmann zwölf Jahre zuvor gesprochen hatte, wurde immer dringlicher. So ergriff der Vorstand der Gesellschaft der Freunde der Herzog August Bibliothek, seit 1983 von Axel Freiherrn von Campenhausen geleitet, die Chance, das Dammühlengebäude 1986 von der Stadt Wolfenbüttel zu erwerben. Pläne wurden entwickelt, wie man das unpraktische Gebäude, um einen Anbau erweitert, zu einem Gästehaus umgestalten könnte. Das Silo war von der Stadt glücklicherweise vorher abgerissen worden. Auch die Alternative, ein Neubau an der Stelle der Dammühle, wurde erwogen.

Aber es sollte anders kommen. Kaum hatten wir begonnen, uns intensiv mit dem Bauplanungskonzept der Dammmühle zu befassen, wurde uns von einer Sekte ein 1971 neugebautes Haus am Rande des Innenstadtbereichs angeboten. Es war ursprünglich als Appartementhaus gedacht gewesen, aber zwischenzeitlich vom Finanzamt genutzt worden, das dieses Haus nach Fertigstellung des eigenen Neubaus ebenfalls aufgegeben und einem Glaubenszentrum überlassen hatte. Wir besichtigten das geräumige Gebäude und fanden, von dem Äußeren abgesehen, Gefallen an der praktischen Anlage. Es war eigentlich nur zu renovieren und um einige Badezimmer zu komplettieren. Es ließe sich als Gästehaus übernehmen. Endlich war die Erfüllung eines großen Wunsches zum Wohl unserer Stipendiaten in greifbare Nähe gerückt.

Aus eigenen Mitteln konnte der Freundeskreis das Haus jedoch nicht erwerben, denn es war unter Einschluß der Renovierungskosten auf zwei Millionen DM geschätzt worden. In Verhandlungen mit der »Gesellschaft für Biotechnologische Forschung« in Stöckheim bei Braunschweig gelang es, diese Großforschungseinrichtung für das Projekt zu interessieren. Ihr Freundeskreis war bereit, aus Mitteln der Industrie eine Million DM zu geben, wenn der Freundeskreis der Bibliothek die andere besorgte. Wir hatten es dem neuen Staatssekretär Professor Hans-Ludwig Schreiber zu verdanken, daß das Landeskabinett diese Mittel zur Verfügung stellte. So konnte im Herbst 1987 das Haus renoviert und bezogen werden. Seither wohnen Naturwissenschaftler und Humanwissenschaftler unter einem Dach. Man versteht sich gut, aber unsere Hoffnung, daß ein allgemeines fächerübergreifendes Gespräch entstünde, erfüllte sich nicht.

Abschließend ist zu erwähnen, daß der Freundeskreis nach der Einweihung dieses Kurt Lindner-Hauses inzwischen das auch in unmittelbarer Nähe des Bibliotheksquartiers gelegene Feierabendhaus einbezieht. Dieses Altersheim hatte Anna Vorwerk für die pensionierten unverheirateten Lehrerinnen 1896 bauen lassen. Da nur noch ein kleiner Teil der Wohnungen belegt ist, wandte sich die Feierabendstiftung an die Bibliothek, und so geht auch dieses wilhelminische Gebäude, in dem mittlerweile fünfzehn Appartements vor allem für die Findel-Stipendiaten eingerichtet wurden, nach und nach in den Besitz des Freundeskreises über. Was aber aus der Dammühle geworden ist, will ich in einem der letzten Kapitel erzählen. Nicht alle Blütenträume reifen.

Plädoyer für eine niedersächsische Kulturlandschaft

Die meisten Stipendiaten lernen durch ihren Aufenthalt in Wolfenbüttel zum erstenmal Norddeutschland und Niedersachsen kennen. Für viele ist das Land mit seinen weiten Ebenen und Heidelandschaften eine Überraschung. Besonders die Schweizer sind von der flachen Landschaft beeindruckt, die nicht von hohen Bergen umstellt ist und in der man in die Ferne blicken kann. Für manche Süddeutschen dagegen bleibt es eine fremde Welt. Hier liegt für sie Bibliosibirsk.

Für die Bibliothek, die ihren Gästen in Wolfenbüttel eine zweite Heimat sein will, ist Niedersachsen als Staat nicht nur ein Rechtsträger, sondern mitprägende Umwelt. Dieses Land den Gästen und Freunden näherzubringen, ist daher eine interessante Nebenaufgabe.

Je länger ich in Wolfenbüttel tätig war, um so neugieriger wurde ich selbst, mehr über das Land zu erfahren, an dessen Entwicklung die eigene Stadt und die Bibliothek als Forschungs- und Kulturzentrum beteiligt sind. So stellte ich in einem Vortrag vor Vertretern der Akademie für Städtebau und Raumplanung die Frage nach der Kulturlandschaft Niedersachsen. Diese Gedanken flossen in die Arbeit der Stiftung Niedersachsen ein, es entstand auch ein Kulturführer mit halbjährlich erneuertem Veranstaltungskalender. Für mich ergab sich ein Plädoyer, das ich zuerst in Bad Pyrmont, dann in veränderter Fassung in meiner Heimatstadt Oldenburg im November 1987 hielt. Der Vortrag steckt den Rahmen ab, in dem eine internationale Forschungsstätte in einem Staat wirkt, der von der Kulturhoheit seiner Länder getragen wird.

»Wir leben in Niedersachsen in einer Region, die es wirtschaftlich schwerer hat als der Süden der Bundesrepublik Deutschland, und da man dies als ungerecht betrachtet, wenn man sich die historische Komponente unseres Landes vor Augen führt, fragt man immer wieder nach den Ursachen des Wandels im Laufe eines Jahrhunderts. Der Norden brachte die Reformation und die Modernisierung. Aufklärung ist ein norddeutsches Phänomen, und der klare Blick in die Zukunft zeichnet die Nordlichter aus.

Gewiß, in klimatischer Hinsicht ist Norddeutschland dem Süden, dem Mediterranen gegenüber benachteiligt, aber das allein kann es nicht sein, daß die norddeutschen Länder so sehr in wirtschaftliche Bedrängnis kommen. Sicher spielen die Probleme der Landwirtschaft eine große Rolle, und auch sind es die weiten Wege, die das Land in der Konkurrenz teurer macht. Aber ich glaube, die Gründe liegen auch im Wesen der Nordländer: Sie verkaufen sich schlechter, sie verbergen mehr, als daß sie sich darstellen, sie schweigen lieber, als daß sie schwadronieren. Es ist selbstverständlich eine Temperamentssache. Sie leben in einer unentdeckten Welt, sie sind sich oft selbst genug, und hier liegt wohl ein Fehler. Heute wird das Image, die Werbung, die Selbstdarstellung gefragt, und damit bin ich beim Thema, der Kulturlandschaft Niedersachsen.

Eine Bemerkung über den Kulturbegriff schicke ich voraus. Als Oldenburger bin ich mit einer Kultur aufgewachsen, die mehr umfaßt als klassische Musik, alte und moderne Kunst, mehr als Dichtung und Theater. Dazu gehören die Schönheit des Schloßgartens wie die Weite der Moore, die Reize des Neuenburger Urwalds wie der Zauber der Klosterruine in Hude. Kultur: Das sind die Dorfkirchen mit ihren alten Orgeln, die Friedhöfe mit den überwachsenen Steinen. Es sind also die Zeugen einer Zivilisation, die wir heute die Alltagskultur nennen. Die Höhen und Tiefen der geschichtlichen Vergangenheit haben Anteil an einer Kultur, in der selbstverständlich Plastiken von Ludwig Münstermann und Ölbilder von den Brückemalern in Dangast, sensationelle Aufführungen im oldenburgischen Staatstheater und brillante Opernsolisten Glanzlichter und herausragende Ereignisse sind. Aber das ästhetisch Vollendete genießen wir am meisten im Zusammenhang mit dem Ganzen, das Menschen hervorgebracht haben. So also sei der Kulturbegriff weitgefaßt und verbunden mit der Landschaft, in der wir leben und aufgewachsen sind.

Ich bin noch als junger Beamtenanwärter am 1. Oktober 1946, 19jährig, vom damaligen Ministerpräsidenten Tantzen auf die Oldenburgische Verfassung vereidigt worden. Bald danach ging Oldenburg mit Braunschweig und Bückeburg auf in einem künstlichen Staatengebilde, das seither Niedersachsen heißt und nun nach 40 Jahren ein Land geworden ist, in dem Hannoveraner, Braunschweiger, Oldenburger und Ostfriesen gemeinsam leben und einander verbunden sind, übrigens unter Einschluß der Millionen von Vertriebenen, die unter uns eine neue Heimat gefunden haben.

Niedersachsen ist als Bundesland, als staatliche Einheit zwar erst gut 40 Jahre alt, aber als landschaftlicher und als kultureller Begriff in der norddeutschen Region althergebracht. Der niedersächsische Kreis war schon im alten Reich ein Reichskreis wie der westfälische oder der schwäbische. Vor allem wurde die niedersächsische Kultur seit hundert Jahren in Heimatbewegung und Kunstverständnis als eine Einheit reizvoller Mischung und Gegensätze empfunden. Die Geschichte des heutigen Niedersachsen hat eine außerordentlich spannende Vorgeschichte, die im kulturellen Rahmen der Weimarer Republik ihre sichtbarste Ausprägung besaß.

Nach diesen einleitenden Bemerkungen wenden wir uns dem Problem einer so verstandenen Kulturlandschaft Niedersachsen zu und sprechen wir von den Menschen, die in diesem Lande leben.

Das geistige Klima in unserem Lande – und nicht nur in diesem – hat sich, was die Kultur betrifft, so grundlegend verändert, daß es eine Lust ist, die Erfolge kultureller

Aktivitäten und Aktionen mitzuerleben an Orten, die vorher kaum oder überhaupt nicht mit einem Ereignis auf künstlerischem oder musikalischem, literarischem oder wissenschaftlichem Gebiet verknüpft worden sind.

Es sind viele Menschen, die auf solche Umsetzungen kultureller Möglichkeiten drängen, Menschen, die viel mehr Freizeit haben als früher, denen es wirtschaftlich im allgemeinen unvergleichlich besser geht denn je zuvor, die sich nicht mehr allein dem Fernsehkonsum ausgeliefert sehen wollen, die die Welt nicht nur in der Brechung einer Bilderreproduktion erleben möchten, sondern selbst neugierig geworden sind, die Baudenkmäler und Museen im Lande kennenzulernen, die Klöster und Kirchen zu besichtigen, Menschen also, die ihre Umwelt auf eigene Faust studieren wollen.

Da sich in diesen Jahren eine Neuorientierung breiter Bevölkerungsschichten abzuzeichnen scheint, da ein Klima geistiger Bereitschaft entstanden ist, scheint es sinnvoll zu sein, sich diese Lage zunächst allgemein zu vergegenwärtigen und zugleich die durch die Hektik des Alltags beschädigte Gesellschaft. Wir suchen in der Unruhe unseres Lebens Ruhepunkte und entfliehen oft dem eigenen Lande, wenn Zeit und Geld es möglich machen. Wir reisen in die sonnigen Gegenden der Erde, wir lieben das Fremde, das Exotische, das Unbekannte. Die Mobilität der Gegenwart verführt dazu, die eigene Welt zu ignorieren und die freie Zeit, die die Lebensumstände in unserem Land immer mehr gewähren, in der Ferne zu verbringen, in fremden Kulturen, unter Menschen fremder Sprache.

Unter diesen Umständen ist es nützlich, wenn die Gelegenheit dazu gegeben ist, über Sinn und Chancen der Umwelt und des Lebensbereiches nachzudenken, in dem man zu Hause ist. Orte sind es, die überall im Lande

Signale setzen. Da muß zunächst von den Städten, den wichtigsten Formen des menschlichen Zusammenlebens, die Rede sein. Viele alte Städte in Niedersachsen sind den Luftangriffen des letzten Krieges zum Opfer gefallen. Die Zerstörung einer traditionsreichen Stadtkultur ist neben der Umschichtung der Bevölkerung durch den Zustrom der Flüchtlinge eine der Ursachen für das gebrochene Geschichtsbewußtsein, das uns Deutsche besonders auch infolge der nationalistischen Verzeichnung historischer Entwicklungen belastet.

Die Rückgewinnung städtischer Lebensformen ist eine der Voraussetzungen zur Wiedererlangung eines vorurteilslosen Geschichtsbildes. Die Restaurierung historischer Stadtkerne ist dazu ein wesentlicher Beitrag. Mit der Wiederherstellung historischer Bausubstanzen verbindet sich auch die Rückgewinnung verlorengegangener ästhetischer Qualitäten.

Gerade auch Niedersachsen ist ein Beispiel, wie nach anfänglichen Fehlentwicklungen die Stadtsanierung einen erheblichen Anteil an der Verbesserung der Lebensqualität hat. Lüneburg und Stade, Goslar und Celle, Wolfenbüttel und Duderstadt, Einbeck und Hannoversch Münden sind Beispiele für die Revitalisierung alter Stadtkerne durch die Sanierung Haus für Haus. In den durch den Krieg heimgesuchten Großstädten sind eindrucksvolle Traditionsinseln und historische Bereiche wiederentstanden, an denen sich Vergangenes mit Modernem trifft. Das Altstadtviertel in Hannover, der Domplatz in Braunschweig, der Stadtkern von Osnabrück und der Dombezirk in Hildesheim sind Beispiele für das Bemühen, Ruhepunkte in den großen Städten zu schaffen, die historischen Reminiszenzen mit der Freude am pulsierenden Leben der Gegenwart zu verknüpfen.

Merkwürdigerweise hatten es die unzerstört gebliebenen, aber von dem Willen zu wirtschaftlichem Neubeginn und Aufschwung bestimmten Städte schwerer. Oldenburg ist ein Beispiel – ein mich immer wieder sehr bekümmerndes –, wie in den Jahrzehnten, in denen Geschichte zum Treibgut geworden war, der Wille zum Modernen das Althergebrachte gewissenlos zerstörte. Das gilt für Oldenburg mehr für den Stadtkern als für die Außenbezirke, in denen ich immer noch am meisten meine Kindheit wiederentdecke. Die weitgehende Zerstörung einer von klassizistischem Denken bestimmten Residenzstadt bedauert man so wie die Einschnürung der Altstadt durch den Straßenring, der die alten, schönen Wälle weitgehend zum Opfer gefallen sind. Doch andererseits ist mehr Entdeckenswertes in den letzten beiden Jahrzehnten auch in Oldenburg erhalten geblieben und restauriert worden.

In der Tat sind in den städtischen Ensembles, neben den Plätzen, den Märkten, diesen Freiräumen, wiederum einzelne Bauten, die sich besonders einprägen können, wenn ihre Restaurierung im Einklang steht mit dem Anspruch, den das Bauwerk von alters her erhoben hat. Dome und Kirchen, Rathäuser und Schulgebäude, Zeughäuser und Speicher in vielen Städten und Orten Niedersachsens sind Symbole einer früheren Kultur. Ohnehin sind ja Kirchen und Dome auch auf dem Lande starke Ausdrucksformen historischen Lebens, Orte, an denen der Mensch von heute die Kraft der Frömmigkeit spürt. Gerade auch die kleinen, versteckten Kirchen sprechen den Besucher an. Man denke nur in dem Raum, in dem ich jetzt lebe, an die Kirche in Idensen oder an die in Süpplingenburg, die Kaiser Lothar stiftete. Man erinnere sich an die Kirchen in Wiefelstede und Rastede, Varel und Jever.

Die kirchlichen Stätten sind bleibende Symbole eines

vom Untergang bedrohten Glaubens. Die Klöster im hannoverschen Niedersachsen, die der Zerstörung durch die Reformation entgangen sind, strömen heute eine Ruhe aus, die jeden in den Bann zieht, der sich an diesen Orten aufhält: Mariensee oder Amelungsborn, Isenhagen oder Wienhausen, Walsrode oder Lüne.

Die Verbindung von Landschaften und Gebäuden, die Symbiose von Natur und Geist ist die Ursache dafür, daß uns die Begegnung mit Klöstern und anderen Stätten auf dem Lande außerhalb der Städte so stark berührt. Dieser Eindruck kann auch von abgelegenen Dörfern oder von einer Künstlerkolonie wie Worpswede ausgehen. Im Oldenburgischen und Ostfriesischen gibt es viele solcher reizvollen Orte.

Die weiträumige Landschaft in ihrer unzerstörten Form charakterisiert zum größten Teil Niedersachsen. Es sind die Heideflächen, die Moore, die Wälder, die Seen, die Küsten mit ihren unbegrenzten Ausblicken. Nur an den Rändern, im Weserbergland und im Harz, verwandelt sich die Ebene in bergiges Land.

Niedersachsen ist ein Flächenstaat, der nicht von den Städten, sondern von Dörfern und Flecken, von Wäldern und Ackerflächen geprägt ist. Seine spröde Schönheit erschließt sich dem Gast nicht unmittelbar, zumal die norddeutschen Klimaverhältnisse den Raum gegenüber dem Süden doch sehr benachteiligen.

Aber im Gegensatz zu südlichen Bundesländern hat Niedersachsen vielfach eine von den Zerstörungen durch die Industriekultur verschont gebliebene Landschaft, in der es noch über Jahrhunderte gewachsene Naturformen und Naturschönheiten gibt. Man nennt das unterentwickelte Gebiete und muß doch einsehen, daß hier der Umweltschutz verwirklicht wurde, ehe es diesen aus der Reaktion auf die Zerstörungswut entstandenen Schutzbegriff überhaupt gab.

So wie in Schleswig-Holstein, so liegen auch in Niedersachsen große schlummernde Chancen für die Zukunft der Menschen, die, wie es heute heißt, umweltbewußt geworden sind. Die Menschen lernen wieder die Natur und ihre Schönheiten kennen und lieben.

Die Einheit der weitläufigen Landschaft und die von der Tradition geprägten kulturellen Orte kann man mit dem Begriff einer niedersächsischen Kulturlandschaft umschreiben, von der als einer Herausforderung gesprochen werden soll.

Den ländlichen Raum und die ländliche Kultur in das kulturelle Angebot in Niedersachsen mehr einzubeziehen, ist ein auch von politischer Seite immer wieder geäußerter Wunsch. Mir scheint, daß hier landesweit nicht zu unterschätzende Chancen und Möglichkeiten liegen. Wege und Wälder, Dörfer und Plätze, Seen und Gewässer tragen zur Schönheit, zur ästhetischen Qualität des Landes bei. Man nimmt sie zur Kenntnis, und diese Orte werden sehr das Bild des Landes mitformen.

Neben dieser Landschaftspflege und den Überlegungen, auf dem Lande kulturelle Einrichtungen zu schaffen, wird es die denkmalpflegerische Entwicklung auch in Niedersachsen sein, die darauf abzielt, die überlieferte Bausubstanz zu erhalten. Das, was im Laufe der vergangenen Jahrzehnte von Ostfriesland bis zum Harz, von der Göhrde bis zum Weserbergland in dieser Hinsicht geleistet wurde, verdient Anerkennung und Bewunderung. Die Kirchen und Dome, die Schlösser und Bürgerhäuser, die Klöster und Traditionsinseln, die an zahllosen Orten restauriert wurden, bereichern das Bild der Kulturlandschaft mehr, als es der Bürger wohl bisher im allgemeinen wahrgenommen hat. Die Wiedereröffnung eines über lange Zeit wegen der Restaurierungsarbeit geschlossenen Bauwerks findet unter der örtlichen Bevölkerung große und begeisterte Anteilnahme. Aber mehr zufällig nehmen es die entfernter Wohnenden zur Kenntnis, ob es sich hier um die Klosterkirche Lamspringe oder um die Hauptkirche in Wolfenbüttel, um die Ruine in Walkenried oder um das Juleum in Helmstedt, um die alte Lateinschule in Alfeld oder um die Schloßanlage in Bückeburg handelt. Dies sind ja nur ein paar Beispiele für die landesweite, besonders seit 1975 verstärkt durchgeführte Rettung, Sicherung und Wiederherstellung bedeutender kirchlicher und profaner Bauten.

Man hat gesagt, daß wir in einer Epoche der Restauration lebten, und in dieses Bild fügt sich der Bericht über die Wiederherstellung der vom Untergang bedrohten Bauwerke ein. Außerdem könnte man meinen, daß Nostalgie in einer technisch orientierten Lebenswelt durchaus im Spiel sei.

Dennoch wäre es falsch, eine Kulturlandschaft, das Ensemble weitverstreuter Kulturdenkmäler als reaktionäre, rückwärtsgewandte Sache zu betrachten. Vielmehr soll Vergegenwärtigung des kulturellen Reichtums und auch der landschaftlichen Schönheiten Niedersachsens die Bewohner des Landes in ihrer Zusammengehörigkeit stärken. Es ist durchaus berechtigt, auf sein Land stolz zu sein. Wir neigen ja dazu, den Begriff Heimat für obsolet zu erklären, nicht zuletzt nach der gut vierzig Jahre zurückliegenden völkischen Indoktrination. Aber ein Gefühl der Zusammengehörigkeit, ein Anflug an Solidarität sollte sich entwickeln können. Ich glaube jedoch, daß wir von einer solchen Haltung noch weit entfernt sind. Wer sagt schon: »Wir Niedersachsen«, ohne in den Verdacht eines engen Chauvinismus zu geraten. Es ist ein langer Weg der

Menschen zur Selbstfindung und zur Identifikation mit der sich allzu schnell wandelnden Umwelt. Es reicht nicht aus, überall im Lande Kulturdenkmäler zu restaurieren und zu pflegen, man muß die Zusammenhänge erkennen und eine niedersächsische Kulturlandschaft als politische, pädagogische und wissenschaftliche Aufgabe sehen.

Ehe davon noch gesprochen werden soll, haben wir deshalb zwei andere Aspekte in dieser Hinsicht zu bedenken: die Rolle der Kulturinstitute und den Fortgang kulturellen Lebens überhaupt. Die Museen und Galerien, die Bibliotheken und Archive, die Hochschulen und Universitäten, die Akademien und Schulen bilden ein Netz von Kultur- und Bildungseinrichtungen, die auch in Niedersachsen das geistige Leben tragen. Besonders die Museen sind es, die auf der einen Seite die Träger und Vermittler historischen Wissens und geschichtlicher Überlieferung darstellen und auf der anderen Seite das aktuelle kulturelle Leben fördern. Die Welle der Museumsgründungen ist ein Kennzeichen unserer Zeit, und der Andrang zu den großen Museen und zu spektakulären Ausstellungen ist ein unübersehbares Zeichen für den öffentlichen Bewußtseinswandel nicht nur in Deutschland, sondern weltweit.

Die Museen sind lebendige Stätten kultureller Vermittlung geworden, Ausdruck einer modernen Lebenshaltung. Dabei handelt es sich nicht nur um die aus höfischer Zeit überlieferten klassischen Museen und Galerien, auch die Freilichtmuseen und Industriemuseen der jüngsten Vergangenheit erfreuen sich steigender Popularität.

Auf der andern Seite aber sind Museen heute Orte lebendiger Veranschaulichung auch moderner, gegenwärtiger künstlerischer Entwicklungen. Die Förderung kulturellen Lebens überhaupt ist Aufgabe vieler Träger, von Kulturämtern, Vereinen, Verbänden, Kulturinstituten. Ob in den großen und kleinen Städten, ob zu festlichen Anlässen oder in regelmäßiger Wiederkehr: Wir leben unter einem kulturellen Angebot an Konzerten und Ausstellungen, an Dichterlesungen und Vortragsreihen, das landesweit in seiner Fülle von einem früher nicht dagewesenen Interesse einer Beteiligung am künstlerischen, literarischen und wissenschaftlichen Geschehen der Zeit Zeugnis ablegt.

Der Wunsch, sich zu orientieren, wird begleitet von der Absicht, sich mit der zeitgenössischen Kunst und Literatur auseinanderzusetzen. Wenngleich es die Künstler, Schriftsteller, die Musiker und Theaterleute oft nicht leicht haben, für ihre weit der Zeit vorauseilenden Ideen Zustimmung zu finden, sind doch das Wirken dieser zeitgenössischen Künstler und die Auseinandersetzung mit ihren Werken die tragenden Pfeiler für ein Kulturgebäude, das Raum für Tradition und Moderne bieten soll. Das Unbequeme vieler moderner künstlerischer Vorstellungen darf nicht darüber hinwegtäuschen, daß ohne sie eine Kulturlandschaft steril und altmodisch werden würde.

Der Brückenschlag zwischen den überlieferten und den zeitgenössischen Kunstformen ist eine unabdingbare Voraussetzung für das kulturelle Leben überhaupt. Auch wenn in Niedersachsen die Zahl der hier lebenden Künstler und Schriftsteller im Vergleich zu Süddeutschland sehr viel kleiner ist, so darf uns dies nicht entlasten. Im Gegenteil: Man sollte ihnen Gastrecht einräumen, wo immer es sich eine Gemeinde im Lande leisten kann. Die Kunst, die nicht nach Brot geht, bedarf unserer Unterstützung und Förderung. Je aufgeschlossener sich ein Land zeigt, um so fruchtbarer wird sich dies auf die ganze Entwicklung auswirken.

Die Schlösser und Städte, die restaurierten Kirchen und

Klöster, die Häuser und Gärten, die Dörfer und Landstriche sind Elemente einer historischen Kulturlandschaft, die durch die Aktivitäten der Kulturinstitute und das Wirken der Künstler im Lande lebt. Nachdem die Elemente dieser niedersächsischen Kulturlandschaft skizziert wurden, ist es notwendig, einige kritische Bemerkungen anzufügen, die sich aus der Existenz dieser Reichtümer landesweit ergeben.

Mir will scheinen, daß sich die meisten Orte selbst genug sind, daß sie mehr für sich selbst nach innen wirken als nach außen, daß sie isoliert bleiben und nicht auf einen gemeinsamen Nenner zu bringen sind.

Nach meinen Beobachtungen fehlt es in Niedersachsen an einer Bewußtseinsbildung, die diese niedersächsische Kultur als eine verbindende lebenswerte Einheit begreift. Es ist mir bewußt, daß die Verbände für den Fremdenverkehr, die Heimatvereine, die Landschaften, die Wirtschaftsverbände für unser Land intensiv werben, was ja auch für die Landesregierung selbst gilt. Dennoch vermisse ich eine über Jahre notwendige Aufklärungskampagne mit dem Ziel, die Kulturlandschaft Niedersachsen von Ostfriesland bis zum Harz, von der Lüneburger Heide bis zum Weserbergland transparent zu machen. Es ist zunächst eine Bestandsaufnahme erforderlich; es ist eine Bilanz aus jahrzehntelanger, meist von der öffentlichen Hand getragener Wiederaufbauarbeit zu ziehen. Eine solche Auflistung wird nicht nur die historischen Ensembles historischer Bauwerke umfassen, von denen die Rede war, sondern auch die wichtigsten technischen Denkmäler einbeziehen, die alten Mühlen, Brücken, Salinen und Bergwerke, Sternwarten und Fabriken, wie auch sehenswerte Erinnerungsstätten beschreiben: Denkmäler, Friedhöfe, Gedenksteine und so fort. Man wird sich auch die Fülle historischer Institutionen vergegenwärtigen, über die es am ehesten zusammenfassende Beschreibungen gibt.

Diese Bestandsaufnahme wäre die Grundlage der publizistischen Aufgabe, die im Mittelpunkt der Werbung für die niedersächsische Kulturlandschaft stehen sollte. Man könnte sich eine Kulturagentur vorstellen, die die Kenntnisse über die historischen Orte und Denkmäler sammelt, in Prospekten und Karten, Büchern und Broschüren darstellt, die gleichzeitig die Nachrichten über kulturelle Ereignisse im ganzen Land wie eine Redaktion sichtet und weitergibt in Form eigener Nachrichten oder über einen Kulturkanal, den man sich für den Landesrundfunk wünschte. Auf diese Weise würde man besser über besondere kulturelle Ereignisse informieren können, über Jubiläen, große Ausstellungen, Stadtfeste und vieles mehr.

Die Kulturagentur sollte auch eine Beratungsstelle sein für Schulen und Verkehrsvereine, für Volkshochschulen und Wohlfahrtsverbände, und man wünschte sich Reiseprogramme durch Niedersachsen, Entdeckungsfahrten, Erlebnisreisen, ja Kulturtourismus mit dem Ziel, den Menschen dieses Landes, den jungen wie den alten, die kulturelle Vielfalt näherzubringen. Vielleicht führt dies dazu, daß man auch einmal Urlaub im eigenen Land machte und so die Schönheiten der Heimat kennen- und schätzenlernte.

Vor allem sollte eine solche Aufklärungskampagne dazu führen, daß sich die Bevölkerung mehr mit dem eigenen Lande identifizieren kann, denn jedes Land hat seine Vorzüge und Nachteile, in Norddeutschland ist die Lage anders als in Süddeutschland, und es kommt deshalb darauf an, daß die Nachteile aufgewogen werden durch die Vorzüge eines insgesamt ruhigeren Lebensstils, eines ehrlicheren auch, einer Lage, die eher Gelegenheit zur

Besinnung, zum Innehalten gibt als in den hektischen Ballungszentren der Bundesrepublik.

Es wird sehr darauf ankommen, wie sehr sich die Menschen, die hier leben, zu ihrem Land bekennen und so einen gemeinsamen Optimismus ausstrahlen, der langfristig auch ein Anreiz sein wird für Firmen, sich hier niederzulassen. Denn die Stärkung der Wirtschaft ist eine Voraussetzung für die Stärkung des kulturellen Lebens, aber dies ist umgekehrt auch eine Bedingung für wirtschaftliches Engagement. Sie bedingen einander.

Es wird bereits viel geleistet: Die Niedersächsische Sparkassenstiftung unterstützt kulturelle Unternehmen landesweit, und die neugegründete Stiftung Niedersachsen wird an dieser kulturellen Stärkung des Landes ebenfalls mitwirken. Von den Schulen erwartet man ein stärkeres Engagement für das eigene Umfeld. Niedersächsische Schülerprogramme könnten als Beispiele zur Förderung einer Bildung dienen, die sich nicht in informationstechnischer Bildung als Innovation erschöpfen darf.

Dies alles mag wie niedersächsischer Lokalpatriotismus klingen, ist aber nicht so gemeint. Die Stärkung des Landes ist zugegebenermaßen ein egoistisches Ziel. Aber es versteht sich, daß der Versuch, die Profilierung des Landesbewußtseins zu fördern, nur als ein Beitrag zur Stärkung des historischen und kulturellen Bewußtseins in der Bundesrepublik Deutschland gemeint ist. Jedes Bundesland trägt zum Bild einer Nation insgesamt bei, und dieses wiederum positiv ans Ausland zu vermitteln, ist nach wie vor unerläßlich angesichts der Vorbehalte und des Mißtrauens, über die wir Deutschen uns nicht hinwegtäuschen dürfen. Da das so ist, ist jeder aufgerufen, an einem Abbau der Vorurteile mitzuwirken und sich an der Gestaltung eines besseren Deutschlandbildes zu beteiligen.

Allerdings sollte man sich wünschen, daß die kulturellen Aktivitäten unseres nördlichen Bundeslandes über kurz oder lang mit dem Kulturprogramm in Schleswig-Holstein und den beiden Stadtstaaten Hamburg und Bremen zu einem norddeutschen Kulturverbund zusammenschmelzen. Denn so besteht die Hoffnung, daß das Gefälle, das zwischen Nord und Süd in unserem Lande immer mehr zu einem Riß wird, überbrückt werden könnte. Denn dieses Norddeutschland, die Heimat der Nordlichter, könnte in einer gemeinsamen kulturellen Konnotation soviel Eigendynamik entwickeln, daß diese in absehbarer Zeit auch Konsequenzen für die wirtschaftliche Entwicklung haben wird. Jedenfalls könnte die norddeutsche Kulturlandschaft, durch gute organisatorische Zusammenarbeit und durch eine wirkungsvolle publizistische Darstellung gefördert, eine reiche und reizvolle Zukunftsaussicht sein, wobei man sich bewußt sein sollte, daß dieses Zusammenwirken in vielen Fällen schon Realität ist.

Für eine Kulturlandschaft sind nicht nur Museen und Theater, Bibliotheken und Galerien, Kirchen und Klöster Eckpfeiler kulturellen Lebens. Auch unsere Universitäten, die Hochburgen wissenschaftlicher Forschung, die Stätten gelehrten Lebens sollten so wie manche Kultureinrichtungen über den unmittelbaren Lebensraum der Universität hinauswirken. Das Ausgreifen der Universität auf das kulturelle und geistige Leben einer Region hat zweifellos eine bedeutsame Zukunftschance für eine historische Kulturlandschaft, in der bisher die Universitäten allzu peripher gewirkt haben. Die Universitäten im Lande – und das gilt auch besonders für die Neugründungen – sollten dominierende Plätze in der kulturellen Weiterentwicklung einer Kulturlandschaft einnehmen.

Mein Plädoyer für die Förderung der Kulturlandschaft

Niedersachsen ist eine Aufforderung an alle, die sich für die Weiterentwicklung unseres Landes einsetzen. Es wird darauf ankommen, daß man im Laufe der Jahre in Braunschweig so gut über Oldenburg im Bilde ist wie in Ostfriesland über den Harz. Wichtig scheint mir zu sein, daß die Solidarität wächst und die Verbundenheit der Norddeutschen überhaupt. Das kulturelle Angebot freilich muß auch so sein, daß es landesweit zur Kenntnis genommen wird. So allein wird es dahin kommen, Niedersachsen als kulturelle Einheit, als Kulturlandschaft zu verstehen.«

Bibliothekarische Herausforderung

»Eine niedersächsische Schatzkammer«, »ein Juwel in Niedersachsens Krone« – solche und ähnliche Epitheta für die Herzog August Bibliothek beziehen sich auf die alten und kostbaren Bestände. Aber hält die Bibliothek auch Schritt mit der bibliothekarischen Entwicklung? Ist sie auch den steigenden Erfordernissen gewachsen? So sehr es in den vielen Jahren darauf ankam, das wissenschaftliche und auch das kulturelle Programm aufzubauen, auszugestalten, Forschungen zu fördern, Stipendiaten zu unterstützen, das städtische Umfeld zu sichern, eine historische Kulturlandschaft Niedersachsen in den Blick zu nehmen und vor allem auch die internationalen Beziehungen zu pflegen, so wenig durften darunter vor Ort die bibliothekarischen Arbeiten leiden. Im Gegenteil: nach der bibliothekarischen Reform in den siebziger Jahren waren mit dem Einzug in das Zeughaus 1980/81 endlich auch die räumlichen Voraussetzungen für eine gedeihliche Weiterentwicklung gegeben. Das Provisorium der beengten Verhältnisse war zu Ende: Die Leiter des Bibliotheksbereichs, Wolfgang Dittrich und seit 1987 Georg Ruppelt als sein Nachfolger, hatten nun freie Bahn. In der Bibliotheca Augusta waren die Magazine, die Handschriftensammlung samt Auskunft und Lesesaal und einige Arbeitsstellen zurückgeblieben. Wir hatten eine Aufteilung auf zwei Häuser vornehmen müssen. Die anfänglichen Schwierigkeiten konnten schnell überwunden werden.

Die erste Sorge in den neu bezogenen Räumen des Zeughauses für alle bibliothekarischen laufenden Arbeiten von der Erwerbung und Katalogisierung bis zur Ausleihe und Benutzung vor Ort galt dem zügigen Ausbau der Handbibliothek. Zweieinhalb Millionen DM hatte das Ministerium aus Mitteln des Niedersächsischen Vorabs der Volkswagen-Stiftung, über drei Jahre verteilt, zur »Lückenergänzung« zur Verfügung gestellt. Dank dieser Aufstockung des Etats, der zu Beginn der achtziger Jahre durch die finanziellen Schwierigkeiten des Landes einen fatalen Einbruch erlitten hatte, füllten sich die Regale der Handbibliothek im Laufe der Jahre mit allen wichtigen und grundlegenden Nachschlagewerken, Handbüchern und Editionen, Textsammlungen, Monographien, Untersuchungen und einigen Spezialarbeiten. Zehn bis zwölf Fachreferenten und weitere Mitarbeiter waren dafür tätig. Mit großem Nachdruck wurde der bibliographische Apparat, eine Sammlung aller unentbehrlichen Bücher über Bücher, aufgebaut. Die Bereiche der kulturgeschichtlichen Forschung wurden gleichermaßen bedacht: Theologie und Philosophie, allgemeine Geschichte samt Sozial- und Wirtschaftsgeschichte, Wissenschaftsgeschichte, Geschichte des Buchwesens, deutsche, französische, englische, italienische, spanische, osteuropäische etc. Literaturen und Literaturwissenschaft – auf die Anschaffung der

272

Editionen in Originalsprachen wurde Wert gelegt –, klassische Philologie, Kunst, Geographie, Rechtsgeschichte, Medizingeschichte, Geschichte der Naturwissenschaften und Technik. Diese Hauptabteilungen der Handbibliothek sind über drei Stockwerke verteilt, nach einer sorgfältig erarbeiteten feingegliederten Systematik geordnet und frei zugänglich aufgestellt. Die ausländischen Stipendiaten legen Wert darauf, ihre nationalen Nachschlage- und Standardwerke vorzufinden. So werden, oft mit ihrer Unterstützung, neben den Büchern in den drei europäischen Grundsprachen – Englisch, Französisch und Deutsch – Werke in den übrigen europäischen Sprachen bis zum Portugiesischen und Ungarischen nach und nach ebenfalls angeschafft. Das Ziel ist eine Handbibliothek zur europäischen Kulturgeschichte, in der die Wissenschaftler im Prinzip alles Wesentliche nachschlagen können. Raymond Klibansky, der große Gelehrte, der seinen Renaissanceforschungen in Oxford und Montreal noch in seinem hohen Alter unabgelenkt nachgeht, verbringt jedes Jahr einen Monat in Wolfenbüttel. Er ist einer der vielen dankbaren Benutzer dieser Handbibliothek, die keine Wünsche offen, keine nachweisbaren Fragen unbeantwortet lassen sollte. Allerdings ist mit 100 000 Bänden der Stellraum erschöpft, und es muß nach neuen Lösungen gesucht werden.

Selbstverständlich kann nur ein Teil der Neuerwerbungen im Zeughaus ausgestellt werden. Aber auch die Magazinkapazität in der Bibliotheca Augusta reicht nicht mehr aus. Im Laufe der Jahre ist es gelungen, die größten Lükken in der Forschungsliteratur seit der Jahrhundertwende zu schließen. Mit der Bereitstellung der wissenschaftlichen Literatur wurden die Voraussetzungen für eine ungehinderte Erforschung der europäischen Kulturgeschichte geschaffen. Das Studium der alten Drucke ist schließlich ohne Kenntnis der zum Thema erschienenen internationalen Forschungsliteratur nicht sinnvoll. Die Quellenforschung kann darauf nicht verzichten. Außerdem erweist es sich als außerordentlich hilfreich, daß Barbara Strutz seit fast zwanzig Jahren die wichtigsten Forschungszeitschriften inhaltlich auswertet, wie ich es früher in Marbach begonnen hatte. Diese Dokumentationskartei ist dem Wissenschaftler von großem Nutzen. Neben der bibliographischen Recherche kann er anhand der Nachweise neue Zeitschriftenartikel und neben der Ermittlung der Bücher im Schlagwortkatalog einen raschen Überblick über den Forschungsstand gewinnen. Ziel der bibliothekarischen Arbeit bleibt es, dem Wissenschaftler, dem Stipendiaten, dem Gast alle Wege zu einer erfolgreichen Arbeit zu ebnen. Dies wird als eine bibliothekarische Herausforderung verstanden.

Zur Ergänzung des überlieferten Bestandes, das heißt, für die Erwerbung älterer Drucke stand angesichts des Nachholbedarfs an neuen Büchern leider immer sehr wenig Geld zur Verfügung. Zwar sind im Laufe der Zeit viele Tausende alter Drucke dennoch gekauft worden, die für sich aufgestellt wurden. Doch dies steht in keinem Verhältnis zu dem Bedürfnis, die Lücke in den Altbeständen zu schließen. Glücklicherweise konnten einige geschlossene Bibliotheken und Sammlungen erworben oder als Dauerleihgaben übernommen werden, beispielsweise die Adelsbibliothek der Familie von Alvensleben mit ca. 15 000 Drucken aus dem 16. und 17. Jahrhundert; die Leichenpredigtensammlung Stolberg mit etwa 25 000 Drucken, eine Hauptquelle der genealogischen Forschung; die kleine Sammlung eines passionierten Bibliophilen, Hermann Brüdern, in der sich die zweite Shakespeare-Folioausgabe neben älteren und neueren Widmungsexemplaren von Baudelaire, Flaubert, Proust, Joyce etc. befinden; Teile der Bibliothek des Schweizer Sammlers Eduard Töpfer mit Erstausgaben der Goethezeit, hervorragend ergänzt durch die Bibliothek des Komponisten und Kirchenmusikers Ernst Pepping, in der fast alle Romantiker-Erstausgaben zu finden sind; die Sammlung englischer illustrierter Bücher des 19. Jahrhunderts als Stiftung des Homburger Sammlers Ulrich von Kritter; die Werke der Trajanus-Presse, die Gotthard de Beauclair mit den von ihm typographisch betreuten Büchern schenkte; die geschlossene Bibliothek des Wolfenbütteler Schriftstellers Kurt Meyer-Rotermund als Dokument eines lokalen Büchersammlers, der mit Johannes Schlaf befreundet war; die umfangreiche Sammlung Cobet mit Büchern der Jahrhundertwende in geprägten und gestanzten Industrieeinbänden, die vorbildliche Verlagsbibliothek Ernst Hauswedells und manche andere.

Diese Bibliotheken ergänzen hervorragend die überlieferten Bestände. Die Erstausgaben zur deutschen Literatur vom 15. bis 20. Jahrhundert sind nun ebenso vorhanden wie eine eindrucksvolle Sammlung illustrierter Bücher von der Inkunabelzeit bis zur Gegenwart in ihren Spitzenstükken. Am Anfang steht Ulrich Boners *Edelstein* von 1461 als ältestes illustriertes gedrucktes Buch in deutscher Sprache, am Ende der nahezu tausend Bände umfassende Bestand der Malerbücher, der im Laufe meiner Amtszeit auf das Dreifache anwuchs. Neben den Büchern vieler deutscher Künstler und Graphiker wurden die Spitzenwerke englischer und amerikanischer Buchkunst, auch mit Unterstützung von Stiftungen, erworben.

So wurde im Laufe der Zeit eine gewisse Autonomie im Buchbestand – die fehlenden Zeitschriftenaufsätze können über Göttingen, unsere Partnerbibliothek, auch mit

Hilfe des eigenen Bücherautos herangebracht werden – für die in Wolfenbüttel arbeitenden Wissenschaftler erreicht. Auch denen, die nicht hierher reisen können, sollen in ihren Bibliotheken Nachschlagewerke zur Hand sein, mit deren Hilfe sie sich über bestimmte Bestände in der Herzog August Bibliothek orientieren können. Dazu knüpften wir zunächst an die Fortführung der Kataloge mittelalterlicher Handschriften an. Die letzten abschließenden Bände hatte Hans Butzmann bearbeitet. Die Kataloge der neueren Handschriften, um deren Erschließung sich Wolf-Dieter Otte verdient gemacht hat, sind im Erscheinen begriffen, diejenigen der Musikdrucke und Libretti wurden schon vor meiner Zeit fertiggestellt.

In einer eigenen Arbeitsstelle erschließt Helmar Härtel, von wissenschaftlichen Mitarbeiterinnen seit vielen Jahren unterstützt, die mittelalterlichen Handschriften in niedersächsischen Sammlungen. Besonders ist der Katalog der Hildesheimer Dombibliothek in der Reihe der gedruckten Verzeichnisse hervorzuheben.

Wolfgang Borm legte ein Kurzverzeichnis der Wolfenbütteler Inkunabeln vor und arbeitet an einem erschöpfenden Katalog dieser im Bestand verstreuten 3000 Frühdrucke. Das bereits erwähnte *Verzeichnis der medizinischen und naturwissenschaftlichen Drucke 1472-1830 in der Herzog August Bibliothek* liegt in 14 Bänden vor. Auch die Erschließung der Drucke des 16. Jahrhunderts im deutschen Sprachgebiet, an der die Bibliothek seit zwei Jahrzehnten mitarbeitet, ist noch einmal zu erwähnen. Die Bibliothek besitzt mehr als 90 000 Drucke aus dem Jahrhundert der Reformation, die in dieses Werk eingehen. Spezieller ist der von Maria von Katte bearbeitete Katalog der etwa 7000 Drucke Martin Luthers, die in der Bibliothek vorhanden sind.

Der von Martin Bircher begründete und von Thomas Bürger fortgeführte Titelblattkatalog der Drucke des Barock, das heißt, der in deutscher Sprache zwischen 1600 und 1720 gedruckten Bücher nähert sich dem Abschluß, nachdem mehr als 30 Bände vorliegen. Das Wolfenbütteler Verfahren der reprographischen Wiedergabe der Titelblätter unter Hinzusetzung von Kurztiteln und Registern macht übrigens Schule. Die Wiedergabe der Titelblätter liefert Informationen, die eine umsetzende Beschreibung gar nicht bieten kann, denn im Barockzeitalter waren die Angaben Vorformen der späteren Klappentexte. Seit einiger Zeit wird das gesamte Layout am Bildschirm automatisch erstellt, so daß die Druckvorlage von durchschnittlich fünfhundert Seiten, in die nachträglich nur noch die retouchierten Kopien der Titelblätter eingeklebt werden müssen, in anderthalb Stunden (!) entsteht. Nach diesem Vorbild wird auch die Publikation der Polonica und der Hungarica von polnischen bzw. ungarischen Bibliothekaren bei uns vorbereitet.

In ähnlicher Form bearbeitet Peter Mortzfeld die Sammlung der etwa 25 000 Porträtstiche der Bibliothek, die vorher in jahrelanger Arbeit restauriert, geordnet und vorläufig verzeichnet wurden. Die ca. 25 Abbildungsbände werden auch in absehbarer Zeit abgeschlossen sein. Dann folgt der Katalog mit den Beschreibungen der einzelnen Blätter.

Die Verzeichnung und Kommentierung der illustrierten Flugblätter des 17. Jahrhunderts durch Wolfgang Harms in München wurde bereits in anderem Zusammenhang erwähnt. Auch die umfangreiche Sammlung an gedruckten Verordnungen des Herzogtums Braunschweig-Wolfenbüttel zwischen 1550 und 1814 wurde neben kleineren Beständen verzeichnet. Die ca. 14 000 Leichenpredigten der Bibliothek werden nach einem umfangreichen Katego-

rienschema beschrieben. Der Katalog der Leichenpredigtensammlung Stolberg liegt gottlob gedruckt vor. Endlich
ist noch auf den von Harriett Watts vorbereiteten Katalog
der Malerbuchsammlung hinzuweisen, in dem jedes der
eintausend Werke beschrieben wird.

Neben diesen meist in Arbeitsgruppen entstehenden
Nachschlagewerken nahm die allgemeine Katalogisierung ihren Fortgang. Allerdings war die sachliche Erschließung der alten Drucke auch nach dem Aufbau der
formalen Kataloge auf der Basis der Titelblattkopierung
immer noch unbefriedigend. So wurde Anfang 1985 ein
Dreimillionen-Antrag an die Volkswagen-Stiftung gestellt. Die sachliche Erschließung sollte auf der Grundlage der kopierten Titelkarten in konventioneller Form
beschleunigt und möglichst abgeschlossen werden, denn
immer mehr zeigte es sich, wie hilfreich es ist, unbekannte alte Drucke im Bestand durch eine sachliche Recherche aufzufinden. Die Volkswagen-Stiftung lehnte
den Antrag zwar nicht ab, erwartete aber von uns auch auf
diesem Gebiet etwas Neues, eine Innovation. Kurzum, die
Datenverarbeitung sollte für die Verzeichnung der alten
Drucke genutzt werden. So erfolgten Umdisponierungen
im Rahmen der beantragten Summe; eine sachliche Erschließung der alten Drucke setzt eine Eingabe der Titel
in den Computer voraus, und dafür mußten Mittel eingesetzt und neue Arbeitsbeschaffungsmaßnahmen für ein
Dutzend zusätzlicher bibliothekarischer Kräfte beantragt
werden. Diese Umstrukturierung gelang auch mit Hilfe
erfahrener auswärtiger EDV-Experten und führte nicht nur
zur Bewilligung der Mittel, sondern auch nach und nach
zu einer doppelgleisigen neuen Aufgabe: zur Überführung aller Titelaufnahmen der alten Drucke und zur Vorbereitung der Sacherschließung selbst.

So holte uns das technische Zeitalter ein. Mit Hilfe einer eigenen Datenanlage wurde ein retrospektives Katalogprogramm entwickelt. Inzwischen beteiligt sich auch die Deutsche Forschungsgemeinschaft an dieser ehrgeizigen Aufgabe, und es ist zu hoffen, daß in absehbarer Zeit der Gesamtbestand über Terminals abrufbar wird, denn seit 1983 werden alle Neuerwerbungen, wie in anderen Bibliotheken, an den Terminals, die mit einer Großrechenanlage in Göttingen verbunden sind, katalogisiert. Inzwischen sind 60 Terminals und Drucker angeschlossen, auch die Verwaltung und die Sekretariate arbeiten mit Hilfe der automatischen Datenverarbeitung. Nur die sachliche Erschließung, die eine wissenschaftliche Arbeit ist und für die nur eine bibliothekarische Kraft zur Verfügung steht, kommt mit dieser rasanten Entwicklung noch nicht mit.

Die moderne Technik in einer alten Bibliothek hat auch in den Werkstätten Einzug gehalten. Die Fotoabteilung arbeitet mit den modernsten Aufnahmeverfahren, auch die Anschaffung einer Mikrofiche-Kamera ermöglichte uns die Volkswagen-Stiftung. In der Restaurierungswerkstatt entwickelte Dag-Ernst Petersen Papierwaschmaschinen und Trockenmaschinen in Zusammenarbeit mit der hiesigen Fachhochschule. Im übrigen aber bleibt das Restaurieren eine handwerkliche Arbeit, die Geschick und Geduld verlangt. Neben der Massenrestaurierung von Leichenschriften ist diese Restaurierung Stück für Stück eine in den beiden Werkstätten vorbildlich geleistete Arbeit.

Die Benutzung der Bibliothek erfolgt in den beiden Lesesälen, die Katalogauskunft ist eine gern in Anspruch genommene Hilfeleistung für alle Gäste, die Ortsausleihe spielt angesichts des Präsenzcharakters der Institution keine zentrale Rolle mehr. Auch dadurch unterscheidet sich Wolfenbüttel von anderen Institutionen. Sie ist, wie der Wissenschaftsrat 1964 feststellte, eine Bibliothek sui generis, die ganz im Dienst der wissenschaftlichen Arbeit steht. Die Gelehrten hatten zu Beginn des Forschungsprogramms verwunderte Fragen wegen der unterentwickelten Bibliotheksstruktur gestellt. Darauf wurde mit einer vorläufigen Reform reagiert, die in eine kontinuierliche Bibliotheksentwicklung überleitete, wie sie hier in den Grundzügen nachgezeichnet wurde. Diese Herausforderung hatte eine Modernisierung zur Folge. Sie garantiert nun die wissenschaftliche Arbeit in einem sehr produktiven Sinn.

Forschungen in einer Bibliothek

Angesichts der in den Lesesälen des Zeughauses und der Bibliotheca Augusta mit den alten Drucken arbeitenden Forscher aus vielen Ländern und verschiedenen geisteswissenschaftlichen Fachrichtungen fällt mir immer wieder der Vergleich der Bibliothek mit einem Bergwerk ein. Die Schächte, die in die Tiefe abgesenkt werden, sind die Kataloge, und die Stollen, die immer weiter vorangetrieben werden, sind die Arbeiten der Gelehrten. Das Erz, das sie abbauen, sind die Bücher, mit denen sie sich beschäftigen, und die Flöze, auf die sie stoßen, sind die Entdeckungen, die sie machen. Man kann den Arbeitsvorgang auch noch weiter ausmalen und sagen, daß das Metall, das mit der Schmelze in der Hütte gewonnen wird, das Neue, die Erkenntnis ist, die man aus den Büchern schließlich gewinnt. Manchmal fürchte ich, daß das Bergwerk eines Tages abgebaut sein könnte. Doch immer wieder findet man Neues. Eine Bibliothek wie die Wolfenbütteler ist offensichtlich unerschöpflich, denn immer neue Fragen werden gestellt, und mit sich ändernden Problemstellungen liest man die Handschriften und alten Drucke neu.

Die Erforschung der europäischen Kulturgeschichte der frühen Neuzeit ist mit der Hilfe und Unterstützung Wolfenbüttels im Laufe der Jahre beträchtlich vorangekommen. Die Bibliothek macht keine Vorgaben. Jeder Stipendiat arbeitet an seinem Thema, für dessen Förderung er die Unterstützung beantragt hat. Aber es bildeten sich doch Schwerpunkte heraus. Mit der »Barocken Bücherlust« hatte die Renovatio in den siebziger Jahren begonnen. Die Barockforschung fand in Wolfenbüttel ihren Schwerpunkt. Sie wurde zunächst durch die Veranstaltungen des »Internationalen Arbeitskreises für Barockliteratur« in ihren Fragestellungen beträchtlich gefördert. Die im Abstand von drei Jahren stattfindenden Kongresse und daraus folgenden Publikationen befaßten sich im europäischen Kontext mit der höfischen und der gelehrten Kultur des 17. Jahrhunderts, dem Verhältnis zwischen Literatur und Volk, der Einbettung der Dichtung in das repräsentative Leben des Barockzeitalters. Die allgemeinen Fragestellungen werden in Studien zu einzelnen Barockautoren untersucht, einzelne Problemfelder wie die Rolle der Emblematik, der Alchemie und der magia naturalis im Verhältnis zu den neuen Wissenschaften werden erforscht. Aber es geht auch um die kulturellen Beziehungen zwischen den Staaten in Europa. So wird das Bild dieses Jahrhunderts farbiger, und die durch den Dreißigjährigen Krieg und seine Folgen verdunkelte Epoche wird aufgehellt. Sie verliert ihre alleinige Ausrichtung auf das Deutsche Reich. Die europäische Welt dieses Übergangsjahrhunderts gewinnt an Kontur. Sie rückt durch die Arbeiten der Historiker, der Kunst- und Musikhistoriker und der

Forscher auf dem Gebiet der Wissenschaftsgeschichte im allgemeinen und der Geschichte des Rechts, der Kirche, der Medizin, der Technik im einzelnen immer mehr ins Blickfeld als eine große Einheit in der Vielfalt nationaler Unterschiede.

Die Forschungen in Wolfenbüttel sind quellenorientiert. Das führt zur Bereicherung unseres Wissens, zu neuen Funden, die in den seit langen Jahren erscheinenden *Wolfenbütteler Barock-Nachrichten* mitgeteilt werden und auch eine grundlegende laufende Bibliographie zur Barockforschung, von Barbara Strutz bearbeitet, enthalten. Der Literaturbegriff hat gerade in der Barockforschung früh eine Erweiterung erfahren und beschränkt sich nicht mehr auf die kanonischen poetischen Gattungsformen. Das bewirkt auch die Zusammenarbeit mit Fachvertretern anderer Disziplinen, die das 17. Jahrhundert unter anderen Kriterien sehen. Neue gedruckte Überlieferungsformen wecken das Interesse der Forschung: Erbauungsbücher, neue Zeitungen, Flugblätter, Gelegenheitsdrucke, Leichenschriften, Staatsbeschreibungen, Thesenblätter, politische Traktate, Volksschriften, Prognostiken, Praktiken, Unterhaltungsschriften. An all diesen Publikationen ist Wolfenbüttel sehr reich.

Die Bibliothek unterstützt die Aktivitäten der Forscher institutionell durch eine Forschungsabteilung zum 17. Jahrhundert, in der unter Leitung von Martin Bircher verschiedene Quellenwerke angesiedelt und teilweise abgeschlossen wurden. Der Titelblattkatalog der deutschen Drucke des Barock 1600-1720 wurde schon erwähnt; ein Repertorium der gedruckten Briefe des 17. Jahrhunderts mit 50.000 Nachweisen wurde erarbeitet; eine historisch-kritische Ausgabe der Werke des Herzogs Anton Ulrich von Braunschweig-Lüneburg in Angriff genommen, der übrigens mehr als 28 000 Manuskriptseiten hinterließ. Ein Hauptunternehmen ist die Sammlung der Quellen zur Fruchtbringenden Gesellschaft. Die vorgelegte Edition, von Martin Bircher und Klaus Conermann mit Hilfe der Deutschen Forschungsgemeinschaft herausgegeben, erschließt die Briefe und Texte, Statuten und Dokumente, Gedichte und Gelegenheitsschriften dieser deutschen Sprachakademie, der im Laufe des 17. Jahrhunderts insgesamt 890 Mitglieder angehörten. Dargestellt wird so das höfische kulturelle Leben in Köthen, wo das erste Oberhaupt der Sozietät, Fürst Ludwig von Anhalt, residierte, und zum Schluß die unbekannte Kulturgeschichte des in Halle wirkenden Herzogs August von Sachsen-Weißenfels. Er war das letzte Oberhaupt der Fruchtbringenden Gesellschaft, deren Aktivitäten mit seinem Tod 1680 endeten. Die Materialien wurden unter schwierigen Umständen in den Archiven der damaligen DDR zusammengetragen, in Köthen und Halle, Oranienbaum und Weimar. Ihre Auswertung wird neue Aspekte des kulturellen Lebens im 17. Jahrhundert unter der Devise »Alles zu Nutzen« ermöglichen.

Eine institutionelle Verankerung der vielfältigen Aktivitäten auf den Gebieten des 15./16. Jahrhunderts, der Renaissance und des Humanismus, der Reformation und Gegenreformation ist leider nicht gelungen. Der Stab der wissenschaftlichen Mitarbeiter, die permanent in Wolfenbüttel angestellt sind und sich eigenen Forschungen widmen können, ist mit vier Planstellen viel zu gering. Die Hoffnung, seinerzeit August Buck, den langjährigen Vorsitzenden des von ihm gegründeten »Wolfenbütteler Arbeitskreises zur Renaissanceforschung« für einen ständigen Aufenthalt in Wolfenbüttel zu gewinnen, ist für uns leider nicht in Erfüllung gegangen. So sind zunächst die

Aktivitäten, die Arbeitsgespräche und Jahrestagungen des Arbeitskreises zu nennen, die sich mit dem 15. und 16. Jahrhundert beschäftigen, mit der Begriffs- und Epochengeschichte, Beginn und Ende der humanistischen Bewegung, mit den geistigen Repräsentanten dieses europäischen Phänomens im Übergang vom Mittelalter zur Neuzeit. Mit vorbildlicher Pünktlichkeit redigiert August Buck die Hefte der *Wolfenbütteler Renaissance-Mitteilungen*, die in knappen Referaten einen Überblick über die Neuerscheinungen auf den verschiedenen Fachgebieten geben und meist von den zuständigen Komiteemitgliedern des Arbeitskreises abgefaßt werden.

Die Impulse, die von hier ausgehen, wirken sich auf die Vergabe von Stipendien und die Einladungen an renommierte Renaissance- und Humanismusforscher aus. So wird intensiv über die Epoche in der Bibliothek gearbeitet, über einzelne Renaissanceautoren und Humanisten aus dem europäischen Kulturkreis, über Erasmus von Rotterdam und Luis Vives zum Beispiel; über die Tradition und Erscheinungsformen der neulateinischen Dichtung; über die Reformation, ihre Entstehung, Ausbreitung und Wirkung, über ihre einzelnen Vertreter, nicht nur über Luther und seine Anhänger, auch über seine Schüler und Gegner; schließlich über den Späthumanismus und den Übergang zum Barock. Daß es hier nicht allein um die deutsche Tradition geht, sondern daß auch Frankreich und England, Italien und Spanien, die Schweiz und Dänemark, Polen und Rußland einbezogen werden, versteht sich angesichts des europäischen Spektrums der Bibliotheksbestände ebenso wie die Beteiligung aller Disziplinen von der Theologie und Philosophie, der Philologie und Historiographie über die Sozial-, Rechts- und Wirtschaftsgeschichte bis zur Geschichte der Kartographie und Naturgeschichte, Medizin und Technik. Für alle diese Themen erweist sich die Bibliothek als eine ungeahnte Quellensammlung. Ihren Reichtum lernen die Gäste bereits mit der Durchsicht der chronologischen und lokalen Sonderkataloge kennen.

Die Erforschung der Kultur des 18. Jahrhunderts in Deutschland hat ihre organisatorische Mitte in der in Wolfenbüttel 1976 gegründeten und bereits erwähnten »Deutschen Gesellschaft für die Erforschung des 18. Jahrhunderts«. Ihre Jahrestagungen finden in jedem zweiten Jahr in der Bibliothek statt. Sie gibt eine Schriftenreihe und ein Mitteilungsblatt heraus. Für ihre Kontinuität und so für die Zusammenarbeit der Wissenschaftler, die sich mit Fragen der Erforschung des 18. Jahrhunderts befassen, wirkt Gotthardt Frühsorge, der langjährige Sekretär der Gesellschaft, nebenamtlich Professor in Braunschweig.

Auch auf diesem Gebiet stehen die Forschungsarbeiten der Stipendiaten und Gäste im Vordergrund. Die Bibliothek bietet nicht nur Quellenliteratur aus dem deutschsprachigen Raum, sondern auch aus Frankreich, England, Italien, der Schweiz usw. Ein Schwerpunkt der Arbeiten liegt in der Frühaufklärung, der Philosophie, Theologie und Medizin im Übergang vom 17. zum 18. Jahrhundert, auch der Wissenschaftsgeschichte im Wandel vom Gelehrten zum Gebildeten. Die Erforschung von Christian Thomasius, Christian Wolff und den weiteren Aufklärern in Deutschland wird gefördert, Themen der französischen, englischen, italienischen Aufklärung werden erarbeitet. Die europäische Literatur des 18. Jahrhunderts wird in ihrer Struktur und ihren einzelnen Erscheinungsformen in vielen Detailstudien untersucht. Theologen und Philosophen, Pädagogen und Historiker, Mediziner und Juristen befassen sich als Vertreter geisteswissenschaftlicher

Fachdisziplinen mit den geschichtlichen Fragen des 18. Jahrhunderts, mit kulturellen und wissenschaftlichen Einrichtungen von den Universitäten bis zu den Theatern, mit den kulturellen Interaktionen in Europa und den internationalen Beziehungen, die die Gelehrten noch als selbstverständliche Gegebenheit der Res publica literaria verstanden.

In der Spannweite zwischen europäischem Anspruch und lokaler Auswirkung von Denken und Handeln im Jahrhundert der Aufklärung ist dann auch die Erforschung der Aufklärungsgesellschaft in Braunschweig zu verstehen, die ihr Zentrum in dem Collegium Carolinum hatte. Die Sichtung und Erschließung der Dokumente, vor allem der Briefe dieses Kreises ist eine institutionelle Aufgabe, der sich Gotthardt Frühsorge mit seinen Hilfskräften selbst widmet.

Selbstverständlich wird auch die Lessing-Forschung unterstützt, derer sich speziell die Lessing-Akademie annimmt. Allerdings hätte ich mich noch deutlicher für editorische Aufgaben und Detailforschungen in Bezug auf Lessings Wolfenbütteler Jahrzehnt einsetzen sollen. So ist es im wesentlichen bei programmatischen Ansätzen geblieben. Bedauerlich ist es auch, daß die Spätaufklärung und der Übergang zum 19. Jahrhundert zu kurz gekommen sind, was allerdings auch an der schmaler werdenden Quellenbasis liegt. Hier liegen Aufgaben in der Zukunft, wie auch in rezeptions- und wirkungsgeschichtlichen Fragestellungen, die im 19. Jahrhundert auf die frühe Neuzeit zurückbezogen werden sollten.

Es darf aber nicht der Eindruck entstehen, als bezögen sich die Forschungen in der Bibliothek jeweils auf ein einzelnes Jahrhundert. Übergreifende Fragen in Staat und Gesellschaft, Religion und Recht, Ökonomie und Wissenschaft, Kunst und Kultur stellen sich immer wieder ein, und die Epoche der frühen Neuzeit wird insgesamt als Prozeß des Wandels, der Modernisierung und Veränderung verstanden, der in der Französischen Revolution und den praktischen Auswirkungen der Aufklärung seinen Ausdruck fand.

Sehr bewußt wurde das Forschungsprogramm zunächst auf die frühe Neuzeit begrenzt, denn jede Beliebigkeit sollte vermieden werden. Erst Peter Ganz, der von 1985 bis 1988 als Resident Fellow in Wolfenbüttel wirkte, brachte Fragen des Mittelalters mehr in das Programm ein, als es früher geschehen war. Die von ihm geförderte Gründung des »Wolfenbütteler Arbeitskreises für Mediävistik« erweist sich als Nucleus neuer Aufgaben im Bereich der Mittelalterforschung, die sich aber eng an die Überlieferung mittelalterlicher Handschriften anlehnen wird. So sah der Kreis zu Recht seine Aufgabe zunächst darin, Kurzkataloge der mittelalterlichen Handschriften in Niedersachsen zu unterstützen, die im Aufbau sind.

Der Bezug zu den Büchern, den Handschriften, den Quellen zeichnet die Wolfenbütteler Arbeit als Forschungsstätte aus und unterscheidet sie von anderen Institutionen. Vor allem wurde das gedruckte Buch selbst zum Gegenstand der wissenschaftlichen Forschung, zur Aufgabe in eigener Sache. Wenn die Stipendiaten mit den alten Drucken umgehen, stellen sich druck-, verlags- und lesergeschichtliche Fragen, die zu beantworten in einer solchen Bibliothek selbstverständlich sein sollten. Auch dadurch veranlaßt, entstand der »Wolfenbütteler Arbeitskreis für Geschichte des Buchwesens« und in enger Verzahnung mit ihm eine eigene buchgeschichtliche Arbeitsstelle, die mit vier Planstellen so besetzt ist, wie man es sich für die Abteilung des 17. und 18. Jahrhunderts auch wünschte. Aber diese sind bis heute im wesentlichen Ein-Mann-Betriebe geblieben, die nur mit zusätzlichen Hilfskräften arbeiten.

Neben den Publikationen, die im Zusammenhang mit dem Arbeitskreis und seinen Veranstaltungen entstehen, sollen vor allem die Quellenwerke der buchgeschichtlichen Forschungsabteilung zur Förderung einer Disziplin beitragen, die in Deutschland unzureichend institutionalisiert ist. Sie weist gegenüber der französischen, anglo-amerikanischen und niederländischen Forschung erhebliche Defizite auf. Selbst grundlegende Vorarbeiten fehlten. So stand die Bearbeitung einer retrospektiven – zunächst auch noch laufenden – Bibliographie zur Geschichte des Buchwesens als Hauptaufgabe am Anfang. Das Nachschlagewerk unter Leitung von Erdmann Weyrauch ist im Erscheinen begriffen, es listet mehr als 80.000 (!) Titel zur Buchgeschichte zwischen 1840 und 1980 auf. Außerdem wurden Materialien zur Verlagsgeschichte und Quellen zur Lesergeschichte des 18. Jahrhunderts gesammelt. Ein weiterer Schwerpunkt ist die analytische Druckforschung, die Untersuchung der komplizierten Druckpraxis im Gutenberg-Zeitalter, in dem von Hand gesetzt und gedruckt wurde, so daß während der Herstellung der Auflage Veränderungen im Satz entstehen konnten. Diese sogenannten Doppeldrucke, die tückischerweise im allgemeinen nicht am Titelblatt zu erkennen sind, stellen alle Editionen aufgrund gedruckter Vorlagen und Erstausgaben in Frage, es sei denn, man vergleicht viele scheinbar identische Drucke, wie es Martin Boghardt tut, an einem elektronisch gesteuerten Vergleichsapparat.

Auch die bibliotheksgeschichtliche Forschung hat in Wolfenbüttel Gewicht. Sie ergibt sich aus den Veranstaltungen des »Wolfenbütteler Arbeitskreises für Bibliotheksgeschichte« und ihren Veröffentlichungen, aber auch aus vielen Arbeiten der Stipendiaten, die sich oft mit Gelehrtenbibliotheken des 17. und 18. Jahrhunderts befassen. Die Erforschung der in der frühen Neuzeit so wichtigen Privatbibliotheken ergänzt und korrigiert das Bild der Bibliotheksgeschichte, die nach wie vor zu stark von der Rolle der öffentlichen Bibliotheken ausgeht.

Daß allerdings die Geschichte der Wolfenbütteler Bibliothek selbst durch eine Reihe von Studien und Untersuchungen – so z.B. von Maria von Katte über die Anfänge der Bibliothek Herzog Augusts – sehr wesentlich erhellt worden ist, liegt nicht nur im Rahmen der Möglichkeiten, sondern dient auch den Stipendiaten, die über Provenienzen einzelner Bücher Auskunft erwarten. Auch Ausstellungen und ihre Kataloge vermitteln bibliotheksgeschichtliche Resultate. Das gilt für die Büchersammlung von Herzog Julius, dem ersten Gründer, und für die bedeutende Barockbibliothek von Herzog Ferdinand Albrecht, der sich als Mitglied der Fruchtbringenden Gesellschaft »Der Wunderliche« nannte und auch wohl wunderlich war.

Wie sehr die lesergeschichtliche Forschung durch ein bibliotheksgeschichtliches Quellenwerk neue Erkenntnisse von Lesegewohnheiten, Leseverhalten und Lektürekanon bringen kann, zeigt die Auswertung der Ausleihbücher der Herzog August Bibliothek zwischen 1714 und 1800. Mechthild Raabe, meine Frau, hat in dem vierbändigen, mit Computerunterstützung durch Erdmann Weyrauch angefertigten Werk die 22 000 ausgeliehenen Bücher nach den Lesern, Lesergruppen (Geistliche, Beamte, Offiziere, Handwerker, Schüler, Frauen etc.) und nach den Büchern in alphabetischer bzw. systematischer Ordnung verzeichnet. So gewinnt man, auch durch das Studium der den Bänden beigefügten Statistiken, anhand dieser Fallstudie Daten und Einsichten zur Rolle des Lesens in einer öffentlichen Bibliothek im Jahrhundert der Aufklärung in Deutschland in einer Stadt, in der sich der Übergang von der höfischen zur bürgerlichen Gesellschaft vollzog. Man wünschte sich solche Quellenwerke auch für andere Bibliotheken, denn erst der Vergleich läßt weitergehende Schlüsse für die historische Lese- und Leserforschung zu.

Die Neuorientierung und Neustrukturierung einer historischen Bibliothek hat der geisteswissenschaftlichen Forschung im Bereich der europäischen Kulturgeschichte viele Impulse gegeben. Die Resultate dieser Möglichkeiten lassen sich letzten Endes am besten anhand der Veröffentlichungen überprüfen. Sie sind die bleibenden Zeugnisse dieser wissenschaftlichen Bemühungen.

Ein Veröffentlichungsprogramm: von der Idee zum gedruckten Buch

Für die Finanzierung von Publikationen stellte die Regierung keine eigenen Mittel zur Verfügung. So mußten wir von Anfang an nach neuen Wegen suchen und – wir fanden sie schließlich auch. Aber zuerst zahlten wir Lehrgeld. Mit einer einmaligen Summe, die ein Heidelberger Industrieller stiftete, versuchte Günter Schulz, der Generalsekretär der Lessing-Akademie, mit einem Bremer Buchhändler einen eigenen Verlag für die Veröffentlichungen der Bibliothek und der Lessing-Akademie aufzubauen. Doch die Sache – meine Lieblingsidee – ging schief. Das Geld war schnell verbraucht, der Jacobi-Verlag Bremen und Wolfenbüttel kam über Anfänge nicht hinaus.

Danach versuchten wir es mit dem guten Willen der Verleger und den einzuwerbenden Druckkostenzuschüssen. So begannen die *Wolfenbütteler Beiträge* bei Klostermann, die drei Schriftenreihen der Arbeitskreise bei Ernst Hauswedell und die ersten Bücher der *Wolfenbütteler Forschungen* bei Kraus Reprint zu erscheinen. Der Enthusiasmus unserer Partner war groß, doch die Geduld wurde oft strapaziert. Nach dem Tode von Ernst Hauswedell und dem Ende von Kraus Reprint mußten wir nach neuen Lösungen Ausschau halten: Während die *Wolfenbütteler Beiträge* nur sporadisch bei Klostermann weiter erschienen, wurden die vier Hauptschriftenreihen, die *Wolfenbütteler Forschungen* und die drei, jetzt vier Schriftenreihen der Arbeitskreise und die Serie der *Repertorien zur Erforschung der frühen Neuzeit* 1983 dem renommierten und durch seine Auslandsbeziehungen eingeführten Harrassowitz Verlag in Wiesbaden unter Einschluß der älteren Bestände in Kommission gegeben. Das Gleiche gilt auch für die kulturgeschichtlichen Ausstellungskataloge der Herzog August Bibliothek, die seit 1986 bei VCH in Weinheim erscheinen. Oswald Schönberg, der die Publikationsabteilung leitet und Lektor und Hersteller zugleich ist, bereitete die vertraglichen Regelungen so vor, daß die Bibliothek die Herstellung übernimmt und der Verlag Werbung und Vertrieb finanziert. Im Gegenzug verlegt Harrassowitz die drei Mitteilungsblätter auf eigene Kosten. Bei den Ausstellungskatalogen beteiligt sich der Verlag auch an den Herstellungskosten. So macht die Bibliothek erhebliche Einnahmen, die ihr zusammen mit den Erlösen aus den Eintrittsgeldern für die musealen Einrichtungen von der Regierungskasse auf einem Ausgabenkonto wieder zur Verfügung gestellt werden, das am Ende des Haushaltsjahres ausgeglichen sein muß.

Das Geheimnis liegt in der hauseigenen Herstellung der Druckvorlagen. Sie entstehen an den Terminals der Bibliothek. Da auch der Umbruch im Hause erfolgt, sparen wir Kosten, und so trägt sich das Programm halbwegs selbst. Allerdings ist es immer wieder nötig, die Eigenmittel durch Druckkostenzuschüsse zu verstärken, was in den meisten Fällen auch gelingt.

Auch die großen Katalogunternehmungen, die der Verlag Klaus G. Saur in München übernommen hat, werden im Hause satztechnisch vorbereitet, so daß der Verlag ebenfalls Druckvorlagen erhält. Das gilt für den Katalog der Drucke des Barock 1600-1720 wie für den Katalog der Porträtstichsammlung, die in vielen Bänden Jahr für Jahr herauskommen. Auf eigene Kosten, ohne Beteiligung der Verlage, werden die Jahresprogramme, die *Wolfenbütteler Bibliotheks-Informationen* und die Kataloge der Malerbuchausstellungen hergestellt. So publiziert die Bibliothek heute dreizehn Schriftenreihen und fünf Katalogwerke bzw. Bibliographien. Jahr für Jahr werden zwischen zehn und zwanzig Bände fertiggestellt. In einem Spitzenjahr waren es 3 000 bedruckte Seiten.

Das Neue dieses Bibliotheks-Veröffentlichungsprogramms liegt in der Tatsache, daß von der Idee einer Publikation über ihre Realisierung in der Bibliothek bis zum Angebot im bibliothekseigenen Buchladen alles unter den Dächern einer Institution abläuft. Ein Wissenschaftler macht den Vorschlag eines Symposions oder Arbeitsgesprächs. Ist die Veranstaltung erfolgreich verlaufen, wird eine Publikation verabredet. Der Herausgeber sammelt die Manuskripte, die wiederum im Hause redigiert, gesetzt, dann gedruckt, ausgeliefert und im Buchladen im Meißnerhaus angeboten werden. Das Gleiche gilt für die Monographien. Auch hier verfolgen wir die Entstehung des Buches von dem Antrag eines Stipendiaten, der einen Forschungsplan vorlegt, bis zur fertigen Publikation. Auf die gleiche Weise entstehen die Ausstellungskataloge, die von Wissenschaftlern im Auftrage der Bibliothek bearbeitet werden. Die Veröffentlichungen des Forschungsprogramms und der Arbeitsstellen legen Rechenschaft ab über das, was die Bibliothek als Forschungsstätte für die europäische Kulturgeschichte leistet. Das stattliche Ergebnis spricht für sich. Die Bibliothek dokumentiert so ihren Anteil an der Erforschung des Mittelalters und der frühen Neuzeit.

Noch einige Bemerkungen zu den internationalen Beziehungen

Aliza ist eine der vielen ausländischen Stipendiatinnen, die durch ihr zielstrebiges, konsequentes Auftreten und ihren bewundernswerten Fleiß starke Eindrücke hinterlassen hat. Sie ist eine Kunsthistorikerin aus Israel, Tochter eines nach Palästina eingewanderten russischen Juden und einer deutschen Mutter, deren Eltern in Gießen lebten. Sie hatte es an der Hebräischen Universität Jerusalem lange Jahre schwer, denn europäische Kunstgeschichte, zumal das Fachgebiet der christlichen Kunst des Mittelalters, ist nicht sonderlich gefragt. Aliza, die Jahr für Jahr in der Bibliothek arbeitet, hatte den einen Wunsch, den sie mit ihrem Willen und ihren Überredungskünsten durchsetzte. Sie wollte ihr erstes Buch in Wolfenbüttel veröffentlichen. Die Arbeit über die Wormser Bibel aus dem Jahre 1148, die sich in der British Library in London befindet und mit der sie sich viele Jahre beschäftigt hatte, erschien unter dem Titel *The Making of a Manuscript* 1983 als 25. Band der *Wolfenbütteler Forschungen* in einem großen Format.

Am Ende ihrer Untersuchung weist Aliza Cohen-Mushlin die Wormser Bibel dem Scriptorium in Frankenthal, einem vergessenen Kloster in der Pfalz, nicht weit von Worms und Speyer, zu. Zwar wollte sie in Wolfenbüttel niedersächsische Handschriften des 12. Jahrhunderts untersuchen – sie hatte in New York das Evangeliar Heinrichs des Löwen schon vor der Auktion gesehen –, doch das Kloster Frankenthal und sein Scriptorium ließen sie nicht los. Der größte Teil der dort entstandenen Handschriften wurde in der Heidelberger Bibliotheca Palatina überliefert und befindet sich heute in der Vaticana in Rom. Aber auch die weiteren Codices ermittelte die isrealische Wissenschaftlerin an vielen Standorten innerhalb und außerhalb Europas. Sie scheute weder Zeit noch Kraft, die Frankenthaler Handschrift an Ort und Stelle nach ihrer Methode zu untersuchen. Nun liegt seit kurzem das Ergebnis ebenfalls vor: Das zweibändige großformatige Werk erschien im Rahmen der *Wolfenbütteler Mittelalter-Studien* und ist das teuerste Buch, das wir je produzierten. Mit Charme und in hoher Anerkennung der wissenschaftlichen Leistung stellte der Präfekt der Vaticana, Professor Pater Boyle, das Werk in der Augusteerhalle als Modell der Beschreibung eines Scriptoriums vor: Es sei kein Roman à la Umberto Eco, sondern die Rekonstruktion des tatsächlichen mittelalterlichen Lebens. Diese Präsentation war Alizas schönster Tag in ihrem Leben. An ihrer Seite saßen Vater und Bruder aus Rehovoth, und all ihre vielen Freunde und Gönner waren aus ganz Deutschland gekommen. Inzwischen ist Aliza Direktorin des Center for Jewish Art in Jerusalem und damit Nachfolgerin ihres Lehrers Bezahel Narkiss.

Diese Geschichte steht für viele ähnliche. Stipendiaten aus dem Ausland ernten die Früchte ihrer Forschungen in Wolfenbüttel. Das fördert die Beziehungen über Grenzen hinweg und versöhnt mit der Vergangenheit, denn Freundschaft bindet die Menschen.

Wie aus Israel, das sich dem europäischen Kulturkreis verbunden fühlt, kommen Wissenschaftler aus vielen anderen europäischen und außereuropäischen Ländern. Von den weiteren internationalen Beziehungen bleibt noch zu berichten: China, Griechenland, Portugal, schließlich die Sowjetunion und auch die DDR vor der Wende kamen in unser Blickfeld.

Ein amerikanischer Sinologe, David Mungello, sichtete 1984 als Stipendiat die Dokumente des europäischen Chinaverständnisses im 17. und 18. Jahrhundert in der Bibliothek und war über die Funde reizvoller Sinica begeistert. Er regte eine Ausstellung über China und Europa an, die ein bibliothekarischer Kollege, Helmut Walravens, drei Jahre später verwirklichte. Er hatte mit sicherem Griff noch weitere Quellen entdeckt. Es war die Zeit, in der sich die Volksrepublik China gegenüber dem kapitalistischen Westen öffnete. Chinareisen und Chinakontakte kamen in Mode.

Nur selten war ein chinesischer Gast in Wolfenbüttel gewesen. So wurde die Chance genutzt und ein reichhaltiges Chinaprogramm 1987 mit informativen Vorträgen bekannter deutscher Sinologen, mit Filmen, Lesestunden und Autorenlesungen zusammengestellt. Die Chinesische Botschaft und viele Fachvertreter unterstützten uns. Man konnte eine bunte Folge reizvoller Begegnungen mit dem alten und modernen China miterleben. Ein exotisches Konzert mit buddhistischer Tempelmusik in farbenprächtiger, klangvoller Präsentation in der Augusteerhalle bildete den Auftakt. Die Lesung chinesischer Autoren an der Seite ihrer deutschen Übersetzer hinterließ tiefe Eindrücke, insbesondere auch die Begegnung mit der grazilen Zhang Jie, der Autorin des Romans *Schwere Flügel*. Einmal schickte uns die Botschaft eine Delegation offensichtlich sehr linientreuer Schriftsteller: Sie stellten sich wie in einer Sportveranstaltung Seite an Seite auf und lasen Texte, die uns die Übersetzer näherbringen sollten.

Der Mittelpunkt dieses Programms aber war die Ausstellung, die nach Athanasius Kirchers Buch *China illustrata* genannt wurde und die nicht zuletzt wegen der imposanten Rollenbilder großen Eindruck machte. Der chinesische Außenminister Wu eröffnete sie in der Zeughaushalle, der reich illustrierte Katalog ist inzwischen ein begehrtes Nachschlagewerk geworden. Schon Leibniz hatte sich für einen Kulturaustausch zwischen Europa und China eingesetzt. Er kannte die Berichte der jesuitischen Missionare, die als Berater und Gelehrte am Kaiserlichen Hof in Peking tätig waren und durch ihre publizistischen Aktivitäten Kenntnisse über die chinesische Kultur in Europa verbreiteten. So entstand die Chinamode mit den Chinoiserien, den nachgebauten Pagoden des 18. Jahrhunderts, den Utopien in chinesischer Einkleidung und vieles andere.

Diesen außereuropäischen kulturellen Beziehungen nachzugehen, lohnte sich. Es kamen die Stipendiatenanträge aus China, und wir waren voller Zuversicht, daß sich hier ein neues Forschungsfeld eröffnete. Doch die blutige Niederschlagung der friedlichen Demonstrationen auf dem Platz des Himmlischen Friedens in Peking zwei Jahre später machte diese Hoffnungen zunichte.

Der Wandel in den Beziehungen des alten Europa zu den außereuropäischen Völkern in der Frühen Neuzeit spiegelt sich in den alten Drucken. Die Reiseberichte und Darstellungen, Relationen und Traktate legen Zeugnis ab von der missionarischen Haltung der überheblichen Eroberer bis zur Respektierung vorgefundener Kulturen. In diesen Versuchen, die europäischen kulturellen Beziehungen zur außereuropäischen Welt zu erforschen, sind wir allerdings nur wenig vorangekommen. Die Ausstellung »Die indische Welt in den Schätzen einer europäischen Bibliothek« als Beitrag zum Indienprogramm der Frankfurter Buchmesse blieb ein Versuch. Auch die Erforschung der Beziehungen zwischen Europa und Afrika gehört in dieses Spektrum. Es wäre wünschenswert, wenn sich auf diesem Gebiet in der Zukunft noch einiges realisieren ließe. Vielleicht kann man dann eines Tages auch die Rückmeldungen erwarten. Wie sahen die außereuropäischen Völker und Länder damals Europa? Doch für diese Perspektive ist Wolfenbüttel dann nur noch bedingt der geeignete Forschungsort.

Die Neugier auf die außereuropäischen kulturellen Beziehungen in der Frühen Neuzeit fördert auch die Zusammenarbeit mit spanischen Wissenschaftlern im Rahmen des Kooperationsvertrags mit Cáceres. Die Estremadura ist die Heimat der Conquistadoren. Aber wie steht es mit dem kulturgeschichtlich so reichen Nachbarland Portugal? Die Verbindungen der Bibliothek zu dem Land, das bis zum Jahre 2000 in einem eindrucksvollen Programm an die portugiesischen Entdeckungsreisen erinnert, werden nach und nach aufgebaut, besonders zu den Universitäten in Lissabon und Coimbra. Die Quellen, die man wiederum in den dortigen Bibliotheken zu Deutschland in der frühen Neuzeit findet, sind erstaunlich. Es ist ein weites Feld für die Forschung.

So werden, so weit die eigenen Möglichkeiten reichen,

Verbindungen zu den Ländern angeknüpft, die bisher außerhalb der wissenschaftlichen Kontakte lagen. Sie entstehen manchmal durch Zufälle. Der damalige griechische Generalkonsul in Hannover zum Beispiel, ein noch junger Diplomat, interessierte sich für Wolfenbüttel, er besuchte mich und erzählte mir von einer Ausstellung griechischer humanistischer Handschriften aus seinem Land, die gerade mit Erfolg in Italien gezeigt worden war. So war der Entschluß schnell gefaßt. Wir baten Dieter Harlfinger, den besten Kenner griechischer Handschriften – er hatte die Hauptstücke unseres Bestandes aus der Bibliothek des Marquard Gude vor Jahren beschrieben und ausgestellt –, die genannte Ausstellung umzuarbeiten. Unter dem Haupttitel »Graecogermania« wurden die Griechischstudien deutscher Humanisten dargestellt und die Objekte in einem aufwendigen Katalog in neugriechischer und deutscher Sprache geschrieben. Ein sehr ausgewogenes und attraktives wissenschaftliches und kulturelles Programm wurde vorgestellt. Gerne hätten wir in ein landesweites Programm auch andere niedersächsische Orte einbezogen, die direkte historische Beziehungen zu Griechenland gehabt haben: die Universität Göttingen, die Museen in Hannover und meine Heimatstadt Oldenburg, aus der die erste Königin des neuen Griechenlands, die Prinzessin Amalia, stammte. Doch zu einem solchen erweiterten Programm fehlte ein Koordinator.

Der Wissenschaftsminister eröffnete die Ausstellung in der Zeughaushalle, die Dieter Harlfinger mit seinen Doktoranden generalstabsmäßig vorbereitet hatte. Vier Wochen später veranstalteten wir am 5. Mai 1989 einen Europatag für Griechenland, an dem der griechische Botschafter in vorzüglichem Deutsch über Griechenland und Europa sprach. Auch das anschließende Konzert griechischer Kammermusik des 20. Jahrhunderts war ein ungewöhnliches Ereignis. So entstehen nun auch wissenschaftliche Beziehungen zu einem Land, in dem sich Gelehrte vor dem fernen Hintergrund der klassischen Antike auch für die Verhältnisse der frühen Neuzeit interessieren.

Land für Land wurde so in das internationale Programm der Herzog August Bibliothek einbezogen. Mit der Königlichen Bibliothek in Den Haag wurde ein Kooperationsvertrag abgeschlossen, die Fäden zu Großbritannien wurden enger geknüpft, die Beziehungen zu Dänemark und Schweden durch Besuche und gemeinsame Veranstaltungen ausgebaut, eine Ausstellung über Lessing und Italien in Zusammenarbeit mit dem vorbildlichen Istituto Italiano per gli Studi Filosofici in Neapel realisiert und der Austausch mit französischen Wissenschaftlern verstärkt.

Auch Verbindungen zu russischen und estnischen Gelehrten und Bibliotheken kamen in den letzten Jahren in Gang. Auch hier ist zu hoffen, daß sich diese Beziehungen im Laufe der Zeit konkretisieren, denn die höfischen Bande Wolfenbüttels zum Zarenhof haben in den Beständen der Bibliothek interessante Zeugnisse hinterlassen, an die sich anknüpfen ließe. So habe ich dem sowjetischen Botschafter, der vor Jahren die Bibliothek besuchte, die älteste überlieferte Rußlandkarte von Antonius Wied aus dem Jahre 1542 zeigen können. Sie ist ein Unikum wie das holländisch-russische Neue Testament, das teilweise in lateinischen Majuskeln in Holland, teilweise in kyrillischen Lettern in Rußland gedruckt, aber dann von der russisch-orthodoxen Kirche verboten und eingestampft wurde.

Selbst zur DDR, die sich als Ausland verstand und auf die Internationalität ihrer wissenschaftlichen Beziehungen pochte, kamen seit Mitte der achtziger Jahre Verbindungen zustande: Eine geringe Zahl von Gästen aus dem anderen deutschen Staat konnte nach Wolfenbüttel kommen. Und wir nahmen die Schikanen der Grenzkontrollen auf uns, um Kollegen und Institutionen in Gotha, Weimar, Jena und Halle zu besuchen. Wolfenbüttel wurde in gewissem Maße als internationaler Ort humanistischer Gesinnung akzeptiert. Ein hoher Beamter aus dem Ministerium für Kultur, der kurz vor dem Ende der DDR neugierig nach Wolfenbüttel gekommen war, erzählte mir, daß er die Bibliothek sehr genau aus den Reiseanträgen von Wissenschaftlern kannte, die nach Wolfenbüttel fahren wollten. Sicherlich hat er auch die nach der Rückkehr zu schreibenden Berichte gelesen. Er habe die Ersuchen, wie er sagte, meist wohlwollend beschieden. Am Ende des Gesprächs gestand er mir, daß dies seine letzte Dienstreise sei. Am Monatsende, dem letzten Tag der DDR, trat er in den vorzeitigen Ruhestand.

Nach Wolfenbütteler Vorbild: Eutin und Augsburg

Im Bibliothekswesen in Deutschland führen die Universitätsbibliotheken, die alten und neuen, seit einigen Jahrzehnten das Wort. Hier vollzog sich der Wandel von der gelehrten Anstalt zum Literaturversorgungsinstitut am konsequentesten. Einige andere Bibliotheken wie etwa die Bayerische Staatsbibliothek in München, die Staatsbibliothek Preußischer Kulturbesitz in Berlin und einige Landesbibliotheken, die Aufgaben von Universitätsbibliotheken teilweise mitübernommen hatten, wurden in diesen Kreis einbezogen. Die alten Landesbibliotheken und die wissenschaftlichen Stadtbibliotheken dagegen gerieten ins Abseits, zumal die großen finanziellen Sonderzuwendungen an ihnen vorbeigingen. Dieser Entwicklung zum Trotz hatte sich Wolfenbüttel zu einer Forschungsbibliothek eigener Art entwickelt.

In einem Festvortrag zum 150jährigen Jubiläum der Landesbibliothek Fulda hatte ich 1977 gefordert, daß auch »alten Bibliotheken eine Zukunft« gehören müsse. Zehn Jahre später hatte ich in Eutin Gelegenheit, wieder einen Festvortrag zum 150jährigen Jubiläum der Bibliothek über das gleiche Thema vor einem geladenen Publikum zu halten. In dem idyllischen Ort in Schleswig-Holstein wirkt eine ungemein engagierte Bibliothekarin, Ingrid Bernin-Israel, als Leiterin der Kreisbibliothek. Bei meinem Besuch im Jahr zuvor hatte sie mir in dem neuen Magazin den Bestand der alten Eutiner Landesbibliothek gezeigt, der mir seit meinem ersten Aufenthalt in Eutin 1955 bekannt war. Die Bibliothek stand damals in beengten Verhältnissen im Nachbarhaus. Der nebenamtliche Leiter, der längst verstorbene Rektor Eilers, hatte mir gestattet, in den Beständen zu stöbern. Der Oldenburger Herzog Peter Friedrich Ludwig hatte mit dem Ankauf der Bibliothek des Aufklärungsschriftstellers Gerhard Anton von Halem 1816 den Grundstein gelegt zu einem Bestand, der ca. 45.000 alte Drucke umfaßt und nun seit langem in der Kreisbibliothek ungenutzt aufbewahrt wurde.

In meinem Vortrag, angekündigt unter dem Titel *Alte Bibliotheken – kulturpolitische Chancen*, berichtete ich aufgrund eigener Erfahrungen von dem wachsenden Interesse der Wissenschaftler an alten Bibliotheken und den Möglichkeiten, sie in das kulturelle Leben einer Stadt zu integrieren, erzählte dann von der Entwicklung der Herzog August Bibliothek und schloß folgendermaßen:

»Alte Bibliotheken bieten besondere Standortvorteile; sie befinden sich ja im allgemeinen an einem Ort oder in einer Stadt, an der eine alte Bibliothek mehr oder weniger zufällig zurückgeblieben ist. In Großstädten wird man sie kaum entdecken, da sie dann längst in andere Institutionen eingegliedert sein werden, abgesehen von den Gymnasialbibliotheken in Deutschland, die ja, wenn sie eine lange Tradition haben, auch Geheimtips für Historiker und Bibliothekare, übrigens auch für Politiker sein könnten.

Die Einbindung einer alten Bibliothek in einen Ort oder eine Landschaft macht ihren besonderen Reiz aus, ihren Erlebniswert, den man gerade heute in zersiedelten Landschaften um so höher zu schätzen gelernt hat. Kulturelle Stätten tragen so nicht nur zur Steigerung des Ansehens einer Stadt oder eines Kreises bei, sondern darüber hinaus auch können sie den Ruf eines ganzen Landes steigern helfen.

In diesem Sinne stellen alte Bibliotheken auch in unserem Lande kulturpolitische Chancen dar, die zu nutzen Sache der jeweiligen Träger und Aufgabe der Politiker ist. Da in der gegenwärtigen Situation, der Periode langer Friedensjahre und in einer immer mehr sich ausprägenden Freizeitgesellschaft auch in der Bundesrepublik der Kulturpolitik Prioritäten zu Recht immer mehr eingeräumt werden, ist es Sache auch der Bibliothekare, das öffentliche Interesse auf die kulturellen Schätze und die Möglichkeiten ihrer allgemeinen Nutzung zu lenken.

Die alte Landesbibliothek Eutin ist als Schwesterbestandteil und kostbarer Kern der Eutiner Kreisbibliothek eine kulturelle Überlieferung, um die viele die Stadt, den Landkreis und das Land Schleswig-Holstein beneiden können. Durch die Herrichtung des Marstallgebäudes für die bibliothekarische Nutzung ist die Bibliothek in ein

Ensemble eingebettet, dessen Reiz sich kein Besucher ent-
ziehen kann. In der Nachbarschaft des eindrucksvollen
Schlosses, in der unmittelbaren Nähe zur Altstadt und
begrenzt von dem reizvollen Eutiner See ist in der Verbindung von Bibliothek, Kreismusikschule und Museum Ostholstein eine Kulturinsel entstanden, wie man sie sich
heute nicht schöner vorstellen kann. In einer Freizeitgesellschaft liebt man solche Nachbarschaften und kulturellen Zusammenhänge als Freiräume der Muße, der Bildung, der Unterrichtung und der Wissenschaft.

Eine Kulturinsel in Eutin weckt instinktiv die Erinnerung an den Eutiner Kreis der Aufklärungsgesellschaft im
18. und frühen 19. Jahrhundert. Man wünscht sich sogar
zur Ergänzung dieses Angebots ein literarisches Museum,
das den Reichtum und die Eigenart des Eutiner Dichter-
kreises der heutigen Bevölkerung, der Jugend, den Bürgern und den vielen Gästen in Eutin näherbringen könnte,
wenn mit modernen Mitteln die literarische Seite der reizvollen Vergangenheit der Stadt und der Landschaft veran-
schaulicht würde.

Doch ehe man solche Gedanken verfolgen kann, bedarf
es der bibliothekarischen Vorbereitung und Vorarbeit.
Dazu sind in Eutin die allergünstigsten Voraussetzungen
gegeben. Schon heute und seit einigen Jahren ist die Kreisbibliothek als lebendige öffentliche Institution ein belieb-
ter Bücherort für Erwachsene, Jugendliche und Kinder,
eine Bildungsstätte, eine reiche und vielfältige, den örtlichen Wünschen gerecht werdende Bücherei. In diesem
Rahmen ist in einem wohlgeordneten Magazin der
Bücherschatz, die ehemalige Landesbibliothek aufbewahrt, eine alte Bibliothek, die sich nicht nur für den
Landkreis und die Stadt, sondern für das Land Schleswig-Holstein selbst als eine kulturpolitische Chance

erweist, wenn man den Reichtum und die Schönheit der Bestände kennt.

Das beste, was einer solchen überlieferten Institution geschehen kann, ist die gegenwärtige Konstellation. Da ist zunächst die glückliche Lage eines geschichtsträchtigen und Geschichtsbewußtsein fördernden Bundeslandes, das mit großem Erfolg ein kulturelles Programm auf den Weg gebracht hat, das dazu beitragen wird, jedenfalls das kulturelle Nord-Süd-Gefälle in den nächsten Jahrzehnten abbauen zu helfen.

Da ist ferner die besondere Situation vor Ort zu nennen: Das Jubiläum, das zur rechten Zeit kam; das Interesse, das der Träger der Bibliothek seit langer Zeit entgegenbringt; die Unterstützung, die von einem gerade gegründeten Freundeskreis ausgehen wird, und nicht zuletzt als größter Glücksfall das Engagement und der Idealismus der Bibliotheksleiterin Ingrid Bernin-Israel, was die Garantie für einen Wandel abgeben könnte.

Man wünschte sich anläßlich dieses Tages, daß der Landkreis und das Land die alte Bibliothek in Eutin als eine kulturpolitische Chance ergreifen zum Nutzen der Wissenschaft im Lande, zur Belehrung der Bürger, Besucher, Gäste Eutins, zur Freude aller Bücherfreunde, die die Stadt, die Landschaft, den See und überhaupt Schleswig-Holstein als gastliches Land lieben. In diesem Rahmen die Eutiner Landesbibliothek als Teil der Institution lebendig wirkend zu erleben, würde Eutins Ruf als Stätte der norddeutschen Aufklärung als Ort, an dem Geister wie Johann Heinrich Voß, Friedrich Graf Stolberg und Gerhard Anton von Halem, wie Wilhelm Tischbein und Carl Maria von Weber wirkten oder aufwuchsen, erneut festigen und so zu einer Kulturlandschaft beitragen, die gerade in Schleswig-Holstein zu neuer Blüte gekommen ist.«

Meine Rede fiel auf fruchtbaren Boden. Der Landkreis Ostholstein und das Land Schleswig-Holstein engagieren sich. Die Begeisterungsfähigkeit und der Charme der Bibliothekarin wirkt Wunder. Der Traum von der Kulturinsel geht in Erfüllung. Das Kavaliershaus, das die beiden langgestreckten ehemaligen Marstallgebäude mit Museum und Kreisbibliothek zur Stadt hin abschließt, wird zur Zeit für eine reizvolle Forschungsbibliothek vor dem Hintergrund des historischen Buchbestandes umgebaut. Die Titelblattkopierung der alten Drucke ist bereits abgeschlossen. Die Spezialkataloge sind im Aufbau, eine Arbeitsstelle für Reiseliteratur ist eingerichtet worden, die ersten wissenschaftlichen Veranstaltungen waren erfolgreich, drei gedruckte Bestandskataloge der Osteuropabestände und der Reisebeschreibungen sind nach Wolfenbütteler Vorbild als Titelblattkataloge erschienen. So entsteht in einer reizvollen Umgebung ein Mini-Wolfenbüttel, ein Ort für Wissenschaftler und ein Zentrum kulturellen Lebens in einer kleinen Stadt.

Eine ähnliche Entwicklung bahnt sich für die reichen Bestände der Staats- und Stadtbibliothek Augsburg an. Hier hatten interessierte Professoren der Universität unter Leitung des Mathematikers Jochen Brüning die Initiative ergriffen. Sie steht im Zusammenhang mit der Oettingen-Wallersteinschen Bibliothek, die der Freistaat Bayern vor zehn Jahren für mehr als 40 Millionen DM erworben und der Universitätsbibliothek Augsburg übergeben hat. Aufgrund der Erfahrungen, die Wolfenbüttel mit der historischen Überlieferung, den Handschriften und alten Drucken als Quellen kulturgeschichtlicher Forschung gemacht hat, beschlossen die Augsburger Wissenschaftler, »ein süddeutsches Wolfenbüttel« zu schaffen, wie es in der Augsburger Allgemeinen Zeitung hieß.

In der Stadt wurden vorläufig einige Räume für das gedachte Institut für europäische Kulturgeschichte angemietet, die Verbindungen zur Stadtbibliothek hergestellt, die Einbeziehung der Bibliothek Oettingen-Wallerstein soll erfolgen, eine eigene Schriftenreihe *Studia Augustana* beginnt zu erscheinen. Auch hier stand die Herzog August Bibliothek Pate. In einem öffentlichen Vortrag hatte ich vor Ort für das Modell Wolfenbüttel plädiert. Inzwischen führen die Augsburger und die Wolfenbütteler gemeinsame Veranstaltungen durch. Es ist zu hoffen, daß an dem Ort einer jungen Universität die Erforschung der europäischen Kulturgeschichte Wurzeln schlägt. Die reichen süddeutschen Bestände kommen so, wie es in Wolfenbüttel geschehen ist, der Forschung voll zugute.

So entstehen in Deutschland einige Orte als »Freistätten der Gelehrten«, wie sie sich Gotthold Ephraim Lessing gewünscht hatte. »Er wollte«, hat sein Berliner Freund und Verleger Friedrich Nicolai später berichtet, »wenn er zu einem gewissen Alter gelangt wäre, sich in ein Kloster begeben, um da ganz in Ruhe zu studieren. Er glaubte, die völlige Unabhängigkeit von allen Sorgen der Nahrung, die völlige Ruhe und Muße, die man nur bei großem Reichtume mit gemäßigten Begierden verbunden oder in einem Kloster finden kann, nebst dem unumschränkten Gebrauche einer von seiner Studierstube nur wenige Schritte entfernten Bibliothek, das wäre es, was ein Gelehrter vorzüglich brauchte, wenn er vorher eine Zeitlang die Welt gesehen hätte«. Lessing soll hinzugesetzt haben: »Freylich, wenn es unmöglich wäre, was nicht möglich ist, daß die Klöster unter der verderblichen Gewalt der Hierarchie ständen, ... so möchten wohl auch mehr vernünftige Männer an solchen Stiftungen teilnehmen wollen«. Lessing dachte bei diesen Orten – weltliche Klöster – an Wissen schaftler, die »recht mit Muße studieren, besonders solche Wissenschaften kultivieren wollten, die viel Studium und daher viel Muße erfordern.«

Das ist die Idee einer Forschungsstätte, wie sie in Lessings Bibliothek mit modernen Methoden für Wissenschaftler der Humaniora geschaffen wurde und nun auch in Eutin und Augsburg, unter anderen Bedingungen und Möglichkeiten, realisiert wird.

In eigener Sache

Wie aber steht es mit der Muße und Ruhe dessen, der den Traum seines Bibliosibirsk in die Tat umgesetzt hat, wird nun der Leser am Ende fragen. Hat er nicht eine Bibliothek aufgebaut, die jedem Wissenschaftler das Leben erleichtert? Hat er aber selbst daraus Gewinn ziehen können? Hat er nicht selbst geschrieben, daß er sein erster Benutzer sei? Diese Hoffnungen mußte ich in den siebziger Jahren und zu Anfang der achtziger Jahre fast ganz begraben. Die Zeit für eigene langfristige Forschungen fehlte verständlicherweise in den Zeiten des hektischen Aufbaus und der Ausgestaltung des Bibliotheksquartiers, zumal ich in kritischen Zeiten stets auch selbst Hand angelegt habe. Später wurde es nicht viel anders. Besprechungen, Besucher, Briefe, Reisen, Sitzungen: Der Terminkalender war immer ausgebucht. Dazu Begrüßungen, Führungen, Empfänge, abends oft Veranstaltungen, desgleichen am Wochenende. Unter diesen vielfältigen Pflichten mußte das Privatleben über viele Jahre leiden.

In meinen ersten Dienstjahren habe ich noch nach Dienstschluß einen Index der 37 000 Beiträge in den hundert Zeitschriften und Sammelbänden des literarischen Expressionismus mit Hilfe meiner Frau und mit Unterstützung der Datenverarbeitung, die aber noch in den Kinderschuhen steckte, in 18 Bänden publizieren können. So hoffte ich, meine Quellenstudien zum literarischen Expressionismus, meinem Marbacher Fachgebiet, fortführen zu können. Doch Weiteres blieb liegen. Von meinen Lieblingsstudien glaubte ich, für immer Abschied nehmen zu müssen.

An der Universität Göttingen habe ich dann allerdings Seminare über das literarische Leben im Expressionismus, vor allem aber Übungen zur Quellenkunde durchgeführt und in den ersten zehn Jahren regelmäßig auch Einführungen in die Bücherkunde für Germanisten gegeben. (Meine *Bücherkunde* bei Metzler wurde mit zehn Auflagen und 100 000 Exemplaren mein Bestseller, wenn man von dem Fischer-Taschenbuch der Erzählungen Franz Kafkas absieht, das ich 1970 herausgegeben habe und das inzwischen die Grenze von 800 000 verkauften Exemplaren erreicht hat.) Doch nach und nach mußte ich die Nebentätigkeit in Göttingen angesichts wachsender dienstlicher Verpflichtungen einschränken, und seither arbeite ich mit meinen Doktoranden in Wochenendveranstaltungen, meist in Wolfenbüttel.

Mit der Zeit eroberte ich mir ein neues Forschungsgebiet: die Geschichte des Buchwesens in Deutschland. In diesem Rahmen interessiert mich die Geschichte des Verlagswesens im 17., 18. und im 20. Jahrhundert, die Geschichte des Lesens und der Bibliotheken, ohnehin die Gelehrtengeschichte, die als Historia literaria im Zeitalter des Polyhistorismus auch die Buch- und Bibliotheksgeschichte einschloß. Hinzu kommt ein lokales Interesse: die Geschichte der Herzog August Bibliothek, die wissenschaftlichen und kulturellen Verhältnisse in Wolfenbüttel im 18. und 19. Jahrhundert und nicht zuletzt die gelehrte Tätigkeit Lessings. Im Rahmen des Forschungsprogramms wurden Arbeitsgespräche und Seminare zu diesem Thema durchgeführt oder angeregt und begleitet. An den zentralen wissenschaftlichen Veranstaltungen konnte ich nur anfangs regelmäßig teilnehmen. Später fehlte dazu bedauerlicherweise die Zeit.

So entstanden in meinen Nebenstunden spezielle buch- und bibliotheksgeschichtliche Untersuchungen, meist aus Anlaß einer Veranstaltung. Die wichtigsten dieser Beiträge zur Geschichte des Buchwesens im 18. und frühen 19. Jahrhundert sind in einem Band *Bücherlust und Lesefreuden* zusammengefaßt, der 1984 im Metzler Verlag erschien. Meine vielen detaillierten bibliotheksgeschichtlichen Studien sollen später einmal folgen.

Einen breiten Raum meiner Nebenarbeiten nahmen die kulturpolitischen und bibliothekspolitischen Vorträge, Reden und Ansprachen über aktuelle Themen ein. Die mehr programmatischen Arbeiten sind in eigenen Schriften und Büchern zusammengefaßt: *Der alten Stadt eine Zukunft* (1975), *Die Bibliothek als humane Anstalt betrachtet. Plädoyer für die Zukunft der Buchkultur* (1986); *Tradition und Herausforderung. Kulturpolitische Betrachtungen* (1989). Daß ich auch ein mehr populäres Buch *Wolfenbüttel. Bilder aus der Lessingstadt* (1979) veröffentlicht habe, wurde von weniger Wohlwollenden negativ registriert. Daß ich auch einige kleine Schriften über die Bibliothek veröffentlichte, sei nur noch zur Vervollständigung erwähnt. Zu einem umfassenden Werk über die Herzog August Bibliothek ist es leider nicht gekommen.

In den achtziger Jahren habe ich meine Freizeit auf die Einlösung alter Versprechungen verwenden können. So erschien endlich 1985 mein bio-bibliographisches Handbuch *Die Autoren und Bücher des literarischen Expressionismus*, für das meine frühere Marbacher Mitarbeiterin Ingrid Hannich-Bode die Vorarbeiten seit langem abgeschlossen hatte. In einem neuen Anlauf wurde mit Hilfe meiner Frau die Konzeption des Werkes entwickelt, nach der Durcharbeitung und Ergänzung der Kurzbiographien und Werkbibliographien der 347 Autoren, die ich der expressionistischen Bewegung zuordnete, das Repertorium entwickelt. Es verzeichnet alle Buchtitel nach verschiedenen Kriterien, auch wurden Übersichten, Bilder und schließlich Register angefügt. Es war noch einmal ein Wettlauf mit der fehlenden Zeit; die Einleitung hatte ich in der Abgeschiedenheit des Klosters Mariensee bei Hannover in den kältesten Wintertagen geschrieben. Das Buch wurde dann im September 1985 im Deutschen Literaturarchiv in Marbach vorgestellt. Die erwachsenen Kinder waren gekommen. Meine Frau und ich haben den Abend als glücklichen Abschluß eines langjährigen Unternehmens genossen, denn fünfzehn Jahre früher hätte es schon erscheinen sollen!

So hat mich mein Lieblingsthema nicht mehr losgelassen: Die *Arche-Editionen des Expressionismus* mit der Herausgabe der Werke von Jakob van Hoddis, Alfred Lichtenstein, Henriette Hardenberg und anderen wurden konzipiert, eine Schrift über Gottfried Benns Aufenthalt in Hannover 1935-1937 wurde zum 100. Geburtstag des Dichters veröffentlicht und auf meine Veranlassung eine Gedenktafel an seinem Haus in Hannover, in dem er wohnte, enthüllt. Auch ein Band über *Klabund in Davos* erschien, und Kurt Hillers Anthologie *Der Kondor*, die am Anfang des Expressionismus steht, wurde neu herausgegeben.

Der Tod meiner Mutter im März 1986 war für mich

Veranlassung, über meine wissenschaftlichen Anfänge nachzudenken. In den fünfziger Jahren hatte ich in der Nordwest-Zeitung in Oldenburg kulturgeschichtliche Artikel veröffentlicht, die ich nach langen Jahrzehnten wiederlas und umschrieb. Die Sammlung der lokalen kulturgeschichtlichen Skizzen, Funde und Entdeckungen aus meiner Jugendzeit kam im Herbst 1986 unter dem Titel *Wie Shakespeare durch Oldenburg reiste* heraus. Ich betrachtete das Buch als heimliche Festschrift zu meinem damals bevorstehenden 60. Geburtstag, ohne daß dies bemerkt und zur Kenntnis genommen werden sollte.

Schließlich habe ich in den letzten Jahren noch ein sehr altes Versprechen einlösen können. Der Deutsche Taschenbuchverlag in München kündigte 1985 einen Taschenbuch-Reprint der 143bändigen Weimarer Ausgabe der Werke, Tagebücher und Briefe Goethes an, die zwischen 1887 und 1919 erschienen war und als historisch-kritische Edition immer noch nicht ganz ersetzt ist. In 50 Bänden wurden damals die Briefe Goethes in chronologischer Folge, aber mit laufenden Nachträgen und Nachträgen zu den Nachträgen veröffentlicht. Nun hatte ich während meiner Studienzeit als Redaktionsassistent von Hans Pyritz in Hamburg alle später mitgeteilten Ergänzungen der Briefe zur Weimarer Ausgabe für die *Goethe-Bibliographie* gesammelt und später die Herausgabe mit der Goethe-Gesellschaft in Weimar verabredet. Das Erscheinen des Reprints löste spontan den Wunsch aus, die Briefnachträge endlich, die Weimarer Ausgabe ergänzend, herauszugeben. Der Verleger Heinz Friedrich, ein großer Goethe-Freund, stimmte dem Vorschlag zu. So habe ich Anfang 1990 tausend Briefe Goethes, die in der Weimarer Ausgabe fehlen, in zwei Bänden ediert, darunter nahezu 200 unveröffentlichte. Meine Frau hat einen dritten

Schlußband am Computer bearbeitet, ein chronologisches und nach Adressaten geordnetes Repertorium, das erstmalig die nunmehr 14 500 Briefe Goethes übersichtlich nachweist. Durch die Arbeiten kam ich erneut mit Weimar in der damaligen DDR in Verbindung. Die Begegnungen sollten uns neue Perspektiven eröffnen.

Meine Bibliographie, die Barbara Strutz zu meinem 60. Geburtstag herausgab, hat mich, wie die drei Festschriften, die man mir überreichte, sehr gefreut. Sie legt über meine Nebenbeschäftigungen Zeugnis ab, auf die ich nie ganz verzichten mochte. Da ich den Ehrgeiz hatte, ein außeruniversitäres Forschungszentrum aufzubauen, fühlte ich mich als Leiter einer solchen Institution aufgerufen, auch persönlich durch wissenschaftliche und bibliographische Arbeiten an dieser Aufgabe mitzuwirken.

Bilanz
1989-1991

Arbeitsecke im Zeughaus

Mitten in Deutschland oder
Das Ende von Bibliosibirsk

Der Herbst 1989 wird allen, die ihn in Ost und West unmittelbar miterlebt haben, unvergeßlich bleiben. Die Bilder im Fernsehen aus Ungarn und der Tschechoslowakei zeigten die Massenflucht aus der DDR. Ging der zweite deutsche Staat, mit dem wir uns allmählich abgefunden hatten, zu Ende? Wir hatten im September »im kleinen Grenzverkehr« einen Betriebsausflug nach Halberstadt und Quedlinburg unternommen. Die Verzweiflung der Reiseführerin, die uns die Schönheiten ihrer Heimatstadt zeigte, bewegte uns: »Wir wollen hier raus. Wir halten es nicht mehr aus.« Keiner von uns ahnte, daß der Hilferuf dieser Frau auf einer Straße in Quedlinburg gehört werden sollte.

Sechs Wochen später, Mitte Oktober, fanden in Wolfenbüttel die zwischen dem niedersächsischen Ministerium und dem Ministerium für Kultur in Ostberlin ausgehandelten »Tage der Begegnung mit der DDR« statt. In diesem Rahmen veranstaltete die Bibliothek in der ungewissen Stimmung dieses Herbstes das erste dreitägige Gespräch zwischen zwanzig Wissenschaftlern aus Weimar und Wolfenbüttel, die über die Herzogin Anna Amalia von Sachsen-Weimar, die in Wolfenbüttel aufgewachsene Begründerin des Weimarer Musenhofes, aus Anlaß der 250. Wiederkehr ihres Geburtstags diskutierten. Es war nicht leicht gewesen, daß alle reisen durften. Einem Kollegen, der heute Präsident der Stadtverordnetenversammlung in Weimar ist, hatte ich die Fahrkarte, für die ja Devisen notwendig waren, in einem Hauseingang in Weimar zugesteckt. Ihm war sie aus Schikane verweigert worden. Er war nie im Westen gewesen. Unsere Tagung verlief in herzlicher Harmonie. Wir waren glücklich, einmal fachlich miteinander reden zu können.

Auch hohe Politiker der SED kamen zu öffentlichen Veranstaltungen nach Wolfenbüttel. Wir wunderten uns, mit welch einer Offenheit sie über die sich zuspitzenden Verhältnisse sprachen. Einer von ihnen diskutierte vor Hunderten meist junger Leute mit westlichen Politikern über die Fehler, die man in der DDR gemacht habe. Ungläubig hörten wir uns die freimütigen Bekenntnisse des Funktionärs an: Wo befanden wir uns? Mit finsteren Gesichtern saßen neben ihm zwei ältere Genossen, der eine warf abwehrend einige Bemerkungen über die Friedensliebe des Sozialismus ein. Doch sein wie besessen redender Vorgesetzter ging darüber hinweg: Er wollte die DDR verändern und erneuern.

Der 11. November 1989 war ein Sonntag. Zwei Tage zuvor war die Mauer in Berlin geöffnet worden, und dort und über die Grenzübergänge von Lübeck bis Coburg strömten die Menschen in den Westen. Meine Frau und ich wollten zum Grenzübergang nach Stapelburg im Harz fahren und den Tag dort miterleben, denn auch im Westen hinter der Grenze war alles auf den Beinen. In einem provisorisch hergerichteten Restaurant in Wolfenbüttel, in dem Kaffee und Brote den Gästen aus der DDR gereicht wurde, sprachen wir Leute an. Sie berichteten, daß sie nur eine Stunde von Osterwieck hergefahren seien, und so erfuhren wir, daß die alte Verbindungsstraße zwischen Wolfenbüttel und Halberstadt, die schon Lessing benutzte, wenn er Vater Gleim in Halberstadt besuchte, bei Mattierzoll seit zwei Stunden wieder befahrbar sei. So erlebten wir, in dem Niemandsland zwischen den Zäunen an einem Wachtturm stehend – die spanischen Reiter waren gerade zur Seite geräumt worden – das unglaubliche Schauspiel mit, wie ein Trabi und Wartburg nach dem anderen voll besetzt mit Menschen, Deutsche wie wir, lachend und weinend, hupend und winkend über die unbefestigte Straße gen Wolfenbüttel fuhren. Busse waren eingesetzt worden, und nun kamen sie zu Fuß mit Kind und Kegel, um einen Blick in die Freiheit zu werfen. Nach vier Jahrzehnten hatten sich die Tore eines Staates geöffnet, die meisten von ihnen waren in diesem Gefängnis, das nur wenige Privilegierte Richtung Westen verlassen durften, aufgewachsen. Das Wiedersehen erschütterte uns. Die Menschenmenge, die nach Mattierzoll gefahren war, stand ergriffen. Es war für uns alle ein bewegender Tag. Die Grenztruppen waren überfordert und ließen auch die Bundesdeutschen gen Osten laufen, bis nach Hessen, den nächsten Ort, in dem Herzog Julius von Braunschweig-Lüneburg, der Gründer der Wolfenbütteler Bibliothek, das Schloß vor seinem Regierungsantritt bewohnt hatte, das jetzt nur noch eine imposante Ruine war. Es war verfallen und vergessen im Zeichen des Fortschritts im »ersten sozialistischen Staat auf deutschem Boden«. Die Offiziere, die mit versteinerten Gesichtern die Tür zum Grenzwachtturm hinter sich zuwarfen, mußten diesem Wiedersehen der Menschen aus dem geteilten Land tatenlos zusehen.

In den folgenden Wochen und besonders an den Wochenenden war Wolfenbüttel überfüllt, an manchem Samstag strömten 100 000 Menschen, doppelt so viele wie die Stadt Einwohner zählt, durch die Straßen. Die Geschäfte wurden leer gekauft, die Stadtverwaltung wurde der Masse der Gäste, die ihr Begrüßungsgeld von DM 100,- in Empfang nehmen wollten, nicht mehr Herr. So hatte ich die Zeughaushalle als zusätzliche Auszahlungsstelle zur Verfügung gestellt. Die Auspuffgase verbreiteten vorübergehend den bekannten beißenden Geruch, wie wir ihn von den Besuchen in der DDR her kannten. Das Leben in den Grenzstädten veränderte sich.

Viele Freunde, die vor der friedlich verlaufenden Revolution nie oder nur allein hatten reisen dürfen, besuchten uns mit ihren Familien, bestaunten die Bibliothek und genossen den Ausblick in eine Zukunft, in der man wieder hoffen durfte.

In dieser Stimmung veranstaltete die Bibliothek am 22. Dezember 1989, zwei Tage vor Weihnachten, in der voll-besetzten Zeughaushalle einen festlichen Abend mit ei-nem Konzert des Telemann-Kammerorchesters aus Blan-kenburg am Harz, dem Ort, der früher auch einmal zum Fürstentum Wolfenbüttel gehört hatte. In meiner Rede zog ich, sechs Wochen nach der Öffnung der Grenze, Bilanz und skizzierte zugleich ein Programm. Deshalb soll der Text an dieser Stelle wiedergegeben werden:

»Wir haben einen dramatischen Herbst in Deutschland erlebt. Dies bewegt und erregt uns, die Bürger der Bundes-republik Deutschland, die wir uns mit den Landsleuten in der DDR über Grenzen und Ideologien hinweg über Jahr-zehnte hin verbunden fühlen.

In beharrlicher Arbeit und in unbeirrbarer Konsequenz haben wir in zwei Jahrzehnten in Wolfenbüttel, ›mitten in Deutschland‹, eine alte europäische Bibliothek zu einer Studien- und Forschungsstätte für berühmte und unbe-kannte, für alte und junge, für deutsche und ausländische Wissenschaftler ausbauen können. Getragen von dem En-gagement des Landes Niedersachsen, gefördert durch die Volkswagen-Stiftung und unterstützt durch die privaten Initiativen unserer Freunde, ist in einer reizvollen ehema-ligen Residenzstadt am Rande der Bundesrepublik ein Ort geistiger Besinnung, Betrachtung und Auseinandersetzung entstanden. In der Tradition der Aufklärung, die hier als historische Epoche in der Erinnerung an Leibniz und Lessing lebendig geblieben ist, wird die Kultur des alten Europa erforscht, die so eindrucksvoll in den Büchern der Bibliotheca Augusta überliefert, aber auch in den Bauten der alten Stadt sichtbar gegenwärtig ist.

Die Herzog August Bibliothek wurde seit zehn Jahren zu einem Treffpunkt der Gelehrten aus West und Ost, die hier das wissenschaftliche Gespräch führen können. So wurde für viele Gäste aus vielen Ländern Wolfenbüttel zum Symbol einer modernen Gelehrtenrepublik. Es werden Freundschaften geschlossen, man ist unter den Büchern zu Hause, die Bibliothek wird unseren Gästen, die zu unseren Freunden werden, zu einer zweiten Heimat.

Diese Wissenschaftler kommen seit Ende der siebziger Jahre nicht nur aus Großbritannien und Frankreich, den Niederlanden, aus Schweden, Norwegen und Dänemark, aus Italien, Spanien und Portugal, aus den USA und China, sondern auch aus Polen und Ungarn, aus der Sowjetunion und seit zwei Jahren aus der CSSR.

Mit Genugtuung konnten wir feststellen, daß seit Mitte der achtziger Jahre Kolleginnen und Kollegen aus der DDR endlich unsern immer wiederholten Einladungen Folge leisten konnten. Nach vielen Jahren völliger Abgrenzung kommen seither, finanziert vor allem durch die Gesellschaft der Freunde der Bibliothek, zahlreiche DDR-Wissenschaftler regelmäßig zu uns. Und so begann schon vor einigen Jahren ein intensiver deutsch-deutscher wissenschaftlicher Dialog, gefördert auch durch eigene Aufenthalte an den Instituten in der DDR.

Das Erregende an dieser sich seit Jahren anbahnenden Entwicklung ist die Tatsache, daß Wolfenbüttel im Schnittpunkt von West und Ost, 15 km von der deutsch-

deutschen Grenze entfernt ›mitten in Deutschland‹ durch die atemberaubenden Ereignisse dieses Herbstes 1989 von der Zeit eingeholt wurde. Mauern und Grenzen fallen, und Freiheit rückt an die Stelle der Bedrückung.

Durch die Veränderungen angespornt, fühlt sich die Herzog August Bibliothek herausgefordert, auf ihre Weise zur Annäherung der beiden deutschen Staaten beizutragen. So unaufschiebbar die wirtschaftliche Zusammenarbeit zwischen der Bundesrepublik Deutschland und der DDR ist, so sinnvoll und hilfreich wird es im Bewußtsein des gemeinsamen kulturellen Erbes sein, auf wissenschaftlichem und kulturellem Gebiet Brücken zu bauen und einander in der Arbeit zu helfen und zu unterstützen.

Wir sind – das will ich mit Genugtuung feststellen – der Zeit vorausgeeilt und können nun unter erleichterten Bedingungen bereits angebahnte und vorbereitete Kooperationen mit den wissenschaftlichen Einrichtungen in Halle, Weimar und Gotha zu einer fruchtbaren Partnerschaft aus- bzw. aufbauen.

Unser erster offizieller Stipendiat aus der DDR war Professor Dr. Ulrich Ricken, ein international angesehener Romanist und Sprachforscher an der Martin-Luther-Universität Halle-Wittenberg, der 1985 zum erstenmal nach Wolfenbüttel kam. Angeregt durch die Arbeitsbedingungen in unserer Bibliothek reifte in ihm der Plan, in den ehemaligen Franckeschen Stiftungen in Halle, die der pietistische Gelehrte August Hermann Francke am Ende des 17. Jahrhunderts gegründet hatte, eine internationale Forschungsstätte ›Europäische Aufklärung‹ einzurichten, an der Universität also, von der in Deutschland mit Thomasius und Christian Wolff die Epoche der Aufklärung ausging. Die bestechende, für die gegenwärtige Situation so notwendige Idee in einem Gebäudekomplex der verfallenden Franckeschen Stiftungen zu verwirklichen, erschien uns beiden zuerst utopisch: Sie nimmt aber inzwischen Gestalt an. In beharrlicher Arbeit hat es Ulrich Ricken erreicht, daß ein Sonderbaustab Franckesche Stiftungen im Sommer dieses Jahres eingesetzt wurde, der die Rekonstruktion der Gebäude in Angriff nehmen soll.

Die Martin-Luther-Universität und die Herzog August Bibliothek schlossen im Frühjahr dieses Jahres eine Kooperationsvereinbarung mit dem Ziel ab, Aufklärungsforschung in Halle und in Wolfenbüttel zu fördern. Ein Antrag an die Volkswagen-Stiftung wurde soeben auf den Weg gebracht, den die Bibliothek unterstützt. Intensive Kontakte zwischen Halle und Wolfenbüttel konnten in den letzten Monaten hergestellt werden, aber noch fehlen die Mittel, die Hauptgebäude des eindrucksvollen Ensembles der Franckeschen Stiftungen zu sanieren. Zu ihrer Rettung gründete Professor Ricken ein Initiativkomitee, dem ein Freundeskreis in West und Ost zugeordnet wird, der die notwendigen Mittel durch Spenden aus dem In- und Ausland einwerben soll.

Die gemeinsame Förderung der Aufklärungsforschung in Halle und Wolfenbüttel ist das Ziel dieser Zusammenarbeit; die Quellen zum 18. Jahrhundert fließen in Halle überreich. Die gemeinsame Auswertung steht auf dem Programm sowie der Austausch von Wissenschaftlern und Nachwuchskräften, gemeinsame Tagungen und Publikationen. Wolfenbüttel als Sitz der hier vor vielen Jahren gegründeten Deutschen Gesellschaft für die Erforschung des 18. Jahrhunderts kann sich heute als idealer Partner einer Universität verstehen, an der in eindrucksvoller Weise zahlreiche Wissenschaftler die Aufklärungsforschung im Zusammenhang mit der neugegründeten Studienstätte fördern.

Den deutschen Anteil an der Kultur des alten Europa sichtbar zu machen, ist eine unabsehbare Chance für die Zusammenarbeit der Wissenschaftler und wissenschaftlichen Institutionen in der Bundesrepublik Deutschland und der DDR. So sind wir glücklich darüber, daß uns neben Halle nun auch Weimar wieder näherrückt vor dem Hintergrund einer gemeinsamen historischen Verbindung im 18. Jahrhundert. Die Wolfenbütteler Prinzessin Anna Amalia wurde die Begründerin des weimarischen Musenhofes als Voraussetzung der Entstehung der deutschen Klassik. Vor diesem Hintergrund verstehen wir unsere vertraglich abgesicherte Zusammenarbeit zwischen den Nationalen Forschungs- und Gedenkstätten der klassischen deutschen Literatur in Weimar und der Herzog August Bibliothek in Wolfenbüttel. Durch eine eigene Goethe-Briefedition seit einigen Jahren wieder mit den Problemen und Möglichkeiten dieser bedeutendsten außeruniversitären Forschungs- und Kulturstätte in der DDR vertraut, sehe ich in der Zusammenarbeit zwischen Wolfenbüttel und Weimar auf dem Gebiet der Barockliteratur und der Literatur der Goethezeit eine Möglichkeit, die weimarischen Kollegen in ihren Arbeiten zur Goethe-Edition zu unterstützen. Anderseits können wir von den reichen Beständen für Wolfenbüttel profitieren. Auch hier bahnt sich vor dem Hintergrund des gemeinsamen kulturellen Erbes eine weitgespannte wissenschaftliche und kulturelle Zusammenarbeit an, und dies im Zeichen Goethes, der der Höhepunkt unserer geistigen Geschichte geblieben ist.

Wie fruchtbar die wissenschaftliche Kooperation zwischen West und Ost in Deutschland sein kann, zeigt die Partnerschaft der Herzog August Bibliothek mit der Forschungsbibliothek Gotha, der alten reichen herzoglichen Bibliothek, deren Bestände unseren Barockforschern vertraut sind. Unter ihrem Direktor, Dr. Helmut Claus, hat sich Gotha zu dem zentralen Ort der Erschließung der Drucke des 16. Jahrhunderts in der DDR entwickelt. Da die Herzog August Bibliothek in der Zusammenarbeit mit der Bayerischen Staatsbibliothek München seit vielen Jahren an der Herausgabe des Verzeichnisses der deutschen Drucke des 16. Jahrhunderts mitwirkt, bot es sich an, die Arbeiten in Gotha mit denen in Wolfenbüttel zu verknüpfen. So entstand auch hier auf vertraglicher Basis eine Kooperation mit dem Ziel, die Drucke des 16. Jahrhunderts West und Ost in einem gemeinsamen Katalog zusammenzuführen. Da diese bibliothekarische Arbeit der wissenschaftlichen Forschung zugute kommt, ist neben Halle und Weimar Gotha ein Eckstein in den Wolfenbütteler wissenschaftlichen Beziehungen zur DDR.

Was also vor der friedlichen Revolution der Bevölkerung im andern deutschen Staat ihren Anfang nahm, kann nun unter den Bedingungen großer Freizügigkeit bei offenen Grenzen zwischen der Bundesrepublik Deutschland und der DDR fruchtbar gedeihen. Wir sehen uns durch diese Entwicklung angespornt, an dem Zusammenwachsen unserer beiden Staaten, von dem so viel die Rede ist, auf wissenschaftlichem Gebiet mitzuwirken. Eingeholt von den atemberaubenden Ereignissen, sind wir auf dem Wege, Wissenschaftlern und wissenschaftlichen Institutionen, besonders in Halle, Weimar und Gotha, aber auch an andern Orten finanziell und ideell zu helfen. Diese Hilfe ist kein Almosen, sondern eine in der Wissenschaft selbstverständliche gegenseitige Förderung. Sie kommt allen zugute.

Daß Wissenschaft auch immer Auswirkungen auf das kulturelle Leben haben sollte, hat die Herzog August Bibliothek mit ihrem Kulturprogramm seit Jahren bewiesen.

Mit Konzerten begann zu Weihnachten vor 21 Jahren der Aufbruch einer vernachlässigten Bibliothek in Wolfenbüttel zu neuen Ufern. Ohne den Rückhalt der interessierten Öffentlichkeit, die man durch kulturelle Veranstaltungen für die wissenschaftlichen Aufgaben einer solchen Institution interessieren kann, hätte sich Wolfenbüttel nicht entfalten können. So nehmen wir das Konzert des Telemann-Kammerorchesters aus dem benachbarten früheren Kloster Michaelstein bei Blankenburg in der DDR als ein gutes Omen und auch als Zeichen einer gewünschten kulturellen Zusammenarbeit mit der DDR. Michaelstein ist nicht nur eine Stätte der musica practica, sondern auch ein Institut für Aufführungspraxis, das sich speziell der Musikkultur des 18. Jahrhunderts widmet. Unter Leitung seines engagierten Direktors Dr. Eitelfriedrich Thom bestehen langjährige Beziehungen dieses Instituts zur Universität Halle und ebenso zur Herzog August Bibliothek. So schließt sich der Kreis über Blankenburg, Halle, Weimar und Gotha nach Wolfenbüttel.

›Mitten in Deutschland‹: Das war für uns bisher eine nostalgische Floskel. Das Wort füllt sich nun mit Inhalt. Wir sehen vor uns ein neues erregendes Jahr und ein unter hoffnungsvollen Zeichen anbrechendes neues Jahrzehnt. Wir wollten das alte Jahr dankbar mit einem Zeichen unserer Verbundenheit mit der DDR im wahrsten Sinne des Wortes ausklingen lassen. Wir haben die zuversichtliche Hoffnung, daß das gemeinsame kulturelle Erbe, das uns Deutsche in unseren beiden Staaten verbindet, eine tragende Grundlage freundschaftlicher, fruchtbarer und einander respektierender Zusammenarbeit zwischen den Menschen und den gewachsenen kulturellen Institutionen in der DDR und der Bundesrepublik sein wird. Kultur und Wissenschaft sind friedliche Bezirke unseres Lebens, und diesem Frieden sind wir in der Aussicht auf eine gute gemeinsame deutsch-deutsche Nachbarschaft nähergerückt. Diese unsere aller Hoffnung wollen wir in dem nun erklingenden vorweihnachtlichen Konzert zum Ausdruck bringen.«

Aus dem Zusammenwachsen der beiden deutschen Staaten wurde eine unvermeidbar überstürzte Vereinigung im Laufe des Jahres 1990. Für die Bibliothek empfanden wir diesen Weg von Anfang an als eine große Herausforderung. Mit Hilfe des Freundeskreises und dann auch, in bescheidenerem Maße, der des Landes, bauten wir ein Hilfsprogramm auf und luden im Laufe des Jahres mehr als 150 Wissenschaftler aus der DDR zu kurzen oder längeren Aufenthalten nach Wolfenbüttel ein. Wir wollten Vertrauen stiften, Menschen helfen, Orientierungen ermöglichen für diejenigen, die nie unsere Arbeitsmöglichkeiten in Anspruch nehmen konnten.

Dieses Jahr 1990 brachte den Wandel: Stadt und Bibliothek »am Ende der Welt« sahen sich in einer veränderten geographischen Lage dort wieder, wo sie einst ihren über viele Jahrhunderte gewachsenen und geltenden Ort hatten, nämlich mitten in Deutschland. Das löste keinen nationalen Jubel aus, schon gar nicht nationalistische Gefühle. Sie sind den Menschen in der alten Bundesrepublik fremd geworden, abhanden gekommen. Der Nationalismus in Deutschland war das Zeichen einer verblendeten Großmannssucht gewesen, die glaubte, daß am deutschen Wesen die Welt genesen werde. Das geteilte Land, das beschädigte Geschichtsbewußtsein, die Scham über die Verbrechen der Nazizeit haben das Fühlen, Denken und Handeln der Deutschen in einem Maße verändert, daß man sich mit der eigenen Vergangenheit nicht mehr identifizieren mochte und lieber heimatlos in einer grenzenlos offenen westlichen Welt lebt. Aber nun, da sich die Vereinigung der beiden deutschen Staaten abzeichnete, wünschten wir, daß dies ein anderes Deutschland sein möge, das wie die europäischen Nachbarn denkt und fühlt und sich zum kommenden Europa bekennt.

Für Wolfenbüttel bedeutete diese Revolution im anderen Teil Deutschlands die Vollendung eines jahrelang versuchten Brückenschlags zwischen West und Ost, die Erfüllung eines Traums des ungehinderten Umgangs der Wissenschaftler in Europa miteinander. Mit dem wiedererlangten Status »mitten in Deutschland« war das Ende von Bibliosibirsk gekommen. '

»Rettet die Franckeschen Stiftungen!«

An einem dunklen Dezemberabend 1987 war Ulrich Rikken, Romanist und Sprachwissenschaftler der Martin-Luther-Universität Halle-Wittenberg, der erste offizielle Stipendiat der Bibliothek aus der DDR, mit mir, dem Klassenfeind aus dem Westen, über die steile Holztreppe, auf der, von dem fahlen Licht der Taschenlampe beschienen, tote Tauben lagen, in den hohen und großen ehemaligen Festsaal der Franckeschen Stiftungen zu Halle eingedrungen. Das schwache Licht ließ die Schönheit des bis vor wenigen Jahren noch als Turnhalle genutzten, nun über und über mit Taubenkadavern und -kot bedeckten Raumes deutlich erkennen. Die beiden hohen doppelten Fensterreihen, am Ende eine Empore mit einer Orgel, der knarrende Parkettfußboden verstärkten den Eindruck vergangenen Glanzes. Hier hatte August Hermann Francke, Professor der Theologie, Gründer und Erbauer der nach ihm benannten Anstalten vor mehr als 250 Jahren seine Waisenkinder, Zöglinge und Inspektoren versammelt. Es heißt, daß der Saal zweitausend Kinder gefaßt habe. Francke war ein ungewöhnlicher Menschenfreund, der, beflügelt von seiner pietistischen Frömmigkeit, 1695 für ein Dutzend verwahrloster Kinder ein Waisenhaus unmittelbar vor den Mauern der Stadt in Glaucha vor Halle eingerichtet hatte. Aus diesen Anfängen entwickelte sich eine kleine Stadt mit zahlreichen hohen Häusern um einen Lindenhof, den man von dem vorgelagerten Hauptgebäude, dem Waisenhaus, überblicken kann. Nebengebäude wurden für die Meierei und die Handwerksbetriebe errichtet, eine Apotheke, eine Buchhandlung mit Druckerei gegründet. Schulen, Internate, eine Missionsanstalt, die Cansteinsche Bibeldruckerei, die Hauptbibliothek und das Naturalienkabinett kamen hinzu. Das Ganze wurde von einer Mauer umgeben, eine pietistisch geprägte pädagogische Provinz, in der die Kinder nicht nur Lesen, Schreiben und Rechnen lernten, sondern auch Naturgeschichte und praktische Fertigkeiten, die Francke »Realien« nannte. Die Franckeschen Anstalten hatten ihre Blütezeit im Jahrhundert ihres Aufbaus. Sie wurden die berühmteste pädagogische und soziale Einrichtung im Geist des Pietismus in der Epoche der Aufklärung in Deutschland.

Diese Franckeschen Stiftungen, wie sie dann genannt wurden, haben die Jahrhunderte, sogar die Nazizeit unbeschädigt überstanden. Ihre Rechtspersönlichkeit wurde im Herbst 1946 von der damaligen Regierung der Provinz Sachsen aufgehoben, die Stiftungen als Pädagogisches Institut in die Martin-Luther-Universität eingegliedert, Teile der Institution, so die großen Güter außerhalb von Halle, gingen nach und nach verloren. Die Gebäude verfielen. Im

Zuge der sozialistischen Stadtplanung, die auf diese bürgerliche Gründung keine Rücksicht nahm, wurde eine Hochstraße unmittelbar an dem Gebäudekomplex vorbeigeführt, der reizvolle Franckeplatz mit dem Denkmal von Christian Daniel Rauch und dem imposanten Blick auf das weißgestrichene Hauptgebäude mit dem einst so schönen Aufgang zerstört, außerdem das hintere Stiftungsgelände mit Hochhäusern im Stil der DDR bebaut. Die Universität hatte die Stiftung offensichtlich abgeschrieben, wenngleich noch in den verfallenden Gebäuden unterrichtet wurde und die schulischen Einrichtungen in den Stiftungen sich nach wie vor einer besonderen Beliebtheit erfreuten. Die dort auch entstandene Arbeiter- und Bauernfakultät Walter Ulbricht wurde später in ein Institut zur Vorbereitung auf das Auslandsstudium umfunktioniert.

Dies war die Situation, als Ulrich Ricken und ich uns über seine Idee verständigten, in diesem immer noch historischen Ensemble eine internationale Forschungsstätte für europäische Aufklärung zu gründen. Ricken hatte sich von der Wolfenbütteler Institution inspirieren lassen und sagte mir eines Tages anläßlich seines dritten Aufenthalts in der Bibliothek: »Das, was Sie hier in Wolfenbüttel aufgebaut haben, möchte ich in den Franckeschen Stiftungen auch machen, selbstverständlich in kleinerem Rahmen.« Nun, an Ort und Stelle, erläuterte er mir seinen Plan, den Festsaal mit Galerien und Regalen zu versehen, dort 100 000 Bände zur Geschichte der europäischen Aufklärung – alte Drucke und Forschungsliteratur, vornehmlich aus Beständen der Universitätsbibliothek – aufzustellen, den Saal so in einen großzügigen Lesesaal für die Forscher zu verwandeln, dazu im einzubeziehenden Nebenhaus der Häuserzeile Arbeitsräume für Forschungs- und Bibliotheksverwaltung einzurichten. Ich fand den Plan faszinierend, zumal dies eine Chance war, in einer sozialistischen Stadt ein Institut nach westlichem Vorbild zu verwirklichen, denn von Anfang an rechnete unser Stipendiat auf die Hilfe der Volkswagen-Stiftung.

Ulrich Ricken entwickelte mit Wolfenbütteler Unterstützung eine Konzeption für seine Forschungsstätte, überwand alle Hürden in der Universität und der Bezirksparteileitung, und schließlich soll Kurt Hager im Zentralkomitee der SED mürrisch mit dem Kopf genickt haben. Inzwischen hatten wir gemeinsam Kontakte zur Volkswagen-Stiftung hergestellt, die ihrerseits interessiert war, in der damaligen DDR einige Projekte zu fördern. Der Generalsekretär der Stiftung verhandelte mit den Ministerien in Berlin, nachdem Ricken seinen Antrag auf Förderung des Aufbaus seines Zentrums im Entwurf abgefaßt hatte. Darin wurde die Zusammenarbeit mit Wolfenbüttel hervorgehoben, die durch einen Kooperationsvertrag besiegelt wurde, der im Frühjahr 1989 vom Rektor der Universität und mir in Wolfenbüttel paraphiert und am 28. August des gleichen Jahres in Halle anläßlich eines von der Volkswagen-Stiftung veranstalteten internationalen Symposions über die Erforschung der europäischen Aufklärung feierlich unterzeichnet wurde.

Die Aussicht, zwei Millionen harter Devisen aus dem Westen für den maroden Staat zu erhalten, bedeutete in der wirtschaftlichen Situation der damaligen DDR viel. Als Eigenanteil versprach man die bauliche Herrichtung des Festsaals und des Nachbarhauses. Deshalb war Anfang 1988 ein Sonderbaustab Franckesche Stiftungen in dem ehemaligen Haus Franckes eingesetzt und mit zwei Diplom-Ingenieuren besetzt worden, die die Pläne für die Sicherung dieser Gebäude ausarbeiteten. Dann kam die politische Wende, und im Februar 1990 klagten die Bauleute darüber, daß sie zwar Hölzer für den Dachstuhl besorgt hätten und ihnen auch Dachziegel, sogenannte Biberschwänze, in Aussicht gestellt worden wären, aber es fehle an einfachem Handwerkszeug, an Bohrern, Sägen, Nägeln. Wir schickten sie aus Mitteln des Freundeskreises, der mich in der Hilfe für Halle unterstützte. Als es um die 60.000 Biberschwänze ging, für die keine Mittel zur Verfügung standen, stellte ich diese ohne Deckung (immerhin ging es um DM 70 000,-!) in Aussicht, so daß sie bestellt werden konnten.

Inzwischen hatte die Volkswagen-Stiftung im März 1990 den Antrag der Universität, den Ulrich Ricken ausgefeilt hatte, genehmigt. Als ich nach einigen Wochen wieder in Halle war, hörte ich zufällig, daß Hölzer aus Braunschweig geliefert worden seien. Auf diese Weise brachte ich in Erfahrung, daß der Universität 10 Millionen Mark aus dem Vermögen der ehemaligen SED zugunsten der Franckeschen Stiftungen zur Verfügung gestellt worden seien. Die Transaktion war allein Reinhard Mocek zu verdanken, dem Hallenser Philosophieprofessor, der inzwischen Volkskammerabgeordneter der PDS, der Nachfolgepartei der SED, geworden war. Er war im Vorjahr zwei Monate Gast in Wolfenbüttel gewesen, kannte Rickens Pläne und unterstützte sie. Auf diese Weise war nicht nur das Geld des Freundeskreises, das der Vorstand mir zähneknirschend nachträglich für die Bezahlung der Biberschwänze genehmigt hatte, nicht mehr erforderlich, sondern mit diesen Mitteln, die nach der Währungsunion halbiert worden waren, konnte mit der Sanierung der Dächer der Franckeschen Stiftungen fortgefahren werden.

Nach und nach hatten wir die Stiftungen in Augenschein genommen, was bis zum Herbst 1989 gar nicht denkbar war. Als Kooperationspartner berieten wir Professor Rikken und seine inzwischen hinzugekommenen Mitarbeiter beim Aufbau der Forschungsstätte, die inzwischen Räume in einer sehr schnell renovierten Etage in unmittelbarer Nähe des Festsaals bezogen hatte. Aber als dann auf Anregung von Ulrich Ricken ein »Freundeskreis der Franckeschen Stiftungen« im Sommer gegründet worden war und man mich zum Vorsitzenden gebeten hatte, konnte ich nun auf die Entwicklung der Stiftungen insgesamt Einfluß nehmen. Die Kirchenleitung der Evangelischen Kirche der Kirchenprovinz Sachsen in Magdeburg hatte festgestellt, daß von kirchlicher Seite gegen die Aufhebung der Rechtspersönlichkeit der Stiftungen jahrelang vergeblich protestiert worden war: 1956 war die letzte Demarche der Synode der EKD, der Evangelischen Kirche Deutschlands, abgewiesen worden.

So setzten wir uns zum Ziel, unterstützt durch Universität und Stadt als Hauptnutzer, die Franckeschen Stiftungen als eine pädagogische und soziale, aber auch kulturelle und wissenschaftliche Institution mit eigener Rechtspersönlichkeit wiederherzustellen. »Rettet die Franckeschen Stiftungen!« wurde unsere Devise und die Überschrift unserer Aufrufe. Unterstützung aus Bonn zur Erhaltung der Gebäude wurde signalisiert, der Bundesaußenminister Hans-Dietrich Genscher, der sich seiner Heimatstadt Halle außergewöhnlich verbunden fühlt, zum Schirmherrn des Freundeskreises gewonnen. Mit der neuen Landesregierung wurden Gespräche geführt, prominente Besucher kamen nach Halle, den Bundespräsidenten begleitete ich bei seiner Besichtigung. Alle Gäste sind von den Dimensionen der Stiftungen beeindruckt, auch von der singulären Kulissenbibliothek, die heute die älteste erhaltene in Deutschland ist.

Die Franckeschen Stiftungen sind heute insgesamt trotz

der nicht wiedergutzumachenden Einbrüche ein einzigartiges Kulturdenkmal, das europäische Dimensionen hat. Ihre Erhaltung und neue Nutzung ist eine städtebauliche und kulturpolitische Aufgabe, die sich nach und nach abzeichnet und immer wieder auf Verständnis stößt. Eine solche Einrichtung in der früheren DDR neu zu beleben, sollte heute ebenso ein Zeichen setzen, wie es ursprünglich gedacht war. Durch die Aufhebung der Verordnung von 1946 sind die Franckeschen Stiftungen wieder rechtsfähig, und damit ist der Weg für eine neue Entwicklung einer historischen Institution frei.

In diesem Zusammenhang befindet sich als ursprünglicher Nucleus das Forschungszentrum unter Ulrich Ricken im Aufbau. Neue Akzente sollten auf verständlichen Einspruch der »Kommission für die Geschichte des Pietismus« durch die Zusammenarbeit mit dieser verdienten Forschergruppe gesetzt werden. In einem vereinigten Deutschland wird nun in Halle ein Europäisches Zentrum für Aufklärungs- und Pietismusforschung verwirklicht werden. Vorgesehen dafür ist allerdings nicht mehr der Festsaal, sondern ein eigenes Gebäude auf dem Gelände der Franckeschen Stiftungen.

Viele Dachstühle der fast 300 Jahre alten Gebäude sind ersetzt und die meisten Dächer neu gedeckt worden. Der Aufruf »Rettet die Franckeschen Stiftungen!« ist nicht wirkungslos verhallt. So wie Wolfenbüttel, dem einstigen Bibliosibirsk, sollte auch Halle die Zukunft gehören.

Gotha und Weimar –
Chancen für einen kulturellen Neuanfang

Das Ziel in dem Prozeß der Vereinigung der beiden deutschen Staaten, die mehr als vierzig Jahre ihre eigenen Wege gegangen sind, liegt nicht nur in der Bewältigung gemeinsamer wirtschaftlicher und sozialer Probleme in einer sicherlich Jahre dauernden Angleichungsphase zwischen den einander fremd gewordenen Menschen in West und Ost. Es liegt nicht nur in der Hoffnung, daß diese in gegenseitigem Vertrauen, auf dem Wege geduldigen Verständnisses zu einer neuen Solidarität finden, in der die aufgestauten Vorurteile abgebaut werden und so eine friedliche Nation ein verläßlicher Partner in Europa bleiben wird. Das Spannende dieser Entwicklung ist auch die Wiederentdeckung der früheren gemeinsamen Geschichte in den Baudenkmälern und überlieferten Zeugnissen. Welch ein Gewinn für die Menschen in der alten Bundesrepublik, daß sie die großen Kulturstätten der Vergangenheit in Thüringen und Sachsen, Sachsen-Anhalt und Mecklenburg-Vorpommern, in Brandenburg und im östlichen, dem alten Teil Berlins wieder besuchen und kennenlernen können. Vergessene Orte der Geschichte von Wismar und Stralsund bis Gotha und Weimar, von Wernigerode und Quedlinburg bis Kamenz und Meißen sind lebendige Zeugnisse dieser Geschichte wie die Dome und Kirchen in Doberan und Halberstadt, Magdeburg und Naumburg, Leipzig und Dresden. Die Schlösser und Parks in Sanssouci und Wörlitz sind ungeheure Bereicherungen unserer Kultur. So könnte man in der Aufzählung bedeutender Kulturstätten fortfahren.

Die meisten alten Städte in der früheren DDR sind in

einem erbarmungswürdigen Zustand. Aber die Substanz ist erhalten, und ihre Sanierung wird eine der großen politischen Aufgaben der nächsten Jahrzehnte sein. Auch die Kulturdenkmäler sind nur teilweise restauriert worden, aber in dem armen sozialistischen Land auf vorbildliche Weise. Die neuen Bundesländer stellen eine nicht abzusehende Chance für einen kulturellen Neuanfang dar.

Auch die historischen Stadtkerne, Orte und Plätze in der alten Bundesrepublik haben nicht immer so attraktiv ausgesehen, wie sie sich den irritierten Besuchern aus den neuen Bundesländern darbieten. Vielleicht sind sie nicht einmal in den früheren Zeiten so schön gewesen wie heute. Die Abrisse alter Bausubstanz, die rücksichtslose Dominanz der Verkehrswege bei den Stadtplanungen, viele verheerende Zersiedelungen von Landschaften sind nicht wiedergutzumachende Sünden der Nachkriegszeit. Erst das Europäische Denkmalschutzjahr 1975 hat, wie Wolfenbüttels Beispiel zeigte, einen Sinneswandel eingeleitet, eine neue Sensibilität für Geschichte und Tradition bewirkt, die dem entstehenden Umweltbewußtsein vorangegangen ist.

Meine Frau und ich waren oft in der alten DDR, und jedesmal haben wir davon geträumt, wie die Städte aussehen könnten, wenn sie nach unseren Mustern und Erfahrungen restauriert würden. Auch die Besichtigungen der reichen, nach außen so arm erscheinenden Sammlungen, Bibliotheken, Archive führten immer zu den gleichen Überlegungen: Wie schön wäre es, wenn ...

Nun hat sich das Blatt der Geschichte gewendet, die Erhaltung der kulturellen Substanz in der früheren DDR ist im Einigungsvertrag festgeschrieben. Es hängt vom Geschick und der Gunst der Stunde ab, wie die neuen Regierungen in den neuen Bundesländern mit diesem Erbe und seiner Rettung fertig werden. Sie haben zweifellos im Augenblick noch größere Sorgen als das Schicksal der Kulturinstitute. Anderseits aber kann man dort beginnen, wohin die langjährige kulturpolitische Diskussion im Westen geführt hat. Man wird unsere Fehler nicht wiederholen und kann sogar an manches anknüpfen, was die Kulturpolitik der DDR im Laufe der Jahre, wenngleich unter anderen Vorzeichen, erreicht hat.

Das Schloß Friedenstein, das auf einem Hügel über der traditionsreichen Stadt Gotha weithin sichtbar liegt, ist eine imposante, um einen geschlossenen Hof gebaute Anlage. Das Theater, in dem im 18. Jahrhundert der große Schauspieler Konrad Ekhof gewirkt hat und das nach ihm benannt ist, ist eine der eindrucksvollen Sehenswürdigkeiten des Schlosses. Die andere ist die Forschungsbibliothek Gotha. Sie gehört zu den traditionsreichen deutschen Sammlungen aus fürstlicher Zeit, zurückgeblieben in einer Stadt mit höfischer Vergangenheit, ein Juwel in dem an kultureller Überlieferung so überreichen Thüringen. Die Russen hatten die Bibliothek nach dem Kriege geschlossen abtransportiert. Aber sie wurde 1956 von der Sowjetunion nach Gotha zurückgeführt. Man konnte sich diesen Bibliotheksraub in einer Stadt nicht länger nachsagen lassen, in der 1946 die beiden linken Parteien KPD und SPD zur Sozialistischen Einheitspartei vereinigt worden waren.

Wie gut sozialistisch man anscheinend in der Bibliothek dachte, sollte die große Büste von Karl Marx in dem Eingangsbereich beweisen, in dem eigene Publikationen, Schriften zur Buch- und Bibliotheksgeschichte des 16. und 17. Jahrhunderts auflagen, die mit der politischen Bildung nichts zu tun hatten. Als ich Helmut Claus, der viele Jahre hindurch nur kommissarischer Direktor war, vor Jahren dort besuchte, war er von äußerster Zurückhaltung, ja

Verschlossenheit. Er ist der beste Kenner der Druckgeschichte des 16. Jahrhunderts. Er hatte eine Nische in der DDR gefunden. Unter dem Dach eines Methodischen Zentrums für das wissenschaftliche Bibliothekswesen, einer der vielen inzwischen abgewickelten entbehrlichen Einrichtungen der DDR, konnte die berühmte Landesbibliothek als Forschungsbibliothek weiterexistieren: Schließlich hatten die Russen sie für so wichtig gehalten, daß sie sie als Kriegsbeute betrachteten.

Die Bibliothek ist eine der vielen Sammlungen in den neuen Bundesländern, bei deren Betrachtung einen Bücherfreund berauschende Glücksgefühle überkommen. Allerdings ist Gotha wohl die gepflegteste unter ihnen. Saal für Saal stehen wohlgeordnet die wertvollen Bestände vom 16. bis zum 19. Jahrhundert in hohen Regalen an den Wänden: ein großer Eindruck für den Besucher, der im allgemeinen nur die tristen Eingangsräume zu sehen bekommt. Über Jahre hin hatte ich vergebens versucht, Dr. Claus nach Wolfenbüttel einzuladen. Als er dann im Herbst 1988 endlich zu einem Seminar kommen konnte, erfuhr ich, wie schwer es jemand in leitender Stellung hatte, der zu dem herrschenden Regime in innerer Opposition stand.

Wir schlossen während der Wende einen Kooperationsvertrag zwischen Gotha und Wolfenbüttel und arbeiten seither auf dem Gebiet der Erfassung der Drucke des 16. Jahrhunderts eng zusammen. Die Bibliothek wird als Forschungs- und Landesbibliothek fortgeführt. Sie widmet sich den regionalen Aufgaben in Westthüringen, und es ist zu wünschen, daß sie sich im Laufe der Zeit, ähnlich wie Wolfenbüttel, zu einer Forschungseinrichtung außerhalb der Hochschule entwickelt, denn wo sind solche günstigen Voraussetzungen für Tagungen und Symposien gegeben wie im Schloß Friedenstein. Die Wissenschaftler werden auf die unbekannten Schätze der Bibliothek neugierig sein, und die abgeschiedene Lage bietet gute Bedingungen für konzentrierte Studien. Vielleicht tritt eines Tages jemand, wie es Hans Kauffmann vor fast zwanzig Jahren in Wolfenbüttel tat, in die Tür der Gothaer Bibliothek und bietet seine Hand zur Hilfe an. Für Thüringen wäre dies eine große Chance, denn ich bin überzeugt, daß solche Orte im künftigen Europa gesucht und gebraucht werden.

Im Vergleich zu Gotha ist die Ausgangslage in Weimar weitaus günstiger. Das Lebenswerk von Helmut Holtzhauer ist trotz aller Kritik, die man an dem überzeugten Marxisten üben kann, eine große kulturpolitische Leistung. Als er 1973 starb, hinterließ er mit den Nationalen Forschungs- und Gedenkstätten der klassischen deutschen Literatur ein in dieser Form in Deutschland unvergleichliches Ensemble an Museen und Forschungsstätten, Schlössern und Parks in der Zusammenführung der klassischen Gedenkstätten, die an Goethe und seine Zeitgenossen erinnern. Es war wohl nur dem Einfluß und dem Geschick eines hohen Funktionärs möglich, die entscheidenden kulturgeschichtlichen Plätze in Thüringen unter dem Dach einer sozialistischen Einrichtung zu vereinigen. Die Gedenkstätten wurden so in einem eindrucksvollen Konzept miteinander verbunden und dem Ministerium für Kultur in Berlin zugeordnet, das dem Generaldirektor Holtzhauer wohl sehr viel mehr Freiheit ließ, als es sonst jemals in der DDR denkbar war. Zu diesem Komplex gehören das Goethehaus am Frauenplan und das Goethe-Nationalmuseum, das Goethe- und Schillerarchiv und die Bibliothek der deutschen Klassik, das Schillerhaus und das Wittumspalais, Goethes Gartenhaus und Carl Augusts Römisches Haus, die Parks in Weimar und Belvedere, die

Schlößchen in Tiefurt und Dornburg, Schloß Kochberg und Ettersburg, die Gedenkstätten in Oßmannstedt, Gabelbach, Stützerbach, Bauerbach und manches andere.

Nach Holtzhauers Tod haben die Nachfolger das Erbe, so gut es angesichts des allgemeinen Verfalls möglich war, zu erhalten versucht. Die Zeit der großen Entwürfe und Visionen war längst vorüber, Holtzhauers Name verschwand aus den Prospekten. Aber nicht nur die Forschungs- und Gedenkstätten stagnierten, auch die Bausubstanz in Weimar selbst verfiel immer mehr: Das Landesmuseum war zur Ruine geworden, Johann Peter Eckermanns Haus stand leer; den Häusern, in denen Goethe in der Stadt einige Zeit wohnte, fehlten die Fenster. Der »Erbprinz« war abgerissen worden, überall fiel, wie in allen anderen Städten, der Putz von den Häusern. Weimar war nicht mehr die schönste Stadt Deutschlands, wie ich sie in den fünfziger und sechziger Jahren noch empfunden hatte. Unvergeßlich bleibt der erste Eindruck an einem späten Winterabend 1954. Ich bog, vom Hospiz am Wielandplatz kommend, in den Frauenplan ein und stand plötzlich vor Goethes breithingelagertem Haus, das vom fahlen Licht einer Straßenlaterne erleuchtet war. Weimar: Wie hatte es der alte Goethe Eckermann gegenüber charakterisiert? »Wo finden Sie auf einem Fleck noch so viel Gutes! ... Ich wiederhole daher: bleiben Sie bei uns und nicht bloß diesen Winter, wählen Sie Weimar zu Ihrem Wohnort. Es gehen von dort die Tore und Straßen nach allen Enden der Welt.«

Seit 1986 war ich mit meiner Frau häufiger zu Forschungsaufenthalten in Weimar, mit der Sammlung der Briefe Goethes beschäftigt, die in der großen historisch-kritischen Ausgabe fehlten. So lernten wir Stadt und Menschen, die Forschungsstätten und die dortigen Wissenschaftler näher kennen. Wir erlebten mit, wie die im Kriege zerbombte Häuserzeile am Markt von 1988 an wieder aufgebaut wurde; ich empfinde dies als verheißungsvollen Neuansatz. Mit den hilfsbereiten leitenden Kollegen der Forschungs- und Gedenkstätten diskutierten wir über eine engere Zusammenarbeit zwischen Weimar und Wolfenbüttel, die dann in den Wochen der friedlichen Revolution in der DDR in einer schriftlichen Vereinbarung festgelegt wurde, wie sie zu Halle und Gotha bereits bestand.

In dem Glücksgefühl dieser veränderten Verhältnisse stellte ich, unterstützt durch meine Frau, in kürzester Zeit die *Spaziergänge durch Goethes Weimar* für den Arche Verlag zusammen – meine Schwester, die Verlegerin, hatte mich um das Buch noch kurz vor der Wende, im Sommer 1989, gebeten –, es erschien inzwischen in dritter Auflage. Es beschreibt anhand von fünf Spaziergängen die historisch, literarisch und künstlerisch bemerkenswerten Häuser, Plätze, Denkmäler nicht nur aus der Zeit der Klassik. Auch das 19. Jahrhundert, die Jahrhundertwende und die zwanziger Jahre sind einbezogen. So hatte ich Gelegenheit, eine Liebeserklärung für eine Stadt zu geben, die so viele historische Bezüge zu Wolfenbüttel hat.

Auch Weimar steht vor einem kulturellen Neuanfang. Mit dem letzten Generaldirektor der Forschungsstätten, Lothar Ehrlich, und seiner Frau hatten wir in der Nacht vom 2. zum 3. Oktober 1990 gemeinsam zu viert im »Goldenen Schwan«, dem wieder eröffneten Restaurant am Frauenplan neben Goethes Wohnhaus, bei einer Flasche Sekt die deutsche Vereinigung gefeiert. Er hatte am nächsten Vormittag zu einem Gespräch über die kulturelle Zukunft Weimars eingeladen. So konnte ich vor einem auserlesenen Kreis meine Ideen entwickeln. Da ich bei meinen wiederkehrenden Besuchen oft genug Gelegenheit gehabt hatte, über Weimars Chancen in einer veränderten Welt nachzudenken, fiel es mir nicht schwer, Pläne für einen kulturellen Neubeginn zu skizzieren. Nach meinen Erfahrungen, führte ich aus, sei eine räumliche Neuordnung der Nationalen Forschungs- und Gedenkstätten im Zentrum von Weimar die vordringlichste Aufgabe. Die beiden Teile der Bibliothek – die im Schloß neu entstandene Institutsbibliothek und die historische Bibliothek mit dem berühmten Rokokosaal – sollten am Fürstenplatz, dem Platz der Demokratie, zusammengeführt werden können. Der Bau eines zweigeschossigen Tiefmagazins unter dem Platz, – mit dem Bibliotheksgebäude verbunden –, böte sich an. Dort würden auch alle ausgelagerten Bestände – immerhin sind 800.000 Bände vorhanden – genügend Platz haben. Dieser Bau wäre die Voraussetzung, vorübergehend das historische Bibliotheksgebäude ganz zu räumen, um es restaurieren und sanieren zu können. Der Bibliothekssaal ist nach meinem Empfinden der schönste in Deutschland: Aber er bedürfte dringend der Sicherung und Erneuerung.

Für die Franz-Liszt-Hochschule für Musik, die sich im ehemaligen Fürstenhaus am gleichen Platz befindet, sollte eine neue Lösung gesucht werden, da sie in dem Gebäude auf Dauer keine Zukunft angesichts der Konkurrenz zu westlichen Musikhochschulen habe. Eine Übersiedlung in Neubauten an geeigneter Stelle sollte man anstreben. So könnte dann das Fürstenhaus die Benutzungsräume, Lesesäle und eine großzügige Bibliothek nach Wolfenbütteler Vorbild aufnehmen, auch Arbeitszimmer für Editoren und Stipendiaten ermöglichen und schließlich die gesamte Verwaltungsdirektion beherbergen. So ließe sich an einem Ort die Forschungstätigkeit der Klassikerstätten konzentrieren.

Daß das Schloß weitgehend für die neu zu ordnenden

staatlichen Kunstsammlungen vorzuhalten sei, ergebe sich als Konsequenz einer solchen Lösung. Allerdings entwickelte Martin Bircher später den vernünftigen Vorschlag, auch Goethes Sammlungen, vor allem seine Kunstsammlungen, in einem Trakt des zu restaurierenden Schlosses unterzubringen. Für die Kunst des 19. und 20. Jahrhunderts sollte das Landesmuseum wieder aufgebaut werden.

Da Weimar für das Goethejahr 1999 den Status einer Europäischen Kulturstadt anstrebt, müsse auf vielfältige Weise die beeindruckende Substanz von künstlerischer Überlieferung zur Repräsentation neben den Klassikerhäusern genutzt werden. Daß die Erhaltung des großen Stadtkerns und die Sanierung Haus für Haus ein Gebot der Stunde sei, verstünde sich von selbst, und auch der Lösung der Verkehrsfragen müßte der weitläufige Fußgängerbereich zugrunde liegen. Auf diese Weise könne Weimar eine ungewöhnliche, von guter europäischer und deutscher Tradition geprägte Stadt werden, die Stadt der deutschen Klassik in der Verbindung des Alten mit dem Modernen, denn ein solcher Ort könnte auch moderne Künstler und Schriftsteller anziehen. So plädierte ich für einen Kulturentwicklungsplan für Weimar, an dem Stadt und Land und private Initiative mitwirken müßten.

Meine Ideen riefen verständlicherweise Verblüffung hervor, aber dann auch Beifall. Inzwischen ist Weimar eine große Baustelle, einige innerstädtische Straßen sind inzwischen gesperrt worden, die engagierte Spitze der Stadt bringt Bewegung in verkrustete Strukturen. Die Forschungs- und Gedenkstätten wurden ein Jahr nach der Gründung des Landes Thüringen in eine Stiftung Weimarer Klassik umgewandelt. So ist zu hoffen, daß in der Stadt Goethes die Chance des kulturellen Neuanfangs wirklich genutzt wird. Denn ähnlich wie in Wolfenbüttel liegt die Zukunft der Stadt auch in ihrer Vergangenheit, die im neuen Geist europäische Perspektiven eröffnen könnte.

Wolfenbüttel – »Nationalbibliothek« für das 17. Jahrhundert

Das Engagement der Wolfenbütteler in Halle, Weimar, Gotha und andernorts bedeutete keineswegs, daß die eigene Entwicklung vernachlässigt wurde. Ganz im Gegenteil: Wir sahen uns durch die unvorhergesehene beglückende Entwicklung auf dem eigenen Wege bestätigt. Der Zuwachs an möglichem Wissen angesichts uns bisher verschlossener Archive, Bibliotheken und Museen ist so groß, daß man sich wundert, wie wenig dies die Wissenschaft offensichtlich zur Kenntnis nimmt.

Die alten Buchbestände in anderen Bibliotheken haben mich immer interessiert, und sie ergänzen das im eigenen Haus Vorhandene und sind heute über Mikrofiches oder Kopien erreichbar. Der alte Traum des Bibliothekars und des Sammlers ist die Vollständigkeit, sie ist ein geheimes, nie erreichbares Ziel. Aber tröstlich ist das Wissen um Ergänzungsmöglichkeiten zur idealen Komplettierung einer Bibliothek.

Auch die Wissenschaftler wünschen sich den unmittelbaren Zugriff zu den gedruckten Quellen an einem Ort. Diese Sehnsucht fand in dem schon zitierten Werk von Bernhard Fabian über *Buch, Bibliothek und geisteswissenschaftliche Forschung* ihren beredten Ausdruck: Er schlug der Volkswagen-Stiftung 1984 ein »Nationalarchiv gedruckter Texte« von 1450 bis 1945 vor, gewissermaßen eine retrospektive Nationalbibliothek in Deutschland. Das Thema erregte Aufsehen und fand in bibliothekarischen Fachkreisen mehr Ablehnung als Zustimmung. Ein solches Programm, auf fünf deutsche Bibliotheken in der alten Bundesrepublik bezogen, stand quer zur Bibliothekspolitik, die, unterstützt von der Deutschen Forschungsgemeinschaft, seit Jahrzehnten auf Sondersammelgebiete und Gesamtkataloge gesetzt hatte. Dem Vorschlag, alte Drucke nachzukaufen, begegnete man mit Skepsis, und man fragte, ob dies nötig sei, denn Altbestände wurden immer noch als abgelegte Kleider betrachtet. Gewiß war es zu bedauern, daß es Deutschland im Gegensatz zu allen europäischen und außereuropäischen Ländern nie zu einer Nationalbibliothek in Anbetracht der dezentralen Entwicklung des Landes gebracht hat. Selbst die Preußische Staatsbibliothek in Berlin, die vormalige Königliche Bibliothek, konnte diesen Status nie erreichen. Statt dessen war 1912 auf Anregung des Börsenvereins des deutschen Buchhandels die Deutsche Bücherei in Leipzig entstanden, die immerhin eine deutsche Archivbibliothek für die seit 1912 erscheinenden Druckwerke wurde. Ihr trat 1948 mit der Gründung der Deutschen Bibliothek in Frankfurt am Main ein westdeutsches Pendant an die Seite. Im Herbst 1990 sind die beiden größten deutschen Bucharchive für das xx. Jahrhundert in vorbildlicher Weise unter dem Titel »Die Deutsche Bibliothek« vereinigt worden.

In zäher und beharrlicher Arbeit haben der Generalsekretär Rolf Möller und Marie Luise Zarnitz in der Geschäftsstelle der Volkswagen-Stiftung in Gesprächen mit Ministerien, Beamten, Bibliothekaren und Politikern den Boden für eine Verständigung über ein nationales Unternehmen aufbereitet, das zu fördern das Kuratorium der Stiftung im Grundsatz relativ früh beschlossen hatte. Die

Herzog August Bibliothek als eine der zu beteiligenden Sammlungen verfolgte diese Bemühungen mit Spannung. Nach mehreren vorbereitenden Sitzungen kam es in Hannover im Kreise der Bibliothekare im Juli 1989 zur Vereinbarung einer »Sammlung deutscher Drucke 1450-1912«. Für die dann kurz danach ausscheidende Marie Luise Zarnitz war dies ein glücklicher Abschluß segensreicher Arbeit. Die fünf Direktoren der großen Bibliotheken verständigten sich darauf, daß ein segmentiertes, nach Jahrhunderten aufgeteiltes Nationalarchiv gedruckter Texte, gewissermaßen eine dezentrale Nationalbibliothek, in der Bundesrepublik Deutschland entstehen solle. Die Aufgaben wurden unter der Bayerischen Staatsbibliothek München, der Herzog August Bibliothek Wolfenbüttel, der Staats- und Universitätsbibliothek Göttingen, der Stadt- und Universitätsbibliothek Frankfurt und der Staatsbibliothek der Stiftung Preußischer Kulturbesitz in Berlin aufgeteilt. Unsere Bibliothek wurde so zuständig für das 17. Jahrhundert. Der Auftrag lautet, die nicht vorhandenen Drucke aus dem deutschen Sprachgebiet zwischen 1601 und 1700 im Original oder in Mikroformen zu erwerben. Da die Bibliothek bereits über ca. 150 000 Drucke des 17. Jahrhunderts verfügt, unter denen sich ca. 100 000 Titel aus dem deutschsprachigen Raum befinden, bedeutet dies die Chance, im Laufe der Jahrzehnte – denn das Unternehmen ist eine Jahrhundertaufgabe! – eine relative Vollständigkeit der eigenen Sammlung zu erreichen. Experten vermuten, daß etwa 150 000 Drucke im 17. Jahrhundert hergestellt wurden.

Die Volkswagen-Stiftung genehmigte für den Ausbau dieser Sammlungen insgesamt einen Beitrag von 25 Millionen DM, die größte Summe, die je en bloc für die Förderung geisteswissenschaftlicher Forschung bewilligt wurde. Für uns bedeutet dies eine jährliche Zuwendung von einer Million DM für die Dauer von fünf Jahren zur Finanzierung der Erwerbungen und des dazu notwendigen Personals. Die Stiftung erwartet, daß danach der Unterhaltsträger, also das Land Niedersachsen, die Fortführung sichert.

Seither kann also die Wolfenbütteler Bibliothek endlich auch wieder gezielt alte Drucke sammeln. So ging ein Wunsch nach langen Jahren in Erfüllung. Inzwischen wurden seit Herbst 1990 unter Leitung von Thomas Bürger, der die Arbeitsstelle der Sammlung deutscher Drucke des 17. Jahrhunderts aufbaut, bereits mehr als 2.000 Bücher und Broschüren im Orginal erworben.

Diese Entwicklung ist nicht nur der Schluß- und Höhepunkt meines bibliothekarischen Lebens, sondern für Wolfenbüttel bedeutet dieser Anteil die endgültige Rückkehr der Herzog August Bibliothek in den Kreis der großen deutschen Büchersammlungen. Es ist der Rang, der ihr zusteht. Wir verstehen die Aufgabe nicht nur als ein Erwerbungsprogramm, sondern als Verpflichtung, für die Drucke des 17. Jahrhunderts insgesamt zuständig zu sein. In einer Institution wie dieser unterstreicht die neue Aufgabe das Bemühen, die europäische Kultur der frühen Neuzeit und insbesondere des 17. Jahrhunderts auf der Grundlage der gedruckten Quellen zu erforschen. Das ist eben die Chance der Wolfenbütteler Bibliothek: Sie ordnet das Sammeln und Erschließen der unmittelbaren Förderung der wissenschaftlichen Arbeit zu. Dafür stehen mit dem »Internationalen Arbeitskreis für Barockliteratur«, den *Wolfenbütteler Barock-Nachrichten* und den *Wolfenbütteler Arbeiten zur Barockforschung* bewährte Instrumentarien zur Verfügung.

Die Befürchtung, die Regierung in der damals noch

bestehenden DDR mit dem Anspruch einer deutschen Nationalbibliothek zu verärgern, ist heute entfallen. Der Begriff stößt aber auch auf bayerische Bedenken, die national als bayerisch verstehen und auf das Bayerische Nationalmuseum verweisen. Vielleicht lassen sich im künftigen Deutschland diese Bedenken zerstreuen, denn das, was in den genannten Bibliotheken neu entsteht, ist unter Einschluß der Deutschen Bibliothek in Frankfurt und Leipzig nichts anderes als eine auf sechs Institutionen verteilte Nationalbibliothek in Deutschland.

Damit geht auch der Wunsch eines Wolfenbütteler Bibliothekars aus dem 19. Jahrhundert, Karl Philipp Schönemann, teilweise nachträglich in Erfüllung. Im Vorfeld von 1848 hatte er, angeregt durch Bücherstiftungen des Verlegers Heinrich Wilhelm Hahn in Hannover, den Wunsch, man möge doch die Herzogliche Bibliothek zu Wolfenbüttel nach dem Vorbild des Britischen Museums in London und der Pariser Nationalbibliothek in den Rang einer deutschen Nationalbibliothek erheben. Er schrieb damals: »Der Bestimmung ihres erhabenen Stifters gemäß ist die Wolfenbütteler Bibliothek in Wahrheit schon seit 200 Jahren eine allgemeine deutsche Bibliothek, nicht für den Gebrauch einer einzigen Stadt, Universität oder anderer engerer Kreise bestimmt, sondern durch ganz Deutschland bis an dessen äußerste Grenzen, und bisweilen auch weit über diese hinaus (z.B. nach Paris, Oxford, Kopenhagen usw.), ihre Schätze mittheilend.

Die beiden größten Schriftsteller Deutschlands, Leibniz und Lessing, haben einst ihren Geist aus dieser Quelle des Wissens genährt, an dieser Stelle gewaltet und von hier aus Deutschland belehrt, aufgeklärt und geistig stark und groß gemacht. Man hat ihnen Denkmäler gesetzt – von Stein; aber welch ein Denkmal könnte würdiger ihnen geschaf fen, dauernder geschmückt werden, als wenn ihnen zur Ehre Deutschlands Schriftsteller ihre besten Geisteserzeugnisse als Weihegeschenke hier niederlegten.

Die Britten schmücken auf diese Weise ihr Brittisches Museum, die Franzosen ebenso ihre Nationalbibliothek. Deutschland hat noch keine solche! Mit Freuden aber sahen wir in neuester Zeit aus allen Gauen Deutschlands zum Cölner Dombau Gaben spenden, unseren Dichtern und Künstlern durch freiwillige Beiträge von allen Seiten eherne Bildsäulen setzen. Mit der wärmsten Theilnahme ward jede ähnliche Vereinigung zu Kunst und Wissenschaft, die Gesangfeste, die Gelehrten- und Künstlerversammlungen begrüßt. Hier bietet sich ein neuer Einigungspunkt. Warum nicht die Wolfenbütteler Bibliothek um ihres Stifters, um Leibniz' und Lessing's willen auch als eine allgemeine deutsche durch die That ehren und durch Förderung von allen Seiten dazu erheben?«

Dieser Wunsch ging nicht in Erfüllung, aber wird nun in einer veränderten Form in Wolfenbüttel dennoch verwirklicht. Ohne den Status einer internationalen Forschungsstätte allerdings wäre ihr sicherlich nie die Aufgabe einer »Nationalbibliothek für das 17. Jahrhundert« zugefallen.

Der letzte Baustein: eine Grundordnung

Blicke ich zwanzig Jahre zurück, so war mein bibliothekarisches Leben anfangs ein undurchdringliches Knäuel, das sich langsam, aber kontinuierlich abgewickelt hat, und am Ende ergibt dies einen roten Faden, der sich durch die Jahre hinzieht. Mit der Gründung der Gesellschaft der

Freunde der Herzog August Bibliothek hatte das Neue, Unbekannte begonnen. Sie ist mein verläßlicher, helfender Partner geblieben. Die Tatsache, daß der Direktor das geschäftsführende Vorstandsmitglied ist, erleichterte vieles. Das so finanzierte Festjahr 1972 mit seinen Programmen, mit Tagungen und Symposien, Konzerten, Ausstellungen, Vorträgen und Dichterlesungen öffnete uns die Tür zur Volkswagen-Stiftung, die uns die ersten Versuche eines Forschungsprogramms ermöglichte. Begleitet von den Baumaßnahmen und den Bemühungen zur Erhaltung der städtischen historischen Bausubstanz, wurde dieses wissenschaftliche Programm in den siebziger Jahren aufgebaut: Die Volkswagen-Stiftung wurde zum Mäzen in Wolfenbüttel. Das hatte eine Bibliotheksreform zur Folge, eine Sicherung der Zukunft durch Kabinettsentscheidung und Landtagsbeschluß nach einer harten Probe durch den Landesrechnungshof. Die Entwicklung motivierte uns zu neuen kulturellen Aktivitäten in Erinnerung an Lessing und Herzog August. So entstand in der Folge von wissenschaftlichen, bibliothekarischen und kulturellen Bestrebungen Bibliosibirsk »am Ende der Welt«, der Ort zur Erforschung der Kultur im alten Europa, der sich für den Brückenschlag zwischen West und Ost einsetzte, die internationale Zusammenarbeit forcierte, die Interdisziplinarität der Forschungsstätte bewirkte und Ergebnisse der wissenschaftlichen Arbeit in ein umfassendes Publikationsprogramm einbrachte. Die Bibliothek konnte dank der Unterstützung durch Politiker und Beamte, Stipendiaten und Gäste und dank der Mithilfe durch Arbeitskreise und Freundesgesellschaft konsequent ihren Weg gehen. Daß die Wolfenbütteler Idee Nachahmung fand, bestätigt die Richtigkeit des Weges. Die unerwartete Erfüllung aber kam mit der friedlichen Revolution der DDR: Die Jahre von Bibliosibirsk gingen zu Ende, Wolfenbüttel liegt wieder »mitten in Deutschland«.

Daß dieses alles möglich wurde, liegt in dem Einsatz vieler Mitarbeiterinnen und Mitarbeiter begründet. Daß die Institution aber gefestigt aus dem Wandlungsprozeß am Ende hervorgehen konnte, ist der lenkenden Unterstützung durch die vorgesetzte Behörde, das Ministerium für Wissenschaft und Kultur in Hannover, zu verdanken.

Die Bibliothek leitete ihr Selbstverständnis und ihre Aufgaben aus der Überlieferung ihrer Bücherbestände her. Sie galt seit den Empfehlungen des Wissenschaftsrats 1964 als Bibliothek »sui generis«, das heißt, sie setzte sich ihre Ziele selbst, die durch Regierungsbeschlüsse bestätigt wurden. Eine Geschäftsordnung aus dem Jahre 1981 regelte die Arbeitsabläufe und Verwaltungsaufgaben. Die Mitwirkung der Bezirksregierung als Mittelinstanz brachte aber manche Probleme mit sich. Der Dienstweg war einzuhalten, wenngleich das Gespräch im Ministerium in Hannover unerläßlich war.

Es war mein verständlicher Wunsch, für meinen Nachfolger, der als Professor nach dem Hochschulgesetz berufen werden soll, klare Kompetenzen zu regeln. So wurde nach jahrelangen Bemühungen eine »Ordnung der Herzog August Bibliothek« vom Niedersächsischen Ministerium für Wissenschaft und Kultur im März 1990 erlassen und veröffentlicht. Dadurch wurden die Aufgaben der außeruniversitären Forschungs- und Studienstätte festgeschrieben: die Förderung der Erforschung der europäischen Kulturgeschichte durch Vergabe von Stipendien, durch wissenschaftliche Zusammenkünfte, Arbeitskreise, eigene Forschungen und schließlich durch die Herausgabe von Veröffentlichungen. Der Ausbau der Bibliothek, die Pflege der internationalen wissenschaftlichen Beziehungen, die Durchführung eines Kulturprogramms wurden in diese Aufgaben selbstverständlich einbezogen, wie sie seit Jahren praktiziert werden. Bestimmungen über den Direktor, die Gliederung der Institution, den Wissenschaftlichen Beirat und das Kuratorium schließen sich an.

Mit dieser Grundordnung, die die Herzog August Bibliothek unmittelbar dem Ministerium für Wissenschaft und Kultur zuordnet und sie in der Verwaltungshierarchie einer Mittelinstanz gleichsetzt, wird eine Landeseinrichtung auf Dauer gesichert, die ihre Bestimmung als niedersächsische Forschungsinstitution nicht nur im Geflecht der regionalen, sondern auch der überregionalen und internationalen Beziehungen sieht. Die im Grundgesetz verankerte Kulturhoheit der Länder bedeutet nicht nur das Wirken für das Land, sondern auch die Mitverantwortung für überregionale und internationale Ziele. Dies legitimiert die Stellung der Herzog August Bibliothek als außeruniversitäre Forschungseinrichtung. Für mich bedeutet diese Grundordnung eine juristische Absicherung und zugleich vor dem Hintergrund einer gut funktionierenden Verwaltung die Vollendung einer aus kleinen Anfängen entstandenen Institution. So wurde der letzte Baustein der Schlußstein eines Gebäudes unter dem für Kontinuität bürgenden Namen der Herzog August Bibliothek.

Nicht alle Blütenträume reifen

Das Bauen im öffentlichen Bereich ist gegenüber den siebziger Jahren schwerer geworden, die Planungsvorläufe werden immer länger. So habe ich mich seit Jahren um die Übernahme des Kornspeichers bemüht, des großen, dem

Zeughaus benachbarten Fachwerkgebäudes. Seit die Feuerwehr dort 1985 ausgezogen ist, kämpft die Bibliothek um die Übernahme dieses städtischen Bauwerks von der Stadt. Das parallel zum Zeughaus im 17. Jahrhundert erbaute Speichergebäude stellt eine ideale Erweiterung des Nachbarhauses dar. Es ist für die schweren Feuerwehrfahrzeuge vor Jahren neu gegründet worden. Allerdings fehlt der alte Giebel zur Bibliotheksseite hin. Die häßliche Brandmauer ist ein Provisorium aus dem 19. Jahrhundert.

Was es mit der Veränderung auf sich hat, entdeckte ich anhand eines Historienbildes aus dem Jahre 1875, das der Bibliothek geschenkt worden war. Es stellt den Eingang des Lessinghauses dar, vor dem Lessing mit Moses Mendelssohn steht. Vorn ist ein Bettler mit einem Hündchen zu sehen: Diesen Könemann ließ Lessing aus Mitleid unter seinem Dach wohnen. Daneben steht der jüdische Kaufmann Daveson. Auf dieser rührenden Szene erkennt man im Hintergrund zwei Giebel, den des Zeughauses und daneben den heute nicht mehr vorhandenen, ebenfalls verzierten des Kornspeichers. Daß er abgenommen wurde und so das Gebäude um zwölf Meter verkürzt ist, geht auf Veranlassung des Bibliothekars Otto von Heinemann zurück. Er hatte die berechtigte Sorge, daß, wenn das auf dem Kornboden eingelagerte Stroh einmal brennen würde, die Flammen auf die unmittelbar daneben stehende, aus Holzfachwerk gebaute Bibliotheksrotunde übergreifen könnte. So wurde also der Kornspeicher seines Giebels beraubt, was zehn Jahre später nicht mehr nötig gewesen wäre, denn inzwischen war die Bibliotheksrotunde nach der Fertigstellung des wilhelminischen Neubaus abgerissen worden.

Die Raumplanungen für diesen Kornspeicher, dessen fehlender Giebel als Eingangsbereich nach unseren Vorstellungen wieder aufgebaut werden sollte, sind seit längerem genehmigt. Das Haus soll im Erdgeschoß ein Informationszentrum mit Ausleihe, Auskunft und Katalogbereich aufnehmen und vor allem Platz für die Terminals bieten, mit deren Hilfe später der Gast die Bibliotheksbestände ermitteln kann. Vorgesehen sind weitere Magazinbereiche in den drei Geschossen, denn die Handbibliothek benötigt Raum. Sie sollte auf 200 000 Bände anwachsen können. Ein überdachter gläserner Verbindungsgang müßte die beiden Häuser miteinander verbinden. Geplant ist eine zentrale Musikbibliothek für den reichen Bestand an Musikdrucken des Hauses, das als Leihgabe übernommene Archiv der Jugendmusikbewegung und die große vorhandene Handbibliothek, die vor allem den Wolfenbütteler Musikinitiativen zugute käme. Darüber hinaus sind ein Vortragssaal und Seminarräume vorgesehen, vor allem für die Erweiterung des erfolgreichen Schülerprogramms. Endlich sind Stipendiatenzimmer und weitere Arbeitsräume notwendig, um allen Wünschen gerecht zu werden. Angesichts der wachsenden Raumnot ist zu hoffen, daß es meinem Nachfolger gelingt, diesen Ergänzungsbau in Angriff nehmen zu können.

Ursprünglich war, wie dem Leser erinnerlich sein wird, die von der Stadt durch den Freundeskreis übernommene Dammühle als Gästehaus geplant. Nachdem dafür aber zwei andere Lösungen gefunden worden sind, entstanden für das Gelände neue Überlegungen. Die alternativen Planungen ergaben, daß es aus wirtschaftlichen Gründen unzumutbar sei, die Ruine aus dem 19. Jahrhundert auszubauen. So wurde dieses störende Bauwerk abgetragen, und das brachliegende Grundstück des Freundeskreises wartet seither auf Bebauung.

Entwickelt wurde die Idee eines Hauses der Buchkultur,

für das sich Wolfenbüttel bei der optimalen Präsenz der alten Bücher anbietet. Gedacht ist an ein Informationszentrum Buch mit Vortrags- und Seminarräumen, vor allem auch einem Ausstellungstrakt mit der Möglichkeit zu Filmvorführungen. Ein solches Werbezentrum mit einem eigenen Veranstaltungsprogramm und Kursen für alle, die mit Büchern zu tun haben, geht gedanklich auf ein Symposion zurück, das die Bibliothek gemeinsam mit dem Börsenverein des deutschen Buchhandels 1985 über die Zukunft der Buchkultur im Wirkungsfeld der Informationstechnik durchführte. Buchhändler und Bibliothekare, Philosophen und Germanisten, Informationswissenschaftler und Pädagogen diskutierten über die Chancen und den wachsenden Einfluß der neuen Medien, die als Informationsquellen aus der modernen Welt nicht mehr wegzudenken sind. Die Frage war, wie sich die Buchkultur, die Aktivität und Kreativität vom Leser verlangt, gegenüber der bequemen Passivität im Umgang mit Fernsehen, Videos und Datensystemen behaupten kann. Zitiert wurde die Parabel von Marie Luise Kaschnitz *Das letzte Buch*, und man kam zu dem Schluß, daß eine aktive Buchpolitik die Antwort auf die Herausforderung durch die neuen Medien sein müsse. Ein Feldzug für die Lesekultur: Er liegt für eine historische Bibliothek im eigenen Interesse. So wurde das Europäische Film- und Fernsehjahr 1988 zu einem alternativen Wolfenbütteler Jahr des Buches genutzt, für das in einer eigenen Bibliothekszeitung geworben wurde und das dem Dialog in der Medienkonkurrenz dienen sollte.

Vor diesem Hintergrund also wünscht man sich ein Haus der Buchkultur. Wenn die Planungen in der letzten Zeit in den Hintergrund traten, so hing dies allein mit anderen Herausforderungen zusammen, der Rettung der kulturellen Einrichtungen in der DDR. Aber der Wunsch bleibt bestehen. Ein Haus der Buchkultur in Wolfenbüttel: Ich hoffe, daß auch dieser Blütentraum noch reifen wird.

Ein großer Kummer bleibt für mich, daß das Verkehrsproblem im Schloßplatzbereich in so vielen Jahren nicht gelöst worden ist. Eine Straße führt seit den fünfziger Jahren, als man die Verkehrsentwicklung noch nicht übersehen konnte, diagonal über den Schloßplatz und zerstört ein gewachsenes Ensemble im einstigen Bereich der Dammfestung. Das Schloß, das Kleine Schloß und die sich anschließende Häuserzeile ist auf diese Weise vom heutigen Bibliotheksquartier abgetrennt, der Platz mit seinem historischen Ambiente ist seiner Einheit beraubt. Zwar ist der Schloßplatz selbst seit 1975 von den parkenden Autos zum großen Teil befreit, aber er ist als Ganzes noch nicht wieder geschaffen worden. Auch die Straße, die sich zwischen Bibliotheca Augusta und Lessinghaus auf der einen und dem Zeughaus auf der anderen Seite von alters her durchschlängelt und auch durch eine ungeliebte Umgehungsstraße keine Entlastung gefunden hat, beeinträchtigt die Ruhe, die man in einer solchen »Gelehrtenrepublik« erwartet.

Schon 1979 beauftragte der Freundeskreis einen Verkehrsplaner in Geesthacht mit der Ausarbeitung von alternativen Vorschlägen, die zur Beruhigung des Verkehrs am Schloßplatz führen sollten. Leider ist bis heute die Sache nicht vorangekommen. Dabei ist an dem guten Willen der Stadt, die mich sogar zum Ehrenbürger gewählt hat, nicht zu zweifeln. Aber es dauert Jahre, bis sich eine allseits für notwendig empfundene Maßnahme im politischen Bereich durchgesetzt hat. Als ich kürzlich einen Vortrag unter der Überschrift *Die Schloßplatzgestaltung oder: Die Zukunft Wolfenbüttels* vor einem großen Publikum in der

Augusteerhalle gehalten hatte, war der Konsens durchaus gegeben. Längst hat man im öffentlichen Bewußtsein die Prioriät des Fußgängers im innerstädtischen Bereich gegenüber dem Auto akzeptiert. Man wünschte sich einen sympathischen, verkehrsfreien Schloßplatzbereich mit vielen eingegrünten Flächen zwischen Bibliotheca Augusta und dem Meißnerhaus ohne störende Parkflächen. Erst dann wird das Bibliotheksquartier vollendet sein. Hier ist allein die Stadt gefordert, sie ist für den Außenbereich verantwortlich. Das Land hat seine ungewöhnlichen Vorleistungen erbracht.

Und ein letztes habe ich nicht erreicht: die Verwirklichung der Idee, großen Europäern Denkmäler im Ensemble des Bibliotheksquartiers zu setzen. Im 19. Jahrhundert errichtete man großen Persönlichkeiten überlebensgroße Standbilder als Ausdruck nationalen Pathos: Denkmäler für Gutenberg und Luther, Goethe und Schiller stehen uns vor Augen. Heute haben wir Deutschen mit diesen Symbolen verständlicherweise unsere Schwierigkeiten. Man setzt nur noch selten Denkmäler.

Vergessen war der humane Brauch der Goethezeit, Freunden, Frauen, Dichtern Zeichen der Erinnerung in Form von Säulen, Altären, Steinen mit Reliefs oder Inschriften zu stiften. Mein Wunsch war es, an diese Symbole der Freundschaft eines Zeitalters anzuknüpfen, das für Humanität und Toleranz eingetreten war. Ich wollte dem heutigen Trend zum Trotz der europäischen Idee einen sichtbaren Ausdruck verleihen und einer historischen Persönlichkeit als Vertreter jeweils eines europäischen Landes, eines Zeitalters und eines Bereichs der Kultur und Wissenschaft ein Denkmal errichten. Ein solches Ensemble sollte dann insgesamt das geistige Europa symbolisieren, mit dessen Erforschung und Rezeption sich die Wissenschaftler in der Bibliothek befassen. Der Anlaß dazu war durch das Denkmal für Pablo Casals gegeben: Es steht für Spanien, für die Musik und für das 20. Jahrhundert. Vor diesem Hintergrund widmeten wir die Sonnenuhr Giordano Bruno, dem großen Philosophen, dem Italiener und dem Gelehrten aus dem Späthumanismus. Geplant war eine fünf Meter hohe Stele zum Andenken an Erasmus von Rotterdam, die der spanische Bildhauer und Graphiker Amadeo Gabino nach unseren Vorstellungen bereits im Modell entwickelt hatte. Die elegante Form sollte Strenge und Kraft verdeutlichen. So hätten wir die Niederlande, den Humanismus und das frühe 16. Jahrhundert einbezogen. Man hätte vielleicht nach und nach an den portugiesischen Seefahrer Fernando de Magallan, den englischen Dramatiker William Shakespeare, den französischen Frühaufklärer Pierre Bayle, den schwedischen Botaniker Carl Linnaeus, den dänischen Märchendichter Hans Christian Andersen oder den russischen Maler Marc Chagall erinnern können.

Gedacht war an eine Aufstellung auf den freien Flächen zwischen Bibliotheca Augusta und Meißnerhaus. Ein hoher Obelisk hätte sich auf dem Schloßplatz angeboten. Aber nicht alle Träume eines Wolfenbütteler Bibliothekars konnten in Erfüllung gehen. Wohl aber haben wir, stellvertretend für die größeren Zusammenhänge, die Häuser der Bibliothek nach verdienten Persönlichkeiten benannt. In Herzog August, Gottfried Wilhelm Leibniz, Gotthold Ephraim Lessing, Johann Christoph Meißner, Anna Vorwerk und Kurt Lindner werden der Sammler, der Philosoph, der Schriftsteller, der Buchhändler, die Pädagogin und der Industrielle als Beförderer des Wolfenbütteler Gedankens geehrt.

Einige persönliche Worte

Nicht nur der Leitfiguren und der Vorgänger möchte ich am Ende meiner Geschichte von Bibliosibirsk, das schließlich zu einem gelehrten Ort mitten in Deutschland wurde, gedenken, sondern auch der Mitlebenden, Mitwirkenden, Mithelfenden. Die Entwicklung und Verwandlung einer alten Institution läßt sich als Gang einer Geschichte im Ablauf und Ineinandergreifen glücklicher Umstände darstellen, auch als Folge von Zufällen, die ich aber immer als Fügungen und Schickungen empfunden habe. Doch in einer Rechenschaft kommt dann die namenlose Beteiligung aller derer zu kurz, auf deren Schultern die alltägliche Arbeit ruht und ohne die die Veränderungen und Erfolge nicht möglich gewesen wären, die man in einer Bilanz als Summe eigenen Tuns darstellt. Und nicht nur dieses Wirken sollte man würdigen, auch ist all derer zu gedenken, die mittelbar im Hintergrund für Wolfenbüttel tätig waren, und schließlich ist an diejenigen zu erinnern, die durch ihren Beifall, ihr Interesse, ihre Kritik ganz wesentlich zum Gelingen eines Werkes beitragen. In einer Bilanz wird man vieler Menschen gedenken und ihnen für das, was sie für die Herzog August Bibliothek über viele Jahre getan haben, danken.

Diese Geschichte wurde niedergeschrieben, damit sie nicht vergessen werde. Sie handelt von Büchern, den toten Zeugen der Vergangenheit, und von dem Mausoleum dieser Werke und ihrem Wiederaufstieg aus dem Vergessen. Sie handelt von dem Nutzen, den die Bücher stiften, und dem Gewinn, den sie bringen. Sie erzählt von den Hoffnungen und Erwartungen derer, die ich gerne Gelehrte nenne, wenngleich das Wort altmodisch ist. Diese Gäste,

Stipendiaten, Leser, Benutzer aus vieler Herren Ländern sind unter den Büchern der Bibliothek auf der Suche nach der gemeinsamen Vergangenheit. Sie erforschen die Kultur unseres alten Europa. Was sie finden und entdecken und niederschreiben in Büchern, Aufsätzen, Beiträgen, ist nicht eine private, unverbindliche Geschichte, sondern die vergangene Gegenwart unserer Existenz. Sie tragen dazu bei, daß wir in dem Bewußtsein dieser Überlieferung unser Leben besser verstehen lernen. Baustein um Baustein tragen die Gelehrten zusammen zu einem Gebäude, das sich das alte Europa nennt und das sich als Hintergrund unserer Zukunft versteht.

So gilt mein Dank zuerst diesen Gästen, Stipendiaten, Lesern, Besuchern, Benutzern. Ihre Arbeit, ihr Beifall und ihre Anregungen waren ein Motiv unseres eigenen Engagements. Viele dieser Gelehrten wurden unsere Freunde, sie trugen den Namen von Bibliosibirsk als Geheimtip weiter, und so kamen die Freunde der Freunde, und über die Grenzen unseres Landes und Europas hinweg verbindet uns das Bewußtsein, einer weltweiten unsichtbaren Gemeinschaft anzugehören.

Der persönliche Dank soll in erster Linie allen Mitarbeitern der Bibliothek gelten, die engagiert, geduldig, jede und jeder an ihrem/seinem Posten, der gemeinsamen Aufgabe dienen. Ich schließe diejenigen ein, die heute im wohlverdienten Ruhestand leben, und ich will auch derer gedenken, die nicht mehr unter den Lebenden sind. Es würde viele Seiten füllen, wollte ich alle ihre Namen aufzählen, aber es ist hier der Ort dafür nicht. Und so will ich, ohne Namen zu nennen, allen denen danken, die mir zur Seite gestanden haben, den engsten leitenden Kolleginnen und Kollegen, den Bibliothekarinnen und Bibliothekaren, den wissenschaftlichen Mitarbeiterinnen und Mitarbeitern, den Beamten und Angestellten, unserer Verwaltung, den Sekretärinnen, den Restauratoren und Handwerkern, den Magazinern, den Bibliothessen, den Aufsehern, den Hausmeistern und Putzfrauen, den Hilfskräften mit und ohne Planstellen und den vielen ABM-Mitarbeitern. Sie alle sind mir über Jahre ans Herz gewachsen.

In aufrichtiger Dankbarkeit möchte ich mit Namen meine beiden langjährigen Sekretärinnen nennen, die frühere und die jetzige, Elisabeth Schütze und Erika Wollnick, ohne deren Umsicht, Tüchtigkeit und unermüdlichen Einsatz ich meine Arbeit nicht hätte bewältigen können. Auch sie haben sich um die Bibliothek verdient gemacht.

Wir hätten in Wolfenbüttel nichts bewegen können, wenn wir nicht das Wohlwollen und die Unterstützung des Landtags, der Landesregierungen und vieler vorgesetzter und gleichgestellter Behörden und Institutionen genossen hätten. So denke ich an die Präsidenten des Niedersächsischen Landtags und an viele Abgeordnete, die sich für Wolfenbüttel engagierten. Ich danke den drei Ministerpräsidenten des Landes Niedersachsen, die mir so viel Vertrauen entgegengebracht haben, ich danke den Mitgliedern der Landeskabinette, den Ministern und Staatssekretären nicht nur unseres zuständigen Ressorts, den Beamten im Ministerium für Wissenschaft und Kultur, auch im Wirtschafts- und Finanzministerium, in der Staatskanzlei, insbesondere auch in der Protokollabteilung, den Ministerialdirigenten, Ministerialräten, Regierungsdirektoren und Amtsräten in Hannover, die sich für die Wolfenbütteler Bibliothek eingesetzt haben. Ich möchte auch den Präsidenten der Bezirksregierung Braunschweig für ihren Langmut danken und ihren für die Bibliothek tätigen Mitarbeitern für die nicht immer leichte

Zusammenarbeit. Den Leitern der Arbeitsverwaltung und des Staatshochbauamtes in Braunschweig, ihren für uns zuständigen Mitarbeitern fühle ich mich dankbar verbunden. Auch mit den Bürgermeistern, Stadtdirektoren, Ratsherren und Mitarbeitern der Stadt Wolfenbüttel habe ich, von den längst vergessenen Auseinandersetzungen abgesehen, vertrauensvoll zusammenarbeiten können.

Das Loblied auf die Volkswagen-Stiftung wurde schon angestimmt. Die Generalsekretäre und leitenden Mitarbeiter haben sich um Wolfenbüttel bleibende Verdienste erworben. Auch die weiteren niedersächsischen und bundesdeutschen Stiftungen haben beträchtliche Unterstützung gewährt, wie über viele Jahre die Deutsche Forschungsgemeinschaft. Ein Wort des Dankes an diese Adressen darf nicht fehlen.

Lenke ich zur Bibliothek zurück, so bin ich den Mitgliedern des Wissenschaftlichen Beirats und der Arbeitskreise verpflichtet wie vielen wissenschaftlichen Kollegen, die mich mit ihrem Rat unterstützt haben. Namentlich möchte ich Bernd Rebe nennen, den Präsidenten der Technischen Universität Braunschweig, der die engen Beziehungen zwischen Braunschweig und Wolfenbüttel so sehr gefördert hat. Gern denke ich auch an die bibliothekarischen Kollegen im Niedersächsischen Beirat für Bibliotheksangelegenheiten, die die ausgefallene Arbeit in Wolfenbüttel meist positiv und beifällig begleitet haben.

Der Gesellschaft der Freunde der Herzog August Bibliothek habe ich meine Dankbarkeit schon bezeigen können: Ihr Engagement ist immer verläßlich gewesen. So danke ich nochmals den Präsidenten, den Mitgliedern des Vorstandes und schließlich auch und besonders allen Mitgliedern selbst, die mich durch ihre Mitwirkung, ihren Beifall, ihre Spenden in der Arbeit immer erneut ermutigt haben.

Vielen Gesprächspartnern, Politikern, Diplomaten, Industriellen, Schriftstellern verdanke ich Anregungen und Unterstützung. Das gilt auch für die Vertreter der Wirtschaft, der Banken, der großen und kleinen Unternehmen und nicht zuletzt der Landeskirche.

Presse, Rundfunk und Fernsehen interessierten sich immer wieder für die Bibliothek und setzten sich durch ihre Veröffentlichungen und Sendungen in Ton und Bild für sie ein. Viele engagierte Journalisten, Reporter, Redakteure, Rundfunk- und Fernsehleute haben entschieden dazu beigetragen, daß der Name Wolfenbüttel einen guten Klang hat.

So ergibt sich eine unübersehbare Schar von Menschen, denen ich nur pauschal danken kann. Sie alle haben die Arbeit in Wolfenbüttel nicht nur begleitet oder gefördert, sondern wie alle Mitarbeiter selbst im wahren Sinne des Wortes getragen. Immer wieder habe ich mich als derjenige gefühlt, der Anregungen aufgegriffen, Hoffnungen erfüllt und Wünsche in die Tat umgesetzt hat.

Ich möchte diese Seiten des Dankes mit einem persönlichen Bekenntnis schließen und sagen, daß ich ohne das geduldige Verständnis, die Nachsicht und die tätige Hilfe meiner Familie meine Arbeit nicht hätte leisten können. Meine Frau hat meine Sorgen und Erfolge mit mir geteilt, sie hat sie mit kritischem Verstand und praktischer Unterstützung begleitet, sie hat mir die Kümmernisse des Alltags abgenommen und alle Unbequemlichkeiten aus dem Weg geräumt. Sie hat ihren bleibenden Anteil an dem Werk, von dem ich erzählt habe. Meine vier Kinder mußten oft den Vater entbehren und auf vieles verzichten. Die Harmonie der Familie ist eine Voraussetzung dafür gewesen, daß ich nach vorn und in die Zukunft blicken konnte. Nur so ließ sich das Wolfenbütteler Lebenswerk zum Abschluß bringen, von dem ich mit diesem Buch Abschied nehme, um es einem Jüngeren, dem Nachfolger, anzuvertrauen. Ich hoffe, daß auch ihm das Glück zur Seite stehen wird, das mir so viele Jahre treu geblieben ist.

Europäische Perspektiven

Die Zeit hat die Herzog August Bibliothek eingeholt. Europa steht als Thema endlich wieder auf der politischen Tagesordnung, nachdem der Fortfall des Eisernen Vorhangs die Hoffnung auf die Verwirklichung eines geeinten Europa vom Atlantik bis zum Ural hat aufkommen lassen. Für die Bibliothek bedeutet dies Bestätigung und Herausforderung zugleich, denn das alte Europa in seiner Geschichte, seiner Kultur, seiner Wirkung zu erforschen, ist als ein Beitrag zum Selbstverständnis der Europäer heute zu verstehen. Erinnern wir nochmals an das schon zitierte Wort Winston Churchills: »Je weiter man zurückblicken kann, desto weiter wird man vorausschauen.«

Seit einigen Jahren feiern wir auch in Wolfenbüttel den Europatag: für Spanien, für Griechenland, für die Buchkultur, zuletzt am 5. Mai 1991 für die Freiheit in Europa mit einer Ausstellung: »Der Zensur zum Trotz«. Wir haben gezeigt, wie man in den europäischen Ländern seit dem 17. Jahrhundert die staatliche und kirchliche Zensur im Bewußtsein persönlicher Meinungsfreiheit zu umgehen verstand. Vor allem die Dokumente des 20. Jahrhunderts erregen die Betrachter: die Exilliteratur zwischen 1933 und 1945, die nach Deutschland geschmuggelten Tarnschriften in der Nazizeit, die Geheimdrucke Hendrik N. Werkmans in den Niederlanden, die Samisdat-Drucke in der Sowjetunion und der Tschechoslowakei und die Publikationen der Solidarnosc in Polen, die unerwünschten Privatdrucke in der DDR.

Die Erforschung der europäischen Kulturgeschichte geschieht in Wolfenbüttel vor dem Hintergrund ihrer Überlieferung. Das europäische Erbe wurde in den Büchern und Dokumenten über Jahrhunderte bewahrt: Sie sind historische Zeitzeugen. Sie wurden in den Jahren gesammelt, in denen sie zuerst veröffentlicht wurden. Es wurde bereits berichtet, daß Herzog Julius von Braunschweig-Lüneburg um 1550 während seines Studiums französische Drucke der Renaissance, vor allem literarische Werke, erwarb. Diese französischen Bücher bilden also den Kern der Wolfenbütteler Bibliothek. Auch Herzog August, der Namengeber, schätzte die französische, in Europa führende Buchkultur. Er finanzierte Schreiber, die Urkunden, Verträge, diplomatische Protokolle aus den Geheimarchiven in Paris für ihn kopierten. Diese in rotes Leder gebundenen französischen Handschriften waren bis zur Revolution 1789 eine Hauptquelle zur europäischen Geschichte. Selbstverständlich richtete Herzog August sein Augenmerk auch auf die zeitgenössischen französischen Neuerscheinungen, vor allem auf die Streitschriften. Die Sammlung der Mazarinaden enthält viele Drucke, die selbst in Frankreich heute unbekannt sind. Die Fürsten kauften niederländische Bücher, teilweise auch auf den Auktionen in Amsterdam und Den Haag. Die Niederlande waren um 1700 noch führend auf dem europäischen Büchermarkt. Die Bibelsammlung enthält Bibeln in allen europäischen Sprachen und darüber hinaus Beispiele außereuropäischer Schriftkulturen. Sie wurden im 18. Jahrhundert von der Herzogin Marie Sophie Elisabeth gesammelt.

Auch die Bibliothekare beschränkten sich nicht auf die

im Deutschen Reich herausgekommenen Bücher und Zeitschriften: Lessing erwarb während seines Aufenthalts in Italien 1775 einen reichen Bestand an italienischen Neuerscheinungen aus allen Wissensgebieten. Nach ihm brechen aber diese europäischen Erwerbungen ab, wenngleich im 19. Jahrhundert eine größere Zahl ausländischer Zeitschriften hinzukam. Mit der Sammlung der französischen Malerbücher hat Erhart Kästner einen neuen Akzent gesetzt.

Überblickt man den Bestand heute, so läßt sich der europäische Charakter der Bibliothek in Handschriften und Drucken, Karten und Stichen ablesen. Er war der Grund für das Programm zur Erforschung der Kultur im alten Europa.

Fachleute aus Holland und Italien – auch das soll noch einmal erwähnt werden – erbauten Festung und Stadt Wolfenbüttel im 16. Jahrhundert. Der italienische Philosoph und Naturforscher Giordano Bruno hielt in Wolfenbüttel 1588 eine Rede zum Tod des Herzogs Julius. Herzog Heinrich Julius, später Kanzler des Reiches am Hofe Rudolfs II., berief 1592 englische Komödianten unter Thomas Sackville. Sie errichteten das erste stehende Theater in Deutschland in der kleinen Residenz zu Wolfenbüttel. Daß man im Jahrhundert des Barock italienische Musik liebte und französische Moden, fällt nicht aus dem Rahmen der Zeit. Daß eine Prinzessin aus Wolfenbüttel den spanischen König und ihre Schwester den russischen Zarewitsch heirateten, war in der frühen Neuzeit keine Sensation. Der Petersburger Hof stand im 18. Jahrhundert mit dem Wolfenbütteler in Verbindung wie der österreichische oder der französische. Europa war keine gedankliche Einheit, sondern eine reale Größe im Spiel der Mächte. Dies belegt auch der kleine, aber kulturell interessante Hof der Herzöge zu Braunschweig-Lüneburg. Das Besondere nur ist, daß sich dieses alte Europa in einer der größten Bibliotheken der Zeit spiegelt, daß sie die europäische Welt von gestern überliefert und schließlich, daß sie heute an diesem Ort erforscht werden kann.

Der letzte sowjetische Staatspräsident Michael Gorbatschow hat das Bild vom »europäischen Haus« vor einigen Jahren geprägt. Es ist zum Symbol für eine politische Entwicklung in Europa geworden. Der künftige europäische Binnenmarkt wird dazu beitragen, daß sich die europäischen Staaten, Nationen und Regionen in diesem europäischen Haus einrichten werden. Die Hauptstädte Europas werden Zentren einer neuen europäischen Zusammenarbeit werden. Die Völker West- und Osteuropas werden einander näherrücken, und die seit Jahrzehnten in der westlichen Hälfte verfestigte Freundschaft mit den Menschen aus den verschiedenen Staaten wird durch den Austausch mit denen vertieft werden, die nun neu an Europa mitwirken können.

Für die Herzog August Bibliothek ist diese Entwicklung eine Bestätigung. Der europäische Geist ist in einer solchen internationalen Forschungsstätte zu Hause, in der europäische Themen in Tagungen und Kolloquien, Arbeitsgruppen und Seminaren an der Tagesordnung sind. Die Internationalität in der Präsenz von Gelehrten aus den europäischen Ländern ist unter Einschluß der Amerikaner und Kanadier, auch der Israelis, eine europäisch geprägte Res publica literaria, die eine europäische Tradition fortführt. Dieser Charakter wird auch durch die Präsenz der alten und neuen Bücher unterstrichen, von deren Herkunft die Rede war.

So erlaubt Wolfenbüttel als Ort wissenschaftlicher Zusammenarbeit und gelehrten Austausches einen europäischen Ausblick. Europäische Perspektiven können und werden die Arbeit in der Zukunft weiter bestimmen. Europäische Wissenschaft ist hier zu Hause, und sie ist eine Möglichkeit, auch den Dialog mit außereuropäischen Institutionen und Wissenschaftlern im Zeichen der Humanität zu pflegen. Man wird zu einer Bibliothek, in der Leibniz und Lessing als Vertreter europäischer Aufklärung gewirkt haben, Vertrauen als Voraussetzung einer friedlichen Zusammenarbeit haben. Die Wissenschaftler, die sich mit der geistigen Welt, mit Geschichte, Kunst, Literatur und Musik beschäftigen, werden die politischen Probleme nicht lösen können. Sie scheinen keine Rolle zu spielen. Aber wenn sie gemeinsam für eine europäische Kultur in einer Welt im Umbruch eintreten, wird dies nicht verborgen bleiben. In der Zukunft braucht man wie in der Gegenwart Orte der Wissenschaft und Kultur als ruhende Pole. Dafür ist Wolfenbüttel ein Beispiel. Das einstige Bibliosibrisk, das heute wieder mitten in Deutschland liegt, wird dann ein Ort sein mitten in Europa, und er bietet der Herzog August Bibliothek europäische Perspektiven.

Im November 1990, ein Jahr nach der Öffnung der Grenzen in Deutschland, veranstaltete die Guardini-Stiftung in Schildow nördlich von Berlin im Brandenburgischen eine Tagung über die Kultur im künftigen Europa. Mein Beitrag war eine Rede über das europäische Erbe in Deutschland:

»Wir stehen heute an einem neuen Anfang. Hinter einer 45jährigen Geschichte in den beiden deutschen Staaten mit gegenläufigen Wertvorstellungen wird das verloren geglaubte gemeinsame kulturelle Erbe wieder sichtbar. Noch nicht abzuschätzen ist der Gewinn, der daraus für das neue Deutschland zu ziehen sein wird.

Eine Vorbemerkung ist notwendig. Der Begriff des kulturellen Erbes wurde in der früheren DDR als Kernbegriff marxistisch-leninistischer Kulturtheorie für die politischen Zwecke zur Bezeichnung einer unter sozialistischen Gesichtspunkten gefilterten Kulturüberlieferung in Anspruch genommen. Aber es sollte erwähnt werden, daß der Begriff bereits in der Haager Konvention zum Schutz von Kulturgut bei bewaffneten Konflikten aus dem Jahre 1954 angewandt wurde. Dort heißt es, ›daß die Erhaltung des kulturellen Erbes für alle Völker der Welt von großer Bedeutung ist und daß es wesentlich ist, dieses Erbe unter internationalen Schutz zu stellen‹. So ist der Begriff des cultural heritage auch in westlichen Demokratien seit langem geläufig. Wortschöpfungen aber wie Erbepflege, Erbeaneignung, Erbevermittlung, Erberat fehlen im westlichen Sprachgebrauch. Unsere deutsche Sprache ist, wie das politische Leben, über Jahrzehnte verschiedene Wege gegangen.

Einig aber sind wir, wenn wir das kulturelle Erbe ohne ideologische Befrachtung als das geistige und materielle Gut ansehen, das uns überliefert wurde: Philosophie und Wissenschaft, Kunst und Literatur, Musik und Theater oder in konkreteren Formen im Wortlaut der Haager Konvention: ›Bau-, Kunst- und geschichtliche Denkmäler; Kunstwerke, Manuskripte, Bücher, so wie wissenschaftliche Sammlungen, Museen, Bibliotheken, Archive etc.‹

Erinnern wir an den Umgang mit dem kulturellen Erbe in den beiden früheren deutschen Staaten der Nachkriegszeit. In der Bundesrepublik Deutschland war und ist die Bewahrung, Pflege und Vermittlung des kulturellen Erbes Sache des Einzelnen. Der Staat gibt keine Direktiven vor; er kann nur die Rahmenbedingungen schaffen und auf das Engagement der Politiker, der Bürger und Beamten bauen. Es hängt also von der Kulturpolitik der Länder und der Kommunen ab, wie für das kulturelle Erbe gesorgt wird. Daß diese Probleme in den ersten Nachkriegsjahrzehnten des Wiederaufbaus vernachlässigt wurden, ist bekannt. Inzwischen wurde vieles mit wachsendem Wohlstand nachgeholt. Vor allem hat das Europäische Denkmalschutzjahr 1975 ein Umdenken eingeleitet, das die historische Bausubstanz betrifft. Das Erhalten ist eine neue Wertvorstellung geworden, die Sanierung der alten Städte ist dafür ein eindrucksvolles Beispiel.

Im Gegensatz zu dem wertfreien, traditionsbestimmten Umgang mit dem kulturellen Erbe im bisherigen Westdeutschland war die Erbediskussion in der DDR, wie schon erwähnt, der Versuch, das kulturelle Erbe nur so weit zu bewahren und zu pflegen, wie es dem Fortschritt des Sozialismus diente. Es galt im Sinne der Parteilichkeit als Vermächtnis nur dann, wenn es im positiven Sinne zur Festigung des politischen Systems der Arbeiterklasse diente. Dabei sei aber auch betont, daß die humanistischbürgerliche Tradition bewußt einbezogen wurde.

Das kulturelle Erbe wurde also in einer Auswahl dem Volk im Theater, in Kulturveranstaltungen, auf dem Buchmarkt vermittelt, und dafür wurde ein breites kulturelles Angebot aufgebaut, umfassender, als es in der Bundesrepublik möglich war. Auf der anderen Seite wurden bestimmte Überlieferungen ausgespart: Die Vernachlässigung in der Erhaltung von historischer Bausubstanz braucht nicht ausgeführt zu werden.

Im künfigen Deutschland wird es darauf ankommen, auch im Hinblick auf Europa, zunächst einen Konsens in der Bewahrung und Pflege des kulturellen Erbes im Lande zu finden. Daß in einer vorurteilslosen Betrachtung der Geschichte die Erhaltung der historischen Baudenkmäler in Gesamtdeutschland obenan steht, leuchtet ein: die Rettung der Kirchen, die Sanierung historischer Stadtkerne, die Bewahrung einzelner Bauwerke, die Erhaltung von Naturdenkmälern und Landschaften. Hier ist in der früheren Bundesrepublik viel geleistet, aber auch sehr viel gesündigt worden. In den neuen Bundesländern wird man hoffentlich diese Fehler nicht wiederholen. Auch wenn die wirtschaftliche Not besteht, sollte man nicht kurzsichtig handeln. Ich glaube aber, das Bewußtsein der Bürger im Umgang mit dem kulturellen Erbe ist geschärft, und schlimmstes Unheil kann rechtzeitig verhindert werden.

Wenn das künftige Deutschland sich als Kulturnation verstehen will, was wir als Beteiligte erwarten, wären die Politiker trotz aller wirtschaftlichen Probleme gut beraten, alles zu tun, um die Institutionen, die für die Überlieferung der Kultur wirken – also die Museen, Theater, Orchester, Bibliotheken, Archive, Gedenkstätten –, in den neuen Bundesländern zu erhalten und zu erneuern und auch in der früheren Bundesrepublik die Kulturpolitik als Säule einer europäischen Politik zu begreifen und Erreichtes nicht aufs Spiel zu setzen, sondern noch mehr für die kulturelle Überlieferung zu tun.

Die Ausgangslage ist nicht ungünstig. In Westdeutschland ist die Pflege des kulturellen Erbes erkennbar, in der früheren DDR sind die dafür notwendigen Institutionen ebenfalls vorhanden, außerdem ist die historische Substanz, wenn auch in einem schlechten Zustand, überliefert. Deutschland könnte also durch die Vielfalt der kulturellen Instanzen in den Ländern und Kommunen in der europäischen Konkurrenz bestehen, wenn man das Niveau halten und Maßstäbe setzen könnte. Das ist eine große, lohnende Aufgabe. Sie geschieht nicht zum Ruhme Deutschlands, sondern zur Behauptung eines Platzes im kulturellen Ensemble Europas.

Denn: Nicht von Deutschland her werden künftig die Maßstäbe kommen, sondern von Europa, dem reichen Erdteil, der viel Gutes, aber auch viel Leid über die Menschheit gebracht hat. Das kulturelle Erbe Europas ist groß. Es reicht von den antiken Überresten in Griechenland und Sizilien über die Zeugnisse maurischer Kunst in Spanien und die Denkmäler der Romanik in Italien, der Gotik in Frankreich und England zu den Bauwerken der Renaissance und des Barock in Italien. Es gehört dazu die niederländische Malerei, die französische Klassik und die russische Dichtung. Man hat an die Präraffaeliten in England und die Impressionisten in Frankreich zu denken. Aber solche Plakatierungen reichen nicht aus, um die europäischen Kulturdenkmäler von der Felsenkirche in Helsinki bis zum Jeronimus-Kloster in Lissabon, von der Akropolis in Athen bis zur Westminster Abbey in London, von den Loire-Schlössern in Frankreich bis zu den Moldau-Klöstern in Rumänien zu benennen oder die Kunstschätze vom Prado in Madrid bis zur Erimitage in Leningrad, vom Munch-Museum in Oslo bis zum Picasso-Museum in Barcelona zu bezeichnen.

Überhaupt die europäischen Städte. Zitieren wir Paul Valery 1924: ›Dieses Europa baut sich nach und nach auf wie eine riesige Stadt; es hat seine Museen und Gärten, seine Werkstätten, seine Laboratorien, seine Salons. Es hat Venedig, Oxford, Sevilla, es hat Rom und Paris. Es gibt Städte, in denen die Kunst, andere, in denen die Wissenschaft besonders heimisch ist, wieder andere, in denen sich Bildungsmöglichkeiten vereinen.‹

Das europäische Erbe: Das sind auch die großen Dichter von Dante und Petrarca über Cervantes und Shakespeare, über Voltaire und Diderot zu Tolstoi und Dostojewski, James Joyce und Marcel Proust. Sie seien stellvertretend genannt für den unerschöpflichen Kanon europäischer Literaturen. Man könnte auch die großen europäischen Theologen und Humanisten, Gelehrten und Philosphen, Maler und Bildhauer, Komponisten und Musiker, Theaterleute und Filmemacher aufzählen und würde das imaginäre Museum der alten und modernen Kunst mit Namen und Werken füllen. Jedem dieser Vertreter könnte man ein ganzes Leben widmen.

Und Deutschland? Wie steht es mit dem europäischen Erbe in Deutschland? Wir finden es jetzt und heute glücklicherweise auch reicher überliefert in unserem Land, als es bis vor einem Jahr der Fall war. Nun bilden die großen Kulturstätten der Museen und Sammlungen von Köln bis Dresden, von Berlin bis München wieder eine ideelle Einheit, in denen viele europäische Meisterwerke der bildenden Künste bewahrt werden. Das gilt nicht nur für die traditionelle, sondern auch für die moderne Kunst, die man von Emden bis Halle, von Kiel bis Stuttgart gesammelt findet.

Dem europäischen Erbe in der Baukunst gehören die romanischen Dome und die gotischen Kirchen in Nord- und Süddeutschland an und auch manche der großen Schloßanlagen: Vor allem, meine ich, sind die Gärten von Herrenhausen und Sanssouci, die Parks von Wörlitz und Weimar Beiträge zur europäischen Kultur früherer Jahrhunderte.

Auch an den Anteil am geistigen Europa ist zu erinnern, an die Theologen von Albertus Magnus bis Karl Barth, die Philosophen von Nikolaus von Cues bis zu Martin Heidegger, die Musik des Barock und der Romantik von Schütz, Bach und Händel bis Schumann und Brahms, an die klassische deutsche Literatur und nicht zuletzt an die moderne Kunst, den Expressionismus und die Kunst des Bauhauses.

Das europäische Erbe ist so eine Verpflichtung und Herausforderung für uns alle. Wenn wir Europa als eine multikulturelle Einheit vom Atlantik bis zum Ural, von Lappland bis Malta verwirklichen wollen, sind wir aufgerufen, das europäische Erbe als ein Nationen, Regionen und so Menschen verbindendes geistiges Gut zu bewahren, zu rekonstruieren, zu pflegen, zu erforschen, zu vermitteln. Dazu gehört nicht nur die traditionelle Arbeit der Museen, Bibliotheken, Sammlungen, Theater und Konzerthäuser, die wesentlich mehr als heute gefördert werden müßten, sondern die Regionen übergreifende europäische Zusammenarbeit von Wissenschaftlern und Pädagogen, Künstlern und Schriftstellern, Theaterleuten und Musikern. Wir brauchen europäische Akademien und Begegnungszentren für Workshops und Seminare, Symposien und Tagungen. Wir brauchen Orte des Nachdenkens und des geistigen Austausches. Wir brauchen Hilfe, um das europäische Erbe als einigendes Vorbild für ein friedliches Zusammenleben in der Zukunft zu nutzen.

Das vereinigte Deutschland kann zu dieser Aufgabe beitragen: Es liegt in der Mitte Europas. Und seine kulturelle Identität verdankt es nicht zuletzt der Rezeption anderer kultureller Werte. Wir haben in Karl Dedecius, dem kürzlich der Friedenspreis des deutschen Buchhandels in Frankfurt verliehen wurde, einen Vermittler, einen Übersetzer polnischer Literatur. Er ist ein beispielhaftes Vorbild für unsere europäische Aufgabe in der Vermittlung des kulturellen Erbes.

Vor dem Hintergrund einer alten europäischen Bibliothek ist in Wolfenbüttel eine Forschungs- und Studienstätte errichtet worden, in der das alte Europa erforscht wird und die das europäische Gespräch unter den Wissenschaftlern und Gästen fördert. Schon vor der Wende in

Osteuropa wurde so erfolgreich die Brücke zwischen Ost und West an einem Ort im damaligen Zonenrandgebiet geschlagen.

Unter anderen Konstellationen könnte man sich die Franckeschen Stiftungen in Halle als einen solchen europäischen Ort vorstellen, an dem das europäische Erbe der Aufklärung und des Pietismus vermittelt wird in einem Ensemble, das um 1700 entstand und heute völlig vernachlässigt ist. Aber eine solche, von August Hermann Francke gegründete Stätte hat ein ungewöhnliches Fluidum.

Seit einigen Jahren werden europäische Kulturhauptstädte ausgerufen: Paris, Athen, Florenz beispielsweise. Auf deutschem Boden war es West-Berlin. In der Tat ist Berlin die einzige Stadt in Deutschland, die im europäischen Maßstab Vergleichen standhält. Berlin als eine der ständigen europäischen Kulturhauptstädte zu verstehen, wäre auch eine unserer Aufgaben, wobei ich meine, daß es selbstverständlich sein sollte, daß dieses Berlin auch die Hauptstadt, das heißt, der Regierungssitz des neuen Deutschland sein sollte. So würden wir eine der Verpflichtungen des europäischen Erbes einlösen können.

Gibt es sonst europäische Städte in Deutschland, München vielleicht oder Dresden? Ich plädiere für eine kleine Stadt mit europäischer Dimension: Weimar. Wir hoffen, daß Weimar im Goethe-Jahr 1999 europäische Kulturstadt werden wird. Damit würde dem europäischen Erbe in Deutschland Reverenz erwiesen, denn Weimar ist nicht nur die Stadt Goethes, des größten deutschen Europäers, sondern auch die Stadt von Franz Liszt, dem populärsten Europäer des 19. Jahrhunderts, und schließlich unter dem Bauhaus die Geburtsstadt der modernen europäischen Architektur, die eine Weltarchitektur geworden ist.

Weimar: Das ist das Symbol für das europäische Erbe in Deutschland. Es liegt im neuen Bundesland Thüringen, und wir hoffen, daß es mit vereinten Kräften gelingt, diese Stadt zu einem gesamtdeutschen kulturellen Zentrum zu machen, in dem das europäische Erbe intimer vermittelt werden könnte als in den Großstädten wie Köln oder Frankfurt, München oder auch Dresden.

Brechen wir hier ab. Ich wollte für die kleineren Orte in Deutschland sprechen, an denen das europäische Erbe präsent ist und vermittelt werden kann. Denn es mag auch unausgesprochen klar geworden sein, daß wir uns für die Aneignung des gemeinsamen europäischen Erbes rüsten müssen. Das vereinigte Deutschland hat Europa verändert, und in dem vereinigten Deutschland sollte der Impuls der friedlichen Revolution vom Herbst 1989 umgemünzt werden können in eine größere Aufgabe: Wir Deutschen sollten am Bau des neuen Europa tatkräftig mitarbeiten, denn – und ich möchte einen Satz von Michael Gorbatschow zitieren –: ›Im kulturellen Erbe Europas liegt ein enormes Potential für eine Politik des Friedens und der gutnachbarlichen Beziehungen.‹

In diesen Tagen hat der KSZE-Gipfel in Paris eine ›Charta für ein neues Europa‹ verabschiedet, in der es über die Kultur heißt: ›Wir erkennen den wesentlichen Beitrag unserer gemeinsamen europäischen Kultur und unserer gemeinsamen Werte zur Überwindung der Teilung des Kontinents an. Wir unterstreichen daher unser Eintreten für die schöpferische Freiheit sowie für den Schutz und die Förderung unseres kulturellen und geistigen Erbes in all seinem Reichtum und all seiner Vielfalt ...

Zur Förderung größerer Vertrautheit zwischen unseren Völkern befürworten wir die Errichtung von Kulturzentren in Städten anderer Teilnehmerstaaten, eine verstärkte Zusammenarbeit auf dem audio-visuellen Gebiet und einen umfangreichen Austausch in den Bereichen Musik, Theater, Literatur und Kunst.

Wir sind entschlossen, im Rahmen unserer nationalen Politik das gegenseitige Verständnis, insbesondere bei der Jugend, zu fördern durch Kulturaustausch, Zusammenarbeit in allen Bereichen der Bildung, vor allem durch den Unterricht von und in Sprachen anderer Teilnehmerstaaten.‹

Aus diesem Text ergeben sich unsere konkreten Aufgaben. Wir haben den neuen Anfang zu nutzen.«

Rundgang durch das Bibliotheksquartier

Es ist nun an der Zeit, am Ende dieser Geschichte einem Gast – es könnte der Leser oder die Leserin dieses Buches sein – die Bibliothek zu zeigen und zu erläutern. Das wilhelminische, im Stil der Neorenaissance 1881–1887 errichtete Hauptgebäude mit der vergoldeten Inschrift

»Bibliotheca Augusta« an der Stirnfläche hoch über dem Eingang lädt jeden Besucher zum Verweilen ein, und so will ich meinen Rundgang hier beginnen. Wir haben das schon wieder Patina ansetzende Haus – es wurde zuletzt 1972 mit einem Sandstrahlgebläse gereinigt – von der Straße her gesehen, und man wird sich vielleicht über das sehr flache Mitteldach gewundert haben, das die Schönheit des Gebäudes beeinträchtigt. Leider ist es mir in meiner langen Amtszeit nicht gelungen, die geschmiedete Dachkrönung wieder anzubringen, die vor meiner Zeit verrostet abgenommen wurde. Dagegen ist der Treppenaufgang an den drei Seiten erneuert worden. Selbstverständlich werden wir über die mittlere Haupttreppe hinaufschreiten, vorbei an den beiden gußeisernen braun-

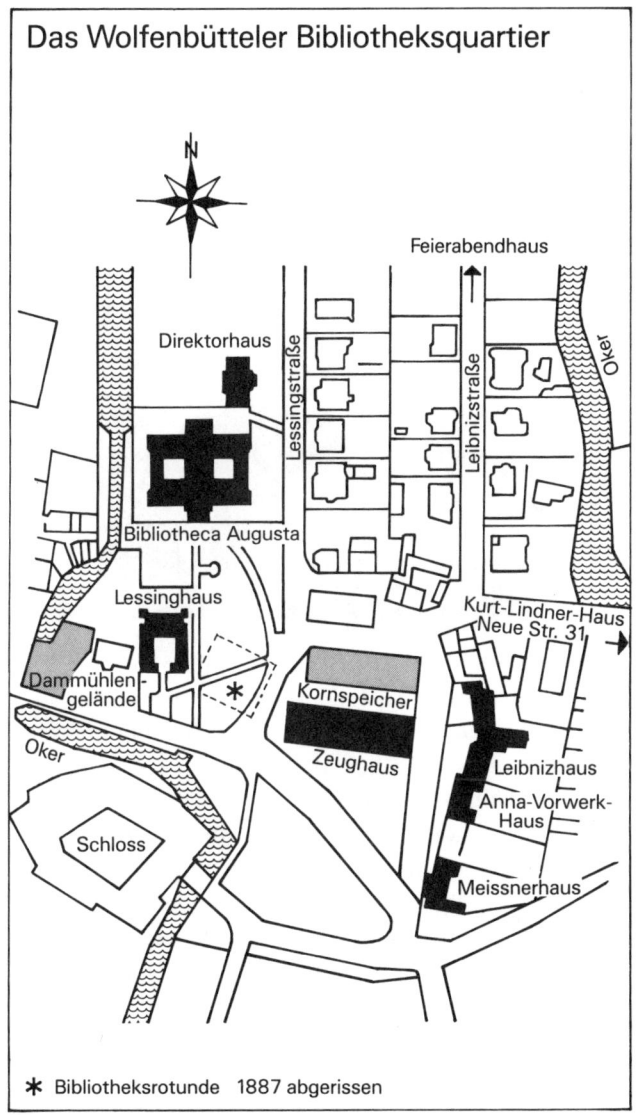

Das Wolfenbütteler Bibliotheksquartier

Feierabendhaus

Direktorhaus

Lessingstraße

Leibnizstraße

Oker

Bibliotheca Augusta

Lessinghaus

Kurt-Lindner-Haus
Neue Str. 31

Dammühlen-
gelände

✳

Kornspeicher

Oker

Zeughaus

Leibnizhaus

Anna-Vorwerk-
Haus

Schloss

Meissnerhaus

✳ Bibliotheksrotunde 1887 abgerissen

schweigischen Löwen, die viele öffentliche Gebäude des 19. Jahrhundert geradezu martialisch bewachen, beliebte Tiere, auf denen nicht nur Kinder gern reiten und sich von den entzückten Eltern fotografieren lassen.

Wir verweilen einen Augenblick auf dem Treppenpodest und wenden den Blick zurück. Vor uns liegt, flankiert von Lessinghaus und Zeughaus, das Schloß, die ehemalige Residenz der Herzöge. Es wird seit langem restauriert und

beherbergt, wie schon berichtet, Gymnasium und Museum. Inzwischen ist auch die Bundesakademie für kulturelle Bildung dort eingezogen, für die Wolfenbüttel unter Mitwirkung der Bibliothek in der Konkurrenz der niedersächsischen Städte den Zuschlag erhalten hatte. Sie wird mit ihren Kursen und Seminaren zur Belebung der kulturellen Szene beitragen. Von den Befestigungsanlagen haben sich kaum Spuren erhalten. Die Bibliotheca Augusta wurde 1884, wie erst vor wenigen Jahren festgestellt wurde, über einem zugeschütteten Graben erbaut, der die Zitadelle im Norden begrenzte. Das erklärt die Feuchtigkeit, mit der wir im Untergeschoß seit langem zu kämpfen haben.

Das große Holzportal, der Eingang zur Bibliothek, ist

weit geöffnet, das Vestibül wird durch einen gläsernen Windfang, wie man ihn bei der Erneuerung alter Gebäude allgemein baut, geschützt. Es steht erst seit meiner Dienstzeit täglich von früh bis spät einladend offen. Vorher war das anders. Wie es dem jungen Richard Friedenthal 1920 ergangen war, als er vor der verschlossenen Tür stand, habe ich eingangs berichtet. Aber eine andere authentisch überlieferte Geschichte möchte ich doch noch erzählen. Bei seinem Abschied 1979 erzählte Wilhelm Lange, der langjährige Rechnungsführer, folgende Begebenheit: Anfang der fünfziger Jahre fuhr er, in der Bibliotheks- und Museumsstiftung für die Geldsachen zuständig, mit der Straßenbahn von Braunschweig nach Wolfenbüttel, klingelte an besagtem Portal einmal, zweimal, dreimal, rüttelte an der Tür, aber nichts regte sich. Unverrichteter Dinge fuhr er mit seiner Aktentasche, in der er die Gehälter bei sich trug, die er auszahlen wollte, nach Braunschweig zurück. Als er am nächsten Tag zur gleichen Stunde wiederkam, wurde ihm bereitwillig geöffnet, denn inzwischen hatte man erfahren, wer da vergeblich geklingelt und geklopft hatte – und unisono entschuldigten sich die erschrockenen Bibliothekarinnen: »Ach, Herr Lange, wir wußten doch nicht, daß Sie es waren. Wir dachten, es sei ein Benutzer!« Tempora mutantur.

Wir stehen nun in dem mit Travertin belegten Vestibül. Das noch aus Kästners Zeit stammende GEH und ZIEH an der Glastür habe ich aus Pietät nicht entfernt. Früher stand in der Mitte Lessings Denkmal, es wurde beim Umbau zur Seite gerückt und verdient die Aufmerksamkeit des Gastes: Es stand, als es 1795 aufgestellt wurde, nahe dem Zeughaus und wurde, weil man fürchten mußte, daß es beschädigt würde – das gab es also auch schon vor 200 Jahren! – bald danach in den Eingang der Bibliothek gebracht und kam so in den Neubau der Augusta. Hans Butzmann hat die Geschichte dieses klassizistischen Denkmals beschrieben; sie ist als eines der *Wolfenbütteler Hefte* erschienen.

Unser Blick fällt durch die Glasscheibe, die unter den in die Augusteerhalle führenden Stufen liegt, in das Blaue Büchermagazin, rechts durch die Glastür in den Lesesaal, in dem die Gäste Handschriften studieren und über gra-

phische Blätter und Malerbücher gebeugt sind. An dem Tresen hat der Besucher Eintritt zur Besichtigung der musealen Räume zu zahlen. Der Obolus trägt dazu bei, daß die Bibliothek selbst Bücher publizieren kann.

Wir betreten durch die offenstehende bronzierte Metalltür die Augusteerhalle. Jeder Gast ist von dem Anblick des Büchersaals fasziniert. Ich gestehe, daß es mir – nach mehr als zwanzig Jahren – noch immer so ergeht . Das Geheimnis des Wolfenbütteler Erfolgs liegt im Anblick dieser Bücherhalle. Gerade hat eine unserer Bibliothessen eine

Führung begonnen. Ein aufmerksamer Aufseher hält sich unauffällig in der Nähe der Gruppe auf. Ich zeige meinem Gast nach einigen allgemeinen Erläuterungen die kostbaren Drucke in den zehn Vitrinen. Früher hatten wir hier die teuersten mittelalterlichen Handschriften gezeigt. Aus konservatorischen Gründen und auch im Hinblick auf die Sicherheit mußten sie herausgenommen werden. Das große Bücherrad mit Herzog Augusts eigenhändig ge-

führtem Katalog erregt dagegen immer das gleiche Aufsehen.

Durch die zweite Metalltür betreten wir die neue Schatzkammer, die erst vor ein paar Jahren fertig geworden ist. Sie ist der allgemein zugängliche Teil des dreigeschossigen Tresors, der die Größe des überbauten Lichthofes hat. Der Bau war eine Bedingung zur Übernahme des Evangeliars Heinrichs des Löwen. Dadurch erreichten wir zugleich die höchste Sicherheit und das beste Klima für alle Handschriften und Rara. Sie sind in dem unteren Doppelgegeschoß in einer Rollregalanlage untergebracht. Hinter dem Panzerglas in der Schatzkammer sind einige der schönsten Handschriften der Bibliothek ausgestellt. In den Seitenvitrinen geben Faksimileblätter einen Eindruck von der Schönheit des »teuersten Buches der Welt« wieder, das wohlverwahrt in einem der Tresore im Tresor liegt.

Über einen Treppenabgang, den wir das »Brunnenloch« nennen, gelange ich mit meinem Gast in die alte, niedrige

Schatzkammer mit einer dreiteiligen Vitrine, vor der der Besucher die Ausstellungsstücke bewundern kann. Links und rechts schließen sich, wie eingangs beschrieben wurde, die Kabinette für die Globen und die Malerbücher an. Auch diese musealen Räume haben über so viele Jahre nichts von ihrem Charme und ihrem Glanz eingebüßt. Ein Appendix zum Malerbuchkabinett ist durch den Tresorbau hinzugekommen: Der fensterlose Raum ermöglichte den Einbau weiterer Wandvitrinen, so daß die Sammlung, auf deren Größe ich mit Genugtuung blicke, vollständig in den Räumen untergebracht werden konnte. Die Ausstellungen, die im Malerbuchkabinett im Laufe der Zeit gezeigt wurden, haben immer viel Zuspruch gefunden. Gern denke ich an die vielen Vernissagen zurück.

Wir blicken nun hinter die Kulissen, die der Besucher nur an den Tagen der offenen Tür, jedenfalls teilweise, sehen kann, und gelangen in den viergeschossigen »Bücherturm«, der in den einstigen pompösen Treppenhausraum gebaut wurde und von einer Betonkassettendecke abgefangen wird, unter der sich die Schatzkammer befindet. Durch das Rote Magazin, vorbei an einer der Arbeitsstellen, kommen wir in den Raum mit den Sondersamm-

lungen: Die heute wohlgeordneten Bestände habe ich nach und nach wiederentdeckt, mein Vorgänger Erhart Kästner hatte wenig Sinn für die topographischen Sammlungen, die Einblattdrucke, Exlibris, Visitenkarten usf. Auf einem Podest dieses Raumes sitzt meine Sekretärin am Terminal des Computers, Drucker, Telefax und Telefon neben sich. Alle ausgehenden Briefe sind gespeichert, abrufbar und in Registern am Bildschirm nachzuweisen.

Wir stehen im benachbarten Raum, meinem Dienstzimmer, das alle prominenten Gäste bewundert haben und das als schönstes Arbeitszimmer, das man je gesehen habe,

gelobt wird. Wir blicken aus dem Fenster: Zwischen Zeughaus und Lessinghaus stand einst die Bibliotheksrotunde.
Wird sie ein Nachfolger eines Tages als historisches Dokument rekonstruieren und in ihr ein bibliotheksgeschichtliches Museum einrichten?

Die Handschriften in meinem Zimmer sind inzwischen
in dem Tresor untergebracht worden. Dafür wurde die
eindrucksvolle Adelsbibliothek der Familie von Alvensle-

ben in die hohen Bücherwände eingeräumt. Auf dem Sims
nahe dem großen Fenster steht die Büste von Leibniz, die
den großen Philosophen ohne Perücke zeigt und die ich
sehr liebe. Auch die schwere Marmorbüste Konrad Beth-
manns habe ich hier unter dem Porträt von Herzog August,
unserem Patron, aufgestellt. Er war der Nachfolger des
Bibliothekars Karl Philipp Schönemann, er leitete die
Bibliothek nur von 1853 bis 1867 und ist eines meiner Vorbilder geworden, denn er war auf dem Wege, die Wolfenbütteler Bibliothek wieder zu einer wissenschaftlichen

Einrichtung für die akademische Welt zu machen. Aber er starb früh.

Nebenan in der Bibelsammlung findet gerade ein Arbeitsgespräch mit ausländischen Wissenschaftlern verschiedener Fachdisziplinen statt: Die Gäste haben eine Pause eingelegt und setzen die unterbrochene Diskussion bei Kaffee und Tee in der Cafeteria fort. Wir betreten den kleinen Saal. Auf dem schwarzen langen ovalen Tisch

liegen alte Drucke, die Gegenstand des Gesprächs sind. Die Sammlung der Bibeln an den Wänden und darunter die Blätter von Marc Chagall geben dem Raum ein würdiges Ansehen. Über das feuersichere Treppenhaus, mit dem Blick in das Grüne und das Weiße Büchermagazin, gelangen wir in das Sockelgeschoß, das früher ein unbenutzbarer, feuchter Keller war und in dem vermoderte Dubletten lagen. Der Boden ist aufgeschüttet und betoniert worden. So sind Arbeitsräume für die Fotowerkstatt und den Haustechniker, Raum für Poststelle, Druckerei und Lager entstanden.

Am hinteren Ausgang wird gerade das Bücherauto der Bibliothek mit alten Drucken, in Containern sorgfältig verpackt, beladen, die im Lesesaal des Zeughauses benutzt werden sollen. Im Stundentakt fährt das Bücherauto zwischen den beiden Hauptgebäuden hin und her; eine unterirdische Transportanlage ist uns nicht genehmigt worden.

Meinem Gast schwärme ich von der Dienstwohnung vor, die sich im benachbarten Direktorhaus befindet, das wir beim Verlassen der Bibliotheca Augusta durch den hinteren Ausgang vor uns sehen, umgeben von Grünflächen und Garten: »Und das Schönste ist, daß sich über

unserer Wohnung die alte Werkstatt für Restaurierung befindet. Hier sieht man, mit welcher Liebe und Kennerschaft Handschriften und Drucke restauriert, repariert und gepflegt werden. Den Restauratoren bei der Arbeit zuzuschauen, gehört zu den beruhigendsten Eindrücken eines Tages«, erläutere ich.

Ich nehme mir heute nicht die Zeit, sondern gehe mit meinem Gast an der Hauswand der Augusta entlang zum Haupteingang zurück, vorbei an dem Schachbrett zur Rechten und an der restaurierten Sonnenuhr von Johann Friedrich Penther aus dem Jahre 1738 zur Linken, die, wie die in den Boden eingelassene Tafel erläutert, Giordano Bruno gewidmet wurde. Nach wenigen Schritten treten wir schließlich, uns nach rechts wendend, durch die Pforte in den blühenden Vorgarten des Lessinghauses, der wegen seiner Strenge und Schönheit allgemein bewundert wird.

Das Lessinghaus ist geöffnet, übrigens auch täglich wie der museale Teil der Bibliotheca Augusta. Erinnerungen werden wach an die ersten Jahre meiner Dienstzeit, als ich mit meiner Familie einen Seitenflügel bewohnte. Seit der Eröffnung des Lessinghauses als Museum im Frühjahr

1978 sind viele Jahre vergangen. Besucher stehen vor den Bildern, andere lehnen über den Vitrinen, ein älterer Herr liest aufmerksam eine der Tafeln mit den Lessingtexten. Eine Führung wird erwartet. Am Nachmittag wird man im Gartensaal Stühle aufstellen, denn eine Lesestunde ist angekündigt. Die Räume haben Patina angesetzt. Die Ausstellung hat sich im großen und ganzen bewährt, der Katalog ist ein vorzüglicher Führer.

Wir verlassen Lessings Haus, gehen über den Rasen, vorbei an dem ungeliebten Nathan-Denkmal, und stehen vor dem so reich verzierten Portal des Zeughauses, an dem »Armamentarium« zu lesen ist. Es war eine Sternstunde für Wolfenbüttel, daß das Haus leer stand und für die Zwecke der Bibliothek ausgebaut werden konnte. Bücher

statt Waffen heute unter einem Dach: Welch eine Symbol-
kraft liegt in der Erfahrung, daß in unserer Zeit nun in
einem Zeughaus geistige Waffen nicht nur lagern, sondern
auch neu geschmiedet werden. Die Fertigstellung dieses
Umbaus liegt inzwischen zehn Jahre zurück. Die dicken
Wände halten die Feuchtigkeit der Jahrhunderte in ihrem
Innern. Die dunkelrote Farbe des Außenanstrichs war dadurch bald wieder abgesprungen, und die Fassaden muß-

ten neu behandelt werden. Nun sieht das Bauwerk, für das
zwei Nottreppen ins Freie gebaut werden mußten, wieder
frisch und freundlich aus.

Der Raumeindruck beim Betreten der Halle ist auch hier
immer wieder überwältigend. Dies war allein der Grund,
den Haupteingang zur Straße hin zu verlegen und den
immer noch durchfließenden Verkehr in Kauf zu nehmen.
Ich habe es stets sinnvoll gefunden, mit Inszenierungen zu
arbeiten. Wolfenbüttel sollte sich von anderen Institutionen schon durch den äußeren Eindruck unterscheiden
und einprägen. Das war Notwehr zur Selbsterhaltung. So
ist Bibliosibirsk entstanden.

In der Ausstellungshalle erzähle ich meinem Gast von
den spannenden, aufregenden und erfolgreichen kultur-

geschichtlichen Ausstellungen, die hier im Laufe der Jahre veranstaltet worden sind. Jede von ihnen hat der wissenschaftlichen Forschung Impulse gegeben. Sie haben in der überregionalen Presse selten größere Beachtung gefunden. Bibliosibirsk lag weit ab vom Wege, und außer bei großen Anlässen verirrten sich Journalisten kaum hierher. Außerdem waren und sind diese Ausstellungen nicht modisch aufgemacht, sondern bescheiden, die Ausstellungs-

kataloge aber sind samt und sonders wissenschaftliche Arbeitsinstrumente geworden.

Eine unmerkliche Sperre trennt den Ausstellungsteil von dem offenen Bibliothekstrakt, der die ersten Teile der Handbibliothek aufnimmt. Die Arbeitsplätze an den Seiten sind nicht allzu beliebt, denn das Ausstellungswesen bringt doch Unruhe mit sich. So wird man hier auf Dauer nach neuen Lösungen suchen müssen.

Alle Bücherregale sind hier und in den oberen Geschossen vollbesetzt mit den Büchern der Handbibliothek, die ein »Hit« geworden ist, wenn es so etwas in der strengen Welt der Wissenschaft geben dürfte. Die Hauptwerke zur europäischen Kulturgeschichte in einer überlegten Auswahl – das gibt es selten. Die Wissenschaftler sparen hier Zeit und Geld.

Auch das interimistische Erschließungssystem der Titelblattkataloge hat Segen gestiftet. Wir sind im Obergeschoß an Ausleihe und Auskunft, wo freundliche Bibliothekarinnen und Bibliothekare den Gästen bei ihren Recherchen helfen, vorbeigekommen und stehen vor den Katalogen, deren Möglichkeiten ich dem Gast rekapituliere. Wir haben den EDV-Einsatz nicht abgewartet, der die vielen Bibliothekare hinter den geschlossenen Türen rund um den künstlich erleuchteten Kernbereich heute beschäftigt. Aber auch hier eines Tages welche Chancen, wenn man am Bildschirm alle Informationen über die alten Drucke im Hause abrufen kann. Ich bin dankbar, daß ich diese perspektivenreiche Entwicklung noch habe in Gang setzen können.

Über das zentrale Treppenhaus gelangen wir in das zweite Obergeschoß. In der Cafeteria stärken sich Leser und Mitarbeiter bei einer Tasse Kaffee, andere lesen die neuesten Zeitungen. Im Seminarraum mit den Bücherschränken an den Wänden arbeitet ein Schülerseminar unter Aufsicht einer Studienrätin. Die Schülerinnen und Schüler haben sich in kleine Gruppen aufgeteilt und studieren angeregt die Drucke aus dem 18. Jahrhundert. Sie haben die Fraktur schnell zu lesen gelernt und sind von dem Wissen früherer Zeiten fasziniert. So wird ihnen in der Bibliothek unbewußt ein Zugang zur Vergangenheit vermittelt.

Im Lesesaal studieren die Stipendiaten und Gäste alte Drucke, manche haben die schweren Bücher auf Pulten

vor sich aufgestellt. Alles vollzieht sich still und geräusch-
los unter den Augen der aufsichtführenden Bibliothekarin.
An der Wand hängt das Ölgemälde des französischen Kar-
dinals Mazarin, der als Büchersammler ein Konkurrent
des Herzogs August war. Auch auf dem Gang erinnern die
Porträts von Nicolo Macchiavelli, Pierre Bayle und
Thomas Hobbes an die große Zeit der Gelehrsamkeit in
Europa.

Wir werfen noch einen Blick in die Räume der Büchererwerbungen am anderen Ende des Geschosses, wo weitere
Teile der Handbibliothek stehen. Auch hier kann ich den
Gast überzeugen, daß die wichtigste Forschungsliteratur
erworben wird, viel mehr, als nachher in der Handbibliothek Aufstellung finden kann.

Aus dem Fenster des Lesesaals hatten wir auf die Häuserzeile zwischen Leibnizhaus und Meißnerhaus geblickt,
und wir besichtigen nun nach dem Verlassen des Zeughauses auch diese Bibliothekshäuser. Das Meißnerhaus,
das gegenüber dem Kaufhaus liegt, hat einen neuen,
ockerfarbigen Anstrich erhalten, es sieht freundlich und
weimarisch aus. Der Buchladen im Erdgeschoß präsentiert
die Resultate unserer Arbeit: Ausstellungskataloge, Schriftenreihen, Repertorien, Bestandskataloge, Faksimileaus-
gaben, Broschüren. Hier kann man nachvollziehen, was
die Bibliothek bisher an wissenschaftlicher Arbeit und kulturellem Einsatz geleistet hat.

Wir besuchen die Abteilungen der Bibliothek, die im
Meißnerhaus untergebracht sind: das Kulturprogramm,
die Arbeitsstelle für Geschichte des Buchwesens, die allgemeine Verwaltung.

Das Anna-Vorwerk-Haus, einige Schritte nur entfernt,
hebt sich durch die Jugendstilverblendung der Fassade von
der Häuserzeile ab. Die Gesellschaft der Freunde hat das

einladende Gebäude restauriert, es gehört ihr seit langem. Hier hat Sabine Solf ihr Reich, Friedrich Niewöhner und Gillian Bepler stehen ihr zur Seite. Hier gehen die Stipendiaten ein und aus, teilen ihre Sorgen und Wünsche mit, wollen über ihre Arbeiten sprechen, holen die Post. Geduldig geht man mit ihnen um. Der kleine Saal steht leer, am Abend zuvor hatten die Teilnehmer des Arbeitsgesprächs, das drüben in der Bibliotheca Augusta tagt, hier bei einem

Glas Wein, das der Freundeskreis spendiert hat, weiter miteinander gesprochen. Wir treten auf den Söller und werfen einen Blick in den Garten, in dem man sich bei gutem Wetter nach dem Mittagessen zu einer Kaffeerunde trifft. Hinter uns hängt das Geweih eines Sechzehnenders. Der verwunderte Blick meines Gastes verlangt nach einer Erklärung, und ich erzähle ihm die Geschichte von dem Hirsch, der Kurt Lindner aus Bamberg 1970 im Oberharz gestellt worden war. Er schoß ihn einen Tag zu früh, das führte zu unserer Bekanntschaft. Die Trophäe erinnert an diese so folgenreich sich auswirkende Begegnung, und deshalb überließ der Präsident des Freundeskreises das Hirschgeweih später dem Anna-Vorwerk-Haus. Damit die Geschichte nicht in Vergessenheit gerät, habe ich sie hier wiederholt. Unter dem Dach des Anna-Vorwerk-Hauses werden unter der Leitung von Oswald Schönberg an den Terminals die Manuskripte für die Publikationen abgesetzt. Hier entstehen die neuen Bücher. Im Erdgeschoß hat Gotthardt Frühsorge seine Arbeitsräume. Dort wird die Erforschung des 18. Jahrhunderts gefördert.

Weitere Arbeitsstellen befinden sich im benachbarten Leibnizhaus. In zwei Stockwerken arbeiten die wissen-

schaftlichen Mitarbeiter der Bibliothek, die Barockforscher, die Editoren der Anton Ulrich- und der Mendelssohn-Edition, auch die Fachleute der Datenverarbeitung, manchmal Tür an Tür mit den Stipendiaten und Gästen, die hier ihre eigenen Arbeitszimmer haben, soweit der Raum reicht.

Im Erdgeschoß wird in der modern eingerichteten Werkstatt unter der Leitung von Dag-Ernst Petersen restauriert. Daß es gelungen ist, die Restaurierungsabteilung in diesem Maß auszubauen, gibt uns die Hoffnung, daß die Erhaltung der Handschriften, Drucke und Blätter auf Dauer gesichert wird.

Im unmittelbar benachbarten Restaurant des Leibnizhauses essen Mitarbeiter und Gäste der Bibliothek zu Mittag, eine geschlossene Gruppe hat in der Kasematte Platz genommen. Die italienische Küche, über Jahre geführt, hat sich bewährt. Hier trifft man Freunde, Bekannte. Hier ist man zu Hause. Wir werfen noch einen Blick in den Garten, in dem Freunde dem unvergessenen Dr. Solf einen Gingkobaum zum Gedächtnis und Stipendiaten zur Erinnerung an den 14. Juli 1789 vor ein paar Jahren einen Freiheitsbaum gepflanzt haben.

Ich stehe am Eingang des Leibnizhauses. Den Weg zu den beiden vollbelegten Gästehäusern, dem Kurt Lindner-Haus und dem Feierabendhaus, haben wir uns geschenkt. Mein Gast hat sich verabschiedet. Ich lasse den Blick über das Bibliotheksquartier schweifen und denke zurück an die Zeiten des Anfangs, an die Jahre des Aufbaus, an die vielen Begegnungen, Veranstaltungen, Ereignisse, die ich erlebt habe, und fühle mich glücklich auch bei dem Gedanken, daß ich nun bald Abschied nehmen werde von diesem Werk und es einem Nachfolger überlasse. Das einst brachliegende Gelände ist mit Leben erfüllt. Ich bin sicher, daß dieser Ort in den nächsten Jahrzehnten eine immer größere Rolle spielen wird. Bibliosibirsk von gestern könnte zur Bibliopolis von morgen werden – mitten in Europa.

Quellennachweise

S. 40–42 Rudolf Lange, Zum Fest der Bücher im Festgewand. In: Hannoversche Allgemeine Zeitung, 24. Mai 1971.

S. 42 f. Erhart Kästners Rede ist unveröffentlicht, die Rolle in meinem Besitz. Kästner hatte sie mir geschenkt.

S. 47 Moses Mendelssohns Ausruf überlieferte Karl Gotthelf Lessing, G. E. Lessings Leben. Th. 1. Berlin 1793. S. 320.

S. 58 Die Erinnerungen des Giacomo Casanova. Übertr. von Heinrich Conrad. Bd 5. München 1911. S. 501 f. Vgl. P. Raabe, Das achte Weltwunder. Über den Ruhm der Herzog August Bibliothek. In: Wolfenbütteler Beiträge. Bd. 1. Frankfurt a. M. 1972. S. 3–25.

S. 60 Die Verse gehören zu einem Gelegenheitsgedicht auf Herzog August, das möglicherweise Enoch Glaeser verfaßte. Gedruckt Helmstedt 1661. Vgl. P. Raabe, Das achte Weltwunder a. a. O. S. 10.

S. 61 Friedrich Matthisson, Erinnerungen. Bd. 1. Zürich 1810. S. 347.

S. 71 Friedrich Adolf Ebert, Die Bildung des Bibliothekars. 2. Aufl. Leipzig 1820. S. 50–51.

S. 78 Hanns Liljes Rede. In: Sinn und Grenze der Tradition. Hannover: Madsack & Co. 1972. S. 7–14.

S. 80 Erhart Kästner, Bibliotheken. In: Kästner, Der Hund in der Sonne und andere Prosa. Frankfurt a. M. 1975. S. 44 f.

S. 85–87 Hans Kauffmann, Wolfenbüttel. In: Wolfenbütteler Beiträge. Bd 3. Frankfurt a. M. 1978. S. 5–31.

S. 107 f. Abgedruckt in: Paul Raabe zum 21. Februar 1977

von Freunden und Mitarbeitern. (Hamburg 1977.) S. 63–65.

S. *114–118* P. Raabe, Zukunft ohne Geschichte oder: Wolfenbüttel ohne Zukunft? In: P. R., Der alten Stadt eine Zukunft. Wolfenbüttel als Beispiel. Wolfenbüttel: Jacobi-Verlag 1975. (Wolfenbütteler Hefte. 1.) S. 22–41.

S. *150* Zu den Versen vgl. P. Raabe, Lessingstadt? Fragen – Wege – Hoffnungen. Sonderdruck. Wolfenbüttel 1978.

S. *154–156* Jean Améry, Lessingscher Geist und die Welt von heute. Wolfenbüttel 1978. (Wolfenbütteler Heft. 6.)

S. *172–182* Die Reden wurden veröffentlicht in: Festakt zur Eröffnung des Wolfenbütteler Bibliotheksquartiers. Ansprachen am 8. Oktober 1981. Wolfenbüttel 1982.

S. *185 f.* Barbara Bondy, Das überwundene Schweigen. In: Süddeutsche Zeitung, 29./30. Mai 1978.

S. *186* Marion Gräfin Dönhoff, Eine einzigartige Forschungsstätte. In: Die Zeit. 8. September 1978.

S. *249–251* P. Raabe, Kultur und Wirtschaft. Hannover 1980. (NordLB. Schriftenreihe 7.)

S. *256–271* P. Raabe, Kulturlandschaft Niedersachsen – Herausforderung der Tradition. In: P. R., Tradition und Herausforderung. Kulturpolitische Betrachtungen. Seelze: Knorr und Hirth 1990. S. 35–47.

S. *302–307* P. Raabe, Alte Bibliotheken – kulturpolitische Chancen. Eutin 1987. (Eutiner Bibliotheks-Hefte. 1.). Abgedruckt in: P. R., Tradition und Herausforderung. a. a. O. S. 63–76.

S. *346* C. P. C. Schönemann, Hundert Merkwürdigkeiten der Herzoglichen Bibliothek zu Wolfenbüttel. Hannover 1849. S. 5 f.

Die im Text genannten Veröffentlichungen der Herzog August Bibliothek sind bibliographisch nachzuweisen in den Jahresprogrammen der Herzog August Bibliothek Wolfenbüttel.